Avicenne

DU MÊME AUTEUR
AUX MÊMES ÉDITIONS

L'Égyptienne, 1991
(*prix du Quartier latin*)

La Pourpre et l'olivier, 1992
(*prix Jean-d'heurs*)

La Fille du Nil, 1993

Le livre de saphir, 1996
(*prix des libraires*)

Gilbert Sinoué

Avicenne
ou
La route d'Ispahan

Cette édition de *Avicenne ou La route d'Ispahan*
est publiée par les Éditions de la Seine
avec l'aimable autorisation des Éditions Denoël

Ce livre est dédié au professeur Vachon, à sa formidable équipe du centre de réanimation des maladies infectieuses de l'hôpital Bichat, ainsi qu'à tous les internes, infirmières, infirmiers, personnages anonymes qui œuvrent dans l'ombre pour prolonger la vie...

J'aimerais ici exprimer ma gratitude au docteur Georges Thooris. Il a su, avec amitié, patience et complicité me guider tout au long de cette route qui mène à Ispahan. Je pourrais abonder en remerciements, mais je me contenterai de dire qu'il fait partie de ces hommes, rares et dignes successeurs d'Hippocrate.

Durant ces deux années d'écriture, il fut Ali ibn Sina, je jouais modestement le rôle de Jozjani.

Avertissement au lecteur

Cet ouvrage est fondé sur un manuscrit authentique, une sorte de livre de bord qui fut rédigé en langue arabe par le disciple d'Avicenne : Abou Obeïd el-Jozjani, qui vécut à ses côtés vingt-cinq années durant.

Pour des raisons pratiques, certaines notes de bas de page sont volontairement rédigées sous forme de « note du traducteur » ; ceci afin de les dissocier clairement des commentaires personnels de Jozjani.

Le livre est divisé en makama. Dans l'ancienne langue arabe, ce mot servait à désigner la réunion de la tribu. Plus tard, il fut employé pour qualifier les soirées auxquelles les califes omeyyades et abbassides de la première époque conviaient des hommes pieux pour entendre de leur bouche des récits édifiants. Progressivement le sens s'est élargi pour en arriver à désigner la harangue du mendiant qui dut s'exprimer en langage choisi à mesure que la culture littéraire, qui était autrefois le privilège de la cour, se répandit dans le peuple.

Aspect politique de la Perse du temps d'Avicenne

La Perse d'Avicenne est occupée par les Arabes depuis près de trois siècles. Nombre de dynasties se déchirent les lambeaux de ce qui fut un empire. Deux d'entre elles prédominent et tentent de s'emparer du pouvoir : les Samanides et les Buyides. Mais en filigrane une troisième dynastie va profiter de ces dissensions : les Ghaznawides, d'ascendance turque. Elle étendra sa toile sur la majorité du pays.

Aspect religieux

Trois factions. Toutes trois puisent leur source dans l'Islam : Le chiisme, le sunnisme et l'ismaélisme, les sunnites se réclamant de l'orthodoxie pure, et jugeant les autres branches comme autant d'hérésies.

C'est dans cet univers complexe que l'un des plus grands esprits universels de notre temps verra le jour et bâtira une œuvre immortelle.

Je vis le Prophète en songe. Je lui demandai : Que dis-tu au sujet d'Ibn Sina ? Il me répondit : C'est un homme qui a prétendu atteindre Dieu en se passant de mon intermédiaire. Aussi je l'ai escamoté, comme cela, avec ma main. Alors il est tombé en enfer.

MAJD EL-DINE BAGHDADI

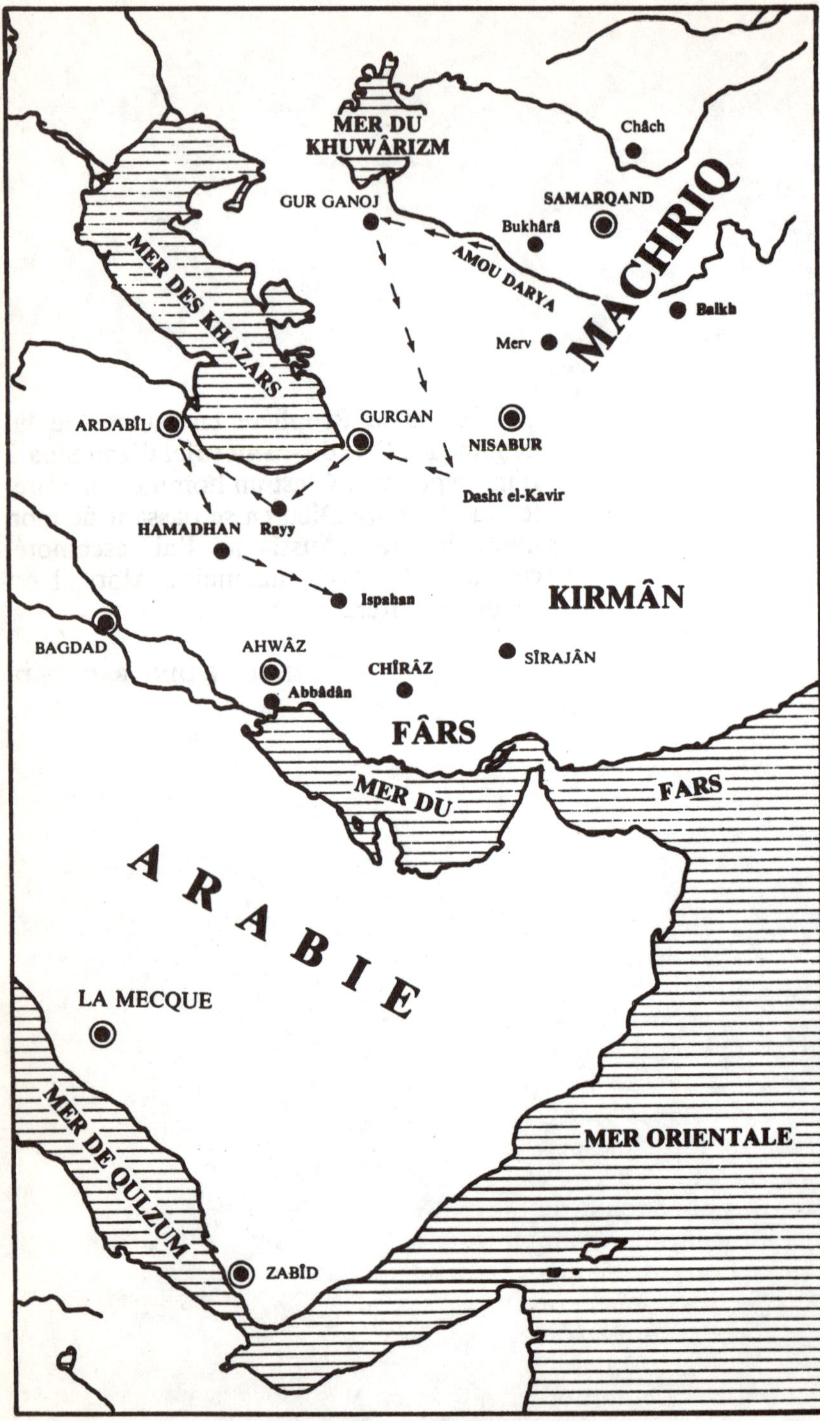

Itinéraire d'Avicenne
(d'après le géographe Muqaddasî, xe siècle)

Première makama

Au nom d'Allah, celui qui fait miséricorde, le Miséricordieux

Moi, Abou Obeïd el-Jozjani, je te livre ces mots. Ils m'ont été confiés par celui qui fut mon maître, mon ami, mon regard, vingt-cinq années durant : Abou Ali ibn Sina, Avicenne, pour les gens d'Occident, prince des médecins, dont la sagesse et le savoir ont ébloui tous les hommes, qu'ils fussent califes, vizirs, princes, mendiants, chefs de guerre ou poètes. De Samarkand à Chiraz, des portes de la Ville-Ronde, à celles des soixante-douze nations, de la magnificence des palais aux humbles bourgs du Tabaristan résonne encore la grandeur de son nom.

Je l'aimais comme on aime le bonheur et la justice, comme on aime, devrais-je te l'avouer, les amours impossibles. Quand tu liras ce qui va suivre, tu sauras quelle sorte d'homme il était. Tu rejoindras ma pensée. Qu'Allah t'accompagne dans ton cheminement.

Je t'abandonne aujourd'hui à mon maître.

Suis-le sans crainte. Garde ta main dans la sienne, et surtout ne la quitte jamais. Il t'emmènera sur les chemins de Perse, le long des relais caravaniers, tout au bout des grandes oasis de Sogdiane, jusqu'aux marges du Turkestan.

Suis-le à travers le vaste plateau qui compose mon pays, tantôt torride, tantôt glacé, ses étendues désertiques et salées, où de loin en loin surgiront pour ton plaisir, au centre de luxuriantes oasis, des villes d'une beauté si imprévue qu'elle te paraîtra irréelle. Pour toi les caravanes déballeront les gemmes et les épices du pays jaune, les armures de Syrie, les ivoires de Byzance. Dans les bazars d'Ispahan rouleront sous tes pas les fourrures, l'ambre, le miel et les esclaves blanches.

Dans les venelles marchandes des souks, tes narines se gonfleront de senteurs uniques et d'aromates précieux. Tu dormiras sous les étoiles, dans des déserts de pierres, ou sur les flancs de l'Elbourz, avec pour tout décor le sommet du Demavend sillonné par des traînées verticales de neige qui cherchent à accrocher ce qu'il reste de lumière dans le ciel.

Tu coucheras parmi les gueux et dans la splendeur des palais. Tu traverseras des villages oubliés, aux ruelles étroites et aux maisons aveugles. Tu pénétreras le secret des puissants, l'intimité des sérails, la volupté des harems. Tu verras souffrir pareillement les princes et les mendiants et tu te convaincras ainsi (si un doute subsistait en ton esprit) que nous sommes éternellement égaux devant la douleur. Comme une jument affolée, ton cœur bondira dans ta poitrine à l'instant où ta bien-aimée t'accordera le trésor de son visage dénudé sous la clarté des étoiles ; car tu aimeras plus d'une femme, et plus d'une femme t'adulera. Tu apprendras le mépris devant la petitesse des puissants, tu connaîtras le respect devant la grandeur des petits.

Regarde, nous voilà aujourd'hui à Boukhara, capitale de la province du Khorasan, située au nord du fleuve Amou-Daria. C'est l'été 998. Mon maître a tout juste dix-huit ans...

★

Le vieil el-Aroudi gisait étendu sur une natte de paille tressée, les mains repliées sur son bas-ventre, le visage cramoisi, congestionné par la douleur.

— Il est comme ça depuis plusieurs jours, chuchota Salwa, son épouse. Une Kurde à la peau mate de la contrée de Harki-Oramar.

Se penchant sur son mari, elle déclara avec empressement :

— Le cheikh est venu pour te guérir.

Un gémissement de douleur fut la seule réaction d'Abou el-Hosayn.

Ibn Sina s'agenouilla auprès de lui et palpa son poignet, la paume tournée vers le haut, à l'endroit précis où les artères affleurent la peau. Il ferma les yeux pour mieux se concentrer et demeura ainsi un long moment, le trait fixe et tendu, puis il tourna la paume vers le bas.

— Est-ce grave ? s'inquiéta Salwa.

Ali ne répondit pas. Il remonta lentement la chemise de

corps trempée de sueur et écarta les mains que le malade gardait crispées sur son bas-ventre. Avec précaution, il palpa longuement la région sus-pubienne ; elle était gonflée comme une outre.

— El-Aroudi, mon frère, depuis combien de temps n'as-tu pas uriné ?

— Trois, quatre, six jours, je ne sais plus. Pourtant, l'Invincible m'est témoin, ce n'est ni faute d'envie ni faute d'essayer.

— Est-ce grave ?

Cette fois la question avait été posée par la fille d'el-Aroudi qui venait discrètement de se glisser dans la pièce. Elle avait quinze ans à peine, mais possédait déjà tous les mystères épanouis de la femme. La peau très mate comme sa mère, elle avait les yeux en amande, un visage très pur, dominé par une épaisse chevelure noire qui coulait jusqu'à ses hanches.

Ibn Sina lui adressa un sourire qui se voulait rassurant, et reprit son examen, se concentrant cette fois sur la verge de l'homme qu'il ausculta sur toute sa longueur. De son bissac, il prit un instrument — un perforateur en fer trempé, au bout triangulaire, acéré, fixé à un manche de bois — et des fleurs de pavot blanc, de jusquiame et d'aloès, qu'il tendit à la jeune fille.

— Tiens Warda, prépare-moi une décoction et fais bouillir de l'eau.

— Fils de Sina, par pitié, soulage ma peine, gémit le Kurde en portant sa main sur le pan de la robe d'Ibn Sina ; ce qui selon la coutume était signe de détresse et de prière.

— S'il plaît au Très-Haut cela sera fait, vénérable Abou el-Hosayn.

— Mais de quoi souffre-t-il ? interrogea Salwa nouant et dénouant ses mains nerveusement.

— La voie qui permet à l'urine de s'écouler est obstruée.

— Mais comment est-ce possible ?

— Dans certains cas la cause de l'obstruction peut être due à un développement excessif de ce que nous appelons la glande qui se tient en avant[1] ou bien à la présence d'un caillou formé par une concrétion des sels minéraux. Pour ton époux, il s'agit de cette deuxième cause.

— Fils de Sina, je ne comprends rien à tes concrétions, rien non plus à cette glande qui se tient en avant. Mais si tu parles un langage incompréhensible aux mortels, c'est que tu dois tenir tes mots de plus haut. Tu sauveras donc mon mari.

— S'il Lui plaît, répéta Ibn Sina avec mansuétude.

1. Par cette formule, Ibn Sina sous-entendait sans doute la prostate. *(N.d.T.)*

Warda était revenue, et lui tendait un gobelet de terre cuite où macérait la décoction, ainsi qu'un grand bol d'eau bouillante.

Ali souleva lentement la tête du malade et approcha le gobelet de ses lèvres.

— Il faut boire ceci...

— Boire ? Mais cheikh el-raïs, ne vois-tu pas que ma vessie est pareille au pis d'une vache prête à allaiter ! Elle ne résisterait pas à une goutte de plus.

— N'aie crainte. Cette goutte-là te sera un bienfait.

Abou el-Hosayn ingurgita le liquide à la manière d'un chat qui lape, et se laissa retomber sur le dos, épuisé par l'effort.

— Maintenant il faut laisser à la médication le temps d'agir.

Le médecin plongea son instrument dans l'eau qui fumait encore et reprit le pouls du malade. Il put bientôt constater que les battements de l'artère s'apaisaient, que les traits du patient, jusque-là noués par la douleur, se détendaient. Agenouillée près de son père, Warda ne quittait pas Ali des yeux. Dans ses prunelles il y avait toute la vénération du monde.

— Viens Warda, aide-moi à le dévêtir.

Un instant plus tard, el-Aroudi était comme au jour de sa naissance.

Ali fouilla à nouveau dans son bissac et en sortit un fil assez épais qu'il noua autour de la verge. Une fois la ligature faite, il s'empara du perforateur.

Abou el-Hosayn avait fermé les yeux. Il semblait dormir.

— Pourquoi as-tu noué son membre ? s'inquiéta Salwa.

— Pour éviter que la pierre qui se trouve dans le canal urinaire ne m'échappe en régressant vers la vessie. Maintenant j'ai besoin de votre aide : toi Salwa, toi aussi Warda, chacune de votre côté emprisonnez ses bras.

S'assurant une dernière fois que les fleurs de pavots avaient insensibilisé les membres du malade, il souleva la verge. A l'aide du pouce et de l'index il écarta le méat, et introduisit lentement la pointe acérée dans l'urètre jusqu'à ce qu'il sentît une résistance.

— Je crois que j'ai trouvé la pierre. Maintenant il va me falloir la percer ou la briser.

Il fit tourner plusieurs fois l'instrument sur lui-même, de gauche à droite, puis de droite à gauche, s'interrompant par moments comme s'il cherchait à lire à travers le corps du malade.

Son front s'humectait de sueur, une certaine tension l'avait envahi, mais le geste restait d'une grande précision.

— Je crois que la pierre est percée...

Usant des mêmes précautions qu'il avait employées lors de l'intromission, il retira le perforateur. Quelques gouttes d'urine teintée de filaments sanguins s'écoulèrent du méat. Ali dénoua alors la ligature et aussitôt le liquide organique fusa en un jet puissant et régulier. Il comprima la verge. Des poussières brunâtres se mêlèrent à l'urine.

— Tout ira bien à présent, déclara-t-il en palpant avec satisfaction le bas-ventre du vieil homme. Le globe vésical a disparu et la surface sus-pubienne a retrouvé son aspect normal.

— Tu mérites bien le titre de cheikh el-raïs, le maître des savants ! s'exclama Salwa. Qu'Allah prolonge ta vie de mille ans.

— Sois remerciée, femme. Mais je me contenterai de la moitié.

El-Aroudi gigota un peu sur sa natte avant de replonger dans sa torpeur.

Ibn Sina tendit à Salwa des graines de pavot.

— Tu lui feras boire une deuxième décoction au coucher du soleil, ainsi que de l'eau de rose. Dans sa maladie, boire est un facteur de guérison.

— Lorsque je songe qu'hier c'était toi qui t'inclinais devant les adultes et qu'aujourd'hui tu règnes en seigneur sur les crânes blanchis.

— Pardonne-moi bien-aimée Salwa : mais il ne me souvient pas m'être jamais incliné devant qui que ce soit.

— Mon fils, si je n'avais peur d'attiser un peu plus ton orgueil, je te dirais que c'est hélas vrai. Même empêtré dans tes langes tu conservais un port royal ! Mais qu'importe ! tout t'est pardonné, car ainsi qu'il est dit dans le Livre : « Celui qui rendra la vie à un homme, il lui en sera tenu compte comme s'il avait rendu la vie à l'humanité entière... »

Ali commença de ranger son bissac.

— Attends, j'ai quelque chose pour toi, fit la femme.

Il voulut protester, mais elle s'était déjà éclipsée.

Warda se leva à son tour.

— Je ne t'ai pas remercié, dit-elle timidement.

— C'est inutile. Dans le silence de ton cœur je sais qu'il y a tous les mots.

L'adolescente baissa les yeux comme honteuse de constater une fois de plus qu'il pouvait lire en elle avec autant de facilité.

— Ceci est pour toi.

La femme d'el-Aroudi était revenue et lui tendait un objet. C'était une kharmèk, une petite boule en verre bleuté suspendue au bout d'une cordelette. Avant qu'il eût le temps de réagir, elle la glissa par-dessus sa tête et la noua autour de son cou.

— Ainsi, ni la médisance des méchants, ni les démons — fussent-ils aussi redoutables que le terrible dragon que tua l'intrépide Roustam[1] — n'auront de prise sur toi.

— Tu sais, je ne crois guère au mauvais œil. Mais puisque c'est ton désir, je te promets que ce présent m'accompagnera aussi longtemps que je vivrai.

— Crois-moi, mon fils, lorsque le Créateur donne à un même être le génie et la beauté de milliers d'autres, cet homme devra craindre jusqu'à l'éclat du soleil. Warda, reprit-elle en allant s'asseoir au chevet de son époux, sers donc à notre hôte un verre de thé. Il doit avoir soif.

— Ne m'en veux pas, mais il se fait tard, et des invités m'attendent chez mon père.

La femme d'el-Aroudi s'inclina.

— Dans ce cas, paix sur toi, fils de Sina. Tu es véritablement quelqu'un de très particulier.

— Et sur toi la paix. Se tournant vers Warda, il demanda : Me raccompagnes-tu jusqu'au seuil ?

Elle acquiesça avec une spontanéité touchante.

Une fois au-dehors, dans les premières lueurs du couchant, elle sut, sans qu'il y eût besoin d'échanger le moindre mot, que lui aussi avait espéré ce moment.

— Ton travail à l'hôpital n'est-il pas trop pénible ? interrogea-t-elle avec une certaine maladresse.

— L'enseignement et le travail ont valeur de prière. Ils éclairent la route du Paradis, ils nous protègent contre les errements du péché, mais... Il ajouta très vite : parfois le péché aussi à valeur de prière... Warda, mes yeux...

Troublée, elle baissa les paupières tout en se rapprochant de lui. Sous le voile de sa robe, se devinait le galbe ferme de ses seins qui se soulevaient au rythme de son souffle brusquement accéléré.

Depuis que la famille Sina avait quitté Afshana pour venir s'installer ici, à Boukhara, à un jet de pierre de sa maison, elle s'était sentie attirée par lui. Cinq années déjà... cinq années de souvenirs doux comme le miel.

— Donne-moi l'eau de ta bouche..., souffla-t-elle.

Il emprisonna sa cuisse sous la laine crue. Remonta lentement vers la courbe de ses hanches et l'attira contre lui. Leurs bouches se mêlèrent avec douceur, se désunirent pour se reprendre avec plus de ferveur. Leur vêtement leur était devenu une insupportable offense. Il aurait voulu se couler en elle, faire

1. L'équivalent chez les Occidentaux d'Hercule ou d'Achille. *(N.d.T.)*

tomber le mince rempart tissé, ultime obstacle qui séparait leur peau ; éperdu, il chercha à s'écarter, mais elle le retint de toute la force de ses quinze ans.

— Ô mon roi... ne t'en va pas... pas encore.

— Tu as bu à ma bouche Warda. Voilà que maintenant c'est moi qui ai soif ; une soif qui brûle mon corps et consume mes lèvres. Il faut te garder Warda. Nous garder de notre fièvre. Demain... plus tard.

Elle voulut quand même se serrer contre lui.

— Bois... bois en moi, supplia-t-elle.

— Non, mon âme. Mon corps ne se contenterait plus du ruisseau de tes lèvres. Il lui faudrait l'océan pour étancher son désir. Il faut nous garder... Après nous ne pourrons plus.

Il répéta :

— Demain... plus tard...

— Mais je veux... mon cœur...

Il secoua la tête et déposa furtivement un baiser sur son front avant de fuir très vite.

★

Les invités étaient réunis dans le jardinet de la petite maison de pisé, autour d'une table dressée sous un toit de vigne.

A la place de l'hôte se trouvait Abd Allah, le père de Ali. Une soixantaine d'années ; une minceur peu commune et une constitution sèche qui s'était fortifiée avec l'âge. La barbe très blanche, taillée en pointe, encadrait le visage anguleux et ses yeux respiraient une bonté naturelle que rien semblait-il n'aurait pu altérer. Il était natif de Balkh, l'une des quatre capitales de la province de Khorasan. Très tôt Il avait quitté cette ville pour se rendre à Karmaïthan, non loin de Boukhara où il avait vécu quelques années. Il s'était déplacé ensuite pour le village avoisinant d'Afshana où il avait rencontré celle qui devait devenir son épouse. Après la naissance de leurs deux enfants, la famille vint s'installer à Boukhara. Abd Allah y fut nommé collecteur d'impôts, fonction qu'il occupait toujours au service du souverain régnant, Nouh le deuxième.

A ses côtés, son fils cadet, Mahmoud, treize ans.

Bien que d'allure assez chétive, le frère d'Ibn Sina paraissait beaucoup plus grand que son âge. Une frimousse assez ronde et des cheveux frisés lui donnaient, du moins en apparence, un air espiègle et rieur, détaché des choses.

— Quelqu'un désire-t-il une autre galette ?

Sétareh, la mère d'Ali, venait de faire son apparition. Grande, brune, presque longiligne, vêtue d'une robe de laine écrue, elle se mouvait lentement, et son visage à peine ridé exhalait une certaine noblesse. Son prénom voulait dire étoile.

Elle présenta un plat aux invités.

Mahmoud leva spontanément la main.

— Mon frère, n'es-tu donc jamais rassasié ? interrogea Ali avec un sourire moqueur.

— Tu as la mémoire courte, mon fils, gronda Sétareh, à son âge tu mangeais un dattier et le tronc avec !

— Peut-être, mais moi j'en ai profité, rétorqua Ali, volontairement supérieur. Tandis que lui — il montra son frère du doigt — il dévore et n'en tire aucun bénéfice. Il a la taille aussi mince qu'un cheveu. Un coup de vent le balaierait.

Les invités s'esclaffèrent en voyant la mine outrée de Mahmoud.

Depuis toujours, le dernier jour du mois, la plupart des intellectuels de Boukhara avaient pris l'habitude de se réunir dans la demeure des Sina. Ce soir-là, ils étaient quatre.

Hosayn ibn Zayla, l'élève préféré d'Ibn Sina.

Un homme, la soixantaine, le trait assombri par un mince collier de barbe cendrée, du nom de Firdoussi. Ce n'était pas un familier de la maison. Il était de Tüs, un canton du Khorasan, de passage dans la région pour régler une affaire d'intérêts fonciers. On le disait un prestigieux poète.

Se trouvait là également un musicien, el-Moughanni. Mais surtout un personnage considéré par tous ici comme étant un des esprits les plus doués de son temps : Ibn Ahmad el-Birouni. On l'appelait déjà el-oustaz, le maître. De sept ans plus âgé qu'Ali, il avait quitté son Uzbeck natal pour entrer au service de l'émir Nouh le deuxième. C'est lui qui vint au secours de Mahmoud.

— Que mon ongle seul gratte mon dos, que mon pied seul entre dans ma chambre ! Mahmoud mon enfant, balaie donc ces envieux, qu'ils s'occupent de leurs affaires.

— Tu as raison, maître el-Birouni, mais leurs paroles me sont aussi indifférentes que les moustiques sur le bec du faucon !

Et s'adressant à sa mère avec un sourire malicieux :

— Mamèk, une troisième galette ?

— Il faut avouer qu'elles sont délicieuses, fit observer le musicien. Jamais je n'aurais pensé que des galettes sans levain auraient autant de saveur. D'où te vient cette recette ?

La mère d'Ibn Sina baissa les yeux. On aurait dit que la question la gênait.

— Oh ! c'est une coutume ancienne... Ma mère la tenait de sa mère, qui elle-même la tenait de ses lointains ancêtres.

— C'est tout de même curieux, dit le jeune Mahmoud, tu ne cuisines ces galettes qu'une fois l'an. Avec le succès qu'elles ont, tu pourrais être plus généreuse !

Sétareh glissa un regard embarrassé vers son époux, et pour se donner une certaine contenance elle entreprit de faire brûler quelques perles d'encens.

— Parce que c'est ainsi ! Et puis laisse donc ta mère tranquille. Tes questions sont aussi irritantes que le bourdonnement des mouches !

Un peu surpris par la réaction de son père, l'enfant se rencogna dans un coin du divan, la mine boudeuse.

— Vénérable Firdoussi, comment se porte la bonne ville de Tüs ? interrogea el-Birouni.

Firdoussi prit le temps de piocher quelques amandes dans un des nombreux plats disposés sur un grand plateau de cuivre ciselé, avant de répondre avec une certaine lassitude :

— La rivière de Harât défie toujours le soleil, et les contreforts du Binâlound dominent encore le mausolée du bien-aimé Haroun el-Rashid. La ville de Tüs se porte bien.

— Et les tortues ? s'empressa de demander le frère cadet d'Ali. On raconte que là-bas certaines sont aussi grandes que des moutons, et que...

— Mon fils, interrompit Abd Allah, je veux bien imputer l'insignifiance de ta question à ton jeune âge. Nous avons la chance ce soir d'avoir sous notre toit un des plus grands poètes de notre histoire et tout ce que tu trouves à lui demander, ce sont des nouvelles de sa ville ! Interroge-le plutôt sur l'œuvre colossale qu'il est en train de rédiger ! Sais-tu au moins de quoi je parle ?

Mahmoud secoua la tête, gêné.

— Un poème, mon fils. Mais un poème qui défie l'imagination de par son importance.

Se penchant vers Firdoussi, il le questionna :

— De combien de vers est-il composé ?

— Trente-cinq mille à ce jour. Mais je n'en suis qu'à la moitié.

Impressionné, Ali demanda à son tour :

— Il m'a été confié que tu t'inspirais du *Khvatay-nâmâk*, une histoire des rois de Perse depuis les temps mythiques. Est-ce vrai ?

— C'est exact. Et la traduction de ce texte écrit en pahlavi me pose de gros problèmes.

— Quand envisages-tu de terminer ton ouvrage ?

— Hélas, pas avant une dizaine d'années. J'aurais donc travaillé près de trente-cinq ans. Ce qui finalement ne représente qu'un grain de riz au regard de l'éternité !

Un murmure admiratif parcourut l'assistance.

— Trente-cinq ans d'écriture..., souffla le musicien. Si je devais faire vibrer mon luth aussi longtemps, je crois qu'il finirait par chanter tout seul ! Je me demande où un homme trouve l'énergie nécessaire pour accomplir un travail aussi prodigieux ?

Firdoussi fit un geste évasif.

— L'amour, mon frère, uniquement l'amour. Je me suis attaqué à cette entreprise pour les yeux de mon unique fille. En vendant l'œuvre à l'un de nos princes, je pensais obtenir pour elle une dot confortable. Hélas, depuis, la dot s'est transformée en héritage !

— As-tu décidé du titre que tu donneras au poème ?

— Le *Shah-nameh*... Le Livre des Rois. Parfois, lorsque je songe à la longue route qui m'attend, un frisson de crainte envahit mon esprit. Aussi changeons de sujet : maître el-Birouni, parle-nous de l'émir. Est-il vrai que sa santé se détériore chaque jour un peu plus ?

— C'est exact. Nul n'y comprend rien.

— Parce qu'il est entouré d'analphabètes, de lézards ratatinés !

Il désigna Ali.

— Pourtant il est là celui qui pourrait tirer Nouh des griffes de la maladie. Qu'attendent-ils donc pour venir le demander ? Toi, maître el-Birouni, toi qui es dans le secret de la cour, tu dois le savoir.

— Hélas, je n'en sais pas plus que vous. Ils n'ont négligé les conseils d'aucun savant. Lorsque j'ai proposé les services de ton fils leurs visages se sont fermés comme si j'avais injurié le Saint Nom du Prophète. Je ne comprends rien à leur attitude.

Firdoussi hocha la tête tristement.

— Envie, stupidité... ces hommes ne sont bons qu'à allonger leur cou[1], uniquement guidés par leur propre intérêt.

— Et celui de leur patient ? C'est absurde, contraire aux principes sacrés de la médecine !

— C'est sans doute mon jeune âge qui les effraie, fit Ali avec un sourire.

— Tu veux dire qu'il les terrorise ! renchérit el-Birouni. Si par malheur pour eux tu venais à sauver le souverain, le séjour au palais de ces vieillards enturbannés se trouverait sensiblement raccourci. Pourtant, je suis persuadé que ce n'est pas la seule raison de leur rejet ; il doit certainement s'agir d'autre chose.

1. Cette expression signifie aussi postuler, aspirer au pouvoir. *(N.d.T.)*

— L'émir est-il au courant de leur attitude assassine ?

— Nouh II est au bord du coma. C'est tout juste si lui parviennent encore les battements de son cœur.

El-Birouni reprit :

— Mais ce n'est pas uniquement la santé de l'émir qui est en péril : son pouvoir l'est aussi.

— C'était prévisible, renchérit Abd Allah. Depuis quelque temps il se trouve en situation de débiteur. Il a imploré l'assistance des Ghaznawides[1], ces Turcs pouilleux, et l'a obtenue. En échange, il a été obligé de céder la préfecture du Khorasan à Subuktegin et à son fils Mahmoud, que l'on surnomme déjà le roi de Ghazna. Subuktegin est mort, et Mahmoud laisse entrevoir un appétit féroce.

Firdoussi soupira :

— Depuis la conquête arabe et la chute des abbassides, nous courons vers l'abîme. Notre terre est morcelée. Samanides, Buyides, Zyarides, Kakuyides, autant de dynasties et de roitelets qui règnent en pleine confusion. Et dans l'ombre... l'aigle turc qui se joue de nos seigneurs et tire profit de leurs divisions. En réalité, tout ceci ne serait jamais arrivé si pour renforcer leurs armées ils n'avaient acheter sans compter des légions entières d'esclaves, turcs pour la plupart. Ils les ont laissé impunément s'installer dans les plus hauts rangs, les nommant à tour de bras général, écuyer ou maréchal de cour, cédant à toutes leurs exigences. En conclusion, nos princes ont enfanté un dragon qui s'apprête à les dévorer.

— Ah..., soupira Abd Allah en rejetant la tête en arrière, combien le Prophète fut clairvoyant lorsqu'il dit : « Les peuples ont les gouvernants qu'ils méritent... »

Tous approuvèrent unanimement les propos de leur hôte. Et la discussion repartit sur le devenir incertain de la région. C'est le moment que choisirent Ibn Sina et el-Birouni pour se retirer discrètement dans un coin de la cour. L'air de la nuit était doux, plein d'une odeur de musc séché. Ali indiqua un point du firmament.

— Le voile aux sept couleurs...

El-Birouni le dévisagea avec étonnement.

— Pourquoi dis-tu cela ?

— D'après la croyance populaire, l'univers serait composé de sept ciels : le premier serait de pierre dure ; le second, de fer ; le troisième, de cuivre ; le quatrième, d'argent ; le cinquième, d'or ; le sixième, d'émeraude et le septième de rubis.

1. Le nom de cette dynastie a pour origine la ville de Ghazna, aujourd'hui Ghazni, au sud de Kaboul en Afghanistan. *(N.d.T.)*

— C'est original, mais reconnaissons que ce n'est pas très scientifique.

De l'endroit où ils se trouvaient leur parvenaient des éclats de voix passionnées, des bribes de phrases mêlées au chant rassurant d'une fontaine.

En un mouvement affectueux, el-Birouni posa sa main sur l'épaule de Ali.

— Ne nous laissons pas aller à la philosophie. C'est un exercice qui trouble les humeurs. Dis-moi plutôt quels sont tes projets ? On m'a parlé d'un ouvrage que tu serais en train d'écrire, ou ne serait-ce que des rumeurs ?

— Il est vrai que l'écriture m'obsède. Mais je n'ose pas encore. Lorsque l'on a connu Aristote, Hippocrate ou Ptolémée, on se sent malgré soi tout petit.

— Tu ne m'as pas habitué à autant de modestie, fils de Sina. Dois-je te rappeler ton génie ? A dix ans tu savais les cent quatorze sourates du Coran par cœur. Je ne parlerai pas de ce que tu as fait subir à ton infortuné précepteur.

Ali eut un geste de dépit.

— El-Natili ? C'était un âne. Un incompétent.

— Plus d'un maître le serait devenu à tes côtés. Peux-tu imaginer combien il est embarrassant pour un professeur d'avoir à affronter un élève qui non seulement assimile toutes les matières avec une facilité déconcertante, mais qui de surcroît corrige ses énoncés et résout les difficultés mieux que lui !

— Du divin Aristote il ne retenait que la ponctuation, et comprenait moins encore la géométrie d'Euclide.

— Oublions donc ce pauvre el-Natili, qui a d'ailleurs très vite présenté à ton père sa démission. Que penses-tu de ta prestation lors de ton examen de médecine à l'école de Djundaysabur ? Tu ne me contrediras pas si je te dis qu'elle est restée gravée dans plus d'une mémoire.

— C'était il y a deux ans...

— Le 20 de dhû el-qua'da très précisément... Je sais par cœur chaque détail. La salle était noire de monde, ils étaient venus nombreux de tout le pays pour écouter le prodige de seize ans. Il y avait, m'a-t-on dit, des médecins de toute origine, des juifs, des chrétiens, des mazdéens, de ces savants vieillards au visage buriné, le trait raidi par le savoir. Tu te rappelles n'est-ce pas ?

— Je me souviens surtout de mon cœur qui galopait dans ma poitrine !

— Pourtant ce jour-là tu as parlé, et les visages se sont illuminés. L'exposé que tu fis sur l'étude du pouls, l'extraordinaire concision avec laquelle tu décrivis ses différents aspects, cinq de plus que Galien, a frappé tous les esprits.

— Une question d'intuition et de perception. Le Très-Haut devait sans doute me souffler les mots.

— Mécanisme de la digestion, établissement du diagnostic par l'inspection des urines, méningites, régime des vieillards, utilité de la trachéotomie. Serait-ce aussi de l'intuition et de la perception ? Abordant l'apoplexie,tu révolutionnas l'assistance en affirmant qu'elle était due à l'occlusion d'une veine du cerveau, remettant en cause du même coup la théorie de Galien. Serait-ce aussi de l'intuition et de la perception ?

— Ce n'est pas à toi que je dirai que l'aisance apparente ne s'obtient qu'à force de travail. Mais changeons de sujet, et parle-moi de toi. Envisages-tu toujours de quitter Boukhara ?

— Nouh le deuxième est pour moi un bienfaiteur. Mon premier bienfaiteur. Mais j'ai vingt-cinq ans, et la fièvre des voyages me poursuit. Pour tout t'avouer, je pars demain.

Ali haussa les sourcils.

— Oui, tu es en droit d'être surpris. D'ailleurs tu es le premier à l'apprendre. Je me rends à la cour de Gurgan, auprès de l'émir Kabous ; il est rentré d'exil. Là-bas, il me semble que le climat sera propice à l'écriture, car je ne te cache pas que moi aussi je songe sérieusement à composer un ouvrage important qui traiterait, entre autres, des calendriers et des ères, de problèmes mathématiques, astronomiques et météorologiques. Après...

— Ainsi tu te mets au service du « chasseur de cailles »... Il passe pourtant pour un prince d'une grande cruauté.

— C'est peut-être vrai. Mais des hommes comme toi et moi ont-ils le choix de leurs maîtres ? Nous ne sommes que des fétus de paille sous le souffle de nos mécènes.

— Je ne sais pas pour toi, el-Birouni, mais je peux t'assurer que certains souverains, aussi généreux soient-ils, ne m'auront jamais à leur service : les Turcs, les Turcs sont de ceux-là ! Le fils de Sina ne courbera jamais l'échine devant un Ghaznawide.

— Chacun voit le soleil où il veut... Mais pour revenir au chasseur de cailles, j'aimerais te préciser que sa cruauté n'est pas le seul trait de sa personnalité. Il a acquis un grand renom comme savant et poète. Mais j'y songe, pourquoi ne m'accompagnerais-tu pas à Gurgan ? Kabous serait, j'en suis sûr, très honoré. De plus, tu percevras un salaire bien plus confortable que celui que te verse actuellement l'hôpital de Boukhara.

— Ton invitation me touche. Mais je n'ai encore que dix-huit ans et je me dois de demeurer auprès de mes parents. En quittant le Khorasan j'aurais l'impression de les abandonner. Mais sois convaincu que quoiqu'il arrive, où que je sois, je te garderai en mon cœur.

— Pour moi ce sera pareil. Nous resterons en relation, nous nous écrirons aussi longtemps que le Très-Haut le permettra.

— Alors vous deux, vous refaites le monde ?

La voix péremptoire d'Abd Allah vint interrompre les deux jeunes gens.

Ali répondit en souriant :

— Non, père, nous en préparons un neuf.

— Eh bien, abandonnez-le quelques instants et venez donc écouter le luth d'el-Moughanni. Il est salutaire parfois de se distraire de la gravité des choses.

Déjà les premières notes animaient le soir. Ils retournèrent auprès du groupe et Ali alla s'asseoir auprès de Sétareh. Spontanément il prit la main de sa mère dans la sienne et ferma les yeux, se laissant aller à la magie de la musique.

La vigne bougeait à peine sous la brise légère et lourde à la fois des odeurs de la nuit. On devinait le chant pur de la fontaine qui courait secrètement à la rencontre du luth pour se confondre en lui, se nouer à ses cordes, ajoutant à l'enchantement de l'heure. Alors à travers ses paupières closes, il se mit à rêver au visage angélique de Warda.

Deuxième makama

Ali souffla la lampe à huile et repoussa son livre d'un geste brusque.

Furieux, il se mit à fixer le jardinet au-dessus duquel tremblaient déjà les premiers rougeoiements de l'aube.

C'était la quarantième fois qu'il relisait cette *Théologie* d'Aristote. Il en savait chaque ligne par cœur, chaque détour. Cependant elle lui demeurait toujours inaccessible. Deux ans plus tôt, il avait cru, grâce à un ouvrage d'el-Farrabi acquis pour un prix dérisoire chez le libraire de Boukhara, percer enfin les secrets du philosophe grec. Non. Il devait s'avouer vaincu. Le voile un instant levé était retombé, recouvrant son esprit de ténèbres.

Contradictions. Confusions. Comment était-ce possible ? Aristote représentait à ses yeux le génie, la science parfaite. La superbe maîtrise. C'était son maître depuis toujours. Et son maître le décevait. Cette idée même faisait naître en Ali un sentiment de révolte et de colère. Il préférait se convaincre que c'était le disciple qui manquait de clairvoyance[1].

Il s'empara de la cruche de vin épicé et acheva de boire les dernières gouttes. Puis après un temps d'hésitation, il se leva et

1. En réalité, ce qu'Ibn Sina croyait être la *Théologie* d'Aristote n'était en fait que des extraits des *Ennéades* de Plotin attribués à tort au philosophe grec. Cette erreur d'attribution pèsera sur toute son œuvre philosophique. *(N.d.T.)*

retira du coffre en bois de cèdre aligné contre le mur un tapis de soie.

La prière, songea-t-il. Depuis toujours elle lui avait été salutaire. Chaque fois qu'il avait été confronté à un problème ardu, c'était dans le silence souverain de la mosquée qu'il avait trouvé la voie. Allah est le miroir. Il est le reflet suprême de la vérité.

Il déroula la sedjadeh et s'y tint debout, les bras tendus le long du corps, tourné vers La Mecque.

Fermant les yeux, il récita le prélude à l'acte sacré : Dieu est Grand, et déclama ensuite la *fatiha*. En un mouvement souple et lié il inclina le tronc jusqu'à ce que ses paumes effleurent ses genoux, s'agenouilla, touchant le sol du front, et reprenant la station debout il éleva les mains.

— Il n'est de Dieu que Dieu, et Muhammad est son Prophète.

Là-bas, dans le lointain, Boukhara s'éveillait. Mais, tout à sa prière, Ali ne l'entendait pas. Il n'entendit pas non plus la porte qui s'entrouvrait sur son père.

Abd Allah pénétra dans la pièce et s'installa sur le bord du lit, attendant patiemment que son fils acheva son action de grâces avant de l'interpeller.

— Je suis lassé de toi, commença-t-il d'une voix ferme.

Ali leva un regard surpris vers le vieil homme qui poursuivait :

— Je ne sais pas si tu es conscient de la manière dont tu vis. Tu cours à l'épuisement. Tu as dix-huit ans. Rarement couché avant l'aube, tu ne dors qu'une heure ou deux.

Il s'interrompit, désignant les manuscrits éparpillés sur la table.

— Le Très-Haut seul sait où te mènera ta quête. Je la crois bénéfique. Par contre, ceci...

Son index pointa la cruche.

— Ceci... c'est le diable ! Crois-tu pouvoir conserver longtemps ta lucidité ?

Ali secoua la tête avec un certain dépit.

— Père. Je te l'ai déjà dit. Le vin est un stimulant indispensable à ma concentration.

— Tu sais pourtant la réponse du Prophète que l'on interrogeait sur la question : Ce n'est pas un remède, c'est une maladie !

— La science nous explique que ce qui est néfaste pour l'un, peut être bénéfique pour son frère.

— *Tcharta parta* ! Babillage ! Je te rappellerai aussi que Muhammad était d'avis de faire administrer quarante coups de branches de palmier au buveur invétéré ! Et sache que, malgré tes dix-huit ans et ta taille de chameau, je me sens encore le bras assez ferme pour t'appliquer ce châtiment !

Ali posa un regard attendri sur le vieil homme.

— Père, je sais ta force. Aussi je ferai de mon mieux. Dès ce jour je boirai du vin de Bousr au lieu du Tamr, on le dit plus léger.

Abd Allah conserva un temps de silence avant de reprendre d'une voix radoucie.

— En réalité mon fils, tu n'es pas entièrement responsable. Les périls du vin sont le fait de ces commerçants chrétiens et juifs. S'ils ne s'étaient pas ligués pour importer cette infâme décoction du fin fond de l'Egypte ou de Damas, l'Islam conserverait encore sa pureté ! Qu'ils brûlent donc et que leurs corps souillés soient réduits en cendres dans la fournaise !

Ali agréa avec un léger sourire.

— J'aurais aimé poursuivre ce dialogue, mais il se fait tard. Le bimaristan[1] m'attend. Je dois aussi rendre visite à notre voisin.

— Va donc, mon fils, murmura Abd Allah avec une certaine lassitude. Et que l'Invincible te protège des tentations de ce bas monde...

Une heure après, Ali arrivait en vue de l'hôpital. Le soleil de ce début de dhù el-hijà n'avait pas encore atteint son apogée dans le ciel, mais déjà une chaleur moite se répandait à travers les venelles de la cité. Il songea aux malades alités sur leurs nattes inconfortables, et son cœur se serra.

« L'été est encore plus impitoyable pour ceux qui souffrent... »

Si le confort contribuait au bien-être des malades, celui de l'hôpital de Boukhara était bien modeste. On ne pouvait le comparer aux fastueux bimaristan de Raiy ou de Bagdad qui faisaient la gloire du pays.

Il franchit le seuil, dépassa le dispensaire ambulant, et déboucha sur la cour où régnait une agitation inhabituelle. Ce 3 de dhù el-hijà, juillet pour les chrétiens, était jour d'examens, et les aspirants à la profession médicale se pressaient en rangs compacts à l'ombre du grand iwan, la vaste salle couverte, limitée par trois murs.

A la vue d'Ibn Sina, il s'instaura un silence immédiat, suivi de commentaires respectueux et admiratifs. Il salua le groupe d'un mouvement de la tête et pénétra dans l'édifice. Il devait reconnaître que cette lueur révérencieuse qu'il lisait parfois dans le regard des autres ne le laissait pas indifférent.

1. Hôpital. Du persan *istan* qui signifie le lieu, et *bimar*, malade. *(N.d.T.)*

Il parcourut le long couloir qui conduisait jusqu'à la salle de garde, où il trouva son confrère, Abou Sahl el-Massihi, plongé dans un recueil d'observations.

— Réveil heureux ! Je m'inquiétais, cheikh Ali. Il n'est pas dans tes habitudes d'être en retard.

— Réveil lumineux, el-Massihi. Je suis désolé, j'ai dû me rendre au chevet d'el-Aroudi, notre voisin. Et ici ? De nouvelles entrées depuis avant-hier ?

— Le Très-Haut nous en préserve : nous avons déjà assez de mal à nous occuper des patients actuels !

— Comment évolue le cas du petit Ma'moun ?

— Stationnaire, hélas. Aucun changement.

— Je vais en profiter pour le présenter aux étudiants. Sont-ils arrivés ?

El-Massihi se décida à refermer son livre, et répondit avec un sourire en coin :

— A moins d'être inconscient, je ne connais pas dans toute la Perse un candidat à la licence qui manquerait un cours donné par le célèbre Ibn Sina !

— Je reconnais bien là l'ironie familière du dhimmi ! Méfie-toi, chrétien : tu connaîtras un jour le même sort que ton prophète !

El-Massihi haussa les épaules d'un air désabusé.

— Fils de Sina, si tu cherches à irriter mes humeurs, je te préviens, tu vas au-devant d'une amère déception.

Dans les premiers temps, le seul mot de *dhimmi* plongeait el-Massihi dans une fureur indescriptible ; aujourd'hui il n'éprouvait plus qu'indifférence. C'est par ce surnom que l'on interpellait les chrétiens, les juifs et les étrangers qui obtenaient pour un temps bref le droit de séjourner en terre d'Islam. De lointaine descendance nestorienne, el-Massihi avait toujours eu du mal à accepter ce qualificatif qu'il jugeait discriminatoire ; d'autant que derrière ce mot se cachait une série de tracasseries et de mesures vexatoires, allant de l'interdiction de s'habiller à l'arabe jusqu'au paiement d'un impôt. Mais le plus éprouvant était sans doute l'obligation de porter un signe distinctif : pour le juif, c'était une écharpe jaune, pour le chrétien, une ceinture de couleur noire. Seule sa fonction de médecin avait permis à el-Massihi d'éviter le port de ces signes barbares.

Il reprit d'une voix monocorde :

— Vous les musulmans, vous avez tendance à oublier que ce sont les médecins chrétiens et juifs qui ont présidé aux premiers travaux de traduction des ouvrages grecs, et qui furent vos initiateurs.

— Pour un médecin chrétien, mille médecins arabes ou persans : el-Razi, Ibn Abbas et...

— Cheikh el-raïs ! Aie pitié de ton frère, je connais cette liste par cœur.

Devant la mimique affolée de son ami, Ibn Sina partit d'un irrésistible éclat de rire. Il fallait préciser que chez cet homme d'une trentaine d'années, petit, trapu, la panse épanouie, le visage imberbe et rondouillard, la moindre expression devenait comique. Dès leur première rencontre, et malgré la différence d'âge, Ali avait tout de suite éprouvé pour le médecin chrétien un sentiment de sympathie, qui s'était transformé en une amitié respectueuse. Car derrière l'homme il y avait aussi le savant et le maître. Déjà bien avant de le connaître, Ibn Sina avait pu apprécier ses grandes compétences en compulsant *Les Cents*, un manuel de médecine réputé à travers toute la Perse dont el-Massihi était l'auteur. Plus tard l'homme le conseilla et guida ses premiers pas. Des nuits entières, il développa pour lui Galien, Hippocrate, Paul d'Egine, Oribase, le célèbre *Livre royal* du médecin zoroastrien Ibn Abbas. Et aujourd'hui, si Ali pratiquait avec autant de maîtrise cet art sacré qui consiste à faire reculer la mort, c'est sans nul doute au chrétien qu'il le devait.

— Rassure-toi, je t'épargnerai puisque tu m'implores. D'ailleurs il me faut commencer ma visite. M'accompagnes-tu ?

El-Massihi était déjà debout.

— Fidèle sous la torture... Il ne sera pas dit qu'un descendant de nestorien aura faibli un jour sous le joug de l'Islam !

Une odeur âcre prit les deux hommes à la gorge dès qu'ils atteignirent l'entrée de la première salle. Ali, redevenu grave, écarta la tenture de pourpre qui délimitait le seuil, et observa les rangs serrés des malades alignés le long des murs de terre cuite.

— Cheikh el-raïs. Nous sommes à ton service.

Ali reconnut en celui qui venait de l'aborder el-Hosayn ibn Zayla, un zoroastrien, originaire d'Ispahan, un de ses élèves les plus attentifs, qui lui vouait une grande admiration. C'était un parsi, un de ces adeptes de la religion du feu enseignée par Zarathoustra, qui se refusaient toujours à se convertir à l'Islam.

— Très bien. Nous allons commencer par un cas qui me tient particulièrement à cœur.

Il invita le petit groupe qui l'attendait respectueusement à le suivre. Si Ibn Zayla avait quatre ans de plus que son maître, certains parmi ses compagnons qui aspiraient à la licence, dépassaient la quarantaine.

Ils se déplacèrent rapidement jusqu'au chevet du malade choisi par le cheikh : il s'agissait d'un enfant d'une dizaine d'années, le visage très pâle, qui dormait.

— Ecoutez attentivement. J'ai moi-même examiné cet enfant avant-hier. Voici les signes présentés : fièvre intense, confusion mentale, la respiration est rapide et irrégulière. J'ai pu observer des convulsions localisées et généralisées. Le sommeil est agité, accompagné d'hallucinations. Le malade pousse des cris et ne peut supporter la lumière. Maintenant quelqu'un parmi vous peut-il me suggérer un diagnostic ?

Dans un silence recueilli, les étudiants s'étaient spontanément groupés en demi-cercle autour du lit.

Un des candidats, le plus âgé, commença d'une voix hésitante :

— Cheikh el-raïs, il me semble que ces symptômes laissent entrevoir une paralysie faciale.

— Sais-tu vraiment les signes annonciateurs de la paralysie faciale ?

— Heu... ceux-là mêmes que tu viens de citer cheikh el-raïs : des convulsions localisées et généralisées, et...

— As-tu vérifié si l'enfant souffrait de troubles de la sensibilité ? Sa paupière inférieure est-elle tombante ? As-tu constaté une augmentation salivaire ? La peau de l'une de ses joues est-elle flasque ?

— Je... il me paraît que...

— Réponds ! As-tu constaté de tels symptômes ?

— Non, cheikh el-raïs. Mais...

— Alors, tu fais erreur mon frère. Autant confondre chameau et faucon !

L'homme baissa la tête, sous l'œil moqueur de ses camarades.

— Alors, reprit Ibn Sina, y a-t-il ici quelqu'un capable de proposer un diagnostic sur le cas de cet enfant ?

— Peut-être souffre-t-il d'une fièvre éruptive ? proposa un jeune homme aux traits ronds, pris dans un collier de barbe rase couleur de poix.

— Ta confusion est pardonnable. Car dans certaines de ces maladies, apparaissent aussi des maux de tête violents, un sommeil troublé accompagné de fièvre. Mais si cela était, les yeux de cet enfant seraient rouges et larmoyants, il aurait la respiration gênée et la voix enrouée. Des symptômes que je n'ai pas mentionnés. D'autre part...

— Je sais de quoi souffre le malade ! interrompit brusquement Zulficar, l'homme qui quelques instants plus tôt avait suggéré une paralysie faciale.

Ibn Sina fit une brusque volte-face et vrilla son œil noir dans celui de l'impétueux élève.

— Je t'écoute, mon frère.

— Une phtisie !

— C'est bien. C'est même excellent. Tu possèdes certainement un sens divinatoire. C'est un don admirable.

Un sourire béat éclaira le visage de l'homme qui bomba le torse fièrement.

— Un don admirable, enchaîna Ibn Sina, mais dont la science parfaite qu'est la médecine n'a que faire. Un médecin n'est ni un voyant ni un alchimiste ! C'est un savant !

Il avait presque crié les derniers mots, bouleversant du même coup les traits de son élève.

— Par quel enchantement perçois-tu une inflammation de la plèvre qui aurait gagné le poumon ? Tu es un âne, mon frère ! Un âne !

Au bord de l'évanouissement, l'étudiant quinquagénaire se replia sur lui-même à la manière d'une feuille que la flamme effleure. Il saisit brusquement la main d'Ibn Sina et chercha à la baiser.

— Pitié, pitié cheikh el-raïs, mais il faut que j'obtienne cette licence. J'ai une femme et six enfants à nourrir.

Ali se recula, choqué, et médita un moment avant de déclarer :

— Soit, médecin tu seras. Mais médecin de ta famille uniquement, et avec la promesse formelle de ne jamais lui prescrire que de l'eau de fleur d'oranger.

Déconfit, l'homme se releva et, après un dernier regard vers l'enfant alité, le dos voûté il se dirigea vers la sortie. Presque immédiatement un autre élève, plus jeune, l'imita.

— Où vas-tu ? Ma recommandation ne s'adressait qu'à cet homme.

— J'ai bien compris cheikh el-raïs, mais il m'est impossible de maintenir ma candidature.

— Et pourquoi donc ?

— Celui que tu viens ainsi de sermonner n'est autre que mon maître. C'est de lui que je tiens toutes mes notions de médecine.

Ali eut un geste fataliste.

— Dans ce cas...

— Comme disait le grand Hippocrate, commenta el-Massihi amusé par l'incident, la vie est courte, mais l'art est long, l'opportunité fugace, l'expérimentation dangereuse, et le jugement ardu !...

— Tu parles d'or, Abou Sahl, mais revenons à cet enfant. Faudrait-il que je répète les traits essentiels de mon analyse ?

— Ce ne sera pas nécessaire, cheikh el-raïs. Il me semble avoir trouvé.

Ali se retourna vers Ibn Zayla.

— Je crois que nous avons affaire à une inflammation des enveloppes du cerveau, localisée sur les méninges.

— Ton jugement vient tard mais à propos. Tu as vu juste. Nous sommes bien devant un sersâm aigu, une méningite. Mais à ton avis est-elle à son stade terminal ?

Ibn Zayla réfléchit un moment avant de demander :

— La langue est-elle paralysée ?

— Non.

— L'insensibilité est-elle générale ?

Ibn Sina secoua la tête.

— Y a-t-il refroidissement des extrémités ?

— Aucun de ces signes ne m'est apparu.

— Dans ce cas cheikh el-raïs, on peut dire que l'affection n'a pas encore atteint le stade irréversible.

Ibn Sina croisa les bras et jaugea son élève avec satisfaction.

— Prenez exemple sur l'analyse de ce jeune homme. Elle est en tout point conforme à la démarche d'un homme de science : observation, réflexion, déduction. Telle est la ligne de conduite qu'il vous faudra adopter toute votre vie si vous voulez un jour maîtriser cet art parfait qu'est la médecine. Néanmoins, pour revenir au sersâm il me faut préciser ceci : de tout temps, les anciens ont confondu la méningite et les affections aiguës accompagnées de délire. Ne manquez pas de séparer nettement ces deux maladies. Maintenant passons au cas suivant.

Le soleil était à son déclin lorsqu'ils parvinrent au chevet du dernier malade. Il s'agissait d'une femme d'une quarantaine d'années, à la peau brune. En dépit de ses traits bouffis par le vin et la vie, on devinait qu'elle avait dû être assez belle dans sa première jeunesse. Son ventre rond et proéminent ne laissait aucun doute sur la raison de sa présence au bimaristan.

— Ton enfant s'annonce pour bientôt, déclara Ali avec un sourire.

Contre toute attente la femme poussa un cri et déchira avec rage le haut de sa robe.

Surpris, il se pencha vers elle.

— Est-ce d'avoir couché trop longtemps dans la maison du laveur des morts qui t'a contaminée ? Ne sais-tu pas que ce geste est signe de deuil ?

La femme lui lança un coup d'œil méprisant.

— Et toi, ne sais-tu pas que seule la femme qui craint la stérilité va dormir chez le laveur des morts ? Pour une femme comme moi, c'est la fertilité qui est une malédiction. Je suis comme une chatte qui ne cesse de porter ! Il suffit qu'un homme se déshabille sous mes yeux pour que je sois engrossée. J'en suis à mon cinquième enfantement !

— Une naissance est un bonheur. Un témoignage de l'amour d'Allah, se récria el-Massihi. Tu devrais au contraire rendre grâce au Très-Haut.

— Et mes clients ? Crois-tu qu'ils me rendront grâce ? Et lorsque je rentrerai la nuit tombée sans avoir gagné le moindre dirham, mes enfants loueront-ils Allah ?

Ibn Sina s'agenouilla auprès de la femme et demanda à el-Massihi :

— Passe-moi la verge du gouvernement.

Le médecin n'eut pas l'air surpris par l'étrange requête de son collègue. En effet, c'était ainsi que les filles de mauvaise vie avaient surnommé l'instrument qui permettait d'explorer les cavités de l'organisme[1].

Aussitôt la femme serra les cuisses avec détermination :

— Médecin, écarte cet objet infâme ou tu le regretteras !

— Dans ce cas que désires-tu ? interrogea Ibn Sina avec impatience.

— Qu'on me vide les entrailles. Qu'on me débarrasse de cette bouche que je ne pourrai pas nourrir !

— Comme tu voudras. Mais sais-tu au moins comment j'opérerais si je décidais de chasser cette vie de toi ?

Elle secoua la tête.

— Je vais t'expliquer...

Ali reprit en détachant volontairement les mots :

— Il faudra d'abord t'administrer des remèdes propres à cet effet. Des remèdes qui n'ont pas tous un goût agréable. Lorsque la nausée gagnera ton corps, et le vertige ton esprit, je dilaterai l'orifice de ton bas-ventre et j'y porterai la main armée d'un crochet que j'enfoncerai ensuite dans les orbites de ton enfant, dans sa bouche ou encore sous son menton.

Il marqua un temps d'arrêt pour juger de l'effet de ses paroles, et constata que l'indifférence de la femme avait sensiblement fondu. Il enchaîna :

— Pour remédier à l'inconvénient qui portera la tête vers le côté opposé à celui où j'aurai planté mon crochet, j'en installerai un deuxième dans l'autre sens. Dans une oreille ou dans une joue. Ensuite je m'efforcerai d'extraire l'enfant. Noyés de sang et d'humeurs tes chairs et tes os se briseront sous mes efforts, et tous les champs de pavot d'Ispahan n'apaiseront pas ta souffrance, et tes cris retentiront jusqu'aux portes de la Ville-Ronde.

— Arrête, gamin de malheur ! Arrête !

La femme se couvrit les oreilles, mais Ali poursuivit, imperturbable :

1. Ce que les médecins appellent de nos jours le spéculum. *(N.d.T.)*

— Dans l'état avancé de ta grossesse, les membres de ton enfant ont atteint leur parfaite évolution, par conséquent il est fort probable que la tête sera trop volumineuse ; je serai donc forcé de la dépecer. Veux-tu que je t'explique le détail de cette ultime opération ?

La femme secoua la tête affolée, et s'enfouit sous le drap.

— C'est bien... Te voilà revenue à de meilleurs sentiments. Désormais n'oublie pas ceci : la mort accomplit parfaitement son funeste travail ; alors ne réclame jamais d'un homme, encore moins d'un médecin, de lui prêter main-forte.

Troisième makama

Warda... Elle était là. Nue. Allongée sur lui. Sa peau sentait la pêche et la grenade. L'amande de ses yeux dormait dans son regard. D'où leur venait ce besoin insatiable de marier leurs corps, les parcelles les plus intimes de leur être ? Il murmura d'une voix presque imperceptible :

— C'est toi... Tu es le limon dont je fus tiré. C'est de toi que je vis en ce moment.

Elle garda le silence et pressa ses jeunes seins contre son thorax avant d'enfouir sa tête dans le creux de son épaule. Sur la joue de Ali son souffle était doux comme le ventre du moineau.

Comment aurait-il pu lui résister plus longtemps ? Il aurait dû planter des lames acérées dans ses propres prunelles, ou mourir, puisque seule la mort guérit de l'amour.

Il emprisonna dans ses paumes les globes superbes de sa croupe. Il les frôla, puis les caressa avec impudeur. Sa caresse remonta jusqu'à ses hanches, son dos, jusqu'à ce qu'avec l'impatience de ses dix-huit ans, la saisissant par les épaules, il la relevât, déplaçât son corps sous le sien, la soulevât presque, pour qu'elle reçût toute sa virilité.

Bouleversée, elle sentit la braise qui pénétrait pour la première fois le secret de sa chair, enflammant son ventre, cristallisant, dans ce berceau jusque-là vierge, la souffrance et le plaisir. Elle ferma les yeux. Enserra instinctivement ses cuisses, envahie par la crainte soudaine que la nuit ne se dérobât. Ses lèvres murmurèrent des mots, des mots lointains et vagues, des mots comme des fruits qui auraient eu la saveur de l'amour et de la peur.

Alors les premières vagues de plaisir succédèrent à la morsure qui jusque-là avait tourmenté sa chair. Maintenant Warda n'était plus deux. La femme avait emporté l'enfant, prenant possession de tout son être, et lui soufflait que dans cette union magique il devait y avoir les promesses d'une volupté plus grande encore. Elle devinait cela. Son instinct le lui disait. Elle était comme au pied d'une montagne dont on entrevoit confusément la crête.

Est-ce lui qui sut lire en elle ? Ou bien trouva-t-elle seule la voie ? Ni l'un ni l'autre n'auraient pu le dire. Au moment où la jouissance déferla dans son corps, Warda poussa un cri, le corps secoué de soubresauts. Elle bascula en arrière sous les coups de boutoir du plaisir, éperdue, chavirée.

Et quand elle s'écroula sur lui, il entendit qu'elle pleurait.

— Je t'aime, ma Warda. Je t'aime comme on aime le bonheur et le soleil.

La jeune fille se serra plus fort contre lui.

C'était l'aube. L'heure du sahari. Ils avaient passé la nuit allongés sur une natte de fortune dans cette hutte abandonnée hors de la ville.

D'ici, à travers les branchages, on pouvait apercevoir dans le lointain l'ombre sévère du Kouhandiz, la citadelle de Boukhara, qui dominait la partie haute de la cité, et plus à l'est la flèche du minaret prolongeant vers le ciel l'ancienne mosquée de Koutayaba transformée en maison du Trésor, où travaillait le père d'Ali.

Il chercha à nouveau ses lèvres, et leurs salives se mêlèrent apaisantes comme l'eau des sources du Mazandaran.

— Ali ! Mon frère, es-tu là ?

Le cri les fit sursauter presque en même temps. Affolée, Warda se détacha du corps de son compagnon, cherchant maladroitement à protéger sa nudité.

La voix s'éleva, plus pressante.

— Ali ! C'est moi Mahmoud !

— Ne crains rien, chuchota Ibn Sina en recouvrant le corps de la jeune fille. C'est mon frère.

Se redressant, il enfila sa djubba, un manteau de laine, et il passa la tête dans l'ouverture de la hutte.

— Je suis là. Que me veux-tu ?

L'enfant, qui n'était plus qu'à quelques pas, s'immobilisa le visage noyé de sueur, et laissa retomber avec soulagement ses bras le long du corps.

— Allah soit loué ! Je t'ai trouvé enfin...

— Que se passe-t-il ?

— Toute la ville te recherche. Ils ont soulevé les maisons et les ruelles. Ils...

— De qui parles-tu ?

— Les gardes. Les gardes du palais. On te réclame au sérail.

Le visage d'Ali se tendit d'un seul coup.

— L'émir ?

— L'émir se meurt...

★

Une atmosphère oppressante régnait dans la chambre où reposait Nouh le deuxième, fils de Mansour.

Dans un brûloir de bronze se consumaient lentement des parfums rares, qui s'envolaient en spirales vers les mouqarnas, les stalactites de pierre purement ciselées. Eclairé par des lustres de cuivre et de grands chandeliers d'argent, avec ses murs recouverts d'alvéoles, l'endroit faisait songer à une ruche éblouissante emprisonnée sous un ciel d'émeraude.

Nouh, le visage émacié, les paupières closes, était couché au centre de la pièce, sur un immense lit de bois incrusté d'ivoire et de nacre. Par moments il entrouvrait les yeux, on aurait dit qu'il tentait de déchiffrer le canevas de mots extraits du Coran, gravés le long des frises du plafond. A son chevet se tenaient des personnages aux mines graves. Le chambellan, le cadi[1], des écuyers, des dignitaires figés dans des kaftans couleur de ciel, le jurisconsulte el-Barguy, ainsi que le vizir Ibn el-Sabr, drapé dans une burda damassée aux couleurs ocre et noir.

Debout près de l'émir, Ibn Sina devinait les regards braqués sur lui. On guettait chacun de ses gestes, on cherchait à décrypter sa pensée. Il aborda Ibn Khaled, un personnage austère, âgé d'une soixantaine d'années, médecin personnel du souverain.

— Raïs... j'aimerais connaître l'historique de la maladie.

Le surnom de raïs, employé sciemment par Ibn Sina, avait dû flatter le médecin, car une lueur attentive illumina d'un seul coup son œil jusque-là méfiant.

— Tout a commencé il y a plus d'un mois. Notre émir bien-

1. Le cadi est une sorte de juge. Selon la loi musulmane, il tranche de toutes les affaires, du civil au pénal. Mais mon maître devait m'expliquer que sa compétence s'étendait surtout aux questions qui sont en rapport plus étroit avec la religion. Il me cita à titre d'exemple : le droit familial ou successoral et les fondations pieuses. (Note de Jozjani.)

aimé s'est réveillé en se plaignant de coliques très violentes et de brûlures d'estomac. Je l'ai examiné et, n'ayant rien découvert de significatif, j'ai prescrit une décoction de mélia, qui, comme tu le sais, est un analgésique efficace. J'ai aussi conseillé la noix des Indes. Ce qui me paraissait...

Ali l'interrompit.

— Pardonne-moi vénérable Khaled, mais revenons à l'historique. Y a-t-il eu d'autres symptômes à part les coliques et les brûlures d'estomac ?

— Un arrêt du transit intestinal.

— As-tu examiné la paroi abdominale ?

— Bien sûr. J'ai remarqué qu'elle était particulièrement sensible dans son ensemble. Très douloureuse au toucher.

— Et... tu as donc conseillé un laxatif.

— Naturellement : de la rhubarbe.

Ali fronça les sourcils.

— Ne serais-tu pas d'accord sur l'emploi de la rhubarbe ?

— C'est la prescription d'un laxatif qui ne me paraissait pas très souhaitable.

Le médecin voulut protester, mais Ali anticipa.

— Ensuite, quelle fut l'évolution ?

— Des vomissements.

— En as-tu étudié l'aspect ?

— Il s'agissait de vomissements de couleur noirâtre.

— Puis ?

A ce point de l'interrogatoire, Ali crut sentir une certaine gêne chez son interlocuteur. Il dut répéter sa question.

— Des diarrhées, des diarrhées spontanées. Mais je peux affirmer, j'affirme que ces diarrhées n'étaient en aucun cas provoquées par la rhubarbe !

— Aucune importance, vénérable Khaled, poursuivons.

— C'est alors qu'il se produisit quelque chose d'assez désarmant. Tous ces signes se sont résorbés d'un seul coup, comme par magie. Nous avons même pensé que la maladie s'était éteinte par la miséricorde d'Allah. Mais hélas, quelques jours plus tard, le cycle a repris : douleurs, brûlures, arrêt du transit, diarrhées spontanées et vomissements.

— Avez-vous effectué des saignées ?

— A maintes reprises. Sans résultat.

Une nouvelle expression contrariée apparut sur les traits d'Ibn Sina.

— Le célèbre cheikh el-raïs serait opposé à la saignée ?

Celui qui venait de s'exprimer l'avait fait avec une agressivité à peine voilée.

— Qui es-tu ?

— Ibn el-Souri. On m'a fait venir de Damas.

— En Syrie n'apprend-on pas aux étudiants que dans certains cas la saignée peut être mortelle pour le patient ?

Le médecin s'esclaffa.

— A dix-huit ans tu te juges déjà au-dessus du grand Galien ? De tout temps la saignée fut l'arme thérapeutique par excellence !

— Je ne suis pas ici pour exposer mon opinion sur Galien, non plus que pour t'éclairer sur l'usage de la saignée. En revanche, si tu veux suivre des cours, ce qui me paraît une démarche souhaitable, sache que j'enseigne tous les jours au bimaristan.

Sans attendre la réplique du Syrien, il se pencha vers Ibn Khaled :

— As-tu autre chose à me dire ?

Le médecin conserva le silence, puis il saisit Ali par le bras et le conduisit jusqu'au lit. Là, il écarta le drap d'un geste brusque, découvrant ainsi le corps du prince.

— Regarde.

Dans un premier temps, il ne constata rien de particulier. Ce fut seulement après une observation plus minutieuse qu'il remarqua la position curieuse dans laquelle se trouvaient le médius et l'annulaire de chaque main. Les deux doigts étaient en partie repliés, et cornus. Il essaya de dénouer les phalanges mais elles se refusèrent à toute extension. Il souleva les bras du souverain, les relâcha, pour constater qu'ils retombaient de chaque côté du corps comme deux masses privées de vie.

— Paralysie bilatérale des membres supérieurs...

— C'est exact. Et j'ai bien peur que ce ne soit irréversible.

— Je ne serais pas aussi affirmatif.

— Dans ce cas, le cheikh el-raïs pourrait-il nous faire l'honneur d'un diagnostic ?

Ali n'eut pas besoin de se retourner pour savoir qui était l'auteur de la question. Il glissa un œil indifférent vers le Syrien et se retira dans un coin de la pièce où il parut méditer.

— Quelqu'un parmi vous peut-il me dire dans quoi s'abreuve l'émir ?

L'assistance le dévisagea avec surprise.

— Dans une coupe évidemment, répondit une voix.

— De quelle sorte ?

— De quelle sorte veux-tu qu'elle soit ? répliqua Ibn Khaled avec une pointe d'irritation. Comme toutes les coupes : en terre cuite.

— Puis-je en voir une ?

— Je ne vois vraiment pas l'intérêt d'une telle demande !

Ali insista.

D'un geste agacé Ibn Khaled frappa dans ses mains. Un serviteur apparut.

— Apporte-nous donc une des coupes dont se sert le souverain !

— Et profites-en pour la remplir de vin ! ajouta le Syrien avec mépris. Notre très jeune ami ici présent en est, paraît-il, déjà grand amateur !

Le regard rivé sur l'homme, Ali murmura :

— Dieu cerne les incrédules de tous les côtés. Peu s'en faut que l'éclair ne leur ôte la vie...

— Et voilà qu'il cite le Livre ! répliqua le Syrien, amusé.

Le serviteur revint enfin avec l'objet demandé. On le remit à Ali qui le fit tourner dans sa paume, et le rendit.

— C'est bon, dit-il doucement.

Sans plus attendre, sous l'œil circonspect de l'assistance, il retourna auprès du lit et désigna la bouche de l'émir.

— C'est là que devrait se trouver la confirmation du diagnostic.

Il s'agenouilla et souleva la lèvre supérieure du souverain.

Quelqu'un ricana dans la pièce.

— L'enfant prodige du Khorasan est donc aussi dentiste !

Indifférent, Ali poursuivit :

— Si vous prenez la peine d'examiner les gencives du souverain, vous remarquerez qu'elles sont bordées d'un liséré.

Le Syrien manqua de s'étrangler.

— Voici deux ans qu'on nous rebat les oreilles avec le génie du fils de Sina, pour qu'il vienne nous annoncer la découverte d'un liséré dans la bouche royale ! C'est risible. C'est même insultant !

Des murmures confus s'élevèrent dans l'assistance.

— Intoxication par le plomb !

L'affirmation avait claqué couvrant le brouhaha.

— Intoxication par le plomb ! répéta Ali, en martelant chaque syllabe. Et voici le responsable.

Il reprit la coupe des mains du serviteur.

— Observez bien les ornements qui entourent les parois extérieures. Ils sont beaux, raffinés, délicats, mais avant tout ils sont peints. Vous ne pouvez ignorer que toutes les peintures sont chargées en plomb ; celle qui a servi à décorer cette coupe ne fait pas exception. Comprenez-vous à présent ?

Personne ne réagit, il enchaîna :

— Chaque fois que le prince porte la coupe à ses lèvres, il absorbe par la même occasion des sels toxiques. A la longue, ces sels ont fini par miner son organisme.

Il désigna le souverain toujours immobile :

— Le résultat, le voici.

Un silence médusé suivit l'explication de Ali. Ibn Khaled le premier interrogea :

— Es-tu certain de ton diagnostic ?

— Ma seule preuve sera la guérison du prince. J'espère uniquement qu'il n'est pas trop tard pour enrayer le mal. Dans ce genre de maladie, plus vite on agit, plus on a de chance de sauver le patient.

Cette dernière remarque ne fit qu'accroître le malaise déjà installé.

— Quel traitement proposes-tu ?

— Il faudra toutes les heures appliquer des compresses chaudes sur l'estomac. Puis vous préparerez une mixture composée d'extraits de belladone, de jusquiame, de thébaïne et de miel, ce qui donnera une pâte qu'on laissera durcir et qu'on fera assimiler au malade par voie rectale. Cela, deux fois par jour. Il va de soi que plus jamais on ne devra servir le souverain dans ces coupes. Plus tard, selon l'évolution de la maladie, nous pourrons songer à d'autres médications qu'il serait trop long d'énumérer ici.

— Il sera fait comme tu l'ordonnes, dit Ibn Khaled.

Et il ajouta très vite, comme honteux :

— Cheikh el-raïs...

Le vizir, qui jusque-là s'était limité à observer les événements, décida d'intervenir.

— Il me paraît préférable que ce soit toi qui suives notre illustre patient. Ainsi tu seras le seul à récolter le miel du succès ou le lait amer de l'échec.

Ibn Sina prit un temps avant de répondre :

— J'adhère à ta demande, excellence. Mais j'y pose une condition :

— Laquelle ?

— Je soignerai le prince tout seul. Personne ne devra s'immiscer dans mon traitement.

Le vizir baissa la tête comme s'il cherchait à compter les fils d'or qui ornaient ses babushs, et s'inclina.

— Puisque tel est ton désir...

Ibn Sina chercha des yeux le médecin syrien. Mais il avait quitté la pièce.

★

Dans les jours qui suivirent toute la province du Khorasan retint son souffle. Le cheikh el-raïs, le prince des médecins, allait-il réussir là où les plus grands esprits du pays avaient échoué ?

Dans l'enceinte de l'école de Boukhara, professeurs et étudiants s'interrogèrent sur les véritables dons du fils de Sina. Tous les vendredis, au sortir de la mosquée, le peuple faisait de même. Tandis qu'aux portes de la cité, à l'instant où l'heure bleuit les coupoles de la citadelle, le récit de la visite au palais nourrissait la harangue des mendiants.

Ce fut aux alentours du treizième jour de muharram, près de vingt-deux jours plus tard, qu'une délégation se présenta à la demeure d'Abd Allah, composée du chambellan et de mamelouks[1] qui formaient la garde de l'émir.

Une heure plus tard, on introduisit Ali au palais. Mais cette fois, au lieu de le conduire directement au chevet du prince, on l'amena dans une pièce qu'il n'avait jamais vue auparavant. Un lieu encore plus éblouissant que ne l'était la chambre du souverain. Malgré lui, le jeune homme se sentit pris de vertige à l'entrée de cette immense salle lambrissée, au plafond voûté, peuplée d'une forêt de piliers de marbre blanc. Le soleil qui jaillissait des fenêtres d'ébène, ouvertes sur la plaine, faisait scintiller les polygones d'ivoire, les étoiles turquoise, les arabesques mauves, les céramiques indigo, qui à leur tour illuminaient de mille feux le miroir du sol. A l'extrémité de la pièce, vers le levant, se dressait un paravent de dentelle de bois précieux. A travers les interstices bordés de nacre, Ali entr'aperçut le trône couvert de feuilles d'or et d'argent, érigé sur un socle de bronze.

« Nous avons placé ces constellations dans le ciel. Et nous les avons ornées pour ceux qui le regardent... »

La voix grave de Nouh le deuxième venait de nulle part.

Il ne vit d'abord qu'une vague silhouette derrière le paravent. Il se produisit un mouvement de tissu froissé, puis le souverain apparut, vêtu d'une ample djukha damassée, un manteau aux larges manches, le front ceint d'un turban savamment noué.

— Sois le bienvenu, Ibn Sina.

Ali s'agenouilla et voulut spontanément baiser le sol devant le souverain. Mais celui-ci l'en empêcha.

— Tu es un savant, Ali ibn Sina, le maître des savants, mais tu es aussi un enfant qui ignore le protocole de la cour : on ne baise le sol qu'en présence du calife. Encore que cet usage,

1. Allah pardonne mon outrecuidance, mais nombreux sont les roum qui pourraient croire que le mot *mamelouk* est un titre honorifique quelconque ; aussi je crois utile de préciser que le terme vient du participe passé *malaka* qui veut dire simplement : posséder. Un mamelouk n'est rien de plus qu'un esclave sous la possession de son maître. (Note de Jozjani.)

comme la plupart de nos usages, ait pratiquement disparu sous l'influence de l'occupant arabe.

Il se tut puis, avec une soudaine amertume :

— D'ailleurs faudrait-il que l'on trouvât l'opportunité d'honorer le calife. Depuis que la dynastie buyide domine Bagdad, on dit que chaque jour voit tuer un calife et en proclamer un autre !

Il marqua une nouvelle pause et ses traits se détendirent :

— Mais nous ne sommes pas là pour pleurer sur le sort de la Ville-Ronde. Je veux te remercier, fils de Sina. Te dire combien est grande la gratitude de mon cœur. Ton talent et tes bienfaits m'ont été rapportés par les gens de mon entourage ; avec mauvaise grâce certes, mais ils l'ont été tout de même.

— Seigneur, mon talent et mes bienfaits me viennent du Créateur de toutes choses. C'est à Lui qu'il faut rendre grâce. Je ne possède que ce qu'il m'a donné.

— Allah accorde aussi le double à qui il veut. Pour cela aussi nous pouvons lui rendre grâce. Quant à moi j'ai une dette à honorer, car je te dois la vie, le bien le plus précieux. J'aimerais te récompenser. Je sais déjà que ni les trésors de Samarkand ni ceux d'Ispahan réunis ne suffiront. Pourtant demande. Demande et je t'exaucerai.

— Seigneur, ta santé recouvrée est mon présent le plus cher. Il suffira à mon bonheur.

Le souverain s'assombrit.

— As-tu songé au mien ? Voudrais-tu que je perde le sommeil ? Ne crois-tu pas que les sournoiseries de Mahmoud le Ghaznawide et les conjurations buyides me causent assez de soucis pour que ton refus me soit aussi source de déplaisir ? Non, en vérité, fils de Sina, si tu attaches de l'importance à mon bien-être, exige ta récompense.

— Mais, je ne sais...

— Réfléchis !

— Seigneur, je ne suis intéressé ni par les trésors de Samarkand ni par ceux d'Ispahan. Mais si les richesses terrestres m'importent peu, en revanche celles de l'esprit me sont indispensables.

— Je ne te comprends pas. Que désires-tu donc ?

— Une autorisation.

— Laquelle ?

— L'accès à la bibliothèque royale des Samanides.

Nouh ibn Mansour ouvrit de grands yeux étonnés.

— La bibliothèque royale ? C'est tout ?

— Tu sais que la loi n'y autorise que les notables. Si je pouvais y travailler à mon tour, cela vaudrait pour moi plus que mille pièces d'or.

— Décidément, Ali ibn Sina, malgré ton jeune âge, tu possèdes la science, mais aussi la sagesse. Eh bien soit, dès ce jour les portes de la bibliothèque royale te seront ouvertes. Tu pourras t'y rendre à loisir, et compulser tous les livres, tous les documents que tu voudras. Puisse le Très-Haut t'aider à accroître ainsi ton savoir... Mais ce n'est pas tout. Désormais tu vivras à la cour et tu seras mon médecin personnel. Je suis las de ces incompétents adipeux qui vieillissent dans leurs babushs. Depuis longtemps je cherchais à m'en débarrasser. Tu m'en fournis l'occasion. Va donc, et que la Paix soit avec toi, fils de Sina.

— Qu'elle soit sur toi, seigneur...

★

« Me croirais-tu si je te disais que jamais joie plus grande ne fut donnée à mon maître ?

« Le lendemain, l'émir lui fit déposer un coffret rempli à ras bord de pièces d'or. Sa mère en fut effrayée, son frère émerveillé, et Abd Allah envahi d'une incommensurable fierté ; alors que dans le même temps le cheikh franchissait le seuil qui conduisait à des splendeurs d'une autre dimension.

« La bibliothèque royale était comparable à celle de Chiraz, d'Ispahan ou de Raiy, dont tout le pays vantait pourtant les richesses. Nouh le deuxième s'était fait un point d'honneur de l'enrichir de textes précieux et rares que lui apportaient de Bagdad ou de Chine les caravanes qui empruntaient la route du Khorasan.

— Tout le savoir du monde connu doit être réuni en ce lieu..., s'était-il écrié en contemplant les étagères en bois de cèdre qui semblaient monter jusqu'au ciel.

« Chaque ouvrage était classé, rangé ; les registres mis à jour ; les contrôles irréprochables, les écrits rédigés sur des supports aussi divers que les rouleaux de papyrus égyptien, les parchemins de charta, et surtout du papier du pays jaune ou de Bagdad.

« Le papier... As-tu seulement songé à ce qu'il représente pour nous ? Observe, touche, palpe ces feuilles que tu tiens entre les mains. Sens leur odeur. Vois comme elles sont vivantes, brûlantes ou froides, selon la pensée de l'auteur. Perçois-tu le battement qui naît entre tes doigts ? Je crois que jamais depuis que ce matériau existe, le savant musulman ne s'est montré plus infatigable écrivain. Les écrits prolifèrent si vite de nos jours que le métier de copiste-libraire est devenu aussi rentable que celui de chambellan.

« Les trois années qui suivirent furent pour mon maître une période de grand enrichissement. Il approfondit et maîtrisa parfaitement la jurisprudence. La littérature ainsi que la musique et ses modes n'eurent plus de mystères pour lui. Grâce au grand Ptolémée dont il savait déjà l'astronomie, il apprit les mécanismes de notre univers, le mouvement des planètes fixées à leurs sphères respectives, parfaitement transparentes. Il eut sous les yeux les cartes des constellations établies par Hipparque, son estimation de la brillance des étoiles.

« En complétant ses notions de mathématiques, quelle ne fut pas sa surprise de découvrir les œuvres d'un certain Thalès, un homme de science ionien, qui énonçait des théorèmes géométriques semblables à ceux qu'Euclide devait codifier trois siècles plus tard. Il parcourut aussi les manuscrits d'Eratosthène, qui dirigea la grande bibliothèque d'Alexandrie, et qu'un de ses contemporains jaloux avait surnommé Bêta, de la seconde lettre de l'alphabet grec, car, disait-il, il était en tout le second.

« Allah me pardonne, devait me confier plus tard mon maître, ce contemporain était un illettré. Eratosthène méritait plutôt le surnom d'Alpha. Il est le premier homme qui ait essayé de mesurer la taille de la terre, et qui y soit arrivé. Nous lui devons aussi d'avoir prouvé la courbure de notre monde.

« Le cheikh eut aussi entre les mains un document tout à fait surprenant, dont la copie se serait paraît-il trouvée à la bibliothèque d'Alexandrie ; l'auteur, un dénommé Aristarque, y avançait que la Terre n'était qu'une planète, qui comme les autres planètes tournait autour du Soleil[1].

« Il acheva aussi ses connaissances en philosophie, essayant désespérément de comprendre les contradictions qu'il avait depuis toujours rencontrées à la lecture de ces deux ouvrages d'Aristote : La *Métaphysique* et la *Théologie*.

« Au cours de ces trois années il se produisit une suite d'événements importants qu'il me faut préciser : le premier, et non des moins affligeants, fut la mort soudaine de l'émir Nouh II. Il perdit la vie au cours d'une des batailles qu'il livrait contre ses ennemis. Après vingt et un ans de règne, le souverain bienfaiteur s'éteignit dans les premiers jours de l'an 997 de l'année du Christ, soit près de dix mois après qu'Ali l'eut sauvé de l'ange de la mort. Ce fut son fils Mansour qui lui succéda.

« Pour des raisons qu'il serait trop long d'énumérer ici,

1. Tu dois t'en douter, ce sont là des conclusions dépourvues de sens ! Nous savons tous, ainsi que l'a enseigné le grand Ptolémée, que l'univers est centré autour de la Terre, et que ce sont au contraire le Soleil, la Lune et les autres astres qui tournent autour d'elle. (Note de Jozjani.)

conflits d'ambition, voracité des hommes d'Etat, Mansour fut détrôné et aveuglé, et l'on plaça son frère Abd el-Malik à la tête du Khorasan. En réalité, derrière ces bouleversements successifs, se profilait l'ombre de Mahmoud le Ghaznawide.

« Pour Ali, la situation demeura pratiquement inchangée : les deux successeurs de Nouh le deuxième lui renouvelèrent leur confiance.

A l'entrée de sa vingtième année, sur la requête du jurisconsulte Abou Bakr el-Barguy, il décida de prendre le calame. En quelques semaines, il rédigea pour lui un ensemble de dix volumes : *Le Traité du résultant et du résulté*, ainsi qu'une étude sur les mœurs : *L'Innocence et le péché*.

« Dans le même temps, il élabora à l'intention de son voisin, el-Aroudi, une œuvre générale sur la philosophie : *La Philosophie d'Aroudi*, que ses vingt et un volumes rendaient aussi denses que *Le Traité du résultant et du résulté*.

« Ce fut vers le seizième jour du mois de rabi al-awwal, de l'an 1000 pour les chrétiens, que les événements se précipitèrent. Abd el-Malik, le nouvel émir, régnait toujours sur Boukhara. Mon maître entrait dans sa vingt et unième année.

« Ce jour-là, il était assis en compagnie d'el-Massihi sur les marches de la bibliothèque royale. Et le couchant s'était glissé dans les jardins rendant imprécis le contour des choses... »

— Tu es devenu l'objet de toutes les médisances, Ali ibn Sina.

— Quand donc cesseras-tu de me rebattre les oreilles, bienaimé el-Massihi ?

— Ne comprends-tu pas que la guérison de l'émir Nouh II a fait naître autour de toi l'envie et la haine ? Depuis trois ans, des rumeurs malsaines courent sur ton compte. Des propos insultants. Il n'est pas loin le temps où l'on t'imputera les dix vices de Dahâk[1].

— Je veux bien pour tous les vices, sauf la laideur et la taille !

— Mon frère, tu ne sembles pas comprendre la gravité de la situation. Mais ton ironie est compréhensible puisque tu ne sais pas toute la vérité

— Que pourrait-on ajouter à tout ce que tu m'as déjà rapporté ?

1. Une légende attribuait dix vices à un roi du nom de Dahâk : la laideur, la taille courte, l'orgueil excessif, l'absence de honte et de pudeur, la gloutonnerie, la mauvaise langue, la tyrannie, la précipitation et le mensonge. Je pense sincèrement que ce jour-là ce brave el-Massihi exagérait un peu. (Note de Jozjani.)

El-Massihi baissa les yeux sans répondre.

— Abou Sahl, tu commences à m'inquiéter. De quelle autre monstruosité m'accuse-t-on ? A voir ton embarras, ce doit être vraiment sérieux.

— En effet...

— Tu en as trop dit ou pas assez. Parle donc el-Massihi !

— Yahoudi...

Le médecin avait tellement murmuré le mot que Ali crut avoir mal entendu.

— Yahoudi... On te dit juif.

D'abord pétrifié, Ibn Sina bondit littéralement.

— Juif ! Mais qui donc est à l'origine d'une accusation aussi blasphématoire ! Qui ? Je te somme de me répondre !

Dans un élan amical, el-Massihi se leva à son tour et emprisonna le bras d'Ibn Sina.

— Calme-toi, ce ne sont que de simples ragots.

— Là c'est toi qui déraisonnes. C'est beaucoup plus grave que de simples ragots. Mais par quel incroyable détour cette idée a-t-elle pu germer dans les esprits ? Je suis un chiite. C'est de notoriété publique. C'est insensé, absurde !

— Moins absurde que tu ne le penses. Ta famille a mauvaise réputation. Ne m'as-tu pas confié il y a quelques années que ton propre père s'était converti à l'hérésie ismaélite et qu'il avait tout fait pour te convaincre d'en faire autant ?

— C'est de l'histoire ancienne. Les croyances de mon père lui appartiennent. Pour ma part je n'ai jamais renoncé à la chi'a.

El-Massihi toussota pour assurer sa voix.

— Et Sétareh ?

Une pâleur effrayante envahit les traits d'Ali.

— Que veux-tu dire ?

— Tu serais de mère juive.

Les galettes sans levain... Toujours à la même date... Il y a quelques semaines encore, inspiré par un étrange pressentiment il n'avait pu s'empêcher de vérifier et s'était aperçu que cette date correspondait à peu près dans le calendrier juif au 16 nissan, jour de « la présentation des prémices de la moisson », une fête qui suivait Pessah. La Pâque pour les enfants d'Abraham... c'était donc ça ?

— De toute façon, reprit Abou Sahl sur un ton détaché, qu'est-ce que ça peut faire ? Tu serais juif ? Je suis bien chrétien. Il y aura sûrement assez de place en enfer pour deux incrédules de plus !

— Chien, vas-tu te taire !

Avec une dureté tout à fait inattendue Ali empoigna le médecin par les épaules et le secoua comme un dattier.

— Je t'interdis, tu m'entends, je t'interdis de me traiter d'incrédule ! Il n'y a d'incrédule ici que toi !

Il répéta :

— Chien !

Aveuglé par sa fureur, il poussa son ami qui alla rouler au pied des marches de la bibliothèque.

C'est à ce moment seulement qu'il prit conscience de l'épaisse fumée qui s'élevait vers le ciel. D'abord il se dit qu'il était victime d'une hallucination, mais très vite il comprit : la bibliothèque royale était en feu !

Bientôt tout le ciel s'embrasa. Le jardin, la cour, les coupoles, jusqu'à l'eau des vasques et des fontaines, tout le paysage s'illumina de pourpre et d'ocre.

— Abou Sahl !

Comme un dément Ali se rua vers son ami inanimé. Déjà des gardes couraient dans tous les sens.

— Abou Sahl...

Devant l'absence de réaction du médecin, il le prit sous les aisselles et le traîna jusqu'à la vasque la plus proche. Puisant de l'eau dans ses paumes il en aspergea son visage. Abou Sahl battit des paupières en grimaçant, et croisa le regard angoissé d'Ali éclairé par les flammes.

— La Fournaise... déjà... ?

— Ce n'est pas encore la Géhenne, mais nous n'en sommes pas loin ! Peux-tu te lever ?

— Cheikh el-raïs ! Il faut t'écarter d'ici !

Ali reconnut l'uniforme noir de la garde khurassienne.

— Aide-moi à transporter mon ami. Il est blessé.

— Je ne me suis jamais mieux porté, protesta el-Massihi en se redressant. Mais, à peine debout, il poussa un cri de douleur.

— Ma cheville...

Sans attendre, Ali fit signe au soldat de l'aider à soutenir le chrétien, et ils partirent en direction de la place du Rigistan.

Dehors, c'était l'affolement général. On aurait dit que tous les habitants de Boukhara s'étaient rués hors de leurs maisons. Les gens se pressaient sur la place, s'interpellaient, montrant du doigt la colonne de fumée qui noircissait le ciel.

Aidé par le mamelouk, ils se frayèrent tant bien que mal un passage à travers la foule, jusqu'au grand bazar couvert où régnait aussi un vent de folie. Alors qu'ils longeaient les étals vides, ils faillirent se faire renverser par une troupe de cavaliers qui avait jailli de la nuit, dévalant la place bride abattue.

— Mais c'est la fin du monde ! hurla le chrétien, ils ont perdu la tête !

— Je ne sais pas si c'est la fin du monde, répondit Ibn Sina d'une voix sourde, mais cette bibliothèque en flammes, c'est une partie de son savoir qui part en fumée. Encore un effort, nous sommes arrivés.

Au bout de la venelle venait d'apparaître la petite maison en pisé. Mahmoud se ruait dans leur direction, suivi d'Abd Allah et de Sétareh.

— Ali ! hurla le jeune garçon en se jetant presque au cou de son frère.

Avisant el-Massihi, il demanda :

— Que lui est-il arrivé ?

Avant qu'Ibn Sina n'eût le temps de répondre, el-Massihi maugréa :

— Bousculé par un imbécile...

Ibn Sina baissa les yeux, mal à l'aise.

— J'ai cru que tu étais mort, mon fils, fit Sétareh en accourant à son tour.

— Ça va, mamèk, ça va, tout va bien...

Avec une certaine gêne il dénoua les bras de sa mère et pénétra dans la maison.

Abd Allah prit la relève du garde et ils allongèrent le chrétien sur un divan.

— Mère, porte-nous une cruche de vin. L'alcool l'aidera à supporter son mal.

Abou Sahl l'observa du coin de l'œil tandis qu'il lui dénouait ses bottines. Le pied droit était rouge, tuméfié jusqu'aux orteils.

— Alors cheikh el-raïs, je découvre que tu es aussi vétérinaire ?

— Que veux-tu dire ?

— Ce sont bien les vétérinaires qui soignent les chiens ?

— Mais qu'est-ce qu'il raconte ? demanda Mahmoud. Il souffre de la jambe, et c'est la tête qui part ?

— C'est ainsi chez les chrétiens, plaisanta Abd Allah.

Ali se contenta de serrer les dents. Ses yeux étaient pleins de nuit.

★

Le calme était revenu sur Boukhara.

Assis face à son père, Ali but à la cruche ce qu'il restait de vin.

Tous dormaient. Ils étaient seuls sous le toit de vigne.

— Ainsi, ce n'était pas une rumeur...

— Fils, toi qui récitais le Coran à dix ans, tu dois te souvenir mieux que personne des mots du Prophète.

— Ce soir j'ai la tête fatiguée.

— Alors si tu le veux, je serai un instant ta mémoire. Il a dit : « Mentionne Abraham dans le Livre. Ce fut un juste et un prophète. »

Presque immédiatement, Ali répliqua d'une voix morne :

« Interroge les fils d'Israël : Combien leur avons-nous donné de preuves irréfutables ! Mais Dieu est terrible dans son châtiment pour celui qui change le bienfait de Dieu, après l'avoir reçu. »

Abd Allah esquissa un léger sourire et reprit :

« Qui donc éprouve de l'aversion pour la religion d'Abraham, sinon celui qui est insensé ? » N'a-t-il pas dit cela encore ?

Avec agacement, Ali puisa dans un bol une poignée de graines de grenade.

— Père, nous pourrions nous renvoyer des versets du Coran jusqu'à l'aube. Mais sur ce sujet — le Très-Haut me pardonne — nous ne trouverons que contradictions parmi les cent quatorze sourates. Il demeure toutefois un verset dépourvu de toute ambiguïté : « Ô vous qui croyez ! Ne prenez pas pour amis les juifs et les chrétiens, ils sont amis les uns des autres. Celui qui parmi vous les prend pour amis est des leurs. Dieu ne dirige pas le peuple injuste. »

Abd Allah considéra son fils avec tristesse.

— Alors, tu donnerais à Abou Sahl le chrétien ce que tu refuses à ta propre mère.

Ali se dressa d'un seul coup, renversant le bol de grenade qui se brisa.

— Mais ne vois-tu pas ? Ouvre donc les yeux. Regarde ! On m'interdisait l'accès au palais alors que l'émir était à l'agonie ! Comprends-tu maintenant pourquoi ? Et il en sera ainsi partout. Aujourd'hui à Boukhara. Demain à Bagdad ou à Nishapour ! Ne comprends-tu pas ? Je suis un yahoudi ! Aux yeux de toute la Perse, je serai un yahoudi !

Abd Allah se leva à son tour. La fureur noyait son regard. Il agrippa son fils et l'attira vers lui.

— Ecoute-moi bien, Ali ibn Sina. Et que mes mots se gravent à jamais dans ta tête d'oiseau fou. Tu es un croyant. Un enfant de l'Islam. Un chiite et rien d'autre. Et ta mère est digne. Et ta mère est bonne. Et tu es le fruit de ses entrailles. Mais si tu dois en rougir un jour, alors je te le demande Ali ibn Sina, fuis, fuis au plus loin que tu peux. Quitte ce toit. Cours jusqu'aux limites du monde connu et que la mer des Ténèbres t'emporte pour l'éternité.

Quatrième makama

— Ils puent ! Les excréments de chameaux du pays des Turcs ont l'odeur la plus détestable qui soit !

Occupé à découper une bande d'étoffe bayadère, Salah le tailleur dodelina de la tête avec indifférence.

— Issu d'un derrière daylamite ou d'un derrière kurde, un excrément de chameau est un excrément, mon frère.

— Pas du tout. Ces caravanes qui viennent de par-delà l'Amou-Daria, dégagent quelque chose d'insupportable !

La tête toujours plongée dans sa couture, Salah se mit à rire doucement.

— Dans ce lieu où le santal est mêlé à l'aloès, le gingembre à la cannelle, le benjoin au safran, je ne vois vraiment pas comment tu peux faire la différence entre l'odeur d'une bouse de vache, d'une crotte de mule, ou de la fiente d'un aigle royal. Tu dois avoir un odorat particulièrement aiguisé !

Soleïman haussa les épaules et continua de tresser ses rameaux d'osier. Tout autour d'eux, le grand marché couvert vibrait dans la dure lumière de midi. Aux hennissements des mules répondait le jacassement des volières, et aux cris des marchands d'eau, les altercations des mendiants rejoignaient dans la poussière et le soleil ce *mal des parfums* dont parlait Salah.

Plus loin, à l'ombre des tentures couleur de sable et d'encens, devant des ballots gonflés comme des outres et des couffes empilées, des commerçants pansus aux visages froissés louaient leurs pacotilles dans de larges mouvements de manches. Dans cet univers moiré, les amphores de l'Attique, les tapis de laine ou de soie séfévide, les fourrures et les feutres du Turkestan, les tissus de Damiette brochés d'or, les brocarts, le cachemire des Indes, les aiguières de Syrie, les poteries et les vases ciselés, l'acier damasquiné, côtoyaient pêle-mêle le sel et les dattes, le blé et le miel, l'ambre et la perle. Plus loin encore, on proposait des çaqâliba, des *slaves* au visage luisant de sueur, fraîchement arrivés des steppes du Nord, en route pour la mer des Khazars.

Le tresseur d'osier s'inclina discrètement vers son voisin.

— Reconnais-tu cet homme ?

— J'en vois deux. Duquel veux-tu parler ?

— Le plus jeune. Le reconnais-tu ?

Soleïman leva à nouveau la tête.

— Il me semble bien que c'est le cheikh el-raïs.

— C'est exact : Ali ibn Sina. Es-tu au courant des dernières nouvelles ?

Soleïman fit non.

— On raconte que c'est lui qui aurait mis le feu à la bibliothèque royale.

— Le cheikh el-raïs ? Pour quelles raisons l'aurait-il fait ?

— Pour conserver pour lui tout seul les connaissances extraordinaires qu'il aurait acquises là-bas. Ne trouves-tu pas que ce serait là une action monstrueuse ?

— Si elle se trouvait vérifiée, sûrement : Le savoir est la propriété d'Allah.

Ali, accompagné d'el-Massihi, dépassa les deux hommes et poursuivit son chemin à travers le marché. Au bout d'un moment, alors qu'ils étaient en vue de l'hôpital, il laissa tomber avec dépit :

— Je me demande aujourd'hui qui du médecin ou du pyromane est le plus célèbre à Boukhara.

— J'espérais que le dialogue de ces deux imbéciles t'aurait échappé. Que veux-tu que je te dise ? La langue de certains a toujours porté le venin. Qu'ils meurent de leur rage !

— Du vizir aux eunuques du palais, cela ferait bien des morts... Car si beaucoup ne sont pas convaincus de ma responsabilité dans l'incendie de la bibliothèque royale, tous se posent la question.

— Tant que l'émir demeure au-dessus des médisances, tu n'as rien à craindre.

— De tes lèvres aux portes du ciel, el-Massihi. Mais combien de temps cette situation pourra-t-elle durer ? Comprends-tu maintenant ma colère dans les jardins de la bibliothèque ?

El-Massihi lança un regard en coin vers son ami et répondit avec une certaine ironie :

— Ali ibn Sina, si par extraordinaire mon esprit manquait de discernement, ma cheville endolorie serait là pour combler cette lacune.

— Ce jour-là un djinn[1] avait pris ma tête, el-Massihi. Me pardonneras-tu jamais ma folie ?

— Fils de Sina, peut-on pardonner ce qui est oublié ?

Ils n'échangèrent plus un seul mot jusqu'à ce qu'ils fussent parvenus à l'entrée de l'hôpital. En pénétrant sous le grand porche, ils s'apprêtèrent à saluer un groupe d'étudiants qui venaient dans leur direction, mais à leur grande surprise, comme pris de panique, les jeunes gens se détournèrent hâtivement de leur chemin.

— Qu'est-ce qu'il leur prend ? marmonna el-Massihi. Tu parlais de djinn tout à l'heure, à croire qu'ils en ont vu un !

— C'est bizarre en effet.

Envahis d'une sourde inquiétude, ils traversèrent rapidement l'iwan, et se dirigèrent vers la chambre des médecins. C'est là qu'ils virent les mamelouks. Trois d'entre eux montaient la garde devant la porte, leur interdisant le passage. Le quatrième, qui avait l'allure du chef, les interpella sèchement :

— Lequel de vous deux est le cheikh el-raïs ?

Ali répondit spontanément :

— C'est moi. Que se passe-t-il ?

— Ordre du cadi. Ta présence au bimaristan n'est plus souhaitable. Désormais l'accès de ce lieu t'est formellement interdit.

— Mais de quel droit ! Que me reproche-t-on ?

— Je suis là pour accomplir ma mission. Je ne sais rien de plus.

El-Massihi protesta :

— Et qui soignera les malades en notre absence ? Le cadi ?

Le mamelouk fit un geste évasif.

— Je ne sais rien de ces choses. De toute façon l'interdiction ne concerne que le cheikh el-raïs. Tu peux poursuivre librement ton travail.

— C'est insensé ! Laisse-moi passer !

D'un geste brusque Ali repoussa le soldat et partit vers la

1. Je crois que par le mot *Djinn*, le cheikh sous-entendait « démon ». Encore que dans l'introduction à la logique de son livre, El Shifa', il fît une distinction triple entre les *djinns*. Mais cela entrait dans une analyse philosophique sans rapport avec la discussion du moment. (Note de Jozjani.)

porte. Sa tentative fut immédiatement brisée par les gardes. El-Massihi essaya de s'interposer, mais le chef le rappela à l'ordre.

— Toi le dhimmi, si tu ne veux pas subir le même sort que ton ami, je te conseille d'être docile !

— Et toi surveille tes mots sinon quelqu'un risquerait de te couper la langue !

L'homme négligea l'intervention du chrétien et interrogea Ibn Sina :

— Veux-tu quitter cet hôpital de ton propre gré ou mes hommes doivent-ils se charger de te jeter dehors ?

Ali chercha une réponse dans le regard de son ami.

— Que veux-tu faire lorsque ton juge est ton adversaire ? fit celui-ci. Viens, partons. L'air est devenu irrespirable.

Ils retraversèrent la cour noyée de soleil et se retrouvèrent dans la ruelle.

— Et maintenant ? interrogea Ali d'une voix rauque.

— Contredire l'avis d'un prince c'est tremper sa main dans son propre sang. Il faut avant tout garder son calme.

— Mais l'émir Abd el-Malik n'est peut-être pas au courant ? Ne se souvient-il plus qu'il y a trois ans j'ai sauvé la vie de son père !

— « Etes-vous l'ami du roi, il prend vos richesses ; êtes-vous son ennemi, il prend votre tête. »

— Tu sembles perdre de vue que je suis toujours son médecin personnel. Si l'on m'a notifié ma démission de l'hôpital, en revanche rien ne m'a été dit sur mon avenir à la cour.

— Allons, ne fais pas l'enfant. Tu sais bien que les deux vont de pair.

— Je veux en avoir le cœur net ! Je vais aller de ce pas demander une entrevue à el-Barguy, il est toujours jurisconsulte. Lui n'a pas pu oublier toutes les nuits blanches que j'ai consacrées à la rédaction de son *Traité du résultant et du résulté*. Il m'aidera.

— A ta place je ne broncherais pas. Tu es au bord d'un précipice. Songe aussi à tes parents. Ton père a un âge avancé. Il ne faudrait pas que les tiens subissent les conséquences de ton emportement.

— N'aie crainte, el-Massihi. Je suis peut-être fou, mais il me reste encore des moments de lucidité.

★

Avec un embarras évident, le jurisconsulte posa son coude sur l'un des bras du fauteuil en bois de cèdre, et appuya sa joue droite contre son poing fermé, s'exprimant avec lenteur :

— Je n'ai aucun pouvoir, cheikh el-raïs. L'affaire qui te préoccupe n'est pas de mon ressort.

— Je vois. Donc, l'ordre de ma destitution émane de plus haut que le cadi ?

— Tu l'as dit.

— Mais comment le souverain peut-il croire que j'aie mis le feu à la bibliothèque royale ? C'est d'une telle absurdité !

L'œil habituellement très clair d'Abou Bakr se voila un peu. Il glissa machinalement sa main le long de ses cheveux teints au henné.

— Nous sommes entourés d'absurdités. Tu le sais, la situation politique est des plus précaires. Depuis la mort de Nouh II, la dynastie samanide prend eau de toutes parts. L'aigle turc n'est pas loin de fondre sur le Khorasan. Dans ces conditions, nos princes perdent le sens du jugement. La moindre présomption tourne à l'accusation. Il faut préciser aussi que depuis trois ans tu as largement contribué à ta disgrâce en ne cherchant pas à apaiser la jalousie et l'envie de tes ennemis. Des ennemis puissants, Ali ibn Sina.

Tout en parlant, il se pencha sur la petite table en marqueterie et s'empara d'un plat de fruits secs qu'il tendit à son hôte.

— Je te remercie, mais tu comprendras qu'en ce moment l'appétit me fasse défaut. C'est vrai, je l'avoue, je n'ai jamais su taire mes opinions. Mais qu'aurais-je pu faire ? Tolérer en silence l'incompétence des médecins qui entourent l'émir ? Applaudir devant la bêtise ?

— Tu connais le proverbe : « Baise la main que tu ne peux pas mordre. » Evidemment tu es encore bien jeune pour accepter ces principes.

— Je me demande si je saurai jamais.

Il y eut un silence, et il reprit :

— Si je parlais à l'émir ?

— Il ne te recevra pas. Sa porte demeurera close.

— Et toi ? Ne pourrais-tu le convaincre que je suis innocent du crime ignoble dont on m'accuse ?

— Il n'y a pas que cette histoire d'incendie qui pèse dans la balance. Tu dois t'en douter.

Ibn Sina serra de toutes ses forces le bras du fauteuil.

Son interlocuteur reprit avec gravité :

— Etre soupçonné de mécréance est un crime autrement plus grave... Comprends-tu ce que je veux dire ?

Le visage plus blanc que de la céruse, Ali bondit de son siège.

— Ecoute-moi, Abou Bakr. Dans ce monde, sache qu'il n'y a qu'un seul homme de ma valeur, un seul, et on le dit incrédule ;

alors soit, il ne doit pas exister un seul musulman dans ce monde !

Le jurisconsulte passa en souriant la main sur son ventre.

— Est-ce là la protestation d'un croyant sincère, ou bien celle d'un converti qui veut faire oublier son origine juive ? Après tout, ton père lui-même n'a-t-il pas déserté le chiisme duodécimain pour l'ismaélisme ?

Ali eut l'impression que les murs de la pièce chancelaient autour de lui. Presque aussitôt la voix d'el-Massihi revint à son esprit : *Tu es au bord d'un précipice...*

Abou Bakr se leva lentement.

— Je vois bien que tu m'en veux de t'avoir parlé sans détour. Pourtant il faut que tu saches que, malgré les apparences, aucune animosité ne m'habite. J'ai même de l'affection pour toi. De l'affection et du respect. C'est pourquoi j'aimerais te donner un conseil, cheikh el-raïs ; il vient du fond de mon cœur : Tandis que les hommes s'approchent du Créateur par toutes les variétés de la piété, toi, approche-toi de Lui par toutes les formes d'intelligence : tu les devances tous. Et tandis que les gens prennent tant de peine à multiplier leurs actes d'adoration, préoccupe-toi uniquement de la connaissance du monde intelligible. Ainsi tu iras bien plus haut que l'aigle royal. Ai-je été clair ?

— Très clair, Abou Bakr. Je garderai tes propos en mémoire. A présent permets que je me retire.

— Paix sur toi, mon ami.

— Sur toi la paix, el-Barguy.

★

« Un hiver terrible, comme il n'en advint jamais, tomba sur le Khorasan. De jumàda el-akhira à ragàb, les canaux gelés ne coururent plus sur le fond de la plaine et les eaux du Zarafshan s'assoupirent dans leur lit de cristal. Nombreux crurent qu'elles ne s'éveilleraient plus jamais. Certaines heures, du haut de la citadelle, au moment où la lumière part vers la nuit, le paysage faisait songer à un océan d'écume blanche et mauve aux bateaux arrêtés. C'était beau et effrayant à la fois.

« Puis revint la douceur du mois de sha'bàn. Et avec ramadane le vert, le pourpre des roses et le rouge sang des grenades ouvertes se dévoilèrent à nouveau.

« Qu'est-il advenu de la vie de mon maître au cours de ces six mois ? Chassé de l'hôpital, il déploya toute son énergie à soigner ceux qui réclamaient sa science : notables ou mendiants. Il se déplaçait chaque fois que le climat le permettait dans les bourgs d'alentour, sans percevoir ni or ni argent, ne voulant attendre sa rétribution que du Très-Haut.

« Il me confia que de temps à autre il allait puiser quelques éclairs furtifs de bonheur sur la peau de Warda. Et m'avoua que couché près d'elle il connut plus d'un moment suprême, loin de la mesquinerie des hommes.

« Il consacra aussi de nombreuses heures à l'étude de la religion d'Abraham, et devait me répéter souvent cette sourate : " Qui donc éprouve de l'aversion pour la religion d'Abraham, sinon celui qui est insensé ? "

« Depuis, les vérités de sa foi devinrent comme le vent de shamal qui souffle sur les pistes mais qu'on ne voit jamais ; car il a trop souffert de l'intolérance des hommes, et de la sienne.

« Mais aujourd'hui l'heure n'est pas à la mélancolie. Nous sommes au dernier jour du saint mois de ramadane. Le jour du Eïd el-saghir, qui marque la fin des trente jours de jeûne. Sétareh a servi un mouton grillé qui embaume la cannelle et le cumin sauvage, garni de pignons, de raisins secs et d'amandes. Sur le grand plateau de cuivre ciselé d'arabesques il y a un nombre impressionnant de petits plats.

« Tous les amis sont présents. Sauf el-Birouni qui est à Gurgan, au service du chasseur de cailles, et Firdoussi qui a rejoint sa ville natale de Tüs pour poursuivre la rédaction de son *Livre des Rois*.

« Il y a là des artichauts, des fèves, de la semoule que Sétareh a roulée des heures durant dans du beurre tiré du lait de brebis. Du poisson au safran, du riz à profusion, du lait caillé. Pour le dessert, attend une pyramide de douceurs enrobées de miel, de délicieux melons que Mahmoud a rapportés du marché, arrivés de Ferghana enveloppés de glace, dans des boîtes de plomb, pour mieux résister au voyage.

« A cette table, on ne trouve pas de légumes tels que la citrouille ou la tomate, ni de lièvre ou de gazelle, autant d'aliments interdits par nos croyances chiites. En revanche, l'oignon et l'ail bien que déconseillés par le Prophète sont présents. En vérité si Muhammad rejetait l'usage de ces plantes, c'était surtout à cause de la mauvaise haleine qu'elles provoquaient et qu'il répugnait à sentir dans les lieux de prière. »

— Tu t'es surpassée mamèk, dit Mahmoud en trempant un morceau de pain d'orge dans du lait caillé. C'est une véritable walima !

— Mieux encore, renchérit el-Massihi, j'ai rarement vu repas de mariage aussi riche !

— Je reprendrai volontiers une autre tranche de ce merveilleux mouton, annonça el-Moughanni.

— Quelle partie préfères-tu, cette fois ? interrogea Sétareh.

— Comme le Prophète, l'épaule et les pattes de devant.

— Finalement, fit observer Ibn Zayla, il y a quelque chose d'étonnant lorsque l'on songe à tous ces mets merveilleux que l'homme a inventés, toutes ces heures qu'il consacre à les préparer, pour satisfaire une toute petite parcelle de soi : le palais. Des trésors d'ingéniosité déployés pour ces quelques instants furtifs où l'on porte la nourriture à ses lèvres.

— Je ne suis pas de ton avis, protesta Abd Allah. Dans le cérémonial d'un repas il n'y a pas que le goût. Le plaisir est aussi dans l'œil.

Il prit Ibn Sina à témoin :

— Ce n'est pas toi qui me contrediras, mon fils. Toi qui as ajouté aux quatre saveurs gustatives décrites par ton maître Aristote le mauvais goût, l'insipidité, et d'autres encore...

— Tu as raison, père. On pourrait aisément enrichir cette liste du plaisir de la vue, ainsi que l'odorat et le toucher. Il y a même quelque chose de sensuel dans l'appréhension d'un plat. De nombreux autres éléments participent à la saveur d'un repas.

Se penchant vers le musicien, il suggéra :

— La musique n'est-elle pas de ceux-là ?

Comme s'il n'attendait que ce moment, el-Moughanni posa sa coupe de vin de palme et s'empara de son instrument, une kemangeh agouz, une variété de luth. Il cala entre ses cuisses la pique en métal qui dépassait au-dessous de la caisse, et posa l'archet sur l'une des cordes. Avec un art consommé, il fit pivoter l'instrument de droite à gauche, et la musique enveloppa la pièce.

— Joue, el-Moughanni, joue..., murmura Abd Allah en basculant légèrement la tête en arrière et en fermant les yeux.

— Allah me pardonne... que demander de plus à la vie ? Entouré des êtres qu'on aime devant un repas digne des princes. A vos côtés des enfants et une épouse qu'on chérit... n'est-ce pas là un bonheur qui vous comble ?

Les invités approuvèrent sans restrictions ces propos. Alors el-Moughanni grisé par le vin se mit à jouer plus passionnément.

Il termina sous une salve d'applaudissements.

— Merveilleux, dit Ibn Sina admiratif, tu es un grand artiste, el-Moughanni.

Il chercha l'approbation de son père. C'est alors qu'il remarqua que la tête du vieil homme s'était affaissée sur sa poitrine, légèrement inclinée sur le côté, les bras pendant le long du corps.

— Père !

Le cri de terreur d'Ali résonna dans toute la pièce. Tous les regards convergèrent vers Abd Allah. Et ils comprirent.

— Vite, aidez-moi, il faut le porter jusqu'à son lit !

On étendit Abd Allah dans la chambre, sur une couverture de laine, et Ali s'empressa de palper le pouls.

— Est-ce qu'il est..., fit el-Moughanni, blanc comme un linge.

La voix d'Ali l'interrompit brutalement.

— Le cœur bat encore, annonça-t-il à l'intention d'el-Massihi agenouillé de l'autre côté du lit.

Tout le temps que dura l'examen, le silence était tel qu'on aurait pu entendre le frémissement de l'air dans la pièce. Ali écouta les battements du sang dans les différents points du corps. Il étudia les membres, l'éclat de l'œil, vérifia la couleur et la température des extrémités. Quand il se releva enfin, il avait les traits noyés de sueur. Il fit signe à tous, sauf à el-Massihi, de les laisser seuls.

Sétareh avait saisi la main inerte de son époux et rien au monde n'aurait pu l'en séparer. Refermant la porte derrière leurs hôtes, Mahmoud, les yeux brouillés de larmes, vint s'asseoir en tailleur au côté de sa mère.

El-Massihi et Ali en profitèrent pour s'écarter près de la fenêtre ouverte sur le couchant.

— Alors ?

Il essuya du revers de la main les gouttes de sueur qui perlaient sur ses lèvres, tout en posant sur son ami un regard éperdu. El-Massihi réitéra sa question.

— Rien...

— Que dis-tu ?

— Rien... Tout est noir dans ma tête...

El-Massihi le saisit par les épaules et chuchota :

— Serais-tu devenu fou ? Tu viens de l'examiner non ?

Ibn Sina acquiesça d'un air vague.

— Et alors, qu'as-tu remarqué ?

— Il... il me semble... qu'il y a paralysie complète du côté droit.

El-Massihi écarquilla les yeux.

— Il te semble ?

— Je n'entends plus ! Je ne vois rien ! Ne peux-tu comprendre ?

Il avait presque crié, réprimant de toutes ses forces les pleurs qui montaient à sa gorge.

— Ressaisis-toi, par Dieu, ressaisis-toi ! Je sais qu'il s'agit de ton père, mais c'est avant tout un malade, un malade comme les autres ! Comme tous ceux que tu as soignés !

Ali s'agrippa au pan de la robe d'el-Massihi :

— Examine-le par pitié, toi, examine-le !

Désemparé, le chrétien parut hésiter, puis il se décida à aller vers le lit.

Sétareh vint rejoindre Ali auprès de la fenêtre.

— Tu vas le sauver, mon fils... Tu vas le sauver n'est-ce pas ?

Il baissa la tête, cherchant à fuir son regard.

— Tu es le cheikh el-raïs, tu es Ibn Sina, le plus grand des médecins... Tu vas le sauver...

« Ali ibn Sina n'a pas sauvé son père... Il n'a pas su. El-Massihi lui confia les résultats de son examen. Il lui parla d'une perte de la sensibilité, d'une froideur des extrémités, de l'œil fixe d'Abd Allah sans doute déjà ouvert sur la mort, et mon maître eut beau rassembler dans sa tête toutes ses connaissances, tout le savoir du cheikh el-raïs, le prince des médecins ; il n'a rien compris. Ses livres n'étaient plus que des pages blanches.

« Je sais seulement qu'il aurait voulu que le Très-Haut retranche à sa vie pour prolonger celle de son père et qu'il n'a rien fait d'autre que prier.

« El-Massihi a suggéré la saignée. Il voyait une embolie. Si Ali avait accepté, peut-être Abd Allah aurait-il survécu. Paralysé sans doute, mais vivant. Il refusa la saignée. Dans d'autres cas il aurait sans hésitation accompli lui-même le geste, mais ce jour-là il n'a pas pu regarder couler le sang de son père.

« Abd Allah est mort quelques jours plus tard.

« Il repose dans le cimetière de Boukhara. Couché sur le côté droit, orienté vers La Mecque, sans dôme au-dessus de sa tombe — ainsi que le veut la tradition — pour que rien n'empêche la pluie de courir sur la pierre.

« Mon maître a décidé de partir. Il va partir, et Mahmoud restera auprès de Sétareh. Avec les pièces d'or, ultime présent de feu l'émir Nouh II, ils seront pour longtemps à l'abri du besoin.

« Il n'attend plus rien de cette province. Le palais, la citadelle, la grande mosquée, les canaux, sont devenus une offense à ses yeux. Et son cœur pleure lorsqu'il entrevoit de sa fenêtre la maison du Trésor où son père ne se rendra plus.

« Il a décidé de partir. Il en a parlé à el-Massihi qui tient à l'accompagner, car lui pressent que la dynastie samanide arrive à sa fin. Demain, dans une semaine, dans un mois, Boukhara et toute la province du Khorasan tomberont irrémédiablement sous l'emprise turque.

« Il a fait ses adieux à Warda. Et je sais que les larmes qu'elle a versées ont noyé son cœur.

« Ils ne savent pas où ils iront. La terre de Perse est vaste, les saisons variées et les villes innombrables. Peut-être iront-ils retrouver el-Birouni à la cour du chasseur de cailles. Ou bien descendront-ils vers le sud, vers le Fars, ou le Kirman, ou remonteront-ils plus au nord, jusqu'au Turkestan. Là où coulent les sources de l'oubli... »

Cinquième makama

Accompagnés par le son des tambours mortuaires, les pénitents défilaient en rangs serrés sur la place de Dargan. Dargan, village brun aux maisons de boue séchée et de briques cuites. Dargan, accolée au roulement de l'Amou-Daria, qui ce matin avait des allures de fin du monde.

Ibn Sina, el-Massihi et leur jeune guide, forcés par la masse compacte des villageois rassemblés de part et d'autre de la rue, durent s'immobiliser au pied de la manara, la haute tour de signalisation.

Des dizaines de bannières brodées de versets du Livre claquaient au-dessus de la tête des récitants, lesquels avançaient en gémissant et en se frappant la poitrine. Un porte-fanion ouvrait la marche. Sur le tissu, un dessin représentait une main ouverte, symbole du chiisme[1].

Encouragés par les vociférations de la foule, des hommes, des adolescents, le visage coloré de rouge, fouettaient avec une violence inouïe leurs poitrines nues à l'aide de pointes d'acier, ou lacéraient à coups de couteaux leur crâne rasé, maculant de sang leur front, leurs joues, leurs tuniques de laine blanche. Une femme hurla, au bord de l'hystérie. El-Massihi affolé essaya de maîtriser l'emballement de son cheval :

— Serions-nous arrivés à Gomorrhe ?

1. Les cinq doigts représentent le Prophète, Fatima sa fille, Ali son gendre, et leurs deux fils, Hassan et Hosseïn. *(N.d.T.)*

Ali répliqua en criant pour couvrir la rumeur qui grondait de partout :

— Aujourd'hui est le dixième jour de dhù el-higgà ! La journée de Karbala !

Le guide dévisagea Ibn Sina avec étonnement :

— La journée de Karbala ?

— Ghilman[1], mais à quelle religion appartiens-tu pour ignorer ce qu'est Karbala ?

Un nouveau cri de femme domina l'espace. Le guide répondit en plaçant ses mains en porte-voix :

— Je suis un parsi. Un parsi comme l'était mon père !

— Sache donc que le dix de dhù el-higgà est le jour où Hosseïn, le plus jeune fils du gendre du Prophète, fut défait à Karbala alors qu'il tentait de s'emparer du califat. Au terme de la bataille, il fut décapité par ses ennemis, devenant ainsi le plus grand des martyrs chiites. Le chahid par excellence.

Il désigna les pénitents :

— Tous les ans ces gens témoignent ainsi de sa mort...

— Mais je croyais cette manifestation réprouvée par les hautes autorités chiites ? s'étonna el-Massihi.

— Non seulement réprouvée, mais aussi prohibée. Il n'empêche qu'ici et là le petit peuple continue encore à commémorer Karbala. Et...

Ali s'interrompit. Un adolescent titubant venait de heurter son cheval de plein fouet. Il bascula en arrière l'œil exorbité, tourbillonnant sur soi avant de s'écrouler à terre comme une fleur coupée.

— Il est mort ? s'exclama le guide avec effroi.

— Simplement évanoui. Avant la fin du jour bien d'autres le rejoindront.

Ali reporta son attention sur la procession qui continuait de dérouler son ruban sanglant à travers le village. Un flagellant attira son regard. Son crâne était couvert de sang et de lambeaux rosâtres de peau arrachée. Apparemment insensible à la douleur il lacérait ses joues de coups de couteau.

— Il va se vider de son sang..., souffla Ali atterré. Il cria

1. Rassure-toi, ghilman est un surnom qui n'a rien d'outrageant. C'est un mot arabe qui veut dire simplement jeune homme ou jeune garçon. Il signifie aussi serviteur ; habituellement, serviteur de condition libre. Dans un passé encore proche on surnomma ainsi de jeunes princes abassides. Et je peux te confier avoir connu des princes qui faisaient songer à des serviteurs et des serviteurs à des princes... (Note de Jozjani.)

en direction du pénitent, conscient pourtant qu'il ne pouvait l'entendre.

— Il faut l'arrêter, c'est de la démence !

Avant qu'el-Massihi et le guide n'eussent le temps de réagir, il sauta à terre et se rua vers l'homme. Presque immédiatement, soulevant des nuages de poussière, des cavaliers surgirent de nulle part. La tête enturbannée, un foulard noir noué autour du cou, cravachant violemment leurs chevaux, ils franchirent à toute allure l'orée du village.

Dans le contre-jour, un sabre accrocha le soleil.

Ce fut le guide qui le premier donna l'alarme :

— Les Ghouz !

Immédiatement il tourna bride dans un geste éperdu, s'écriant à nouveau :

— Les Ghouz ! Il faut fuir vite !

L'œil fixé sur Ali, qui n'était plus qu'à quelques pas du pénitent, el-Massihi ne parut pas l'entendre.

— Par le feu sacré ! serais-tu devenu sourd ? Ils vont nous massacrer jusqu'au dernier. Il faut quitter le village !

— Et toi serais-tu devenu fou ! Nous n'allons pas abandonner Ali !

D'un coup sec, il frappa la croupe de son cheval et fila vers son compagnon. Celui-ci, noyé dans la foule, avait réussi à désarmer le pénitent et tentait de le dégager de la procession.

Autour d'eux la horde avait envahi la place. Les cavaliers de tête, sabre à la main, déferlaient par petites vagues sur les villageois.

— Ali !

Poussant sa monture à travers la foule affolée, el-Massihi tentait désespérément de se rapprocher de son ami qui soutenait le blessé. Comme dans un cauchemar il aperçut l'arme qui allait s'abattre sur le cheikh.

— Ali ! Prends garde !

Ce fut sans doute à l'expression terrifiée du flagellant qu'il traînait à ses côtés qu'Ibn Sina comprit que la mort était au-dessus de lui. Le sabre fondit sur lui, brisant l'air dans un sifflement sec. Il eut à peine le temps de bondir en arrière, éprouvant une terrible morsure à hauteur de l'avant-bras.

— Monte !

Il reconnut la voix du ghilman et s'empressa de saisir la main qu'il lui tendait.

A présent la panique avait gagné tout le village. Installé à califourchon derrière le guide, Ali essaya de conserver son équilibre tandis qu'ils se frayaient un chemin à travers la foule. Il jeta un coup d'œil par-dessus son épaule. Dans un tourbillon de poussière venait d'éclater le crâne du flagellant. Sans trop savoir comment, avec el-Massihi dans leur sillage, ils réussirent à sortir du village. Devant eux apparurent des champs de coton mûr, alignés le long de la rive droite du fleuve.

Porté par le vent sec, l'écho des combats les poursuivit longtemps au cœur de la plaine. Lorsqu'il s'atténua enfin, près de 2 farsakhs[1] les séparaient de Dargan. Alors seulement ils réduisirent l'allure. El-Massihi en profita pour venir à hauteur de ses compagnons.

— Que s'est-il passé ? commença-t-il d'une voix rauque. Je n'ai jamais vu...

Il s'interrompit en voyant la tunique ensanglantée d'Ibn Sina.

— Tu saignes, tu es blessé...

Ali jeta un coup d'œil sur la plaie béante creusée sur son avant-bras.

— Je ne crois pas que ce soit très grave. En tout cas ça l'est moins que la perte de mon cheval, et la besace qui contenait mes instruments et mes notes. Heureusement que j'ai conservé ma bourse à ma ceinture.

— Il vaut mieux cela qu'une tête tranchée. Il faudra quand même que tu stérilises ta plaie. J'ai tout ce qu'il faut avec moi.

— Lorsque nous nous arrêterons. Nous sommes encore trop près du village.

S'adressant au guide il demanda :

— Maintenant explique-nous, qui sont ces fous ?

— Des éléments d'une tribu turque orientale, expliqua le guide. Ils vivent dans les steppes du Nord. Au début, ils commerçaient en bonne entente avec les gens du Kharazm, mais très vite les agressions ont commencé. Tout d'abord elles se limitèrent à des affrontements avec les Ghazis, les musulmans frontaliers, puis ce furent des razzias de plus grande ampleur. Ils ont même osé s'attaquer aux faubourgs de Kath, la ville principale de la région située plus au nord, de l'autre côté du fleuve.

— Et que font les autorités ?

— Les forces de l'émir Ibn Ma'moun, le souverain du Kharazm, ripostent, bien sûr. Mais ce n'est pas simple. Les attaques des Ghouz sont aussi violentes qu'imprévisibles.

— Et à présent, interrogea el-Massihi d'une voix lasse, qu'allons-nous faire ? Le sort ne semble pas nous être favorable.

— Dargan reste le but de notre voyage, répondit Ali d'une voix ferme, ce n'est pas une bande de pillards qui nous en détournera.

1. Un farsakh équivaut à environ 6 kilomètres. *(N.d.T.)*

Le guide approuva.

— Je crois cependant qu'il serait plus prudent de passer la nuit ailleurs. Demain tout sera rentré dans l'ordre.

— Si je comprends bien, tu nous proposes de coucher une fois de plus sous les étoiles ! C'est plus que mes pauvres os ne peuvent supporter !

— El-Massihi, mon frère, tu n'as cessé de gémir depuis notre départ. Tu devrais pourtant savoir que rien n'est plus salutaire que de dormir à l'air libre.

— Les nuits sont tellement froides que même les scorpions sont gelés ! De plus...

— L'Invincible nous protège ! lança le guide. Vos disputes vont finir par nous porter malheur ! Ecoutez-moi donc. A deux ou trois farsakhs d'ici se trouve un khan, le khan Zafarani, nous pourrons y loger, tu y soigneras ton bras, et demain nous aviserons.

— Ces étapes routières me répugnent, soupira el-Massihi, elles sentent la bouse. Mais avons-nous le choix ?...

Ignorant le commentaire du médecin, le guide donna le signal du départ, et ils repartirent vers le nord.

Rien, hormis le sifflement tiède du vent et le martèlement des sabots, ne vint troubler le silence de leur chevauchée. Où que le regard se posât, ce n'était que plaine ondulante ; la steppe inculte, vide, allongée à l'infini, colorée par endroits de touffes d'herbes sèches, rares, si fragiles qu'on les aurait crues transparentes.

Lorsqu'ils atteignirent enfin leur destination, le soleil avait presque disparu entre les collines de terre rouge et les monts lointains du Khorasan.

Dans le crépuscule, le khan se présenta à leurs yeux comme une construction quadrangulaire à deux étages, avec des tours massives à chaque angle et des murs de briques cuites renforcés par des contreforts. Si ce n'était les saillants encadrant un monumental portail à arc brisé décoré d'arabesques, on aurait dit un fortin.

Les deux cavaliers s'engouffrèrent dans une sorte de vestibule, sur lequel s'ouvraient de part et d'autre les pièces du gardien, et des boutiques aux étals chargés d'objets de première nécessité ; puis ce fut la grande cour et son bassin.

Au rez-de-chaussée, s'ordonnait sous des galeries ce qui ressemblait à des dépôts et des logements. Sur la droite, entre la maréchalerie et les écuries, ils avisèrent un homme au visage grêlé qui leur faisait signe. Après les salutations d'usage, ils lui confièrent leurs bêtes et se rendirent dans la salle des voyageurs.

L'immense pièce voûtée disparaissait sous une fumée grisâtre. Adossées contre les murs ou assises sur des tabourets de fortune, des silhouettes se détachaient sous la lueur tremblante des torchères : Daylamites aux traits tannés, à l'œil noir qui respiraient la mer des Khazars ; nomades de Chine, au faciès jaunâtre, au regard bridé, teinté de cette expression énigmatique, propre aux peuplades d'au-delà du Pamir ; Kurdes au nez d'aigle accroché sous un large front parcheminé.

A proximité d'un joueur de gobelets, Ali indiqua le brasero sur lequel était posée une bouilloire de cuivre, emplie de thé.

— Passe-moi ton poignard, demanda-t-il à el-Massihi.

— Tu sembles parfois oublier que je suis aussi médecin, maugréa le chrétien. Je vais m'occuper de toi.

Un instant plus tard, il avait découpé la manche d'Ibn Sina et lavé la plaie au vin. Puis, récupérant sa lame, qu'il avait préalablement chauffée à blanc sur les braises, il murmura :

— Serre les dents, mon frère, ça va cuire...

Il se dégagea une odeur de chair brûlée lorsqu'il plaqua le plat de l'acier sur la blessure. Le visage brusquement creusé, Ali pesta :

— Dhimmi, que le Très-Haut te pardonne... Je sens que tu éprouves en ce moment un certain plaisir.

El-Massihi répliqua avec un sourire :

— Une cheville pour un avant-bras... Je ne sais pas qui de nous deux gagne au change...

Fouillant dans sa besace, il en retira une poudre jaunâtre avec laquelle il saupoudra la blessure noircie par le feu.

Le guide questionna, intrigué :

— Du soufre sur une plaie ?

— Non, mon ami, du henné. Il possède une vertu cicatrisante des plus énergiques. Je me souviens d'un garçon de seize ans, qui dans une rixe avait été piétiné par les sabots d'un cheval. Sa blessure intéressait toute la région musculaire brachiale, un peu en dessous de l'articulation, et grâce à une application de henné, en douze jours, la cicatrisation fut totale.

— Des feuilles de myrte sont aussi souveraines pour apaiser la douleur, ajouta Ali. Mais j'imagine que nous n'en trouverons pas ici.

Jetant un coup d'œil satisfait à sa plaie, il enchaîna :

— Maintenant, si nous trouvions un coin tranquille. Toutes ces émotions ont réveillé ma soif.

A peine furent-ils installés dans un angle de la vaste salle, qu'un homme sec, la taille nouée d'un large foulard noir, se présenta courtoisement à eux :

— Que la paix soit sur vous... J'ai cru comprendre que vous aviez faim.

— Qu'as-tu à nous proposer ? demanda Ali.

— De la harissa, du riz, du mouton, du lézard, et surtout du raisin de Ta'if... Le choix est grand.

— Laisse le lézard aux Arabes. Mais j'ignore la harissa. Qu'est-ce donc ?

— De la viande pilée et du blé cuit avec de la graisse. C'est excellent.

— Je veux espérer que ton mouton n'est pas de la mayta[1] comme ton lézard !

L'homme croisa les bras avec un sourire amusé :

— Si je te répondais non, comment saurais-tu la différence ? Ne t'inquiète donc pas, Allah est Grand et Miséricordieux.

— Il est aussi impitoyable pour ceux qui renient volontairement ses préceptes. Sers-nous donc de ta harissa et des dattes. Mais avant toute chose le vin, surtout du vin.

— J'ai aussi des petits pains au pavot. Du pavot d'Ispahan, le meilleur.

— Je suppose que le suc a été pétri avec de l'eau ? lança el-Massihi avec une pointe de dépit.

L'homme leva le menton, offensé :

— Jamais d'eau, mon frère, du miel, du miel de Boukhara...

— Le meilleur bien sûr, souligna le guide avec un sourire amusé.

L'homme approuva, imperturbable.

— Le meilleur...

— Et comment sont tes chambres ? s'inquiéta encore el-Massihi. J'espère que leur qualité n'a rien à voir avec ces khans de montagne où l'on ne dispose que d'une misérable banquette pour passer la nuit ! Ou d'estrades surélevées où l'on dort moins confortablement que les bêtes !

— N'aie crainte... Vous disposerez d'une chambre et de nattes de jonc.

— Dans ce cas, c'est parfait... Nous restons, fit Abou Sahl en fermant les yeux avec ostentation.

A quelques pas d'eux, un homme au visage buriné se mit à jouer d'un saroh ; c'était un instrument rare dans cette région, qui par sa forme en losange faisait songer à une raie. Celui-ci

1. J'ai toujours été surpris de constater que mon maître s'adonnait sans scrupule à la boisson, aux plaisirs du corps, et refusait en revanche d'enfreindre la loi islamique qui interdisait de manger de la mayta, c'est-à-dire la chair d'un animal trouvé mort. Mais je suppose que c'était plus par principe d'hygiène que pour des motifs religieux. (Note de Jozjani.)

avait une particularité : à l'extrémité du chevillet, un oiseau, un bengali, taillé dans le bois, semblait tenir les huit cordes dans son bec.

Une musique étrange, lancinante, enveloppa la salle. Malgré lui Ali se sentit transporté vers ses souvenirs et son cœur se serra.

Déjà deux mois qu'ils avaient quitté Boukhara et la province du Khorasan. De hameaux en villages, d'oasis en caravansérails, soignant ici et là ceux qui réclamaient leurs soins. Deux mois. Une éternité. Sétareh et Mahmoud lui manquaient, et l'image d'Abd Allah hantait ses nuits. Cent fois, couché sous les étoiles de l'Uzbekistan, il avait cru entendre sa voix dans le souffle glacé du vent. Cent fois, il avait imaginé sa silhouette au détour d'une colline. Et ce soir il était là, dans ce khan du bout du monde, sans but précis, hors la fuite vers l'inconnu.

— Désires-tu une bouffée, cheikh el-raïs ?

Tiré de sa songerie, Ali sursauta.

— Une bouffée ? répéta l'inconnu, en lui présentant le tube d'un narghilé enveloppé de maroquin rouge.

Il agréa et porta l'embout d'ambre sombre à ses lèvres. Il aspira lentement la fumée d'opium, faisant murmurer l'eau tiède et parfumée qui frémissait dans le vase.

— Pourquoi m'as-tu appelé de ce nom ?

— C'est bien ainsi que l'on te surnomme à travers tout le pays ? Je m'appelle Abou Nasr el-Arrak. Je suis mathématicien, et peintre à mes heures.

Il s'interrompit et, se penchant sur un sac de peau, il en sortit des croquis représentant pour la plupart des chevaux et des paysages. Ali s'inclina devant la grande qualité des dessins. L'homme poursuivit :

— Je t'ai entrevu un soir, lors d'un banquet à la cour de l'émir Nouh. Tu étais alors au sommet de ta gloire.

Ali aspira une nouvelle bouffée avant de répondre laconiquement :

— C'est le passé...

Il rendit le tube de narghilé à son interlocuteur et frappa dans ses mains :

— Tavernier ! Ta cruche se fait attendre !

L'homme demanda :

— Où te rends-tu ainsi ?

— Hier Châch, demain Dargan, un jour Samarkand, peut-être plus tard le pays jaune... Le monde est vaste.

El-Arrak promena distraitement l'embout du narghilé sur ses lèvres épaisses :

— Dargan ? Ce village perdu, mais c'est un lieu indigne d'un homme comme toi !

Il marqua une pause et précisa :

— Cheikh Ibn Sina, sais-tu qu'on t'accueillerait volontiers à la cour de Ali ibn Ma'moun, l'émir de Gurgandj. Si tu le désires, je pourrais intercéder en ta faveur.

Le tavernier se présenta avec les plats. Sans attendre qu'il eût fini de les ranger à leurs pieds, Ali s'empara de la cruche de vin et l'entama à grandes gorgées sous l'œil désapprobateur d'el-Massihi.

— Méfies-toi, fils de Sina, l'opium est souverain, l'eau de l'oubli aussi, mais les deux réunis font aussi mauvais ménage que le rat et le faucon.

— Du vin, du vin et des pages blanches... Que cela te plaise ou non, ce soir je frapperai la coupe contre la pierre[1].

— Il ne manquait que la poésie à tes cordes, répliqua el-Massihi avec irritation, désormais c'est chose faite !

Sous les premiers effets de l'opium, les prunelles de Ali se voilaient déjà.

— Dhimmi, mon frère, je ne suis pas un poète, simplement un emprunteur. Les générations à venir le confirmeront sans doute.

Ignorant le surnom de dhimmi, Abou Sahl se tourna vers el-Arrak :

— Permets-moi de me présenter : je m'appelle Abou Sahl el-Massihi et...

L'homme le coupa, surpris :

— Le médecin ? L'auteur des *Cents* ?

Flatté, le chrétien observa :

— Je vois que tu connais d'excellents ouvrages. C'est exact. Mais explique-moi pourquoi disais-tu pouvoir intercéder en faveur du cheikh ?

— Parce que moi-même je vis à la cour de Gurgandj. Depuis quelques années la cour ma'mounide est devenue un centre de sciences pour les érudits et les hommes de lettres de tout l'islam oriental. Sous l'impulsion de son vizir el-Soheyli, l'émir s'est entouré d'une brillante assemblée de personnages. Il est même question que nous recevions dans les mois à venir quelqu'un que vous connaissez peut-être : Ahmad el-Birouni.

Ali sursauta :

— El-Birouni ? Mais je croyais qu'il était à Gurgan, auprès du chasseur de cailles ?

— C'est exact. Mais les événements là-bas sont préoccupants. On parle de révoltes militaires provoquées par la tyrannie

1. Expression qui signifie boire jusqu'à la dernière goutte. *(N.d.T.)*

du gouverneur d'Astarabad. Dans son dernier courrier, el-Birouni envisageait sérieusement de quitter le Daylam.

Ali trempa un morceau de pain dans le plat de harissa et le porta à sa bouche :

— Décidément, nos dynasties sont aussi mouvantes que la courbe des dunes...

— Revenons à tes conseils, fit el-Massihi, en se servant à son tour. Je crois savoir qu'il existe déjà un médecin auprès de l'émir ; dans ce cas, en quoi Ibn Sina et moi-même pourrions-nous être utiles ?

El-Arrak finit de tirer sur son narghilé avec un sourire au coin des lèvres.

— Votre modestie est grande. Mais la notoriété du cheikh est plus grande encore. Ce n'est pas seulement le médecin que la cour s'honorerait d'accueillir, mais aussi le savant, le penseur universel. Je rentre de Ferghana où j'ai dû me rendre pour des raisons familiales. Mais dès demain je repartirai pour Gurgandj ; si vous le souhaitez, nous pourrons faire route ensemble.

El-Massihi hocha la tête pensivement.

— L'idée me séduit assez... Et toi fils de Sina ?

Ali acheva de boire les dernières gouttes de vin et fit rouler la cruche dans la paume de sa main.

— Si l'émir est intéressé par un jurisconsulte, je pourrais être cet homme. Mais si c'est un médecin de talent qu'il recherche, dans ce cas il lui faudra compter sur Abou Sahl. Sur Abou Sahl uniquement. Mon destin a changé de face...

El-Arrak lança un regard perplexe en direction d'el-Massihi.

— Laisse..., fit Abou Sahl doucement, désormais le cerveau de notre ami est sous l'entière sujétion du rat et du faucon.

— Ton affirmation n'est vraie qu'à moitié, répliqua Ali d'une voix rendue incertaine par l'alcool, et je m'engage à la rectifier.

Il se redressa lentement et cria :

— Du vin, tavernier !

A quelques pas d'eux, le joueur de saroh, qui n'avait cessé de pincer les cordes de son instrument, laissa tomber d'une voix lointaine :

— La mélancolie est le chagrin de l'âme, mon frère... Et contre cet ennemi-là, l'eau de l'oubli est inefficace.

Ali se dressa d'un seul coup.

— Que sais-tu de l'âme, mon ami ? La connaîtrais-tu aussi bien que je connais la musique ? Car je connais aussi la musique. Entre autres celle de ton pays. Car il me semble reconnaître en ce que tu joues des airs inspirés du dieu Shiva. N'ai-je pas raison ?

Pour toute réponse l'homme dodelina de la tête et continua de jouer. Ali reprit d'une voix rendue pâteuse par l'alcool et l'opium :

— Je sais de mémoire le système musical de Bha-rata, la Sagrama, la gamme primaire, la gamme complémentaire. Je peux...

— Alors tu sais aussi que, pour les gens de mon pays, la musique est un art essentiellement divin. Par conséquent tout musicien possède en lui une part de Shiva ou... d'Allah.

Ali se mit à rire doucement.

— Es-tu philosophe ou musicien ?

Comme l'autre conservait le silence, il se déplaça jusqu'à lui, décidé à polémiquer ; mais brusquement quelque chose dans le regard de l'homme le freina. C'était un regard fixe, un regard blanc, sans vie, incrusté dans un visage bouleversé, parcouru de mille rides. Il comprit que l'homme était aveugle. Alors il prit place en face de lui et se contenta d'observer en silence les doigts qui couraient le long des cordes de soie.

Le musicien dit au bout d'un moment :

— Alors, reconnais-tu que la musique est un art essentiellement divin ?

Le fils de Sina approuva.

— Alors pourquoi t'étonner lorsque je te dis connaître l'âme ? Et la tienne est triste, plus triste que la fonte des glaces sur les montagnes du Pamir. Donne-moi ta main.

Il hésita, puis il lui tendit sa paume droite que l'homme emprisonna entre ses doigts rugueux. Posant son instrument à terre, il fit glisser avec une lenteur fascinante l'index de sa main libre sur la main d'Ibn Sina.

A présent tous les visages étaient tournés dans leur direction.

— Tu n'es pas de sang royal, mais tu es un prince, commença l'aveugle à voix basse, car entre tes doigts repose le don de la vie. Je sens ta jeunesse, elle palpite, elle piaffe sous ta peau, et pourtant tu es déjà vieux. Tu as connu les honneurs et la trahison. En vérité tu connaîtras des honneurs et des trahisons plus grands encore.

Il serra plus fort la main d'Ali, poursuivant avec une certaine tension :

— Tu as aimé, mais tu ne connais pas encore l'amour. Tu le rencontreras. Il aura le teint du pays des Roum[1], et les yeux de ta terre. Vous serez heureux, longtemps. Tu t'en défendras,

1. Les Romains. Plus précisément l'Empire romain d'Orient, c'est-à-dire Byzance et ses territoires. *(N.d.T.)*

mais ce sera ton amour le plus durable. Il te gardera, parce que tu l'auras trouvé. Il n'est pas loin, il dort quelque part entre le Turkestan et le Djibal.

L'homme marqua une pause :

— Et tu toucheras les étoiles. Tu t'en approcheras comme rarement un homme le fit. Certains te maudiront pour cela. Tu seras immortel, mais ton immortalité sera au prix d'une éternelle errance.

Il se raidit soudain et enchaîna avec une certaine émotion :

— Méfie-toi, mon ami, méfie-toi des plaines du Fars, et des coupoles dorées d'Ispahan ; car c'est là que s'arrêtera ta route. Ce jour-là, à tes côtés il y aura un homme, un homme à l'âme noire. Que Shiva maudisse à jamais sa mémoire !...

Sa prédiction achevée, il reprit le saroh, et se remit à jouer comme s'il ne s'était rien passé.

Ali, très pâle, avait du mal à cacher son trouble. La lèvre sèche, il n'arrivait plus à proférer un seul mot. Il fallut la voix d'el-Massihi pour le sortir de sa torpeur.

— Par le Très-Haut, fit Abou Sahl sur un ton qui se voulait dégagé, ce vieux lézard est un excellent comédien. A voir ton expression, j'ai bien cru qu'il t'avait possédé.

— Sans doute, murmura Ibn Sina avec un sourire forcé. C'est en effet un excellent comédien.

El-Arrak essaya à son tour de détendre l'atmosphère :

— Tous ces voyants ont ceci en commun que leurs propos sont toujours évasifs. Aucun intérêt pour un scientifique.

Ali fit oui, l'œil embrumé.

— En tout cas il est une chose que cet homme a réussi à faire : c'est me dessouler. Maintenant tout est à recommencer... Passe-moi donc cette cruche, ghilman.

Abou Sahl prit le guide de vitesse.

— Un instant ! Fils de Sina. Je ne vais pas passer ma vie à errer dans les steppes de l'Uzbekistan. Dans peu, tu rouleras à terre. Aussi j'aimerais connaître maintenant ta décision : Suivons-nous notre conseiller à Gurgandj ?

Il tendit la main vers la cruche en répondant avec un étrange sourire :

— Destination Gurgandj, bien sûr... Comment fuirais-je l'amour ?

Sixième makama

Lorsqu'ils franchirent la porte du Fir, l'une des quatre portes creusées dans la haute muraille entourant Gurgandj[1], la lune était pleine dans le ciel.

Précédés par el-Arrak, ils traversèrent les ruelles endormies de la ville intérieure, et bifurquèrent sur la droite, à hauteur de l'immense place du marché, pour se diriger ensuite jusqu'au Bab el-Hudjaj, « la porte du pèlerinage », où se trouvait le palais de l'émir Ibn Ma'moun.

Prévenu par la sentinelle au sommet de la tour de garde, un détachement de troupes, engoncés dans leurs uniformes verts, les accueillit devant le portail d'ébène. Après qu'el-Arrak eut décliné son identité au commandant, celui-ci désigna au guide son logement, puis il escorta les trois hommes à travers les jardins jusqu'au bâtiment principal, où un serviteur noir, vêtu d'un pantalon bouffant et portant flambeau, les prit en charge.

— Que la paix soit sur vous, fit-il en s'inclinant devant le mathématicien. Le chambellan m'a chargé de conduire tes hôtes

1. A l'heure où tu liras ces lignes, j'ai bien peur que la ville de Gurgandj ne soit plus. Sache simplement qu'elle se trouvait sur les rives de l'Amou-Daria, à une dizaine de farsakhs de la mer du Khuwarizm. (Note de Jozjani.)

Jojzjani avait vu juste. Aujourd'hui c'est la petite ville d'Urgenç, dans la république d'Uzbekistan, en U.R.S.S, qui se dresse sur l'ancien site de Gurgandj, à une soixantaine de kilomètres de la mer d'Aral, où se jette l'Amou-Daria. *(N.d.T.)*

à leurs appartements. Il m'a aussi recommandé de te dire que notre bien-aimé vizir Ahmad el-Soheyli vous accordera audience dès demain.

— Qu'il soit donc fait selon le désir du chambellan. Nous te suivons.

Emboîtant le pas au serviteur, el-Arrak se retourna vers Ibn Sina et déclara avec satisfaction :

— J'ai craint un instant que le message que j'avais envoyé au vizir ne lui soit remis à temps. Je suis heureux de constater que notre système de courrier ne fonctionne pas trop mal.

Ali acquiesça du menton.

— Avec la toile d'araignée que forment à travers tout le pays les mille relais de la poste, il eût été décevant qu'il n'en soit pas ainsi.

— Et les tours de garde sont aussi efficaces ; ils sont rares ceux qui passent à travers les mailles du filet.

— Sauf les Ghouz, fit observer el-Massihi, avec une certaine ironie.

El-Arrak eut un geste fataliste.

— Toutes les défenses ont leur faiblesse...

— Pour être sincère, j'ai longtemps cru que ces tours n'avaient pour objet que de servir de repères visibles au loin pour les caravanes.

— Tu n'as pas entièrement tort ; car elles servent aussi ce dessein. De même il arrive qu'elles soient uniquement érigées comme colonnes de victoire.

Ils venaient d'arriver au sommet d'un grand escalier en marbre rose. Devant eux s'ouvrait un long couloir aux murs décorés de fresques, sur lesquels se projetait l'ombre ténue des torchères. Le serviteur s'immobilisa devant une des portes et en désigna en même temps une autre, un peu plus loin, sur la gauche.

— Vos hôtes ont le choix, dit-il en s'inclinant.

— C'est parfait, fit el-Arrak. Cheikh el-raïs, c'est ici que nos chemins se séparent. Je loge à l'étage supérieur. J'espère que la nuit vous sera agréable.

— Sois remercié, Abou Nasr. Que le bonheur soit à ton réveil.

Ali suivit des yeux le mathématicien tandis qu'il se retirait dans le sillage du serviteur noir. Lorsqu'il se retourna vers el-Massihi, le médecin avait disparu. Il fouilla un instant la pénombre et entendit son compagnon qui marmonnait vaguement :

— *Al Hamdou lillah*... Gloire à Dieu... un lit... enfin un lit.

★

Le soleil était presque à son zénith lorsque Ibn Sina ouvrit les yeux. Il battit des paupières, un peu déconcerté, et il lui fallut un moment pour prendre conscience qu'il était à Gurgandj, chez l'émir Ibn Ma'moun. Il quitta le lit en s'enveloppant dans la couverture en poil de chameau, et se rendit à la fenêtre où un spectacle surprenant l'attendait.

Un jardin.

Un jardin que rien à première vue ne différenciait des espaces verts du prince Nouh le deuxième, ou des autres jardins de notables qu'Ali avait eu l'occasion de voir. Ce n'est qu'après une deuxième observation que les différences lui sautèrent aux yeux ; et le souffle vint à lui manquer.

Les centaines de palmiers qui bordaient l'allée centrale n'étaient pas de vrais palmiers ; les hêtres non plus ; encore moins les massifs de roses et les touffes d'herbe grasse. Ali avait beau chercher, hormis le sable des allées et la pierre, il ne reconnaissait dans cette étrange floraison aucun élément naturel.

Les troncs d'arbres étaient en argent sculpté ; certains étaient même en ivoire. Le soleil coulait à travers des milliers de roses, toutes en fragments de verre émaillé ; leur tige était en céramique de Raiy. D'étonnants rinceaux, en céramique eux aussi, entouraient un grand bassin au rebord tapissé de faïences turquoise ; mais le bassin ne contenait pas d'eau, seulement du mercure. Un lac de mercure sur lequel voguaient de petits vaisseaux aux voiles d'or ; des automates ; comme l'étaient les dix statues de guerriers qui dodelinaient de la tête, en soulevant vers le ciel des poignards sertis d'émeraudes.

C'était féerique, effrayant à la fois. Froid comme l'orgueil, et chaud comme la Géhenne. Il songea à l'émir, et se demanda s'il fallait mettre un tel ouvrage sur le compte de sa folie ou de sa naïveté, ou était-ce simplement un caprice de prince ?

Quelques coups discrets frappés à la porte l'arrachèrent à sa contemplation. Deux servants se tenaient dans l'encadrement, les bras chargés de vêtements.

— Pour le cheikh, annoncèrent-ils presque en chœur. De la part du vizir.

L'un d'entre eux ajouta :

— Son Excellence m'a aussi chargé de vous dire qu'elle vous recevra, ainsi que l'émir Ibn Ma'moun, dans deux heures à sa table. Entre-temps, si vous le désirez, je puis vous conduire au hammam.

La proposition n'était pas pour lui déplaire ; depuis près de dix jours il n'avait connu que l'eau des fontaines. Il indiqua la pièce au fond du couloir où el-Massihi devait encore sommeiller.

— Prévenez donc mon compagnon, je suis sûr qu'il aura plaisir à se joindre à moi.

Les deux serviteurs se retirèrent en saluant par deux fois, et Ali put à loisir examiner le présent qu'on venait de lui faire.

Sans aucun doute, le ministre avait meilleur goût que son maître. Que ce fût le pagne qui servait de sous-vêtement, ou les chemises de corps, la qualité des tissus était irréprochable. Rien ne manquait ; ni la djubba de pure laine blanche, ni la burda, non plus que le turban, qui n'avaient rien à envier au « nuage », surnom que l'on avait donné à la pièce de tissu qui protégeait la tête du Prophète. Sandales de cuir ; bottines, babushs serties de fils d'or, kaftan broché d'argent, et surtout la kaba, une superbe robe de brocart, à manches fendues sur le devant ; chaque pièce était d'un pur raffinement.

Il n'échappa pas à Ali que l'une des djubba avait été portée. Mais il n'en fut pas surpris, plutôt honoré, n'ignorant pas qu'offrir un vêtement personnel était une marque d'amitié et d'affection.

Sa main frôla la petite perle bleue, présent de Salwa. Il la serra très fort en priant ne jamais revivre les derniers mois de Boukhara.

★

Ahmad el-Soheyli était un homme d'une cinquantaine d'années. D'allure affable, les traits ouverts, paré d'une certaine noblesse, l'œil couleur de datte, pétillant d'intelligence, on sentait que l'homme forçait naturellement le respect et la fidélité de ses collaborateurs. Les promotions successives qui l'avaient porté jusqu'au vizirat, il les devait uniquement à son grand sens de la diplomatie, à une clairvoyance certaine et une approche des choses de la politique qu'on aurait pu qualifier de visionnaire. Par-dessus tout, il possédait cette faculté rare qui permet à certains hommes de lire dans le cœur des autres avec une acuité désarmante.

Ainsi que l'avait laissé entendre el-Arrak, bien que l'émir en tirât tous les profits, c'était bien grâce à ses efforts que cette cour ma'mounide était devenue le pôle d'attraction de nombreux érudits de l'islam oriental ; les quelques invités réunis en cet instant dans l'immense salle à manger du palais en étaient l'illustration même : el-Arrak bien sûr, le médecin Ibn el-Khammar, fils d'un marchand de vin, chrétien comme el-Massihi, éduqué à

Bagdad ; le philologue al-Thalibi, natif de Nishapour et intime de l'émir[1], ainsi que d'autres personnalités aussi réputées.

Ce fut sous l'œil à la fois curieux et admiratif de cette assistance qu'el-Soheyli quitta la banquette où il était assis, et que faisant exception au protocole il alla spontanément à la rencontre d'Ibn Sina et d'el-Massihi.

— Bienvenue au Turkestan, bienvenue à Gurgandj, déclara-t-il la main droite posée sur le cœur. J'espère sincèrement que votre séjour sera heureux, heureux et prolifique.

Les deux amis lui rendirent respectueusement son salut.

— Ta réputation d'homme lettré et de mécène a touché les frontières du pays, déclara courtoisement le fils de Sina. Que le Très-Haut accorde pour cela l'éternité à ton nom. Nous nous efforcerons d'être dignes de ton hospitalité.

— Je n'en doute pas. Sache qu'el-Arrak m'a longuement entretenu de ton génie, mais aussi de tes tourments à Boukhara. Tu souriras peut-être si je t'affirmais qu'ici « un gardien se tient auprès de chaque âme ». Sois convaincu que la seule ambition de la cour m'amounide est de faciliter à des hommes tels que toi l'accès au bonheur.

Tout en parlant, le vizir prit la peine de se tourner vers el-Massihi. Et le médecin comprit qu'il était tout autant concerné par la chaleur de ces propos.

— Maintenant prenez place, l'émir va bientôt arriver.

Les deux hommes s'empressèrent de rejoindre el-Arrak, lequel était assis en compagnie du médecin Ibn el-Khammar et d'autres invités sur d'épais coussins de brocart.

Les présentations faites, el-Khammar assaillit Ibn Sina de mille questions. Très vite une discussion passionnée les emporta sur les thèmes qui leur étaient chers. Emploi de la saignée, propriétés de l'orge et du lait d'ânesse, préparation des électuaires, possibilité d'opérer la cataracte par succion, ou encore de la ligature des artères proposée dans *Tesrif*, l'un des trente ouvrages rédigés par le grand chirurgien Abou el-Cacis[2]. Il fallut l'arrivée impromptue de l'émir pour mettre fin à leurs échanges.

D'un seul coup d'œil Ali comprit que le seul trait qu'Ibn Ma'moun II avait en commun avec son vizir était l'âge. Pour le

1. El-Thalibi devait par la suite dédier au souverain plusieurs ouvrages, dont le *Miroir des princes*. Par deux fois, j'ai failli avoir l'une des copies entre les mains, et par deux fois j'ai échoué. (Note de Jozjani.)

2. A l'heure où j'écris ces lignes, Abou el-Cacis, de son vrai nom Abou el-Kassem khalef ibn Abbas el-Zahraoui, est âgé de quatre-vingt-dix ans et vit toujours à Cordoue. (Note de Jozjani.)

reste, une petite taille, un faciès écrasé, des lèvres retroussées, un front bas, et un ventre proéminent et rebondi que le prince du Kharazm semblait porter avec lassitude au ras des cuisses.

Le peu qu'il avait appris sur l'homme, il le tenait d'el-Arrak. Quelques années plus tôt il avait hérité du trône de son père, fondateur de la dynastie, et pris à son tour le titre historique de « Kharazm-shah ». En épousant Kaldji, la sœur de Mahmoud le Ghaznawide, l'homme dont on murmurait que non seulement l'Orient, mais le monde serait à ses pieds, l'émir avait cru trouver une protection ; en réalité ce mariage l'avait simplement mis à la botte du Turc. Et de temps à autre, sous l'impulsion de patriotes, le peuple venait crier son humiliation aux portes du palais.

Tous les invités, le vizir en premier, se dressèrent comme un seul homme, tandis que, dans un silence attentif, le souverain vêtu d'une robe pourpre et rose, le crâne protégé d'un turban bayadère, traversa la salle à manger d'un pas rapide. Parvenu à hauteur d'el-Arrak, il s'immobilisa.

— Le salut sur toi, bien-aimé el-Arrak. J'espère que tes amis ont fait bonne route.

La voix du prince était nasillarde et pompeuse.

Le mathématicien prit la main du souverain et la baisa respectueusement.

— Et sur toi le salut, Kharazm-shah. Permets-moi de te présenter le cheikh el-raïs Ali ibn Sina, ainsi que son compagnon, Abou Sahl el-Massihi, l'auteur réputé des *Cents*.

— Bienvenue à Gurgandj, déclara le souverain dans un plissement de menton.

— Qu'Allah te rende tes bienfaits, Excellence, fit Ali en baisant à son tour la petite main potelée du prince. Nous te sommes infiniment reconnaissants de l'hospitalité que tu as daigné nous offrir.

Ibn Ma'moun parut un instant jauger son hôte, puis il hocha la tête avec componction, et sans rien ajouter il se rendit vers la place d'honneur au centre de la salle à manger, où il se laissa tomber lourdement parmi les coussins damassés. A peine installé il fut rejoint par deux jeunes gens, des jumeaux à la peau nacrée, pleins d'exubérance, qui ne devaient guère avoir plus de vingt ans.

— Ce sont Anbar et Kâfour, chuchota le mathématicien discrètement. Eunuques par la grâce du prince. Des Byzantins qui furent achetés par l'émir à un caravanier de passage pour une véritable fortune. Ils n'avaient alors que seize ans.

Le mathématicien s'assura que nul ne l'entendait avant de poursuivre toujours à voix basse :

— Anbar est un *khassi*. Tu sais évidemment que ce qualificatif s'adresse aux eunuques n'ayant subi que l'ablation des testicules ; tandis que son frère, Kâfour, est un *madjboub*, donc amputé de la totalité de ses organes sexuels. Devenu leur maître, c'est Ibn Ma'moun qui décida de ces formes différentes de castration.

— Mais quel intérêt ? interrogea Ibn Sina intrigué.

— Selon les propres termes du prince, « pour faire la différence, même par une nuit sans lune, entre la jument et le cheval, entre la pomme et la grenade ».

— C'est véritablement barbare...

Médecin, Ali savait la souffrance et les conséquences de la castration. Il avait encore en mémoire le cas de cet enfant, dont le testicule, sous l'effet de la frayeur, était remonté, échappant à la mutilation. Lorsqu'il songeait aux diverses formes de castration, il ne pouvait s'empêcher d'éprouver un sentiment de dégoût profond. Que ce fut la *widja* qui consistait à ligaturer le cordon suspenseur des testicules, et à faire saillir ces derniers pour les soumettre ensuite à un martelage ; ou la *khissa*, intervention qu'avait dû subir l'un des jumeaux, et qui s'effectuait en incisant et en cautérisant en même temps la peau des bourses au moyen d'une lame chauffée au rouge, puis à retirer les testicules ; toutes ces atteintes à la virilité, et donc à la dignité de l'homme, éveillaient chez Ali la révolte et l'horreur.

— Ce n'est pas tout, reprit doucement el-Arrak. Alors que les castrés sont habituellement cantonnés dans des fonctions domestiques, Ibn Ma'moun, emporté par sa passion pour les deux éphèbes, a promu Kâfour au rang de maître du registre du Conseil, et Anbar au poste d'intendant du palais. Ainsi, en quatre ans, ils sont devenus l'ombre du souverain. Rien ne se dit ou se fait ici qui ne soit rapporté au prince dans l'heure.

Ali allait répondre, lorsque la voix de l'émir résonna dans la salle.

— Cheikh el-raïs, notre ami el-Arrak m'a parlé de tes exploits et de tes connaissances infinies. Si je dois le croire, tu serais l'un des hommes les plus érudits du monde connu. Est-ce vrai ?

Ibn Sina se leva et dit avec un sourire :

— L'érudition d'un être se mesure parfois à l'ignorance des autres.

L'émir fronça les sourcils. De toute évidence la réponse ambiguë d'Ibn Sina ne le satisfaisait pas.

— Et en médecine ? Penses-tu de même ? Crois-tu qu'un bon médecin soit simplement un homme qui possède plus de savoir qu'un autre ?

— Excellence, la médecine n'a rien en commun avec la

philosophie ou la littérature. C'est une science qui combat la mort. Elle réclame donc une maîtrise différente. Absolue.

— Si je porte foi à ta notoriété, tu posséderais cette maîtrise.

Ali se demanda où l'émir voulait en venir.

— Car tu ne l'ignores pas, je possède déjà de nombreux médecins à ma cour ; pour ne citer qu'Ibn el-Khammar ici présent. Tous se disent brillants. Tous affirment détenir cette maîtrise dont tu parles.

— Le savoir d'Ibn el-Khammar fait honneur à cette cour, fit simplement Ali. Il fait partie de cette race d'hommes dont on peut dire : « Qu'Allah nous offre de les rencontrer, soit pour tirer bénéfice d'eux, soit pour leur en apporter. »

Ibn Ma'moun agréa en croisant ses petites mains sur sa panse et poursuivit de la même voix lente :

— C'est étrange, je me suis souvent posé cette question : Comment se fait-il que le médecin meure d'un mal qu'il avait coutume de guérir autrefois ? Tous meurent : celui qui prescrit la drogue et celui qui la prend...

Comme pour recueillir l'effet de sa tirade, l'émir se tut un instant et glissa un regard en coin vers ses eunuques. Leur réaction ne se fit pas attendre : ils se mirent à rire, d'un rire un peu niais, haut perché, un rire bizarre entre la femme et l'enfant. Content de lui, le souverain reprit :

— J'aimerais donc que tu me prouves ta différence. Je voudrais savoir ce qui a fait ta réputation.

— Un médecin n'est pas un vulgaire magicien, Kharazmshah, c'est seulement un homme de science.

— Amenez le malade ! fut la seule réplique du souverain.

Ibn Sina croisa le regard d'el-Arrak, puis celui du vizir, tous deux étaient visiblement gênés et pris au dépourvu. Quant à el-Massihi, le visage empourpré, on le devinait prêt à commettre un éclat.

Au bout d'un moment un jeune adolescent se présenta à l'entrée de la salle. Frêle, très pâle, vêtu d'un sirwal gris et d'un gilet, la tête protégée par un turban noir, il s'avança d'un pas hésitant jusqu'à l'émir.

— C'est mon neveu, annonça Ibn Ma'moun. Comme tu peux le constater il est très affaibli. Voici plus de trois mois qu'il s'étiole. Les plus belles perles de mon harem le laissent froid, les plats les plus rares lui sont indifférents. De plus, depuis quelques jours il s'est enfermé dans un mutisme total, muet comme le désert, éteint comme la nuit ; personne ne parvient à lui tirer un seul mot. Je te le confie donc, cheikh el-raïs.

Ali serra les lèvres, essayant de maîtriser la colère qui sourdait en lui. Il avait l'impression d'être un vulgaire joueur de gobelets à qui l'on aurait demandé d'accomplir un numéro d'adresse.

— Kharazm-shah, fit-il en détachant sciemment les mots, as-tu besoin d'un médecin ou d'un faiseur de tours ? Soulager la douleur n'est pas un divertissement, c'est un acte sacré.

Il fit le geste de se rasseoir, mais il sentit la main d'el-Arrak qui le retenait.

— Allah m'est témoin, souffla le mathématicien affolé, sache que je désapprouve cet incident et que je le trouve humiliant, mais je t'en conjure fais un effort, c'est ma parole qui est en jeu, et peut-être ma situation.

— Soigner un muet ! pesta Ali rageur.

— Pour moi, cheikh el-raïs, essaie pour moi.

La voix nasillarde s'éleva à nouveau :

— Nous t'écoutons fils de Sina. Nous nous impatientons aussi.

Après une profonde inspiration, et avec une mauvaise grâce flagrante, il se dirigea vers le jeune homme et le força à s'allonger sur une des banquettes recouvertes de tapis de soie.

Tous ces visages tournés silencieusement vers lui ajoutaient à son malaise.

Il fit un effort intense pour se concentrer et, retrouvant les gestes familiers, il se mit à étudier les traits de l'étrange patient. Ce qui frappait dès le premier abord, c'était l'expression de grande mélancolie et d'infinie tristesse qui dormait dans les yeux cernés du jeune homme. Il palpa l'élasticité des joues, examina le globe oculaire, la couleur de l'angle interne, vérifia la tension de la paroi abdominale, la température des extrémités, la réaction des réflexes, et, n'ayant rien découvert qui puisse le guider, il entreprit l'écoute du pouls ; mais là aussi, il ne perçut aucun signe particulier ; les battements étaient réguliers, souples, absents de toute altération.

Il jeta un coup d'œil par-dessus son épaule en direction d'el-Arrak qui lui répondit par un signe d'impuissance. C'est à ce moment que s'éleva la voix d'el-Khammar :

— Pardonne-moi, Kharazm-shah ! Ce que tu demandes au cheikh est à la limite de l'impossible. Priver un médecin de l'interrogatoire clinique c'est l'amputer des oreilles ! Le cas de ce jeune homme serait plutôt du ressort de tes mages ! Je sais...

— Chrétien ! Du Khorasan au Fars, de Bagdad à Samarkand, jusque dans les bouges de Sougoud, on loue les mérites du fils de Sina ! Tu voudrais dire que ces louanges sont infondées ?

Dans ce cas, la cour de Gurgandj n'a que faire d'un médecin de plus. Tu suffis amplement à la fonction.

— Excellence, il me semble en toute sincérité que...

— J'aimerais le silence, pria soudain Ibn Sina.

Sans abandonner le poignet du jeune homme, il enchaîna à l'intention du souverain :

— Kharazm-shah, pourrais-tu avoir l'obligeance de répéter les mots que tu viens de prononcer ?

Interloqué, Ibn Ma'moun ne parut pas comprendre.

— Oui, Kharazm-shah, c'est bien ce que je désire, reprit le cheikh d'une voix radoucie, répéter les mots que tu as prononcés.

— Répéter les mots ? Mais quels mots ?

— Les noms de villes. Uniquement les noms de villes.

L'émir semblait complètement perdu, il insista.

— Mais je ne me souviens plus.

— Essaie. Je te prie.

— Khorasan ?

— Continue.

— Samarkand ? Fars ?

Ali approuva de la tête. A l'écoute des pulsations ses traits s'étaient incroyablement tendus. L'émir continua d'ânonner maladroitement :

— Samarkand... Bagdad...

Il marqua une pause avant de reprendre :

— Sougoud... Raiy...

— La ville de Raiy n'a pas été citée, rectifia el-Massihi avec une hargne volontaire.

Le souverain balbutia comme un enfant pris en faute.

— Heu... Boukhara ?

— Boukhara non plus !

— Mais...

— Aucune importance, lança Ali en se relevant. Abordant le vizir il demanda : Où se trouve Sougoud ?

— Sougoud ? A un jet de pierre de Gurgandj. C'est un minuscule village des alentours.

— Possède-t-il un dihkan ? Un chef ?

— Salah ibn Badr. C'est lui le dihkan.

— C'est parfait, peux-tu le convoquer ?

El-Soheyli quêta l'approbation de son prince, qui lui fit signe d'accepter.

— Je vais donner les ordres. Il sera là dans l'heure.

— Dans ce cas, il faudra que le jeune homme demeure parmi nous. Y voyez-vous un inconvénient ?

Ibn Ma'moun haussa les épaules.

— Aucun. Si cela peut aider au diagnostic. Peut-être que la vue de la nourriture excitera son appétit.

Et tandis que Ali regagnait sa place auprès d'el-Arrak, le souverain commanda :

— Que l'on nous serve ! Toutes ces émotions m'ont donné faim !

A peine installés, el-Massihi et Ibn el-Khammar se précipitèrent vers Ali. Abou Sahl le premier l'interrogea avec fièvre :

— Tu as une idée du mal ?

Ibn Sina hocha la tête d'un air énigmatique.

— Explique-toi !

— Disons que je crois entrevoir quelque chose, mais pour l'instant je ne peux rien affirmer. Il faut attendre l'arrivée du dihkan.

Se penchant vers Ibn el-Khammar il dit :

— Je tiens à te remercier pour ton intervention.

— Cheikh el-raïs, je suis médecin comme toi. Comme toi je sais les limites de notre pouvoir.

— Ce neveu... parle-moi un peu de lui.

— Hélas, je ne sais pas grand-chose si ce n'est qu'il s'appelle Amine et qu'avant sa maladie il présentait l'apparence d'un garçon tout à fait sain, affable, et sensible. Rien de bien particulier sinon peut-être une trop grande émotivité. Certes, vivre sous l'emprise d'un homme comme l'émir n'est pas chose aisée, mais pas au point de rendre malade.

— Je vois, murmura Ali pensivement.

Les serviteurs avaient commencé à évoluer autour des banquettes, déployant des assiettes de vermeil ; recouvrant les plateaux de cuivre de mille et un délices ; emplissant de thé fumant les timbales d'or. Cumin sauvage, cannelle, parfums d'amandes douces, pigeons au miel, céréales parsemées de coriandre, envahirent d'un seul coup toute la salle.

Allongé paresseusement, Ibn Ma'moun avait retiré ses babushs et se caressait distraitement les orteils tout en discutaillant avec l'un des eunuques. Il paraissait avoir oublié l'affaire.

— Crois-tu pouvoir te sortir du piège ? interrogea el-Arrak.

Ali haussa les épaules tout en observant le jeune homme triste qui s'était assis au bord de la banquette en laissant pendre ses mains entre ses genoux.

— Je l'espère, mon frère. Ma seule impression, mais elle est fragile, c'est que notre patient ne souffre d'aucune maladie organique.

— Il existe donc d'autre maux que ceux du corps ?

— D'aussi redoutables, Abou Nasr : ceux de l'esprit et ceux

de l'âme. Te souviens-tu du musicien ? Dans sa non-voyance il avait la prescience de ces maux.

— Un temps, j'ai cru le jeune homme anémié, confia Ibn el-Khammar avec lassitude. Il m'a été rapporté que tu conseillais dans certains cas de faire sucer de la moelle d'os fraîchement coupée[1]. J'ai suivi cette prescription, mais sans aucun résultat.

— J'aurais peut-être agi comme toi...

L'heure tourna. Malgré l'insistance des autres, Ali ne toucha ni au mouton ni aux truffes du désert, non plus qu'aux fruits enrobés de sucre et de miel. Tout le temps il demeura comme absent de tout, mais l'on sentait que toute sa pensée était liée au jeune homme triste.

Il se produisit enfin un flottement parmi les hôtes lorsque le vizir annonça un personnage à la silhouette effilée :

— Voici celui que tu réclamais.

Ali regagna sa place auprès du neveu de l'émir, reprit son poignet et interpella le chef du village.

— Mon frère, commença-t-il d'une voix posée, depuis combien de temps es-tu le dihkan de Sougoud ?

L'homme répondit timidement :

— Environ dix ans.

— Il m'a été dit que c'était un village minuscule. Presque un hameau. Est-ce exact ?

Le dihkan fit oui de la tête.

— Tu dois donc connaître parfaitement les rues de ce village ?

— C'est facile. Il n'y en a que trois.

— Peux-tu les citer de mémoire ?

— Absolument.

— Alors fais-le, mais le plus lentement possible, fit Ali, index et majeur toujours posés sur le poignet du jeune homme.

— El-nahr... el-Jibal... Makran...

— Peux-tu répéter ?

L'homme obtempéra docilement. Après une courte réflexion, Ali demanda :

— Sais-tu les familles de la rue el-Jibal ?

— Bien sûr.

— Cite-les-moi, je te prie. Lentement.

— Il y a les Hosayn, les Ibn el-Sharif, les Halabi, ma propre famille, el-Badr, les Sandjabin, les...

Ali le coupa.

— Redis-moi ces noms.

1. Mon maître fut en effet le premier médecin à soigner ainsi les anémiques. (Note de Jozjani.)

Une fois encore le dihkan obéit. Quand il eut fini son énumération, Ali l'interrogea :

— Dis-moi, fils de Badr, as-tu des enfants ?

— Une fille et un garçon.

— Leurs noms.

— Osman et Latifa.

— Latifa, répéta Ali, songeur.

Puis se penchant à l'oreille du jeune homme il murmura quelque chose que nul n'entendit.

— Cheikh el-raïs ! Peux-tu nous expliquer ce que tout ceci signifie ? s'écria l'émir avec irritation.

Ignorant l'intervention, Ali continua à parler au jeune homme, jusqu'à ce qu'il se produisît chez celui-ci une réaction tout à fait curieuse : ses yeux s'embuèrent de larmes.

Alors seulement le médecin se déplaça jusqu'au souverain, et annonça avec un sourire :

— Kharazm-shah, tu avais raison de supposer que je ne pouvais pas grand-chose pour ton neveu. En effet, il souffre d'une maladie aussi sacrée que la science que je pratique. Elle frappe sans discrimination princes et mendiants, adolescents et vieillards. Une maladie qui t'a peut-être frappé un jour. Ce qui la rend unique, c'est que de la souffrance qu'elle peut engendrer peut naître aussi le bonheur.

Bouche bée, l'émir parut rapetisser entre les coussins de brocart.

— De quelle maladie veux-tu parler ?

— L'amour, Kharazm-shah. Je veux parler de l'amour.

— L'amour ?

— L'amour, Excellence. Ton neveu est tout simplement épris de la fille du dihkan. Pour des raisons qui ne me concernent pas, cet amour lui semble impossible.

Le souverain bondit littéralement.

— Aurais-tu perdu la tête ? Serais-tu devenu fou ?

Le fils de Sina désigna du doigt le jeune homme.

— Il ne l'avouera peut-être pas, mais c'est ainsi.

Le chef du village, terrorisé, était tombé à genoux et gémissait en se voilant la face.

— Retiens ton haleine[1] ! hurla Ibn Ma'moun. Quant à toi, Ali ibn Sina, que le Très-Haut te pardonne ton impertinence !

Imperturbable, Ali affronta le regard noir du prince.

— Mon neveu épris d'une fille de dihkan, reprit-il en prenant ses invités à témoin, j'ai rarement entendu propos aussi ridicules !

1. Fais silence. *(N.d.T.)*

Ali eut un geste fataliste.

— Sache que je ne cherche en rien à t'offenser. J'obéis simplement à tes ordres. Tu m'as prié de diagnostiquer le mal de ton neveu, je l'ai fait. Je te le répète, il souffre du mal d'amour.

Les traits cramoisis, le souverain empoigna Ali par son gilet.

— Crache donc ses mots de ta bouche, ils ressemblent à l'aurore azurée[1] ! Mon neveu n'est pas plus amoureux de la fille d'un dihkan que l'Arabie et le Kirman ne sont un lac !

Il tendit le bras droit devant lui.

— Sors à présent ! Que ton souvenir s'efface à jamais du Turkestan !

Ibn Sina très calme s'apprêtait à obéir, lorsque soudain s'éleva la voix fluette du jeune homme.

— Je l'aime... J'aime Latifa et je veux l'épouser.

La plupart des invités, le vizir en premier, se dressèrent comme si le feu du ciel venait de tomber au milieu d'eux.

— Quoi, bredouilla Ibn Ma'moun, que dis-tu ?

— Je l'aime. Je veux l'épouser, répéta le jeune homme en baissant les yeux.

L'émir de Gurgandj se laissa tomber parmi les coussins, manquant d'écraser un des deux jumeaux.

— Tu veux dire que tout ce temps-là tu te laissais mourir par amour ?

— Le cheikh l'a dit...

Au bord de la défaillance, Ibn Ma'moun plongea sa main dans la retombée de sa manche et en ressortit un mouchoir de soie avec lequel il épongea la sueur qui humectait son front.

— Amine, balbutia-t-il, prie, prie pour que dans son infinie bonté le Très-Haut te pardonne.

Le jeune homme se leva. Un peu voûté, il s'approcha lentement d'Ibn Sina et, s'inclinant, dans un geste furtif, il lui baisa la main, puis sans un regard pour son oncle il quitta la salle à manger.

Le silence retomba, lourd, presque suffocant.

Finalement, ce fut l'émir qui, dans un effort humiliant, prononca les premiers mots :

— Par quel sortilège, par quel miracle ? Tu te disais médecin, non magicien.

— Il n'y a rien de magique dans l'incident du rythme

1. Tes propos sont mensongers. L'aurore azurée, qui précède le lever du soleil, est nommée ainsi en opposition avec celle que les Persans appellent l'aurore fidèle, l'aurore vraie. *(N.d.T.)*

cardiaque, expliqua Ali tranquillement. C'est toi, Excellence qui m'as donné la clé.

— Fais-nous le don de tes explications, fit le vizir.

— Dans l'instant où le souverain a prononcé le mot de Sougoud, j'ai noté une précipitation des pulsations. En médecine, il faut savoir qu'il y a toujours une raison à une arythmie. J'ai donc tenté de la cerner. Lorsque le dihkan a cité la rue du Djibal, l'arythmie s'est trouvée confirmée, et le fut encore au nom d'el-Badr, puis de Latifa. Rassemblant les informations d'Ibn el-Khammar concernant la grande émotivité du jeune homme et sa sensibilité, le diagnostic devint pure déduction. Je sais gré au prince de m'avoir montré la voie.

Il marqua une pause avant de demander :

— A présent, mon compagnon et moi devons-nous toujours nous retirer ?

L'émir leva vers lui un œil brouillé.

— Connais-tu le seizième verset de la dix-septième sourate ?

Ibn Sina acquiesça.

« Quiconque est égaré, n'est égaré qu'à son propre détriment. » Reçois donc mes excuses cheikh el-raïs et considère désormais ce palais comme ta demeure.

Septième makama

Gurgandj, 3e jour de rabi'el-akhir

« Mon frère, el-Birouni, reçois mon salut,

« La nuit s'est glissée sur l'absurde jardin d'Ibn Ma'moun II. Nous ne sommes qu'au milieu de rabi' el-akhir, et pourtant la neige a déjà tout recouvert. Les automates, les roses de verre émaillé et le bassin de mercure ont été vaincus par cet hiver précoce. Et c'est bien mieux ainsi.

« Si j'en crois la lettre que j'ai reçue de toi ce matin, ton séjour sur les bords de la mer des Khazars n'est pas à la hauteur de tes espérances. J'ai cru comprendre que tu aurais l'intention de quitter le « chasseur de cailles » pour nous rendre visite à Gurgandj. Tu t'en doutes, rien ne me ferait plus grande joie.

« Il me souvient d'une phrase que tu as prononcée le soir où nous débattions dans la maison de mon père des « choses de l'univers ». Tu disais : « Nous ne sommes que des fétus de paille sous le souffle de nos mécènes. » Combien tu avais raison. Pour le plaisir du prince, j'ai joué il y a bientôt quatre mois le rôle d'un vulgaire faiseur de tours. Avais-je le choix ?

« Dans un tout autre domaine, un courrier débarqué au palais il y a une heure à peine nous a informés des événements graves survenus ces dernières semaines dans le Khorasan ; plus particulièrement à Boukhara :

« Abd el-Malik, notre dernier sultan samanide, a été chassé du trône par l'aigle turc. Il ne fait plus aucun doute que le glas a définitivement sonné pour cette dynastie. Désormais toute la province est aux mains de Mahmoud le Ghaznawide, qui s'est fait reconnaître roi de Ghazna et du Khorasan. On raconte ici qu'il aurait fait le vœu d'envahir l'Inde et de châtier les infidèles chaque année de sa vie. Peux-tu croire à une telle ambition ? La voracité de ce fils d'esclave ne connaîtra donc jamais de fin ?

« Tu ne l'ignores pas, l'émir Ibn Ma'moun a épousé la sœur du Ghaznawide. Il se croit ainsi protégé ; pourtant, je ne serais pas surpris si Gurgandj et la région de Kharazm devenaient ses prochains objectifs.

« Le Tout-Puissant me pardonne ce pessimisme, mais j'ai le sentiment que notre pays va connaître des heures troubles ; et avec tout ce qui se passe à Boukhara, j'avoue être très inquiet pour ma mère et mon frère.

« Comment te dire la joie que m'a causée ta lettre. Je sais que la poste ne transmet qu'exceptionnellement les missives privées, aussi je remercie Allah pour cet avantage que nous offrent nos fonctions à la cour des puissants. J'ai pris connaissance avec passion de la copie que tu m'as envoyée de ton abrégé de géométrie et d'arithmétique, ainsi que des premières pages de ton traité de minéralogie. Je t'envie de pouvoir écrire de tels ouvrages ; pour l'heure, c'est loin d'être mon cas. Depuis les vingt volumes de mon *Traité du résultant et du résulté*, et *La Philosophie d'el-Aroudi*, je n'ai pas rédigé une seule ligne digne d'intérêt. Sauf peut-être un *Poème sur la Logique*. Ainsi qu'un *Abrégé d'Euclide* et une *Introduction à l'art de la musique*, inspirée par la rencontre que j'ai faite avec un personnage étonnant ; un musicien aveugle.

« Tu m'interroges sur ma vie et mes projets.

« Pour l'instant je n'ai pas d'alternative. Je compte demeurer à Gurgandj, où mes journées se partagent entre les soins et l'enseignement ; en effet, el-Massihi et moi-même travaillons aussi comme instituteurs à l'école de Gurgandj.

« Cette école, fréquentée par de très jeunes enfants, est située au cœur même de la mosquée et possède un observatoire astronomique (qui te captiverait, j'en suis sûr), ainsi qu'une bibliothèque, qui sans être à l'image de celles de Boukhara ou de Chiraz n'en est pas moins intéressante. J'y ai d'ailleurs trouvé des ouvrages assez rares rapportés de l'Inde, qui traitent de pharmacopée et surtout d'astronomie.

« En médecine, lorsque je refais l'inventaire de tous les ouvrages hérités des anciens, je ne peux m'empêcher aujourd'hui encore d'éprouver une pensée émue pour tous ces traducteurs syriaques, juifs, chrétiens — anonymes pour la plupart —, grâce à qui Hippocrate, Paul d'Egine, Oribase, Galien, Alexandre de Tralles (que je considère comme le plus grand chirurgien de l'Antiquité), nous sont aujourd'hui accessibles. Une pensée m'obsède toutefois : que deviendra cet héritage si nul ne prend la décision de l'ordonner, de le clarifier ? Ce n'est pas toi qui me contredirais si je te disais qu'en ce domaine il ne faut plus rien attendre de l'Occident. L'univers des Roum est en plein naufrage ; il sombre dans une triste décadence. Il faudra bien pourtant que quelqu'un se charge un jour de passer le flambeau...

« En astronomie, j'ai retrouvé une des premières traductions en pahlavi de *l'Almageste* du grand Ptolémée ; elle remonterait à plus de trois cents ans. C'est une version qui a dû appartenir à l'école dite de *Minuit* ; je pense fortement en rédiger un abrégé.

« J'ai aussi pris connaissance des tables astronomiques indiennes. A ce propos, j'avoue être assez sceptique sur ce que les savants de là-bas appellent « le jour de Brahma ». Est-il scientifiquement possible d'imaginer qu'à chaque révolution de 432 millions d'années les astres reviennent à leur position initiale ? J'aimerais beaucoup avoir ton opinion là-dessus. »

Ali posa un instant son calame et se tourna vers la porte. Quelqu'un venait de frapper.

— C'est toi Abou Sahl ?

Il alla ouvrir. Une femme se tenait devant lui. Elle était grande, entièrement voilée, et seuls apparaissaient ses yeux. Des yeux noirs, immenses, des yeux de gazelle que le khôl, et le litham[1] de couleur pourpre qui masquait son visage, faisaient ressortir plus noirs encore.

— Qui es-tu ?

— Mon nom est Sindja, dit-elle à voix basse en baissant les paupières.

Elle s'était exprimée avec un léger accent. Etrange, indéfinissable.

— Que puis-je pour toi ? demanda Ali surpris.

— C'est l'émir qui m'envoie.

— L'émir ? Mais pour quelle raison. Es-tu souffrante ?

— Je suis Sindja.

Un sourire amusé éclaira le visage de Ali.

— Entre, fit-il doucement. Peut-être pourras-tu me dire un peu plus que ton nom.

Dans un froissement discret elle se glissa dans la chambre

1. L'étoffe destinée à couvrir la tête et le visage. *(N.d.T.)*

et se tint immobile, silencieuse, au centre de la pièce. Il alla s'asseoir sur un coin de sa table de travail, et lui fit face.

— Ainsi, c'est l'émir qui t'envoie.

Elle répondit sur un ton récitatif :

— Pour témoigner sa reconnaissance au cheikh el-raïs.

— Sa reconnaissance ? Mais à quel propos ?

— Il m'a simplement dit... Elle s'appliqua à bien détacher les mots... que la rhubarbe avait été salutaire et que depuis une heure il était parfaitement soulagé.

Ali secoua la tête comme s'il avait du mal à y croire.

— Mais il ne souffrait de presque rien. C'était dérisoire !

— Je ne sais pas, cheikh.

Ali parut réfléchir puis il déclara :

— C'est bien. Maintenant retourne à l'émir, et dis-lui que le cheikh el-raïs a été très sensible à sa générosité. Mais ce soir mes humeurs sont troubles, et mes sens engourdis. Va Sindja.

Il esquissa un mouvement vers la porte, mais à sa grande surprise elle se jeta à ses genoux en s'agrippant au pan de sa tunique.

— Par pitié, ne me renvoie pas... Ne me renvoie pas, je t'en supplie. Le prince ne me le pardonnera jamais.

Il voulut la relever, mais elle résista.

— Tu sais, fit-elle un sanglot dans la voix, on me dit très belle, on me dit ardente aussi, et je rends les hommes heureux.

— Allons, Sindja, relève-toi.

Elle leva vers lui ses yeux humides. Il y avait quelque chose d'émouvant dans leur supplique.

— Relève-toi... C'est moi qui te prie à présent.

Il saisit sa main et vit que ses ongles et sa paume étaient teints au henné.

Elle se redressa.

Il y eut un long silence, et brusquement elle laissa tomber son voile, offrant à la lumière diffuse des lampes à huile un visage d'une beauté magique.

Son cou était long et mince. Sa chevelure noire de jais, aussi noire que l'étaient ses yeux ; brillante et soyeuse. Ses dents étaient plus blanches que le lait de brebis. Et le grain de beauté qui se détachait au milieu de son front faisait comme un fragile point de nuit. Des taches de carmin éclairaient ses joues d'un feu discret, tandis que sa bouche rappelait une fleur de géranium.

Il demeura sans voix.

— Tu es belle, Sindja, fit-il bouleversé.

Encouragée, elle dénoua le cordon qui emprisonnait sa taille et fit glisser son manteau, un rashidi de laine grise, puis sa robe. Maintenant plus rien ne cachait sa nudité.

Elle baissa la tête et dans un geste presque enfantin croisa les mains sur sa poitrine. Sa taille était parfaite, et bien qu'imperceptiblement voilés par le safran dont elle avait enduit tout son corps, ses seins avait la blancheur de l'opale noble.

Spontanément, un ancien poème revint à la mémoire d'Ali.

Elle est apparue entre les deux pans d'un voile, comme le soleil au jour où il brille dans les constellations de Sa'd ; comme une perle tirée de sa coquille, qui réjouit le plongeur et dont la vue le pousse à remercier Dieu et à se prosterner.

Il la prit doucement par le bras, la recouvrit de son manteau et la fit asseoir sur la seule banquette qui meublait la pièce.

— Tu es très belle, répéta-t-il en s'agenouillant devant elle.

— Et toi, tu es généreux cheikh el-raïs...

— Mon nom est Ali. Ali ibn Sina.

— Ali ibn Sina.

Toujours cet accent étrange.

— De quelle région es-tu, Sindja ?

— Je suis née il y a vingt-six ans de cela à Jodpur, dans le pays bordé par la mer de Harkand et du Lar, ce pays que les mangeurs de lézards appellent el-Sind, et les Roum l'Inde.

Il se mit à rire.

— Les mangeurs de lézards ?

— C'est ainsi que les miens surnomment les Arabes. Et...

Elle s'interrompit soudain affolée :

— Pardonne-moi... Je t'ai offensé.

— N'aie crainte. Je ne suis pas un mangeur de lézards, je suis persan. Au risque de t'étonner, mon père était de Balkh ; une ville proche de ton pays. Mais dis-moi plutôt, de Jodpur au harem d'Ibn Ma'moun le voyage a dû te paraître bien long ; car tu fais bien partie du harem de l'émir, n'est-ce pas ?

— Oui. Ce sont des hommes du pays des Turcs qui m'ont amenée ici et vendue sur la place du Gurgandj. Il y a plus de deux ans.

— Tu ne portais pas alors de voile.

Elle fit non de la tête.

— Et je n'ai jamais compris pourquoi les hommes d'ici nous imposent de nous cacher derrière cette étoffe. Pour vous la femme est-elle un objet si méprisable qu'il faut le dissimuler ?

— Non, Sindja. C'est exactement l'inverse. Enfin, à mes yeux.

— Explique-moi.

— Le voile est destiné à séparer l'élu contre le rayonnement du visage divin. Il est écrit : *Il n'est pas donné à un homme que*

Dieu lui parle, sinon de derrière un voile. Ce qui est voilé est sacré. Ce qui est voilé est protégé.

— Je suis donc sacrée ? fit-elle avec une expression ingénue. Ou bien est sacré celui qui pose son regard sur moi ?

Il apprécia la logique de sa question.

— Je dirai que tu es protégée.

Elle prit un air grave d'enfant qui réfléchit, et demanda encore :

— Pourquoi t'appelle-t-on cheikh el-raïs ?

— Pour rien. Peut-être parce que moi je suis un mangeur de livres. En vérité je suis médecin.

— Médecin ? Ah ! je comprends maintenant !

— Et que comprends-tu ?

— Tu as sauvé la vie de l'émir. C'est pour ça qu'il veut te récompenser.

— Sindja, répliqua Ali avec une pointe de dérision, en effet, j'ai sauvé notre Kharazm-shah. Il souffrait depuis quatre jours... d'une constipation royale !

Elle ouvrit grands les yeux comme s'il se moquait d'elle. Puis elle pouffa de rire avec la spontanéité d'une fillette.

— Pardonne-moi, se reprit-elle très vite, ce n'est pas de toi que je riais.

Il la rassura d'un geste.

— Tu es médecin, reprit-elle après un silence, et pourtant tu es impuissant à soigner tes humeurs troubles et tes sens engourdis...

Il sourit et posa doucement la paume sur sa joue.

— Parfois d'écrire à quelqu'un qui vous est cher et qui est loin réveille des souvenirs et donne du chagrin. C'est ce que je faisais avant ta venue. Je suis sûr que ce sentiment ne t'est pas étranger.

— Je l'ai connu. Mais si tu es médecin, tu dois savoir que porter trop longtemps le chagrin peut rendre malade. J'ai décidé il y a longtemps de ne plus être malade. Et j'ai oublié mon chagrin.

— C'est bien, Sindja. Ton peuple est connu pour sa sagesse. Tu es bien une enfant d'el-Sind.

— Si tu le veux, je pourrais aussi te guérir.

Il allait répondre, mais le baiser de Sindja scella ses lèvres. Et ses lèvres devinrent comme la braise et répandirent le feu en lui. A nouveau il entendit les mots de l'ancien poème :

Le prince affirme, et je n'en ai pas goûté, qu'elle guérit par une salive parfumée celui qui est altéré. Le prince affirme, et je n'en ai pas goûté, qu'il est doux d'en recevoir un baiser. Si par hasard j'en goûtais, je lui dirais : encore.

Alors il écarta doucement le manteau de la jeune femme, pour aller chercher la douceur de son ventre dénudé. Elle se laissa faire, rejetant la tête en arrière, s'entrouvrant à ses caresses comme la mer s'ouvre au fleuve. Emprisonnant sa nuque elle dit dans un souffle :

— C'est à moi de t'offrir le plaisir, c'est moi qui dois aller vers toi.

Ignorant le geste qui le liait à elle, elle dégraffa les petits boutons qui fermaient son kaftan qu'elle fit glisser par-dessus sa tête. Lorsqu'il fut nu elle se leva en même que temps que lui, et pressa son corps contre le sien.

Il songea : *Elle a regardé avec la prunelle d'une jeune gazelle apprivoisée.*

Lorsqu'ils roulèrent parmi les coussins damassés, il crut entrevoir l'image furtive de Warda.

L'aube les trouva toujours enlacés. Ali était réveillé depuis longtemps déjà, n'osant la déranger dans son sommeil. Mais avait-il seulement dormi ?

Hormis Warda, il n'avait connu aucune autre femme. Etait-ce à cause de cela, ou des cinq ans qui les séparaient, que la science amoureuse de Sindja lui parut infinie ? Toute la nuit leurs corps s'étaient perdus et retrouvés. Dans ce bouleversement de leur chair, il avait atteint plus de dix fois le plaisir suprême ; chaque fois convaincu que ce serait l'ultime étreinte, et chaque fois régénéré par les caresses de Sindja. Lorsque dans un mouvement presque touchant par sa dévotion, elle avait bu l'eau de son plaisir au plus intime de sa source, il avait cru basculer dans le *Janna*, l'Eden cité dans le Livre.

Maintenant il se sentait coupable. La chasteté prescrite par le Prophète n'est-elle pas le signe distinctif du croyant ? Il était impur. Sindja était impure.

Il murmura presque à haute voix : « Dieu aime à pardonner, Il est miséricordieux. »

Elle remua contre lui et entrouvrit les paupières.

— Que le jour te soit propice, murmura-t-elle doucement.

— Qu'il te soit lumineux, Sindja.

Elle emprisonna sa nuque et l'attira vers elle.

— Je suis pleine de toi. Et toi, Ali, es-tu heureux ?

Il se détacha, écartant la couverture, il posa ses lèvres sur son ventre à peine galbé et dit avec une pointe d'humour :

— Ton nombril est une coupe arrondie où jamais le vin n'a manqué.

Une lueur fière illumina ses prunelles, mais disparut tout aussi vite.

— Qu'y a-t-il ? Ce sont mes aveux qui te rendent triste ?

— Non, non. Ce n'est rien.

— Rien ?

Il allait poursuivre lorsque des coups violents retentirent contre la porte, aussitôt suivis par des éclats de voix :

— Ali, ouvre, vite !

— Cheikh el-raïs !

Il identifia successivement la voix d'el-Massihi et celle d'Ibn el-Khammar. Sans hésiter, il bondit hors du lit, tandis que Sindja voilait sa nudité en remontant la couverture sur son visage.

— Qu'y a-t-il ? interrogea-t-il en écartant le battant.

— Des morts ! expliqua le chrétien en proie à une vive excitation. Des cadavres !

— Sur la rive du fleuve. Au pied de la colline d'el-Borge ! précisa Ibn el-Khammar, tout aussi passionné.

— Mais de quoi parlez-vous ? Qu'est-ce que c'est que cette histoire de cadavres ?

— A une heure de cheval d'ici, un courrier a découvert par hasard des ossements humains en quantité considérable. Il est prêt à nous y conduire.

Le visage d'Ali s'éclaira d'un seul coup.

— J'arrive, donnez-moi le temps de me vêtir.

Sous l'œil éperdu de Sindja, il se précipita vers ses vêtements.

— Que se passe-t-il ?

— Allah est Tout-Puissant. Je t'expliquerai plus tard.

Il acheva d'enfiler un pantalon bouffant et des bottes. Elle répéta d'une voix lointaine :

— Plus tard...

★

L'ouverture des cadavres était considérée par les croyants comme une véritable profanation. Un sacrilège. Certains ouvrages racontaient que même Galien hésitait à disséquer l'homme et recommandait à ses élèves de s'exercer d'abord sur les animaux ; surtout sur le singe. Dans ces conditions, ni l'anatomie ni la chirurgie ne pouvaient faire de grands progrès. La structure interne de l'être demeurait tel un livre fermé, que seuls les hasards du temps entrouvraient parfois. Les savants étaient réduits à supputer sur l'emplacement des veines tranquilles, des viscères majeurs, des ligaments, des nerfs ou des muscles. Aussi lorsque les circonstances les amenaient en présence de restes humains, il fallait en remercier l'Invincible et surtout ne pas laisser passer l'occasion.

C'est à cela que pensaient Ali et ses deux compagnons en escaladant la pente raide de la colline d'el-Borge. A quelques pas derrière eux, suivaient deux soldats armés de pelles et portant des besaces de cuir retourné.

Alentour, la plaine était blanche. Blanche à perte de vue. Et la neige continuait de tomber. En contrebas de la colline, on pouvait apercevoir comme une cicatrice « la route qui marche », le fleuve Amou-Daria qui charriait dans un silence impressionnant ses blocs de glace jusqu'à la mer du Khuwarizm.

— C'est ici, indiqua le courrier en désignant une sorte de cuvette.

Ali et ses amis activèrent le pas. Un instant plus tard ils étaient confrontés à un étonnant spectacle. Des restes humains à moitié ensevelis apparaissaient sous leurs yeux, mêlés, enchevêtrés, disséminés sur une étendue considérable. Un peu comme si le sol s'était affaissé ou s'était entrouvert.

— C'est incroyable, haleta Ibn el-Khammar.

Ali s'était déjà agenouillé, tandis qu'el-Massihi donnait l'ordre aux serviteurs de déblayer l'endroit avec précaution.

— Ce sont bien des ossements humains, confirma Ibn Sina penché sur un crâne aux orifices noyés de neige.

— Il faudra faire vite, murmura l'un des soldats. Il tombe des flocons à habiller les pauvres.

Occupés à leurs observations, aucun des trois médecins ne parut l'entendre.

— C'est tout de même incroyable, répéta Ibn el-Khammar de plus en plus désorienté. Il doit y avoir plus de dix mille cadavres. Et vu leur état de décomposition, tout porte à croire qu'ils sont là depuis plusieurs années. Mais que s'est-il passé ici ? Comment autant d'hommes ont-ils trouvé la mort au même endroit, dans le même instant ?

Ibn Sina, la barbe et les sourcils saupoudrés de neige, respirait très fort, envahi par l'excitation et le trouble.

— Abou Sahl ! Ibn el-Khammar ! Venez voir.

Les deux hommes le rejoignirent aussitôt et se penchèrent sur l'objet qu'il leur tendait : une mâchoire.

— Jusqu'à ce jour, commença-t-il avec une certaine fébrilité, tous les anatomistes se sont accordés à dire que la mâchoire est composée de deux os fermement réunis vers le menton... Or, observez-bien : l'os de la mâchoire inférieure est unique ; il n'y a ni jointure ni suture.

— C'est exact. Mais peut-être s'agit-il d'un cas exceptionnel. Il faudrait pouvoir vérifier d'autres spécimens avant de se prononcer.

— Ibn el-Khammar, mon frère, fit observer Ali, il ne s'agit pas ici d'une malformation, mais d'un état naturel. Je peux l'affirmer.

Il souleva du sol un tronc vertébral, ou du moins ce qu'il en restait, il demanda :

— Reconnaissez-vous ceci ?

— Bien sûr : les vertèbres supérieures. Les quatre premières, me semble-t-il.

— Observez attentivement. Ne trouvez-vous rien de particulier dans la structure de la première vertèbre ?

Ibn el-Khammar et Abou Sahl examinèrent longuement les ossements. Puis el-Massihi déclara :

— Il me paraît que le trou par où sortent les nerfs n'est pas situé comme dans les autres vertèbres.

— Tu as tout à fait raison.

— J'imagine que tu as une explication.

Ce fut Ibn el-Khammar qui répondit :

— Ça me paraît simple, Abou Sahl. Si ce trou était placé là où s'emboîtent les deux apophyses de la tête, et où se produisent leurs mouvements violents, les nerfs seraient endommagés ; il en serait de même s'il était placé là où se trouve l'articulation de la deuxième vertèbre.

— Exact, approuva Ali. C'est par des détails aussi primaires que nous pouvons vérifier combien l'œuvre du Créateur est sublime, parfaite et unique. Mais continuons à chercher. Si seulement nous pouvions trouver un squelette entier.

Il faillit ajouter : « Ou un corps, un corps ouvert, qui nous sortirait de la nuit. » Mais il se retint, regrettant presque aussitôt sa pensée.

Les flocons s'égrenaient toujours sur le paysage. Au fur et à mesure que l'un des trois hommes trouvait un ossement digne d'intérêt il s'empressait de le remettre à l'un des soldats, qui à son tour l'enfouissait dans sa besace. Et il émanait de ce va-et-vient macabre quelque chose de surnaturel. Ces silhouettes drapées dans leur fourrure, tantôt courbées, tantôt agenouillées, qui à chaque exhalaison expiraient d'entre leurs lèvres de petits nuages ; ces chevaux qui bavaient leur écume fumante ou s'ébrouaient en raclant la neige de leurs sabots, faisant rouler jusqu'au pied de la colline un fémur ou un pariétal ; la course lente et immuable du fleuve ; tout incitait à penser que la scène était un mirage venu de la steppe.

★

« Je reprends ma lettre, abandonnée cette nuit.

« Je suis rentré tout à l'heure d'une expédition qui nous a conduits à une heure de Gurgandj. Je t'expliquerai un jour de vive voix les détails de l'affaire. Sache simplement que j'ai pu, en compagnie d'el-Massihi et d'Ibn el-Khammar, examiner de près des débris humains.

« Tu sais comme moi l'inestimable intérêt d'une telle opportunité.

« Parmi toutes ces dépouilles (près de dix mille), deux ou trois étaient moins décomposées que les autres. On aurait dit qu'elles avaient été déposées là depuis à peine deux ans. Nous nous sommes bien évidemment interrogés sur le mystère de cette découverte[1], sans parvenir à tomber d'accord sur une explication scientifique. Nous avons ramené un nombre non négligeable d'ossements, et nous avons chargé el-Arrak, mathématicien de profession, mais merveilleux dessinateur à ses heures, de nous en dresser les croquis.

« Je n'aurais rien eu de fondamental à te confier, si ce n'est que le hasard, le merveilleux hasard m'a permis de trouver une tête encore garnie d'un de ses globes oculaires. J'ai passé la journée à l'étudier, et je suis arrivé à la conclusion suivante : Il faut placer l'organe de la vision non dans le cristallin, comme l'affirment les anciens, mais dans la rétine et les centres optiques. Je suis aussi parvenu à définir très exactement les mouvements de constriction et de relâchement de l'iris. Je t'en parlerai ultérieurement.

« Il se fait tard. J'ai encore beaucoup à faire. Permets-moi de t'embrasser très fraternellement, et que le Très-Haut t'accorde sa bénédiction.

Ton ami, Ali ibn Sina »

Ali reposa le calame sur sa table, s'apercevant du même coup de l'absence de Sindja. Il revit l'expression mélancolique de ses traits au moment où il s'apprêtait à la quitter.

Plus tard..., avait-elle murmuré.

Il se leva d'un seul coup, pris d'un mauvais pressentiment. Où pouvait-elle être en ce moment, si ce n'était dans le quartier réservé aux femmes, et l'accès lui en était interdit. La seule personne qui aurait pu l'informer était peut-être Sawssan le chambellan ou l'un des eunuques. En dépit de l'heure tardive, il balaya ses scrupules et se rua dans les couloirs du palais endormi.

1. Le médecin Adb el Latif, dans son second livre de sa « Relation sur l'Egypte », rapporte une affaire similaire, dont il fut le témoin oculaire qu'il situe dans un lieu appelé « Maks » dans le Delta. Selon ses propres termes : « ... et l'on pouvait estimer à vingt mille cadavres et plus, la quantité que les yeux apercevaient. » Peut-être la science d'aujourd'hui a-t-elle une explication à fournir. *(N.d.T.)*

– Elle n'est plus là, fit simplement l'un des jumeaux d'une voix ensommeillée.

– Je ne comprends pas. Tu veux dire qu'elle n'est plus au palais?

– Partie. Partie cet après-midi avec la caravane d'el-Farroubi.

Ali ouvrit de grands yeux étonnés.

— Je ne comprends toujours pas.

L'eunuque adopta une moue ennuyée.

— Habituellement c'est el-Farroubi qui fournit le harem. Il nous a proposé deux pucelles du Djibal. Deux filles de quatorze ans. L'émir a proposé Sindja en échange. Et...

— Où se trouve la caravane ? Est-elle encore à Gurgandj ?

— Sans doute. Il était déjà tard lorsque el-Farroubi a quitté le palais. Je suppose qu'il a dû attendre que le temps soit plus clément pour reprendre la route. Je ne le crois pas assez fou pour voyager de nuit sous la neige. De plus...

Sans attendre la suite des explications, Ali pivota sur les talons et fila vers les écuries...

Gurgandj dormait enseveli sous la neige. Des stalactites coulaient des arbres gelés, sur le rebord des toits, comme des aiguilles de cristal.

Il traversa au galop la place du marché, longea la grande mosquée au minaret tendu vers les étoiles, et s'engouffra sans s'arrêter sous le porche du dar el-wakala, « la maison de la procuration », qu'on appelait aussi « caravansérail ».

Si la caravane n'avait pas pris la route, c'est là qu'elle devait se trouver. C'est dans ce lieu de transaction et de bref séjour que les marchands venus de loin résidaient moyennant une redevance versée au gardien, lequel fournissait en échange les nattes et la paille. Là aussi que les grossistes, les revendeurs, les commissionnaires et les détaillants venaient chercher leurs marchandises.

La manière dont il retrouva el-Farroubi, dans ce dédale d'odeurs et de couloirs, tenait du miracle. Il avait fallu réveiller le gardien, qui à son tour avait tiré du sommeil des chameliers pestant et jurant, qui à leur tour avaient suggéré des guides qui auraient pu connaître le marchand. Lorsque Ali lui parla de Sindja, l'autre crut rêver. Il écarquilla les yeux, plissa le front et finit par laisser éclater sa fureur :

— C'est à cette heure que tu viens me proposer de commercer ? Cette créature te possède-t-elle au point d'avoir perdu la notion du jour et de la nuit !

— C'est important, fut la seule réponse d'Ibn Sina.

— Pas plus que mon sommeil !

— Je suis prêt à te racheter cette femme.

— Encore faudrait-il qu'elle soit à vendre ! Je n'ai jamais dit qu'elle l'était. Alors va, rentre chez toi, et qu'Allah t'accompagne.

— Même si je te disais que je suis envoyé par el-Soheyli ?

— Le vizir ?

— Le vizir. Cette femme t'a été vendue par erreur.

— Qu'est-ce qui me prouve que c'est bien el-Soheyli qui t'envoie ?

— Je m'appelle Ali ibn Sina, je suis le médecin de la cour.

A l'énoncé de la fonction, le marchand parut se radoucir. Il se gratta le menton avec perplexité, glissa sa main dans ses cheveux ébouriffés et finit par déclarer :

— Vizir ou pas, pourrais-tu me rembourser le prix de deux pucelles ?

— Peut-être. Tout dépend de l'évaluation que tu en fais.

— Deux pucelles, mon frère. De véritables perles rares.

— Je sais, l'eunuque m'a tout raconté. Donne-moi ton prix.

Le marchand glissa un regard en dessous et lança :

— Sept cents dinars.

Sans hésiter, Ali répliqua en décrochant sa bourse :

— Il y a ici six cent soixante dinars. Ils sont à toi. Où est la fille ?

— J'ai dit sept cents.

— El-Farroubi, fais donc preuve de sagesse et oublie un peu ton âpreté. Il vaut mieux prendre cette somme, car elle risque de fondre aux premiers rayons du jour, aussi vite que la neige qui nous entoure.

— Qu'est-ce que tu cherches à me dire ?

— Ouvre tes oreilles et tes yeux. Je t'ai confié que j'étais le médecin de la cour, et l'ami du vizir. Alors tu ne veux pas comprendre ?

Le marchand se gratta la barbe de plus belle en fronçant les sourcils. Puis il tendit la main avec mauvaise grâce.

Quand elle apparut voilée sur le seuil de la salle du caravansérail réservée aux femmes, il la reconnut tout de suite à ses yeux, à la perfection de sa silhouette.

Elle fit quelques pas vers lui, parut hésiter. On aurait dit qu'elle avait du mal à croire ce qui lui arrivait.

— Cheikh el-raïs ?

— Oui, Sindja, c'est bien moi, Ali.

Elle répéta, incrédule :

— Cheikh el-raïs ?

— Viens. Ta place n'est pas parmi les mangeurs de lézards...

Huitième makama

« Le sablier s'est dévidé lentement, et les grains du temps ont coulé dans la mémoire du passé.

« En ce vingtième jour de dhù el-higgà le soleil a franchi depuis plus d'une heure le midi du fleuve, et nous entrons dans la neuvième année du séjour du cheikh el-raïs à Gurgandj. Neuf ans pendant lesquels mon maître se consacra à l'écriture et à l'enseignement. Il rédigea successivement un abrégé traitant de la pulsation, en persan ; un poème sur la logique ; une *Réfutation des prédictions de l'avenir fondées sur les horoscopes*, appelée aussi *Réfutation de l'astrologie judiciaire* ; dix poèmes et une épître sur l'ascétisme où il exposa avec une grande précision les états de conscience de l'ascèse. Il écrivit aussi un livre philosophique qu'il intitula : *Les Facultés humaines et leurs appréhensions*, de nombreux poèmes sur *La Magnificence et la Sagesse*, ainsi qu'un traité sur *La Tristesse et ses causes*. Il me parut que l'exil loin de Boukhara et le souvenir de son père ne furent pas étrangers à la rédaction de ce dernier ouvrage.

« Durant tout ce temps, Sindja vécut à ses côtés.

« Elle l'observa tandis qu'il œuvrait sans répit ou presque ; massant avec dévouement ses phalanges brûlées par les gerçures ; recouvrant ses épaules de son long manteau de fash-fash, lorsque aux premiers éclats du jour il arrivait au cheikh de s'assoupir, la tête reposée sur la table en bois de cèdre. Et, le Tout-Puissant me pardonne, elle le vit aussi consommer bien du vin de Bousr.

« Curieusement, la jeune femme ne devait retenir de cette période que " la facilité déconcertante " avec laquelle le fils de Sina accomplissait son travail. Elle fut souvent confortée en son jugement par el-Massihi.

— Que me reprochez-vous donc ? leur lança un jour le cheikh avec un réel agacement. Croyez-vous que la création soit toujours synonyme de sueur et de souffrance ? Un mulet a-t-il plus de mérite qu'un pur-sang simplement parce qu'il peine dix fois plus à gravir une pente ? Si tel est le cas, Allah m'est témoin, je ne revendiquerai jamais ce mérite-là !

« En vérité, il n'y avait rien d'étonnant à ce que les témoins de sa vie fussent sensibles à sa puissance de travail : sur les routes poudreuses ou sous les ors du palais, parfois même à cheval, il trouvait toujours la concentration nécessaire à la poursuite de son œuvre. Mais ce qui par-dessus tout troublait ceux qui le côtoyaient, c'était sa prodigieuse mémoire. Depuis sa vingt-deuxième année, qu'il traitât de philosophie, d'astronomie, de mathématiques ou de médecine, il n'éprouva jamais la nécessité de compulser une note ou un ouvrage. Beaucoup plus tard, évoquant cette époque, il me confia : *J'étais alors au comble de mon érudition, j'avais lu tous les livres dignes d'être lus, je possédais la science par cœur ; depuis elle n'a fait que mûrir en moi.*

« Je ne pus m'empêcher de repenser à la phrase prononcée neuf ans plus tôt par l'émir Nouh le deuxième : *Allah accorde le double à qui il veut...*

« La veille du 17 de dhù el-higgà était un vendredi. Du haut de la maison de Dieu, l'adhane, l'appel à la prière était monté vers l'azur. La voix pleurante du mua'dhine avait exalté l'unicité et la gloire du Très-Haut, et béni la mémoire du Prophète. Chose rare, le mua'dhine de Gurgandj était aveugle ; car, s'inspirant d'une ancienne coutume, le souverain avait imposé que cette charge fût attribuée exclusivement aux êtres frappés de cécité ; cela, afin que de leur situation élevée ils ne pussent épier ce qui se passait sur les terrasses ou dans les cours des maisons voisines du minaret.

« A l'intérieur de la mosquée se consumaient les aromates dans les cassolettes de cuivre, et leurs parfums embaumaient les piliers, les lanternes d'argent et le sol entièrement recouvert de nattes.

« Depuis la mort de Muhammad, l'Invincible bénisse son nom, la fonction d'imam, " celui qui est devant ", le dirigeant de la prière, était réservée au calife. En son absence, cette fonction était dévolue à ses lieutenants, à ses gouverneurs dans les provinces, ou encore à la personne la plus autorisée parmi les présents. Ce fut donc Ibn Ma'moun qui du haut de la chaire prononça la traditionnelle khotba, le sermon. L'épée étant inséparable de notre foi, il s'adressa plus particulièrement à ses soldats en armes qui avaient pénétré à cheval dans la mosquée, et conclut son sermon en communiquant le résultat des dernières batailles contre les Ghouzz. Il fit aussi connaître ses ordres, et proféra les habituelles malédictions contre tous les ennemis de la province.

« Aujourd'hui, la mosquée est rendue aux élèves. Ils viennent d'accomplir la prière de l'aube, et sont là, une trentaine, assis en cercle dans la salle de cours jouxtant l'édifice. Entre leurs mains ils tiennent les petites tables d'argile tendre qui serviront à graver leurs notes à l'aide d'un stylet. Leur moyenne d'âge oscille entre dix et vingt ans. On trouve aussi des auditeurs plus âgés et d'ambitieux érudits venus d'autres villes, qui vont de province en province à la recherche de nouveaux maîtres illustres. C'est le cas d'Ibn Zayla, déjà élève d'Ibn Sina à Boukhara. Il y a même des savants, qui au même titre que les étudiants se déplacent pour suivre les cours donnés par de célèbres collègues.

« Trente élèves est un chiffre modeste lorsque l'on sait que l'enseignement est gratuit, que chaque individu sans exception a le droit absolu d'écouter un maître, que les plus pauvres bénéficient de nourriture, et qu'en général la mosquée offre d'importantes bourses pour les étudiants étrangers.

« Nombreux sont les Roum qui seront surpris à la lecture de ces lignes, car ils ignorent que la maison de Dieu n'est pas seulement un lieu de prière, mais aussi le siège principal de l'enseignement islamique, là où est érigé la madrasa, l'école ; de même elle sert de bibliothèque et de tribunal. Ils seront plus étonnés encore lorsqu'ils apprendront que, dans le cas où la ville est privée d'auberge, la mosquée tient lieu d'hospice ; il en résulte que l'on y mange, et je fus le témoin de riches banquets. Souvent, comme aujourd'hui, en signe de piété, mon maître y faisait servir des victuailles qu'il partageait avec ses élèves.

« Ali ne se tient pas sur un siège surélevé, mais sur un tapis ; respectant l'usage qui veut qu'un enseignant ne s'élève pas au-dessus du cercle de ses auditeurs, seuls ses vêtements reflètent l'importance de sa fonction. Il est vêtu du costume des savants et sa tête est enveloppée d'un turban savamment noué. Au cours de ces dernières années, sa silhouette s'est considérablement transformée, elle a glissé du jeune homme à l'adulte. Une barbe d'un noir mat soigneusement taillée encadre aujourd'hui son visage ; et si ses prunelles ont conservé le même éclat, la même acuité, il s'y est ajouté une expression nouvelle.

« L'enseignement prodigué dans la madrasa était composé de plusieurs parties. Avant tout il y avait l'adab, les règles de vie en société ; de manière plus générale, la littérature. Il fallait bien sûr savoir lire et écrire, et connaître un peu de grammaire. On apprenait surtout aux enfants à réciter le Coran par cœur, de même qu'on leur enseignait les hadiths, c'est-à-dire la tradition liée aux actes, aux paroles ou aux attitudes du Prophète. C'est pourquoi il n'était pas surprenant ce matin-là, vingtième jour de dhù el-higgà, que le fils de Sina commençât par cette interrogation... »

— Qu'appelle-t-on les cinq piliers de l'Islam ? L'un d'entre vous peut-il répondre ?

Spontanément des bras se levèrent. Ali désigna un enfant au hasard.

— La profession de foi, la prière, l'aumône, le jeûne et le pèlerinage à La Mecque.

— C'est parfait. A cela il faut préciser que certains de nos frères, en particulier la branche des Harigites, considèrent le djihad, la guerre sainte, comme le devoir principal du croyant. Mais nous nous en tiendrons à l'enseignement originel et nous éviterons la polémique. Le Livre ne stipule que l'aumône et le jeûne. Nous avons appris lors des derniers cours en quoi consistaient ses piliers, qui sont les devoirs que chacun de nous doit accomplir tout au long de sa vie. Aujourd'hui, j'aimerais aborder de manière plus approfondie la prière et ses origines.

Ali marqua une courte pause avant de demander :

— Savez-vous comment fut fixé à cinq le nombre de nos prières quotidiennes ?

Le silence embarrassé des enfants fut dominé par l'intervention des étudiants plus âgés.

— Ainsi l'ordonne le Prophète.

— C'est inscrit dans le Livre.

— Non, protesta un auditeur, vous faites erreur, le Livre ne mentionne que deux prières : celle du coucher et celle du lever du soleil.

Les réponses et les contradictions se chevauchèrent jusqu'à ce qu'Ibn Zayla déclare :

— La tradition veut que ce chiffre canonique de cinq fût inspiré au Prophète par Moïse.

Un léger mouvement se produisit parmi l'assistance.

— Notre ami a dit vrai. Voici les faits : Une nuit, sur les ordres de l'archange Gabriel, Muhammad enfourcha Bourâq, l'étrange coursier blanc, mélange de mule et d'âne, et vola parmi les étoiles jusqu'à Jérusalem. Là, un groupe de prophètes — Abraham, Moïse, Jésus et d'autres — se porta à sa rencontre. Muhammad fut élevé hors de ce monde, et atteignit ce point extrême que le Livre appelle : Le Lotus de la limite. La Lumière divine descendit sur le Lotus et le recouvrit. C'est là que le Prophète reçut pour son peuple l'ordre d'accomplir cinquante prières par jour.

A l'énoncé du nombre, les adolescents se dévisagèrent avec stupeur et perplexité.

— Ici, il me faut respecter les textes de la tradition, aussi je citerai simplement les propos de Muhammad : « Sur la voie du retour, alors que je passais devant Moïse, celui-ci me demanda : " Combien de prières t'a-t-on imposées ? " Je lui dis cinquante par jour, et il déclara : " La prière canonique est un lourd fardeau et ton peuple est faible. Retourne auprès de ton Seigneur et demande-lui d'alléger le fardeau pour toi et les tiens. "

« Je revins donc en arrière et demandai à mon seigneur un allégement. Il enleva dix prières. Je repassai devant Moïse qui me posa la même question et fit la même remarque qu'auparavant ; en sorte que je retournai d'où je venais et dix autres prières me furent enlevées. Chaque fois que je repassai devant Moïse, il me faisait rebrousser chemin jusqu'à ce qu'enfin toutes les prières m'aient été retirées à l'exception de cinq pour chaque période d'un jour et d'une nuit. Revenu près de Moïse, il me posa la même question à laquelle je répondis : " Je suis déjà retourné tant de fois près de mon Seigneur et lui ai tant demandé que j'en ai honte. Je ne retournerai plus. " »

Ali promena son regard sur les étudiants avant de conclure : « C'est ainsi que celui qui accomplit les cinq prières avec la foi et la confiance dans la bonté divine, celui-là recevra la récompense de cinquante prières... »

Le moment de surprise passé, le cours se poursuivit, et il advint qu'Ibn Sina répéta trois ou quatre fois certains hadiths de manière que les élèves pussent les assimiler correctement. Puis il décida d'aborder la dictée :

— Je vous propose un poème : *L'Aferïne-na'ma.* Son auteur, Abou Soukour de Balkh, est aujourd'hui disparu, mais je considère qu'il fut le véritable introducteur de la forme poétique, proprement persane, du quatrain. Ensuite je vous dicterai un des versets du Livre. Et...

— Mais cheikh el-raïs, s'offusqua quelqu'un, on m'a toujours dit qu'il ne convenait pas que les enfants s'entraînassent sur les mots du Livre saint !

Ali secoua la tête avec indifférence :

— Laisse... Dieu sait ce qui est juste.

Quand il eut fini sa dictée, il inspecta attentivement chaque tablette, expliqua les erreurs ; les enfants aplanirent l'argile du plat de leur stylet, puis il s'apprêta à réciter le verset qu'il avait choisi. Curieusement, mon maître proposa ce jour-là le verset 136, extrait de la troisième sourate. Il contient ceci : « Dites : Nous croyons en Dieu, à ce qui nous a été révélé, à ce qui a été révélé à Abraham, à Ismaël, à Isaac, à Jacob et aux tribus ; à ce qui a été donné à Moïse et à Jésus ; à ce qui a été donné aux prophètes de la part de leur seigneur. Nous n'avons de préférence pour aucun d'entre eux ; nous sommes soumis à Dieu[1]. »

Le soleil était au midi du fleuve lorsque Ali donna congé aux plus jeunes élèves. Mais avant, il leur désigna une ouverture découpée dans le sol de la cour, non loin des fontaines qui servaient aux ablutions, et leur recommanda de bien laver leurs tablettes d'argile en les maintenant sur l'orifice ; car sous terre se trouvait un conduit qui menait à la tombe du fondateur de la mosquée, ainsi sa sépulture pouvait être régulièrement arrosée des eaux porteuses des mots du Coran.

La prière du milieu du jour terminée, Ali reprit son enseignement, mais cette fois à l'intention des maîtres et des auditeurs érudits venus des quatre horizons de la Perse.

On parla littérature, tradition, logique, science des nombres, science des corps, et naturellement médecine. Cet après-midi-là, Ali dicta plus de cent feuillets. Lorsque accompagné d'Ibn Zayla il quitta la mosquée, le crépuscule avait gagné la ville.

Sur le seuil de la maison de Dieu, les deux hommes conversèrent encore un peu, jusqu'au moment où le disciple avisa un homme d'une cinquantaine d'années, d'une grande maigreur, très pâle, le trait creusé, qui avançait en titubant et qui malgré la fraîcheur de l'air suait à grosses gouttes sous le poids de ses ballots.

— Voici quelqu'un qui me semble-t-il a trop abusé de vin de Sogdiane ! Vois comme il vacille ! On dirait un palmier sous le vent de Shawal !

Ali étudia à son tour l'individu. Puis lança brusquement :

— Viens, Hosayn, suivons-le.

Ibn Zayla dévisagea le cheikh avec étonnement.

— Mais maître, crois-tu vraiment nécessaire de suivre un ivrogne ?

Mais déjà le médecin était parti sur les traces de l'homme.

Tandis qu'il progressait à travers le dédale des ruelles on

1. J'ai toujours éprouvé certains doutes sur le choix de ce verset. Je ne peux croire qu'il y eut une raison liée directement à l'incident de Boukhara, et donc à la religion de Sétareh… Néanmoins, quelque chose me souffle que ce choix n'était pas innocent. Allah me pardonne si j'ai tort. (Note de Jozjani.)

pouvait constater que sa démarche devenait de plus en plus incertaine.

— Observe-le bien, fit Ali avec une certaine excitation, ce malheureux ne sait pas encore que l'ombre qui l'accompagne est peut-être celle de la mort.

Un moment plus tard ils le virent qui s'engouffrait en ahanant dans une maisonnette proche du palais.

— Et maintenant ? interrogea Ibn Zayla de plus en plus perplexe.

— Tenons-nous ici. L'attente ne sera pas longue. Et...

Il n'eut pas le temps de finir sa phrase. Un grand cri s'éleva. Presque aussitôt la porte s'entrouvrit avec fracas, laissant apparaître une silhouette féminine.

— Il est mort ! Mon époux est mort ! hurla-t-elle en sanglotant et en se giflant le visage. Allah ait pitié de moi !

Ali jeta un coup d'œil entendu vers Ibn Zayla.

— Nous ne sommes pas Dieu, lança-t-il en se précipitant vers la maison, mais Il nous offre peut-être l'occasion d'œuvrer pour lui.

Sans se préoccuper de la femme qui sanglotait et gémissait, il se rua dans la maisonnette, où l'attendait un spectacle macabre : l'homme était écroulé à terre ; le visage s'était comme vidé de son sang ; si ce n'était ses yeux grands ouverts qui fixaient le néant, on aurait pu croire qu'il dormait.

— L'âme est venue à la lèvre[1], reprit la femme en revenant dans la maison, accompagnée cette fois par les voisins attirés par ses cris. Izra'il, l'ange de la mort, l'a terrassé ! Pourquoi Rabbi, pourquoi ?

Ibn Zayla essaya tant bien que mal de réconforter la malheureuse :

— L'ange de la mort est avant tout l'envoyé de l'Invincible. S'Il a jugé bon de rappeler ton époux, c'est que son heure était venue.

Ali avait déjà dégrafé la tenue de l'homme, et la tête posée sur son thorax il s'était mis à l'écoute du corps. Il examina ensuite les extrémités et constata qu'elles étaient aussi glacées que les nuits de Pamir.

Quelqu'un s'approcha et saisissant le bras du défunt, ou présumé tel, il le souleva, le lâcha, et déclara solennellement en constatant le membre qui retombait sans vie :

— Dieu ait son âme.

— Mais que fais-tu ? s'affola la femme en voyant qu'Ali continuait de déshabiller son époux. Ne vois-tu pas qu'il est trop tard !

1. Il expire ou il a expiré. *(N.d.T.)*

Ignorant ses protestations, le médecin demanda :

— As-tu du miel, beaucoup de miel ?

Elle acquiesça éperdue.

— C'est parfait, tu vas t'empresser de le faire dissoudre dans de l'eau que tu feras bouillir au préalable.

— Mais ne vois-tu pas qu'il est trop tard ! gémit une voix.

— Souiller la dépouille d'un croyant !

Comme la femme semblait hésiter, Ali se fit menaçant :

— Si tu veux que ton époux recouvre la vie, fais ce que je te dis ! Vite !

Alors elle se rua vers le brasero.

— Et toi, Hosayn, reprit-il à l'intention de son élève, ouvre donc mon sac, tu y trouveras une poire. Emplis-la de l'hydromel dès qu'il sera prêt.

Sous l'œil réprobateur des curieux qui maintenant s'étaient agglutinés dans la pièce, Ali acheva de dénuder l'homme avant de le retourner sur le ventre.

— Mais qui es-tu ? cria quelqu'un avec colère. Qu'est-ce qui te donne le droit de piétiner ainsi la dignité d'un mort ?

Ali haussa les épaules.

— Ils vont nous mettre à mal, chuchota ibn Zayla devant l'agressivité qui croissait autour d'eux.

— Laisse faire, ils aboient mais ne mordent pas.

Une certaine tension commençait à s'installer, qui ne fit que croître lorsque l'épouse du « défunt » revint avec une cruche fumante à la main.

Ibn Zayla fit ce que lui avait ordonné le cheikh, et après avoir vissé la canule il la lui tendit. Ali attendit un peu que le mélange d'eau et de miel s'attiédisse, puis sous l'œil consterné des témoins il introduisit la canule dans l'anus de l'homme.

— Faire un lavement à un cadavre ! se récria un voisin. Mais cet individu est un mécréant !

Indifférent à l'émoi qu'il provoquait, le cheikh poursuivit son intervention. Quand il eut injecté toute la quantité de liquide miellé, il retourna le corps de l'homme sur le dos, et déclara :

— Maintenant il faut patienter un peu. Le temps que l'hydromel se diffuse dans le sang.

— Mais c'est absurde ! s'écria quelqu'un. C'est homme est fou ! Il faut le chasser d'ici !

— Oui ! Assez ! Dehors !

Le cercle commençait à se resserrer dangereusement autour d'Ali et de son élève.

— Cheikh el-raïs, souffla le jeune homme affolé, il faut partir d'ici !

— Du calme, Hosayn. Laisse-moi faire.

Il se redressa lentement et toisa le petit groupe qui s'avançait.

— Pourquoi vous exaltez-vous ainsi ? Je ne vous demande rien, si ce n'est un peu de réflexion : Si votre ami est mort, ce que je lui ai fait ne peut en aucun cas aggraver son état. Peut-on retirer deux fois la vie ? Peut-on trancher deux fois le même cou ? En revanche, si un souffle, si mince soit-il, bouge encore à l'intérieur de ce corps, ce n'est pas un clystère d'hydromel qui l'en chassera.

Fouillant dans son sac, il en sortit un petit sablier qu'il posa sur le sol.

— Si, une fois le vase inférieur rempli, votre ami n'a toujours pas recouvré ses sens, vous convoquerez sur-le-champ les gardes du palais et ils m'emmèneront.

Les hommes se concertèrent perplexes, et bien qu'on les sentît séduits par les propos du médecin, aucun d'entre eux n'osait prendre position. Finalement ce fut l'épouse qui murmura à mi-voix :

— Si un miracle... si un miracle était possible...

Le cercle se dénoua insensiblement. Et l'attente commença. Tous les yeux se fixèrent sur la course des grains de sable coulant à travers leur prison de verre.

Dehors un chien se mit à aboyer, brisant le silence. De temps à autre se produisait un froissement de manche, le frottement d'un talon sur le sol, un soupir de lassitude.

Ibn Zayla, blême, semblait lui aussi subjugué par le sablier. On aurait dit que de toute la force de sa pensée il tentait de freiner la chute des grains. Bientôt il ne resta plus qu'un mince filet, ténu, presque transparent. Il donna l'impression de s'immobiliser un instant furtif dans le goulot qui séparait les deux vases, puis d'un seul coup il chuta.

Tous les visages convergèrent vers Ibn Sina. La silhouette couchée sur le sol était toujours inanimée.

Ali prit le pouls de l'homme avant de laisser tomber impavide :

— C'est bon. Vous pouvez appeler les gardes.

La femme étouffa un sanglot.

Quelqu'un esquissa un pas vers la sortie.

Dans le même instant, Ibrahim, c'était le nom du « défunt », battit des paupières et, à la stupéfaction générale, se souleva légèrement, balbutiant comme au sortir d'un profond sommeil :

— Mon Dieu... qu'est-il arrivé ?

A la vue de ce prodige, des exclamations fusèrent spontanément, où se devinaient à la fois l'effroi et l'admiration.

— Il a vaincu Izra'il..., balbutia l'épouse en manquant de s'évanouir.

— Il a vaincu Izra'il, reprirent en écho d'autres voix.

Il se produisit une incroyable bousculade, tous voulaient approcher le *ressuscité*, le toucher, lui parler.

Discrètement, Ali récupéra le sablier, referma son sac et invita Ibn Zayla à le suivre. Une fois au-dehors, à la grande stupeur de son élève, il bondit et fila droit devant, dévalant les ruelles, pour ne s'arrêter qu'à la porte du palais.

— Cheikh el-raïs ! protesta Ibn Zayla essayant de reprendre son souffle. Tu n'as même pas laissé le temps à ces gens de t'exprimer leur gratitude.

Ali hocha la tête tout en essuyant la sueur qui perlait à son front.

— Crois-tu vraiment que l'homme était mort ?

Ibn Zayla répondit par la négative.

— Evidemment, il était seulement en syncope.

— L'ivresse ? demanda le disciple.

— Aucunement. Il suffisait de constater sa maigreur, la pâleur anormale de ses joues, son souffle court, la suée qui noyait exagérément son visage, l'effort excessif qu'il déployait à porter ses ballots, et surtout sa démarche incertaine, pour comprendre que l'équilibre parfait qui doit régner dans tout être était sur le point de se rompre.

— Pardonne-moi, maître, j'ai du mal à te suivre.

— Ecoute : tous les tempéraments rentrent dans trois types principaux : bilieux, sanguin et sec. Du jour où une cause quelconque vient à pervertir ou à transformer un de ces tempéraments, elle suffit à créer la défaillance. Parmi les individus il en est qui ont dans leur constitution une prédisposition à contracter la maladie. Car, et cela est très important, si la cause agissant seule trouve un organisme non prédisposé et qui ne lui vienne point en aide, elle ne pourra agir sur lui et son action sera nulle. Nous pourrions appeler cet état, inexplicable je le reconnais, le milieu favorable ou la réceptivité.

— Et dans le cas de cet homme ?

— Sa faible constitution le forçait à puiser anormalement en lui une grande quantité d'énergie, au point qu'elle vint à manquer. D'où cette perversion de l'équilibre que je mentionnais tout à l'heure. Mon traitement a simplement consisté à reconstituer ses réserves défaillantes. Pour ce faire, quoi de plus souverain que le miel[1] ?

1. Il semble que ce jour-là Ibn Sina se trouva confronté à ce que la médecine d'aujourd'hui appellerait une crise d'hypoglycémie. *(N.d.T.)*

Ibn Zayla conserva un silence admiratif avant de déclarer :

— C'est tout à fait extraordinaire... Mais néanmoins je ne saisis toujours pas la raison qui t'a poussé à fuir ?

— Réfléchis. Toi et moi savons que je n'ai pas ressuscité ce malheureux, mais à l'heure qu'il est, ces gens sont convaincus du contraire. Tu ne vois toujours pas ?

Le jeune homme fit non à nouveau.

— Les légendes courent plus vite que le vent. Si j'ai fui, c'est pour que l'on ne me reconnaisse point, car dès demain dans tout Gurgandj, du bazar à la mosquée, on raconterait que Abou Ali ibn Sina a le pouvoir de ressusciter les morts !

Hosayn ne put s'empêcher de rire.

— Cela ne pourrait qu'ajouter à ta gloire, cheikh el-raïs.

— Ta vision ne porte donc pas plus loin que la pointe de tes sandales ? Suppose donc un instant qu'un jour, demain, l'épouse d'un émir, un membre de sa famille, ou le calife lui-même vienne à mourir, on ne manquera pas alors de me demander d'accomplir ce prodige qu'on m'aura attribué à tort. Et là, mon ami, ne crois-tu pas que je serai bien embarrassé ?

Ali de conclure :

— Ce jour-là, ma pauvre tête ne vaudra guère mieux qu'une pièce de peau sous la lame du tanneur...

Une lueur complice illumina l'œil du jeune homme.

— A présent il est l'heure de se quitter, enchaîna Ali. La journée fut rude. Que le Clément éclaire ta nuit, fils de Zayla.

— Qu'Il te protège, maître, et qu'Il entretienne à jamais ta perspicacité.

Lorsqu'il pénétra dans la cour du palais, Ali prit tout de suite conscience de l'agitation inhabituelle qui y régnait. Des soldats vêtus d'uniformes qu'il ne connaissait pas allaient et venaient ; des palefreniers dessellaient leurs chevaux, et l'on avait doublé les guetteurs au sommet de la tour de garde.

A peine le porche franchi, il vit accourir vers lui, dans de grandes gesticulations de manches, Sawssan le chambellan.

— Où étais-tu cheikh el-raïs ? Cela fait des heures que nous te recherchons à travers la ville.

— Pourquoi, que se passe-t-il ? L'émir est-il souffrant ?

— Si j'osais, je te dirais que ce serait moins grave que le malheur qui nous frappe. Va vite rejoindre les autres dans la salle des réceptions. Tu y trouveras réunie toute la cour. Ils t'expliqueront.

Le chambellan avait raison. La salle des réceptions était noire de monde. El-Massihi, el-Arrak, Ibn el-Khammar ; le vizir, l'émir lui-même ; personne ne manquait à l'appel. Il ne se souvenait pas avoir assisté à une telle réunion au cours de ces neuf années passées à Gurgandj.

Tous parlaient à la fois, et on avait du mal à comprendre leurs propos.

— Silence ! cria le vizir el-Sohayli d'une voix impatiente. Silence. Nous sommes au palais, pas dans un caravansérail !

Ali chercha Ibn Ma'moun des yeux et fut tout de suite frappé par son attitude : le corps était affaissé, la joue appuyée nonchalamment sur sa paume, il paraissait anéanti.

— Que la paix soit sur toi, cheikh el-raïs, lança el-Soheyli en lui faisant signe d'approcher. Tu nous a causé de grandes inquiétudes.

— Je soignais un malade, voulut expliquer Ali.

Le vizir ne lui laissa pas le temps de poursuivre.

— De fâcheuses nouvelles nous sont parvenues de Ghazna. De bien fâcheuses nouvelles.

Il désigna un individu qui se tenait en retrait.

— Voici un messager de Mahmoud le Ghaznawide. Il est arrivé il y a peu.

L'homme s'inclina avec onctuosité devant Ibn Sina tandis que le vizir poursuivait :

— Le roi réclame le transfert immédiat de tous les savants, tous les intellectuels et de tous les artistes de Gurgandj. Tous sans exception devront se rendre à la cour de Ghazna dans les délais les plus brefs.

— Tous ?

— Tous, sans exception.

Abasourdi, Ali examina un par un ses amis. El-Arrak, Ibn el-Khammar et les autres, et fut tout de suite frappé par la résignation qui se lisait sur leur visage.

— Vous disposerez d'une rente royale, crut bon de préciser le messager du Ghaznawide. Vous ne manquerez de rien. Bien au contraire, Mahmoud, qu'Allah bénisse son nom, vous comblera de ses bienfaits.

Le médecin ferma les yeux, et les mots qu'il avait prononcés quelques années plus tôt à l'intention d'el-Birouni rejaillirent d'un seul coup dans sa mémoire.

Je ne sais pas pour toi, mais je peux t'assurer que certains souverains si généreux soient-ils ne m'auront jamais à leur service : les Turcs, les Turcs sont de ceux-là. Le fils de Sina ne courbera jamais l'échine devant un Ghaznawide !

Il prit une profonde inspiration et s'adressa au messager :

— Dans ces conditions, il faudra que le prince se passe de l'un d'entre nous.

— Deux ! rectifia spontanément el-Massihi.

Comme s'il ne comprenait pas, le messager quêta une explication auprès du vizir.

— Tu ne sembles pas avoir perçu l'affaire, fit el-Soheyli, sur le ton de la conciliation. Ce n'est pas une invitation : c'est un ordre.

— Il est des ordres qui sont des offenses, bien-aimé el-Soheyli.

— Nous n'avons pas le choix !

Cette fois, c'était l'émir qui prenait parti.

— Nous n'avons pas le choix, scanda-t-il à nouveau. Nous n'allons tout de même pas risquer une guerre contre le Ghaznawide ! Contre mon propre beau-frère ! Son souhait sera exaucé.

— Il sera exaucé. Le fait du prince est chose courante. Mais pour ma part je m'octroie le droit de lui résister.

— Folie ! hurla Ibn Ma'moun ! Folie ! Tu vends Gurgandj pour deux grains d'orge !

Il fit mine de déchirer le col de sa burda et enchaîna avec colère :

— De toute façon, sache que d'entre tous mes savants tu es celui dont le départ me causera le moins de regrets !

Remettant nerveusement de l'ordre aux plis de son vêtement, il précisa :

— Nous savons la vie dissolue que tu mènes depuis ton arrivée à Gurgandj et ce que tu enseignes à la mosquée sur l'origine des cinq prières !

Ali blêmit sous l'allusion à peine voilée ; il serra les poings prêt à répliquer lorsque le vizir chuchota à son oreille :

— Va m'attendre en compagnie d'el-Massihi, près du bassin de mercure. Va...

Faisant volte-face, il déclara d'une voix détendue à l'intention de l'envoyé du Ghaznawide :

— Tu peux annoncer à ton maître que le cheikh et tous ses compagnons se soumettront à ses ordres. Ils prendront la route dès demain, après la prière de l'aube.

★

Dans l'obscurité qui régnait sur le jardin on devinait à peine les trois silhouettes qui marchaient le long des allées. L'air était sec et humide, lourd des moiteurs venues de la mer du Khuwarizm.

Le vizir jeta un coup d'œil par-dessus son épaule pour vérifier que personne ne les suivait et demanda pour la deuxième fois à Ibn Sina :

— Ta décision est donc irrévocable. Tu ne te rendras pas à Ghazna ?

Ali réitéra son refus.

— Je présume que tu sais ce que peut te coûter une telle attitude ?

— Allah seul décidera de mon sort. Vois-tu, el-Sohayli, j'ai commencé il y a peu la rédaction d'un traité sur le destin. Sois rassuré, je t'épargnerai les détails de son élaboration... Autorise-moi cependant à te confier ma philosophie ; et si ma démarche ne te paraît pas trop orgueilleuse, accepte mes propos comme autant de conseils : « Devance le temps et juge toi-même de l'univers, qu'il te soit propice ou adverse, comme le ferait Dieu à l'égard de sa créature. » J'ai jugé : je ne me soumettrai pas au Turc.

El-Massihi toussota discrètement

— Dans ce cas, vous n'avez guère le choix : il faut fuir, quitter immédiatement Gurgandj. Demain il sera trop tard. Je mettrai un guide et des chevaux à votre disposition. Vous prendrez la route sur-le-champ.

— Pour quelle destination ? s'inquiéta el-Massihi.

Ali réfléchit un moment avant de répondre :

— Nous irons retrouver el-Birouni à la cour du chasseur de cailles.

— Mais Gurgan est à plus de deux cents farsakhs d'ici ! C'est un voyage long et éprouvant !

— N'aie crainte. Nous prendrons le temps qu'il faudra. Et nous en profiterons pour nous arrêter quelques jours à Boukhara. Voici bientôt neuf ans que je n'ai pas revu ma mère et mon frère. Il me tarde de les serrer contre mon cœur.

— Si seulement la joie de les revoir pouvait nous donner des ailes, répliqua el-Massihi avec un sourire un peu las. Nous ressentirions moins les fatigues du voyage. Encore que je serai ravi de revoir Gurgan. Après tout c'est ma ville natale.

Ali sonda les yeux du vizir.

— Pourquoi fais-tu cela ?

El-Soheyli afficha un air serein.

— Peut-être parce qu'à mon tour j'ai jugé...

★

Debout, près de la fenêtre ouverte, Sindja l'observait tandis qu'il rangeait ses notes. Lorsqu'il lui avait annoncé son départ, elle n'avait rien dit, mais l'on sentait à travers la brume qui voilait ses prunelles tous les chagrins du monde.

Lui aussi avait l'œil sombre. Il s'avança, un peu gauche, et lui tendit une feuille.

— J'aurais voulu t'offrir des caisses d'or, tous les trésors et tous les champs d'Ispahan, hélas, mon seul présent se résume à cette prose légère.

Elle ne répondit pas. Elle prit simplement la feuille et but chaque mot :

Ô vent du nord ! ne vois-tu pas combien ma détresse est grande ? Apporte-moi donc un peu de l'haleine de Sindja, souffle je t'en prie, souffle vers elle, et dis-lui : Douce, douce Sindja, ce qui me suffit de toi est ce peu, et moins encore. Je vais feindre de t'oublier pour que mon cœur redevienne ce qu'il était, mais je sais d'avance, à le faire, plus violent deviendra mon désir, plus éternelle sera ma mélancolie...

Elle serra la feuille contre son cœur, puis saisissant un coin de son voile elle le ramena sur son visage. Ali remarqua qu'elle avait troqué le *litham* de soie pourpre qu'elle portait habituellement, contre un *shawdar* de couleur jaune, symbole de douleur et de chagrin...

Neuvième makama

Drapé dans une grande toge bleue, le crâne enveloppé d'un turban brodé de pierreries, Mahmoud le Ghaznawide avait fière allure.

Subuktegin, son père, avait commencé par faire de lui son lieutenant. Un lieutenant fougueux, en qui même ses contempteurs les plus farouches reconnaissaient ténacité et bravoure. Très vite, il prit la ville de Nishapour aux hérétiques ismaélites et en fit sa capitale. Plus tard, lorsque Subuktegin mourut, il laissa son trône à son plus jeune fils, Ismaïl. On aurait pu croire que Mahmoud s'inclinerait devant ce choix ; il n'en fut rien. Vingt mois après il fondit sur Ghazna, défit son frère et se fit couronner « roi de la ville ». C'était il y a douze ans. Depuis, la puissance et la gloire de celui que tous n'appelaient plus désormais que le Ghaznawide, n'ont cessé d'embraser la terre de Perse.

Pourtant ce soir quelque chose était venu ternir cet éclat. Quelque chose d'imprévisible et donc, aux yeux de cet homme habitué à façonner son propre destin et celui de son entourage, totalement inacceptable.

Il puisa une datte dans un grand bol ciselé, cracha le noyau aux pieds d'Ibn el-Khammar et des autres savants réunis dans la salle du trône, et dit d'un ton ferme :

— Puisque votre collègue, le cheikh el-raïs, a jugé notre cour indigne de sa présence, il sera donc amené de force. Sachez que je n'aurai de cesse que je n'aie obtenu satisfaction !

— Mais du Turkestan au Djibal, tous les hommes se ressemblent, Excellence, fit observer timidement le chancelier. Pour retrouver Ibn Sina, il faudrait lever une armée.

Mahmoud pencha légèrement la tête sur le côté et pointa son index sur el-Arrak.

— Toi ! Approche ! Parmi toutes les qualités que l'on t'attribue, il en est une qui va certainement nous faciliter la tâche. Tu es mathématicien, philosophe, mais tu es aussi peintre. N'est-ce pas vrai ?

El-Arrak confirma.

— Dans ce cas, tu vas exécuter pour moi un portrait, celui du cheikh el-raïs. Je le veux unique de précision, parfait de ressemblance.

— Mais... il me paraît très difficile de réaliser une telle chose de mémoire.

— Sans aucun doute. C'est bien pourquoi je fais appel à toi et pas à un autre. Lorsque tu auras achevé ton travail, tous les peintres, tous les dessinateurs de Ghazna le reproduiront. Il me faudra autant d'exemplaires qu'il existe de villes, de villages, de garnisons fortifiées et de tours de signalisation. Peut-être qu'alors le fils de Sina me saura gré d'avoir contribué à son immortalité.

Le souverain se tut et, après avoir jugé de l'effet de ses propos, il s'adressa au sépeh-dar, le chef de l'armée ; et le ton de sa voix se durcit incroyablement :

— Je le veux. Je veux le cheikh el-raïs, vivant.

Il ajouta dans un souffle :

— Ou mort.

★

L'eau chante dans la théière posée sur les braises.

La nuit est tombée. La troisième depuis leur départ de Gurgandj. Une nuit polaire, qui fige le scintillement des étoiles. Dans ce coin du monde il en est toujours ainsi. Le jour enflamme la terre, la nuit la glace. En dépit de leurs épais manteaux en poil de chameau, le froid s'insinue insidieusement dans le corps des voyageurs, et brûle tout autant que le feu.

Le guide s'est endormi depuis un moment déjà à l'ombre déformée des chevaux.

Enroulé dans sa couverture de laine, Ali est étendu sur le dos, l'œil perdu dans les constellations.

— Je me demande parfois, dit-il en souriant, si le tremblement des étoiles n'est pas le pouls de l'univers.

El-Massihi versa un peu de thé dans un gobelet et le tendit à son ami.

— Si cela était, il serait le seul pouls que même toi, cheikh el-raïs, ne pourrait jamais prendre.

Se redressant sur le coude, Ibn Sina désigna un point perdu dans l'espace.

— Reconnais-tu cette étoile ? C'est al-Zuhara, Vénus pour les Roum, le seigneur dominant. Selon Ptolémée, elle occupe dans le système géocentrique la troisième place en partant de l'intérieur. Le savais-tu Abou Sahl ?

— Crois-tu vraiment que je sois ignare à ce point ? Je me demande s'il te souvient encore que je suis un intellectuel et un savant. Que je fus ton maître en médecine, et que sans moi tu en serais encore à chercher ta voie ! Oui, j'ai Dieu merci quelques notions d'astronomie. Mais tes systèmes géocentriques me donnent le vertige et me fatiguent. Pour moi, pauvre analphabète, al-Zuhara est avant tout la divinité de l'amour.

Ali but une gorgée de thé fumant avant de répondre avec une pointe de malice :

— Tu n'innoves pas, maître el-Massihi ; tu reprends l'interprétation des Egyptiens et des Grecs. Il n'y a rien là de très scientifique.

— Evidemment. A tes yeux tout doit être « scientifique ». Même l'amour ! Lorsque tu caressais son corps, évaluais-tu aussi les « systèmes géocentriques » de cette pauvre Sindja ? Calculais-tu le diamètre et la circonférence de son plaisir ?

— De tous les mystères de l'univers, l'amour est bien le plus complexe. L'amour est proche du divin. Il ne faut pas en rire, Abou Sahl.

— Tu en parles bien. Mais je m'interrogerai toujours sur ta capacité à aimer les femmes.

— Je pourrais te répondre que je suis guidé par ce précepte du peuple : « En ces trois êtres ne mets jamais ta confiance : le roi, le cheval et la femme ; car le roi est blasé, le cheval fugace et la femme perfide. » Et je suis certain que tu me croirais.

— Bien sûr ! Pourquoi ne te croirais-je pas, lorsque je constate la manière dont tu as quitté cette fille des Indes. Il me semble que neuf ans de vie partagée méritaient bien plus qu'un simple poème ; quand bien même son auteur serait le fameux Abou Ali ibn Sina.

— Tu es vraiment un mécréant, Abou Sahl. C'est toi qui ne sais rien des choses du cœur. J'ai aimé Sindja. Je l'aime encore.

— Dans ce cas pourquoi l'avoir laissée à Gurgandj ?

Il étudia longuement son ami comme s'il cherchait à lui souffler la réponse, puis d'un geste nerveux, rabattant sur ses épaules la couverture de laine, il se retourna sur le côté :

— Eh bien, mon frère, maugréa-t-il, voilà une question qui occupera ta nuit.

★

L'aube pointait entre les monts du Khorasan alors qu'ils progressaient en direction du sud-est où se devinait la ligne onduleuse du *rouleur d'or*, le fleuve Zarafshan ; plus loin la dentelle des murailles mordorées teintées de pastel brun, que dominait la coupole de la citadelle. Sur la droite on commençait à entrevoir les vestiges de l'ancien mur, dit de *la vieille femme*.

Boukhara.

Le cœur d'Ali se mit à cogner très fort dans sa poitrine à la vue de ce paysage où il avait grandi ; un flot d'émotion fit vaciller sa mémoire. D'un coup sec, il talonna sa monture et dépassa le guide qui galopait au côté d'el-Massihi.

C'est de concert qu'ils dépassèrent le petit village de Samtine, non loin du nouvel oratoire érigé au cours du règne de Nouh, pour accueillir les croyants que ne pouvaient plus contenir l'ancienne mosquée. Tournant le dos au village, ils prirent la direction de l'une des onze portes découpées dans la grande muraille ; croisant sur leur chemin les premiers paysans qui descendaient en direction des champs sous les premières brumes de chaleur.

Ils ralentirent le pas à l'entrée de la porte des Brebis. Ils allaient passer sous la voûte, lorsque quelque chose attira l'attention d'el-Massihi ; deux affichettes apposées sur les briques, de part et d'autre de la porte.

— Il faut faire demi-tour, vite !

— Que se passe-t-il ? On a l'impression que tu as vu un djinn !

— Il ne m'aurait pas fait plus d'effet !

— Mais qu'y a-t-il ?

— Ta tête. Ta tête est mise à prix !

— Qu'est-ce que tu racontes ?

Il venait de pénétrer sur la place du Rigistan, non loin du grand bazar couvert. Devant eux, à une distance de quelques bras, se détachait un nouvel avis sur un mur de pierre.

— Regarde ! s'écria el-Massihi, il s'agit bien de toi !

Incrédule, Ali tourna bride et se dirigea vers le point désigné par le chrétien. Au fur et à mesure qu'il déchiffrait le texte inscrit sous le portrait, il eut l'impression d'un vent glacial qui parcourait ses membres.

Au nom de Dieu, celui qui fait miséricorde, le Miséricordieux. Sur ordre de Sa Très Haute Majesté, Mahmoud le bien-aimé roi de Ghazna et du Khorasan, toute personne susceptible de croiser cet homme, connu sous le nom de Ibn Abd Allah ibn Ali ibn Sina, est tenue de l'appréhender ou d'avertir les autorités militaires de la cité. Une récompense de 5 000 dirhems sera remise au citoyen diligent.

— C'est incroyable, s'étonna le guide à son tour. Le portrait est criant de vérité.

— Dans toute la Perse, je ne connais qu'un seul artiste capable d'un tel ouvrage, observa Ali. Notre ami el-Arrak.

— Qu'importe l'auteur de ce chef-d'œuvre, il nous faut quitter immédiatement Boukhara !

— Quitter Boukhara ? Alors que nous sommes à un jet de pierre de Mahmoud et de Sétareh ? Tu n'y songes pas.

— Pourtant...

— Il n'en est pas question !

— Mais cheikh el-raïs, implora le guide, ta demeure est certainement le premier endroit du pays où l'on doit t'attendre.

— Il a raison. Ce serait un suicide !

— Dans ce cas nous attendrons la nuit. Mais aucune force au monde ne m'empêchera de revoir ma mère et mon frère. Quittons l'enceinte et patientons hors de la ville que vienne l'heure du couchant.

Ali se souleva à moitié sur ses étriers et repartit vers la porte des Brebis.

★

La maison sentait toujours le musc et le pain chaud. Malgré les années, Sétareh n'avait pas beaucoup changé. Il retrouva dans son visage la même pureté, et dans ses yeux de jais à peine soulignés de khôl, la même soumission des femmes de ce pays aux choses du destin. La joie de leurs retrouvailles fut semblable à tous les grands bonheurs, il y eut plus de larmes que de rires. C'est Mahmoud qui l'inquiéta.

De tout temps son frère cadet avait présenté une constitution fragile. Tout ce qu'Ali possédait de force et d'acuité, Mahmoud en était privé. Là où l'un affichait toutes les énergies physiques et intellectuelles, l'autre était comme une citadelle aux défenses minées ; un peu comme si arbitrairement la nature avait donné à Ali ce qu'elle avait pris à Mahmoud.

Aussi il chercha à se rassurer en se disant que son frère demeurait tel qu'il l'avait quitté.

Ils étaient assis à l'intérieur de la maison en pisé. Sétareh avait soufflé toutes les lampes. La lune était ronde, haute dans le ciel ; et par la fenêtre ouverte sur la cour, sa lumière glissait dans le clair-obscur le long des silhouettes assises en tailleur.

— Tu es toujours aussi fou, mon fils, chuchota Sétareh tendrement. Tu n'aurais pas dû prendre un tel risque. Depuis trois jours des gens bizarres rôdent autour de la maison.

— Mamèk, ne crains rien. On ne nous a pas vus arriver ; on ne nous verra pas repartir.

Elle tendit la main vers la petite perle bleue toujours suspendue au cou de son fils et la fit tourner entre ses doigts.

— C'est bien. Tu as conservé le présent de notre voisine. Mais peut-être n'est-il pas assez puissant pour écarter l'œil des envieux et des médisants.

— Il faudrait à ton fils une pierre de la taille d'une noix de coco, soupira el-Massihi.

— Tu te souviens encore du vieil el-Aroudi ? demanda Sétareh.

— Comment l'oublierais-je ? Sa vessie est gravée dans ma mémoire !

La femme se mit à rire doucement, puis ses traits redevinrent sérieux :

— Il nous a quittés. Il y a tout juste trois ans.

— Et Warda ? Qu'est-elle devenue ?

— Aussitôt après la mort de son père, elle a épousé un riche marchand de Nishapour. C'est là-bas qu'elle vit avec sa mère.

Ali crut retrouver sur le bord de ses lèvres un lointain goût de pêche et d'amande douce.

— Ainsi vous comptez vous rendre à Gurgan ? interrogea Mahmoud. Mais c'est à l'autre bout de la Perse. Vous risquez de tomber sur des patrouilles. Les rivages de la mer des Khazars sont peuplés de garnisons fortifiées, de tours de signalisation.

— N'aie pas d'inquiétudes. Nous nous rendrons aussi invisibles que le vent. Parle-moi de ta vie, Mahmoud. Où travailles-tu ?

— Dans les plantations de Samtine. C'est modestement payé, mais le labeur n'est pas trop éprouvant.

— Sétareh, fit el-Massihi avec une certaine gêne. Mon estomac gargouille d'impatience. Tu n'aurais pas un peu de pain à nous offrir et de ces boulettes de viande dont tu as le secret ?

— Je reconnais bien là ce brave Abou Sahl ! s'esclaffa Mahmoud.

— Ce n'est pas un homme, c'est un ventre, ajouta Ali.

Sétareh était déjà partie vers la cuisine.

Mahmoud tapota avec amusement sur la panse du chrétien.

— Un bien beau ventre !

Il allait retirer sa main, lorsque Ali emprisonna brusquement celle-ci, et sans raison apparente força le jeune homme à se lever et à le suivre jusqu'à la cour.

Sous l'éclat de la lune, il inspecta en silence le poignet de Mahmoud et constata une ulcération assez profonde.

El-Massihi était venu les rejoindre sur l'invitation d'Ibn Sina ; il examina à son tour le bras de Mahmoud.

— Mais qu'y a-t-il ? Vous me faites peur tous les deux !

— Ton diagnostic ? interrogea Ali en fixant Abou Sahl.

— Sans doute le même que le tien. Mais on n'y voit pas grand-chose. Il faudrait éclairer

— Vous êtes fous ! s'exclama Mahmoud. La lumière pourrait attirer l'attention des soldats !

— Va, ordonna quand même Ibn Sina.

Abou Sahl se précipita à l'intérieur et réapparut presque aussitôt une lampe à la main qu'il tint au-dessus du poignet du jeune homme.

— Je crois savoir... Dernièrement n'as-tu pas éprouvé des nausées accompagnées de fièvre ? Des démangeaisons ?

— Heu... oui. Mais c'était il y a un mois ou plus. Rien d'important. J'avais dû prendre froid.

Agacé, il voulut libérer son bras.

— Patience, mon frère, murmura Ali. Patience.

Il effleura l'ulcération :

— N'y avait-il pas là une sorte de bulle, un peu similaire à celle provoquée par une brûlure ?

Mahmoud fronça les sourcils et dit d'une voix un peu tendue :

— Oui. Et elle s'est rompue toute seule. Comme les autres d'ailleurs.

— Les autres ?

Le jeune homme remonta sa robe jusqu'aux genoux et désigna deux points, l'un à hauteur de sa cheville droite, l'autre à la base du tibia gauche, profondément ulcérés eux aussi.

Ali prit la lampe des mains d'el-Massihi et s'agenouilla.

— Il n'y a aucun doute possible, déclara-t-il après un long silence.

— La filaire de Médine ? diagnostiqua Abou Sahl.

— Sans contestation.

— Qu'est-ce que vous baragouinez ? fit Mahmoud affolé. Qu'est-ce que c'est que cette filaire de Médine ?

— Rien de très grave, expliqua Ali. Disons que ton corps est occupé par... des hôtes indésirables.

Il se tourna vers el-Massihi.

— Tu sais ce dont j'ai besoin. Vois si Sétareh peut nous aider.

— Veux-tu m'expliquer ce qui se passe ? lança le jeune homme en se libérant d'un mouvement brusque. Qu'allez-vous me faire ?

Ali le rassura.

— Calme-toi. Puisque je te dis que ta maladie est bénigne.

— Mais je ne suis pas malade !

— Si, tu l'as été, et tu l'es encore.

El-Massihi revint en compagnie de Sétareh.

— Qu'y a-t-il ? s'enquit-elle le front soucieux.

Saisissant le bras de Mahmoud elle demanda fébrilement :

— De quoi souffres-tu, mon fils ? Où as-tu mal ?

— Je n'en sais rien, mamék. Demande-leur.

Entre-temps, Ali avait saisi un petit bâtonnet que lui avait apporté el-Massihi. Il pria son frère de s'étendre sur le sol — ce qu'il fit avec mauvaise grâce. Ensuite il demanda au chrétien de bien maintenir la lampe au-dessus du poignet, et avec précaution, posant le bâtonnet bien à plat contre l'ulcération, il le fit rouler entre le pouce et l'index. Au bout d'un moment, sous l'œil horrifié de Sétareh et de Mahmoud, on vit apparaître la pointe d'un filament, en réalité l'extrémité d'un ver.

— Mais c'est affreux ! gémit Mahmoud, imité par sa mère. Qu'est-ce que c'est que cet animal !

— Tu le vois bien, un ver.

— Mais d'où sort-il ? Comment est-il arrivé sous ma peau !

— *Est-elle* arrivée, corrigea Ali. C'est un ver femelle.

— Femelle ou mâle que m'importe ! M'expliqueras-tu enfin ! De plus il a l'air gigantesque !

En effet, à présent la taille du ver qu'Ali continuait d'enrouler autour du bâtonnet n'était pas loin de la longueur d'un bras.

— Ceci est probablement la conséquence de tes travaux dans les champs. Si ma mémoire est bonne, non loin de Samtine il y a bien les canaux amenant l'eau du Zarafshan ?

Mahmoud fit oui.

— J'imagine qu'il vous arrive de boire de cette eau lorsque la soif se fait trop pressante ?

Mahmoud acquiesça à nouveau.

— La cause est donc simple. Car c'est dans l'eau que naît la filaire de Médine. Il existe dans certaines rivières, fleuves, ruisseaux ou, comme dans ce cas, les canaux, de petites larves, presque invisibles à l'œil nu ; plus précisément des « microfilaires », c'est-à-dire de minuscules vers. Ils vont se loger dans ce que nous pourrions qualifier « des hôtes intermédiaires » ; de petits crustacés ; presque aussi petits que le ver lui-même. Si cette eau est absorbée par un homme ou un animal, il absorbera naturellement les vers qu'elle contient.

Sétareh fit une moue dégoûtée en constatant la taille du ver qu'Ali avait retiré. Il l'approcha de la flamme pour mieux l'examiner, puis le brûla.

— Nous ne savons pas grand-chose hélas de ce qui se passe à l'intérieur du corps ; mais j'ai mes propres convictions.

— Nous n'en avons jamais parlé, fit el-Massihi un peu surpris.

— Tu me connais depuis assez longtemps pour savoir combien j'attache d'importance aux preuves scientifiques. Souviens-toi de notre discussion d'hier soir.

Il marqua un temps d'arrêt et son interlocuteur crut voir briller dans ses yeux une lueur à peine ironique :

— Tu sais bien que pour moi même l'amour est scientifique...

— Trêve de rhétorique. Expose-moi plutôt ta théorie sur le voyage du ver une fois à l'intérieur du corps humain.

— Avant tout il me faudrait encore deux bâtonnets.

— Au risque de te décevoir, répliqua le chrétien en lui remettant deux nouvelles tiges d'un air pincé, j'y avais pensé.

Ali se concentra alors sur la cheville de son frère et réitéra la même opération. Puis ce fut au tour du tibia. Quand il eut fini, il examina en détail tous les membres inférieurs et se redressa enfin, satisfait.

— Voilà, Mahmoud. Tu vois bien que je ne t'avais pas menti. Tu n'as pas souffert.

— C'est vrai. Mais neuf ans se sont écoulés. J'avais un peu oublié que tu étais le plus grand médecin de Perse.

— Et cette théorie sur la filaire de Médine ! tonna el-Massihi.

— Mamèk, murmura Ibn Sina, avec un détachement volontaire, il faudrait penser à nourrir notre ami. Quand il a faim, il est de méchante humeur.

— Tout est prêt. Mais avec cette histoire... Venez. Eteignons cette lampe et rentrons. Ce sera plus discret.

A peine à l'intérieur, el-Massihi se jeta littéralement sur les feuilles de vigne et le lait à la menthe.

— Maintenant, lança-t-il à Ali, la bouche pleine, ta théorie n'a vraiment plus aucun intérêt devant de tels délices ! Tu peux la garder pour toi.

— Dans ce cas, je brûle de te la confier, répliqua doctement Ibn Sina en retirant ses bottines.

Il prit une inspiration et se pencha en avant.

— Je disais donc que lorsque l'on a absorbé cette eau polluée chargée de ces minuscules crustacés, les larves qu'elle contient passent nécessairement dans le tube digestif dont elles traversent la paroi. Je les soupçonne ensuite de se déplacer vers *la membrane qui est tendue autour*[1]. Pour des raisons que j'ignore, les mâles vont disparaître, tandis que les femelles progresseront en direction des membres inférieurs, où elles mourront en provoquant les symptômes éprouvés par Mahmoud : démangeaisons, fièvre, vomissements, ainsi que ces bulles qui émergent à fleur de peau et qui finissent un jour par se rompre.

El-Massihi haussa les épaules tout en humectant un morceau de pain dans le lait.

— Ce n'est qu'une théorie... Quant à moi, je...

Il n'eut pas le temps de finir sa phrase. Mahmoud qui s'était absenté quelques instants, venait de resurgir dans la pièce avec une expression affolée.

— Les soldats ! Ils sont au bout de la ruelle !

Ali et el-Massihi bondirent en même temps.

— Mais... comment, balbutia Sétareh. Comment ont-ils su ?

— Je n'en sais rien, mais nous devons fuir, répliqua Ibn Sina en s'empressant d'enfiler ses bottines.

Abu Sahl joignit les mains nerveusement.

— Fuir, certainement. Mais pour aller où ?

— Nos chevaux sont toujours à la porte des Brebis. Il faut les retrouver. Après nous aviserons.

Il désigna la cour.

— Par là, vite !

Sa mère eut à peine le temps de caresser sa joue, tandis que Mahmoud se précipitait vers la porte de la maison.

— Où vas-tu ? s'exclama Ali.

— Courir, mon frère, courir dans la direction opposée. Peut-être pourrai-je leur donner le change.

— Ne fais pas ça !

Mais c'était trop tard. Mahmoud était déjà dehors et dévalait la ruelle.

— Adieu mamèk, murmura Ali la gorge nouée. Qu'Allah te protège, et qu'il me pardonne tous les tourments que je te cause.

Il délia la bourse accrochée à son ceinturon et la lui tendit.

— Tiens, c'est tout ce que j'ai. Mais cela te sera utile.

Des larmes plein les yeux, elle se recula en un mouvement de refus, laissant choir la bourse qui heurta le sol avec un bruit mat.

★

1. Par ce terme Ibn Sina entend le péritoine. *(N.d.T.)*

— Que Dieu déchire ce porc ! jura Ibn Sina en serrant les cuisses contre les flancs de sa monture.

— Tu connais beaucoup d'individus qui résisteraient à cinq mille dirhems ? fit observer el-Massihi qui s'efforçait de suivre le train mené par son compagnon. Notre guide s'est conformé à la règle qui veut que la plupart des hommes sont à vendre.

Ils galopaient presque côte à côte, le dos tourné à Boukhara, filant droit devant en direction de l'ouest. Sous l'éclat de la lune, les canaux qu'ils longeaient faisaient songer à des rubans d'opale, et les joncs dressés le long des berges à des calames géants.

Ils allèrent longtemps encore, dépassant bourgs et hameaux, villages aux ombres de briques, maisonnettes de torchis, palmeraies échevelées disséminées le long des terres fertiles, jusqu'à épuisement de leurs montures. Ce n'est qu'une fois l'Amou-Daria franchi qu'Ibn Sina décida de s'arrêter. Ils se trouvaient alors aux confins de la plaine, à un farsakh du village de Marw.

— Et maintenant ? murmura el-Massihi le visage noyé de sueur.

Il désigna l'horizon flamboyant par-delà la crête des monts Binâlound.

— L'aube se lève. Nos chevaux sont fourbus, nous n'avons aucune provision et plus de cent farsakhs nous séparent de Gurgan et de la mer des Khazars...

— Marw est au bout de la piste. Nous nous y arrêterons pour nous reposer, et nous en profiterons pour échanger nos montures contre des chameaux. Ils seront plus sûrs et plus résistants. Il nous faudra aussi trouver un guide. C'est bientôt le désert, et je crains que nous ne puissions trouver notre chemin tout seuls.

— Des chameaux ? La seule fois que j'en ai chevauché un, j'ai vomi tous mes viscères.

— Hélas je ne connais pas d'autres bêtes capables de parcourir plus de cinquante farsakhs en une seule journée, sans boire et sans se nourrir. Pour le voyage qui nous attend, un cheval serait tributaire de l'eau et des grains que nous devrions transporter pour lui. J'espère seulement qu'il te reste encore quelques dirhems, car aujourd'hui le prince des savants est plus pauvre que le plus pauvre des mendiants du Khorasan.

D'un geste rassurant, el-Massihi tapota la bourse qui pendait à sa ceinture.

— Un an de solde... Cela devrait nous suffire largement pour atteindre la cour du chasseur de cailles.

— Dans ce cas, allons-y. Direction Marw.

★

Moyennant quelques dinars de plus, ils échangèrent leurs chevaux contre des chameaux. Ils achetèrent aussi des outres, une tente en poil de chèvre ainsi que des provisions, des manteaux et des voiles de tête. Ali ayant jugé plus prudent d'attendre à l'oasis qui se trouvait à un mille arabe de Marw, ce fut el-Massihi qui se chargea de toutes ces démarches. Après avoir pris quelques heures de repos et un repas frugal, conduits par Salam, leur nouveau guide, un jeune Kurde d'une vingtaine d'années, ils reprirent leur cheminement alors que le soleil amorçait son déclin derrière les monts brunâtres. La nuit les trouva aux environs de la ville de Nishapour, où ils couchèrent jusqu'à l'aube.

Puis ce fut à nouveau le départ pour Sabzevar et Shahroud.

Désormais le paysage qui se déroulait sous le pas dansant des chameaux était plus dur, plus aride aussi. Buissons de tamaris et d'épineux, truffes sauvages, palmiers épars formaient l'unique végétation de ce coin du monde. On était en bordure du Dasht el-Kavir, le grand désert salé, étendue infinie, mer de sable qui s'étirait sur plus de cinquante farsakhs. Immensité de mort que les voyageurs de tout temps, qu'ils vinssent du Djibal ou du Daylem, du Fars ou du Kirman, se gardaient d'approcher.

Ils étaient partis depuis bientôt deux heures lorsque soudain Salam, le jeune guide, ordonna aux deux hommes de s'arrêter ; il posa sa main sur son front pour se protéger du soleil, et fixa longuement la ligne d'horizon.

— Que se passe-t-il ? interrogea Ali, surpris.

— Regardez, dit simplement le Kurde en tendant le bras vers le sud.

Tout d'abord el-Massihi et son compagnon ne virent rien de particulier. Ce n'est qu'après une plus longue observation qu'ils découvrirent un nuage de sable qui paraissait tourner sur lui-même.

— Qu'est-ce que c'est ? s'inquiéta Abou Sahl.

— Le souffle des cent vingts jours, expliqua le guide soucieux. C'est un vent de sable qui sévit uniquement au cours de l'été. Il peut atteindre des vitesses incroyables. Il m'a été raconté que dans la région du Sistan, il pouvait déplacer les maisons.

— Que proposes-tu ?

— Si nous n'étions pas déjà si éloignés de Nishapour, j'aurais immédiatement fait demi-tour. Mais c'est impossible, jamais nous n'aurons le temps d'atteindre la ville. Il ne nous reste qu'à coucher les bêtes sur le sable, et faire un rempart de leurs corps.

Il ajouta très vite.

— Prions. La protection d'Allah ne sera pas de trop.

Le nuage de sable grossissait. On aurait dit un immense essaim de mouches ou d'abeilles. Un essaim silencieux qui portait la mort en lui. Les premières volutes ocres et grises arrivèrent plus vite que prévu sur les trois hommes. Seul el-Massihi n'était pas encore parvenu à coucher son chameau.

— Fais vite ! hurla le guide. Vite !

— Je fais ce que je peux ! pesta le chrétien en tirant désespérément sur les rênes.

Le jeune Kurde vola au secours d'el-Massihi qui tournoyait autour du chameau au moment où déferlèrent les premières vagues de sable.

Ce fut tout de suite comme si une main invisible avait entrouvert les portes de la Géhenne. En quelques instants les trois voyageurs furent pris dans un irrésistible tourbillon ; avec une violence inouïe, des myriades de grains fondirent sur les bêtes et les hommes ; fouettant, meurtrissant les parcelles les plus secrètes de leurs peaux. Vagues bondissantes, rafales déchaînées, impitoyables, bouleversant tout sur son passage.

Ibn Sina s'était recroquevillé en fœtus contre la panse du chameau, la tête enfouie sous la toile de son vêtement, le corps en apnée, noyé sous un océan de sable et de poussière.

Le souffle des cent vingts jours continua longtemps de labourer le ventre de la plaine. Lorsque le calme revint, on aurait pu croire que tout le Dasht el-Kavir s'était déversé sur les trois hommes.

Ali, cloué au sol, n'osait plus bouger de peur qu'un mouvement trop hâtif ne réveillât la colère des sables. Infiniment lentement, il remua les jambes, puis les doigts de la main, se souleva au prix de mille et un efforts pour tenter de se dégager de la nasse sablonneuse, et réussit enfin à se relever. Il laissa errer son regard autour de lui, à la recherche de ses compagnons. En constatant le vide du décor, il crut un instant que le ciel les avait engloutis. Il fit quelques pas dans la direction où il avait vu el-Massihi et Salam pour la dernière fois. Des boursouflures déformaient la surface de la terre. Seul un chameau avait réussi à se dégager et fixait Ali, l'œil glauque.

Pris d'un sentiment de terreur, il se jeta à genoux et commença de creuser le sable à l'aide de ses mains nues. Il lui fallut un certain temps pour dégager le corps du guide, puis celui d'el-Massihi.

Salam était mort ; mais le cœur du chrétien battait encore. Il le retourna prestement sur le dos et entreprit de le débarrasser du sable qui bouchait ses narines et voilait ses paupières. Abou Sahl remua doucement. Sa respiration était rauque, lourde. Quand il parla sa voix était celle d'un autre.

— Allah te bénisse, cheikh el-raïs... Tu as réussi à retrouver ton vieux maître...

— Ne dis rien. Garde tes forces. Je vais te donner à boire.

Ali esquissa un mouvement pour se relever, mais les doigts de son ami le retinrent prisonnier. Il grimaça, suffoqua, les trait déformés par la souffrance.

— Non, mon frère. Ne t'éloigne pas. Il est trop tard.

— Tu seras toujours aussi incompétent, vieil Abou Sahl ! Le temps de te rafraîchir le visage et tu seras plus frais qu'un poisson nageant dans la mer du Fars ! Allons, laisse-moi te désaltérer.

Il voulut se lever à nouveau, mais quelque chose dans le regard de son ami l'en empêcha. Il y déchiffra comme une immense tristesse.

— L'heure est venue de plier ma tente, souffla-t-il d'une voix cassée.

— Dieu n'aime pas les infidèles de ta sorte, fit Ali en s'efforçant de maîtriser l'angoisse qui montait en lui. Que veux-tu qu'il fasse d'un incrédule de plus ?

— Un incrédule de plus au Paradis sera bien utile à un mécréant comme toi, cheikh el-raïs...

Il hoqueta et trouva la force de poursuivre :

— Qu'Allah te protège, Ali ibn Sina !... Les puissants sont ingrats et le monde est dur... Mon âme est au bord de mes lèvres... Tu vas me manquer...

Ali crut que le ciel s'affaissait autour de lui comme les murailles d'une cité inutile.

— Non ! hurla-t-il de toutes ses forces. Non ! Pas lui !

Il se jeta contre la poitrine de son ami, emprisonna les pans de son vêtement et le releva à moitié en le serrant sur son thorax.

— Abou Sahl..., balbutia-t-il, sanglotant. Vieil incrédule, reviens...

Il demeura collé au corps d'el-Massihi ; incapable de bouger, incapable de penser, se vidant de ses larmes et de tout son désespoir.

Quand il se décida enfin à se redresser le soleil était au midi du jour et brûlait le paysage désolé.

A la manière d'un ivrogne titubant, il leva son poing en direction du ciel.

— Du plus profond de la poussière noire jusqu'au plus haut du ciel d'al-Zuhara j'ai résolu les problèmes les plus ardus de l'univers ! Je me suis libéré de toutes les chaînes de la science et de l'astucieuse logique ! J'ai délié tous les nœuds, tous sauf celui de la Mort... Pourquoi ? Allah, Pourquoi ?

Il guetta l'azur éblouissant qui faisait comme un bol renversé au-dessus du désert ; mais il n'entendit que la rumeur sourde du vent venue du Dasht el-Kavir...

Dixième makama

A moitié couché sur le seul chameau qui avait survécu, il n'essayait même plus de protéger son visage contre les rayons brûlants du soleil.

Se fiant aux étoiles, il était reparti vers ce qu'il avait jugé être le nord-ouest, vers la mer des Khazars, vers Gurgan, el-Birouni et le chasseur de cailles.

Maintenant, à l'aube du sixième jour, comment pouvait-il douter encore ? Il s'était certainement fourvoyé ; il avait franchi les limites interdites du grand désert salé, le Dasht el-Kavir. Ce lieu maudit où la légende situe Sodome et Gomorrhe.

Sous lè pas lancinant de l'animal, le sol se craquelait comme des lambeaux de feuilles mortes. A perte de vue c'est une terre de brun mordoré, de gris sale et de blanc jauni. Un océan minéral morcelé, éclaté au pied des rares proéminences.

Ali se redressa, les yeux rougis. Il n'aurait pu dire si la cause en était la tristesse ou la morsure du soleil. Ses lèvres ressemblaient aux gerçures du sol. Sous sa barbe blanchie par le sel, sa peau était plus ridée qu'une figue sèche.

Il décrocha l'outre qui pendait sur le flanc de l'animal et but les dernières gouttes dans une demi-inconscience. C'était l'outre du malheureux Salam. La tempête passée, il avait pu récupérer les provisions qui se trouvaient sur le cadavre de son chameau. L'autre bête, celle d'el-Massihi, avait disparu quelque part au bout de la plaine et il ne l'avait jamais retrouvée. C'est à ces réserves supplémentaires qu'il devait sans doute d'être encore vivant six jours plus tard.

Mais pour combien de temps encore ?

L'outre de Salam était vide. Il la tordit rageusement entre ses doigts et la jeta droit devant lui. Pour se désaltérer il ne lui resterait plus que l'urine de son chameau.

Dans une heure il ferait nuit. Et ses souffrances seraient plus grandes. Le premier couchant, il l'avait guetté de toutes ses forces, espérant trouver dans le retour du soir un peu de répit. Mais le froid nocturne était encore plus terrible que la fournaise qui embrasait le jour[1]. Peu après la chute du soleil, tout son corps devenait prisonnier d'une chape de glace. Ce n'était pas le maigre feu qu'il était parvenu à faire les deux premiers jours grâce à la bouse du chameau, qui avait pu réchauffer ses membres gelés.

Et puis il y avait ces visions qui tourmentaient son esprit fatigué.

Des visions incohérentes et macabres, peuplées d'anges justiciers et de djinns aux visages monstrueux.

Ali ibn Sina, est-ce ta propre vie ou la vision de ta mort inéluctable qui ressemble au désarroi de ce décor ?

Où vais-je ? Où vais-je, père ?

Et toi Sindja, rêve au teint huileux, sais-tu la réponse ?

Abou Sahl, mon frère disparu, toi qui sais à présent le mystère incommunicable, réponds-moi. Est-ce mon enfance enviée, la vanité de mon savoir trop précoce ou l'arrogance de ma jeunesse qui m'a condamné ? Suis-je puni de voir ? Ou Allah châtierait-il pareillement les aveugles ?

Hier, aimé, caressé par des doigts d'ambre. Aujourd'hui meurtri par le ciel et la terre : Pourquoi le bonheur est-il si proche du malheur ?...

Cette nuit fut semblable aux six autres. Il avait une fois encore trouvé la force d'étudier la course des étoiles, le silence d'al-Zuhara, l'astre qui montrait le nord et la sortie de l'enfer.

L'aube de ce septième jour le retrouva avançant toujours dans le Dasht el-Kavir ; s'imposant de garder le cap et de résister à l'envie de se laisser tomber et d'implorer la mort. Ce fut seulement ce jour-là qu'il comprit combien mourir pouvait devenir une délivrance, lorsque l'agonie de l'homme devient inhumaine.

Brusquement, alors que le crépuscule commençait à

1. Dans la région du Dasht el-Kavir, les températures oscillent toute l'année entre – 30 degrés centigrades et + 50. *(N.d.T.)*

rehausser la terre de mauve, quelque chose de nouveau apparut à quelques milles devant lui. Il essaya de soulever un peu plus ses paupières brûlées pour confirmer la réalité de sa vision.

Là-bas, dans le lointain... au bord de l'horizon, l'ombre d'une cité ? cela se pouvait-il ?

Ou était-ce les remparts de Sodome ?

Sauve-toi sur ta vie ! Ne regarde pas derrière toi et ne t'arrête nulle part dans la plaine, sauve-toi à la montagne, pour n'être pas emporté !

Mais d'où venait cette voix qui maintenant criait dans sa tête ?

Serait-il devenu Lot ? N'était-il plus Ali ibn Sina ? Dans ce cas ce ne pouvait être que Sodome qui surgissait des ténèbres. Et lui allait mourir, condamné au brasier, comme les injustes élevés contre la face de Yahvé.

Or la femme de Lot regarda en arrière, et elle devint une statue de sel.

Pris d'une indicible terreur Ali se voila la face en gémissant.

— Je t'en prie, Seigneur ! Ton serviteur a trouvé grâce à tes yeux et tu as montré une grande miséricorde en m'assurant la vie. Mais je ne puis pas me sauver dans la montagne sans que m'atteigne le malheur et que je meure !

Il leva un visage implorant vers le ciel écru.

— Seigneur, voilà cette ville assez proche pour y fuir, et elle est peu de chose. Permets que je m'y sauve et que j'y vive !

La voix résonna à nouveau dans sa tête ; une voix effrayante, froide comme la mort.

Je te fais encore cette grâce de ne pas renverser la ville dont tu parles. Vite ! Sauve-toi là-bas, car je ne puis rien faire avant que tu ne sois arrivé.

Dans un geste désespéré, Ali se mit à fouetter l'encolure de son chameau, de plus en plus fort ; et la bête fila avec ce qu'il lui restait de force.

Ensuite ce fut comme un voile noir qui tombait sur tout le désert.

★

— Eh ! venez voir, il se réveille !

Ali ouvrit grandes ses prunelles mais il ne vit que des ombres inclinées, imprécises dans le contre-jour.

Etaient-ce des djinns ou des anges ? Non, c'était des êtres de chair qui l'entouraient. Mais où donc était-il ? Dans quel coin de l'univers ? Il essaya de se redresser. Une main le repoussa sans ménagement.

— Oh ! pas si vite, fils de Sina ! Pas si vite. Il nous reste encore un peu de temps.

Fils de Sina ? On savait donc son nom.

Il voulut s'asseoir à nouveau, mais cette fois l'homme le gifla du revers de la main ; il bascula en arrière en étouffant un cri de douleur.

— Pour un moribond, je le trouve bien agité !

Ali avait beau écarquiller les yeux, il ne parvenait toujours pas à distinguer clairement ceux qui prenaient plaisir à le torturer ainsi. Un frisson d'angoisse parcourut son corps, et il se demanda s'il retrouverait jamais l'acuité de sa vision.

— Cinq mille dirhems, lança une voix, c'est cher payé pour une épave. D'autant qu'il ne leur servira plus à grand-chose.

— Peu importe ! En revanche, moi je sais à quoi nous servira la prime !

Ainsi..., songea Ali. On l'avait reconnu. Même ici. Même à des centaines de farsakhs de Boukhara. Mahmoud le Ghaznawide, l'ancien fils d'esclave, s'était rendu maître de la terre.

— Pourriez-vous me dire au moins où nous sommes ?

— Dans le khan Abou el-Fil. A une dizaine de farsakhs de Gurgan.

Ali sentit bondir son cœur. L'ombre crénelée qu'il avait aperçue n'était pas Sodome, non plus que Gomorrhe. Il avait atteint la région du Daylam ! Le pays des loups. La mer des Khazars. Paradoxalement, il chercha à se convaincre qu'il n'aurait plus rien à craindre : el-Birouni plaiderait sa cause auprès de l'émir de Gurgan. On monderait ses plaies ; des doigts tendres enduiraient son corps d'aromates et de parfums rares, il allait revivre !

D'une voix affermie par l'espoir il demanda :

— Qu'attendons-nous, pourquoi ne m'emmenez-vous pas à Gurgan ?

— Les perles du harem, voilà ce que nous attendons ! ricana l'homme, imité par ses amis. Nous te réserverons la plus belle d'entre elles.

Ibn Sina fit un nouvel effort pour identifier les personnages. Hélas ses yeux demeuraient voilés et le décor obscur.

— Puis-je avoir quelques dattes ?

— Des dattes ? Pourquoi pas un mouton farci ! Tu as presque bu toutes nos réserves de thé ! Tu commences à nous coûter cher. Ce ne sont pas les quelques dinars qui te restaient qui nous dédommageront.

Machinalement, Ali palpa son ceinturon et constata que la bourse d'el-Massihi avait disparu.

— Je vous en prie, fit-il avec lassitude. Ça fait plus de trois jours que je n'ai rien mangé. Les cinq mille dirhems de ma capture vous suffiront largement.

— C'est bon, plaida quelqu'un avec mauvaise grâce. Donnons-lui ses dattes. Ne fût-ce que pour le garder en vie jusqu'à l'arrivée des soldats.

— Il faut bien reconnaître qu'il les aura méritées. Rares sont ceux qui survivent au Dasht el-Kavir, fit observer un autre.

Le premier homme faillit répliquer, lorsque brusquement l'écho d'une cavalcade parvint du dehors.

— Ça y est. Ils sont là !

Se penchant sur Ibn Sina, il ajouta d'une voix mauvaise :

— Trop tard pour les dattes, mon frère.

L'écho des chevaux se tut.

Ali crut discerner une soudaine effervescence, des bruits de pas.

Un temps plus tard, dans un bruit d'uniformes et de fourreaux, on pénétra dans la pièce. Combien étaient-ils ? A entendre le brouhaha qui accompagnait leur arrivée, sans doute une dizaine.

— Le voici !

— Es-tu Ibn Abd Allah ibn Sina ? aboya une nouvelle voix.

Ali fit oui de la tête et s'empressa d'ajouter :

— Je suis un ami d'Ahmad el-Birouni. Un proche de l'émir Kabous. Je...

Il n'eut pas le temps de finir ses explications. Les hommes étaient partis d'un immense éclat de rire.

— L'émir Kabous ? Avez-vous entendu ? Il se recommande de Kabous !

Ali voulut poursuivre, mais on le coupa à nouveau.

— Tu ne sais donc pas la nouvelle ? Aurais-tu séjourné si longtemps dans le Dasht el-Kavir pour ignorer les événements de Gurgan ? L'émir Kabous n'est plus. Le chasseur de cailles est mort.

— Mort..., balbutia Ibn Sina. Mais comment ? Quand ?

— Il a perdu la dernière bataille qui l'opposait depuis toujours à ses ennemis héréditaires les Buyides, et à leur chef Fakhr el-Dawla. Après l'avoir fait prisonnier, ils l'ont enchaîné à l'entrée de la ville et l'ont laissé mourir de soif et de faim, comme un chien ! Si tu étais arrivé deux jours plus tôt, tu aurais pu contempler sa dépouille décharnée, rongée par les oiseaux de proie. Il te ressemblait un peu.

Bouleversé, Ali n'arrivait plus à trouver les mots. Le sang battait à ses tempes, et il sentait ses dernières résistances l'abandonner. La roue de son destin venait de s'immobiliser sur le malheur.

Il trouva toutefois la force de balbutier :

— Et el-Birouni... Ahmad el-Birouni... qu'est-il advenu de lui ?

— On ne connaît pas ton el-Birouni ! De toute façon, s'il était un proche du chasseur de cailles, il a dû subir le même sort que son ami. C'est même certain.

— Allons ! ordonna l'un des soldats. Trêve de commérages. Nous devons être rentrés à Gurgan avant la tombée de la nuit.

Ali se sentit soulevé brusquement de terre. Il ne résista pas tandis qu'on l'entraînait au-dehors où le vent frais venu de la mer fouetta son visage.

— Où m'emmenez-vous ?

— A la prison de la citadelle, en attendant d'être remis aux envoyés du Ghaznawide. Je crois que le roi de Ghazna a hâte de t'offrir l'hospitalité.

★

Il avait dû perdre conscience à nouveau. Ou alors n'avait-il pas cessé de mourir et de renaître. La mort était peut-être cet état : une succession de nuits et de jours par-delà l'espace et le temps.

La cellule où on l'avait enfermé était froide et humide. S'il n'y avait eu ces hauts barreaux qui fermaient la fenêtre, à travers quoi se glissait la lueur pâle des étoiles, il aurait pu croire qu'on l'avait enterré vivant.

La perte partielle de sa vision l'inquiétait par-dessus tout. L'expérience lui avait enseigné qu'un invisible fil liait les puissances du corps à celles de l'esprit. Un peu comme un pont jeté sur une rivière. Dans le cas où un bouleversement venait à se produire sur l'une des deux rives, l'autre en était affectée pareillement.

Il jeta un œil écœuré à la nourriture qu'on lui avait servie. La même depuis trois jours : un bol de lait caillé et un plat de blé cuit avec de la graisse à l'aspect douteux.

Où était le mouton farci de Sétareh, les fruits secs qui sentaient le musc et le jasmin, les douceurs enrobées de miel et les melons dorés de Ferghana...

Le bonheur est-il donc si proche du malheur ?

Plongeant ses doigts dans le blé cuit il ramena la nourriture à ses lèvres avec dégoût. Pourtant il avait faim. Il savait, lui le cheikh el-raïs, le prince des savants, que pour recouvrer la clarté de ses pensées, il fallait que son corps retrouvât son équilibre. Mais quelque chose s'était cassé au-dedans de lui, qui lui soufflait que désormais, quoi qu'il advînt, sa vision de l'existence ne serait plus jamais la même.

Les puissants sont ingrats et le monde est dur...

Oui, brave el-Massihi. Mon frère, ma tendresse. Combien ces derniers mots que tu prononças sont lourds de vérité.

Il prit le bol entre ses mains burinées et but les dernières gouttes de lait caillé, puis avec les extrémités de l'index et du majeur réunis il essuya les parois intérieures et le fond du bol, et passa délicatement ses phalanges ainsi trempées le long de ses paupières meurtries.

De manière presque inconsciente, son poing se referma sur la pierre bleue de Salwa qui pendait toujours à son cou.

S'il voulait rester vivant, il fallait que sa mémoire demeurât en éveil. Alors avec une sorte de rage, et à la manière d'un enfant qui ânonne un poème, il se força à réciter les quatre-vingt-dix-neuf noms et attributs de Dieu enseignés par la tradition musulmane ; le centième étant réservé à la vie future.

— L'Invincible. Le Très-Haut. Le Très-Grand. La Vérité évidente. Le Seigneur des mondes. Le Réel. Le Sage. Le Miséricordieux...

Le Miséricordieux...

Chaque nom retrouvé devenait une victoire remportée sur la dérive de son esprit malade.

Quand il eut fini, il chuchota, soulagé :

— L'erreur a disparu. L'erreur doit disparaître...

★

— Lève-toi ! Le commandant de la citadelle veut te voir.

Deux hommes en uniforme noir venaient de faire irruption dans sa cellule, le tirant de sa torpeur.

Quel jour était-il ? Quel mois, de quelle année ?

Il fit un effort pour se tenir debout et, vacillant, suivit les soldats à travers le dédale sombre de la citadelle.

Quelque part dans le lointain une voix pleurante récitait le Coran. Dans sa détresse, Ali ne put s'empêcher d'apprécier le talent de cet inconnu. Car tout croyant sait qu'il ne suffit pas de connaître par cœur les versets du Livre, encore faut-il les dire selon des règles tout à fait précises. Tout l'art de la récitation consistant à psalmodier les mots en respectant le ton, les pauses, le rythme, les subtiles nuances mélodiques, sans effort ni exagération.

Captivé par le mua'dhine, Ali remarqua à peine qu'ils venaient d'arriver au seuil d'une petite chambre voûtée, éclairée par trois lampes de cuivre ciselé. Pour tout mobilier, il n'y avait qu'une natte de joncs, une petite table ronde en bois rustique et un tabouret. Une forme était étendue sur la natte, auprès de laquelle, dos tourné à la porte, quelqu'un était agenouillé.

— Commandant, voici le prisonnier, annonça l'un des soldats qui accompagnaient Ali.

L'homme se déplia lentement et pivota vers les arrivants. Il était de stature imposante et d'un âge avancé.

— C'est bon, ordonna-t-il d'une voix grave, laissez-nous seuls.

S'approchant d'Ibn Sina, il l'observa attentivement avant de reprendre :

— Tu as l'air en bien mauvais état.

Ali se contenta de hocher la tête.

— Veux-tu boire un peu de thé ?

— Du vin. Si tu en as.

Le commandant eut l'air choqué.

— Du vin ? Ne sais-tu donc pas que notre foi nous l'interdit ?

— Dans certains cas l'alcool peut être un remède efficace.

— Puisque tu l'affirmes...

Il claqua dans ses mains et cria un nom. Un soldat entrouvrit la porte presque immédiatement, à qui il donna des ordres.

— Désires-tu autre chose ?

— Hélas, mes désirs sont bien trop nombreux pour qu'il te soit possible de les réaliser tous. Néanmoins j'aimerais aussi un peu de lait d'ânesse.

Le sépeh-dar s'étonna pour la deuxième fois.

— Pour mes paupières et mon visage, expliqua Ali en passant son index le long de ses joues tannées.

— Je vois.

Se tournant vers le soldat, il lança :

— Tu as entendu. Fais le nécessaire.

Sans se retourner, le fils de Sina désigna la silhouette couchée.

— Il est souffrant ?

— Tu es médecin, tu dois savoir.

— Qui est-il ?

— Mon fils. L'unique.

Il ajouta très vite, avec une certaine pudeur : J'aimerais que tu l'examines.

Ali écarta les bras dans une expression accablée.

— Dans mon état ? Je viens de la Fournaise, le sais-tu ?

Le sépeh-dar fit oui.

— Je vois à peine. Mes jambes ne me portent presque plus. J'ai la tête pleine de nuit.

Dans le lointain, la voix admirable du récitant implorait toujours l'Invincible.

— On te dit *téguin*, fit l'homme. Courageux, valeureux. Si tu le veux, tu peux soigner mon fils.

— Sépeh-dar, tu me surestimes. Si j'avais autant de qualités et de pouvoirs, pourquoi serais-je dans cette citadelle ?

— Il s'agit là d'un tout autre propos. Ne crois-tu pas ?

Ali médita un court instant avant de demander :

— A la cour du chasseur de cailles se trouvait un homme. Un ami très cher.

— Son nom ?

— El-Birouni. Ahmad el-Birouni.

Le commandant répondit sans hésiter :

— Je vois parfaitement de qui il s'agit : un esprit brillant.

— Tu le connais donc ! s'exclama Ali. Les soldats m'ont laissé croire qu'il avait subi le même sort que l'émir Kabous.

— C'est faux. Quelques jours avant les événements qui ont causé la mort du prince, il avait déjà quitté le palais.

— Tu en es certain ?

— Tout à fait. Ce sont des hommes de ma garnison qui sur ordre même de l'émir l'ont accompagné aux frontières du Daylam.

— Allah soit loué ! fit Ali brusquement soulagé d'un immense poids. Il enchaîna aussitôt : Et sais-tu où il aurait pu aller ?

— Il m'a semblé comprendre qu'il comptait se rendre dans le Turkestan, à Gurgandj, au service d'Ibn Ma'moun.

Un sourire mélancolique éclaira le visage du fils de Sina.

— J'allais à sa rencontre, tandis qu'il se rendait vers moi... Décidément, le destin des hommes est imprévisible.

Une quinte de toux rauque interrompit leur discussion.

Le commandant se précipita au chevet du malade.

— Il s'étouffe !

— Ecarte-toi. Je vais l'examiner, mais auparavant dis-moi ce qui s'est passé ?

— Depuis environ une semaine, dix jours peut-être, il a commencé à se plaindre de douleurs à la gorge. Sa voix s'est enrouée et la fièvre a commencé à envahir ses membres. Ensuite il a été pris de quintes de toux, et par moments il était secoué de spasmes, on aurait dit qu'il s'étouffait. Depuis deux jours cette sensation d'asphyxie s'est accrue. Ce matin il s'est réveillé sans voix.

Pendant que l'homme parlait, Ibn Sina avait pris les pulsations du malade et palpait avec attention le battement du sang dans l'artère. Il constata qu'il était gazellant.

— Apporte-moi une lampe. Il faut que j'examine sa gorge.

Le commandant obtempéra.

— Maintiens-la au-dessus du visage.

Maintenant il pouvait mieux observer les traits du patient. Il s'agissait d'un jeune homme d'une vingtaine d'années tout au plus. Le visage d'une beauté presque féminine. Il avait un teint mat et des cheveux bruns comme la plupart des gens du pays, mais, chose plus rare, l'œil était d'un vert jade.

— Quel est son nom ? fit Ali.

— Abou Obeïd.

— Abou Obeïd, peux-tu ouvrir la bouche ?

Le jeune homme essaya d'articuler un oui, mais il n'émit qu'un son confus, incohérent. Néanmoins il fit ce qu'Ali lui demandait.

— Approche la lampe, demanda Ibn Sina au père.

A l'aide de son index, Ali comprima la langue afin de dégager l'orifice du larynx, et put ainsi vérifier que le fond de la gorge ainsi que les parois étaient totalement couverts de membranes blanchâtres. Un peu comme si une araignée avait tissé sa toile dans le corps du malade, dont on n'aurait aperçu que la partie visible.

Tout à coup le jeune homme fut pris d'une convulsion. Son souffle devint plus difficile, plus court encore, autant à l'expiration qu'à l'inspiration. Tandis qu'insensiblement ses joues, ses lèvres, son front, prenaient une couleur bleuâtre.

— Vite ton poignard ! s'écria Ibn Sina.

Son interlocuteur le dévisagea avec effarement.

— Ton poignard, te dis-je !

Le commandant décrocha l'arme de son fourreau.

— Que... que vas-tu lui faire ?

Ignorant la question, Ali chauffa la lame sur la flamme. De sa main gauche il rejeta en arrière le menton du jeune homme, tandis que de l'autre main il posa la pointe effilée à la base du cou, sur un point délimité entre deux cartilages. D'un geste sec, sous l'œil terrifié du père, il perfora la peau, créant ainsi une ouverture large d'environ une phalange.

Il se produisit un sifflement curieux provoqué par l'air qui s'engouffrait à travers l'orifice.

Entre-temps le soldat était revenu dans la chambre avec la cruche de vin et le bol de lait d'ânesse demandés.

— Maintenant, fit Ali en restituant son poignard au commandant, il me faudrait des graines de pavot pilées, du miel, de la jusquiame et surtout un tube, ou quelque chose de similaire : une petite tige de bambou ferait l'affaire.

— La tige de bambou me paraît plus simple à trouver ; les rives du fleuve Andarhaz qui traverse la ville en sont couvertes.

— Le temps presse, il ne faudrait pas que la plaie se referme.

Le sépeh-dar se retourna vers le soldat figé sur place. Il le débarrassa des objets qu'il tenait et ordonna :

— Fais vite ! S'il le faut, envoie un détachement le long du fleuve.

Allongé sur sa natte, le malade recouvrait lentement ses couleurs. Sa respiration était redevenue normale, et la vie brillait à nouveau dans ses prunelles. Il essaya d'articuler mais sans parvenir à émettre le moindre son.

Ali, la lèvre sèche, s'adossa contre le mur, tout en essuyant du revers de sa manche crasseuse la sueur qui noyait son front.

— Sépeh-dar... la cruche.

Le commandant comprit, et se hâta de le servir.

— Pardonne-moi, dit-il prestement, la peur de perdre mon enfant m'a fait oublier ton état.

Il ajouta à mi-voix :

— Est-il hors de danger ?

Tout en buvant une grande rasade Ali fit un signe d'assentiment.

— Peut-on impunément percer un trou dans la gorge d'un homme sans risquer de le tuer ou de le voir se vider de son sang ? Serais-tu magicien...

Il laissa tomber avec sourire triste :

— Non, je ne suis pas un magicien. Mais ces dernières semaines de ma vie, je regrette ne pas l'avoir été.

Il poursuivit :

— La gorge de ton fils était infectée. Cette infection avait donné naissance à des excroissances qui jour après jour bouchaient le larynx et le conduisaient à l'asphyxie[1]. Le seul remède dans ce cas est de perforer la base du larynx pour permettre au malade de respirer librement[2]. Néanmoins il existe un

1. Ibn Sina fut confronté ce jour-là à ce que l'on appelle depuis une angine diphtérique. *(N.d.T.)*

2. On peut considérer Ibn Sina comme l'inventeur de la trachéotomie, ou tubage du larynx, dont le manuel opératoire devait être précisé par le célèbre chirurgien arabe, Abou el-Casis de Cordoue. Cette probabilité est étayée par les citations extraites des traductions latines et du texte original de ses œuvres. Il faudra attendre la Renaissance pour retrouver les traces d'une telle intervention accomplie par le célèbre médecin italien, Antonio Musa Brasavola (1490-1554). *(N.d.T.)*

inconvénient à cette intervention : tant que l'orifice restera béant, ton fils sera privé de la parole.

— Mais ce trou... L'hémorragie... ?

— Comme tu as pu l'observer il y a eu saignement, mais pas d'hémorragie. L'expérience m'a enseigné qu'il existe dans le corps humain plusieurs points comme celui-là. Ils ne sont pas irrigués par les veines majeures, mais par de minuscules vaisseaux dont la destruction ne porte pas à conséquences graves.

Le jeune homme et son père buvaient avec admiration les propos du médecin. La voix du mua'dhine s'était tue et le soleil commençait à s'élever au-dessus de la citadelle de Gurgan.

Ali trempa deux doigts dans le bol de lait et les promena sur ses paupières, sur les brûlures de son visage. C'est alors que la porte s'entrouvrit, laissant apparaître deux soldats. Le premier tenait deux longues tiges de bambou et un bol de miel, l'autre une coupe remplie de graines de pavot pilées. Ils déposèrent le tout sur la table et se retirèrent.

— Et maintenant ? interrogea le commandant.

— Je vais à nouveau avoir besoin de ton poignard.

Ali sectionna le bambou pour n'en conserver que la longueur de deux phalanges dont il noircit l'une des extrémités sur la lampe la plus proche, et retourna s'agenouiller auprès du jeune homme.

— N'aie crainte, tu ne vas pas souffrir. Je vais simplement introduire ce tube dans l'ouverture que j'ai faite, pour empêcher les chairs de cicatriser. Car si cela était, la plaie se refermerait, et l'air ne passerait plus. L'asphyxie te frapperait à nouveau.

Abou Obeïd approuva d'un battement de cils.

— Tu as toute sa confiance, observa le sépeh-dar. Tu lui as sauvé la vie. Tu ne vas pas la lui reprendre.

Délicatement, après avoir écarté les deux bords de l'incision, le fils de Sina introduisit le tube de bambou dans l'orifice découpé à la base du cou. Il le fit pénétrer d'environ la longueur d'un ongle, vérifia qu'il était bien calé et se redressa satisfait.

— Voilà. C'est terminé. Cependant, tu devras t'armer de patience et rester allongé sur le dos pendant deux à trois jours. Une fois l'équilibre rétabli, je retirerai le tube et je refermerai l'ouverture par quelques points de suture. Tu recouvriras alors l'usage de la parole.

L'œil plein d'admiration, Abou Obeïd acquiesça.

— Maintenant il va me falloir préparer un tout autre remède, dit encore Ali en se dirigeant vers la table.

Sous l'œil curieux des deux hommes, il s'affaira sur les ingrédients qu'on lui avait apportés, mélangeant astucieusement miel, jusquiame et pavot, pour obtenir une pâte consistante.

Ensuite, à la manière d'un potier qui travaille l'argile, il élabora six cônes de taille plus ou moins identiques et les aligna sur le rebord de la table.

— Dans peu de temps la pâte aura durci. Il te faudra alors — il s'adressa plus particulièrement au père du jeune homme — lui administrer l'un de ces cônes par voie rectale. Ainsi au lever et au coucher du soleil, pendant trois jours.

Revenant à Abou Obeïd, il précisa :

— Et toi, tu surveilleras que la tige de bambou reste bien à sa place. Sinon, tu risquerais une nouvelle gêne respiratoire. Vous m'avez bien compris ?

Le sépeh-dar se redressa, fit quelques pas et examina Ali avec émotion.

— Allah te bénisse. Qu'Il te rende au centuple tes bienfaits.

— Allah est prompt en son jugement, dit Ali en portant la cruche à ses lèvres.

Du dehors, s'élevait la rumeur de la ville qui s'éveillait et le cri des premiers bateliers s'affairant sur les rives du fleuve.

— Cheikh el-raïs, commença le commandant d'une voix posée, je ne sais pas pourquoi le Ghaznawide veut ta peau. Mais nous sommes mon fils et moi, originaires de Balkh, et...

— C'est curieux, coupa Ali sans se retourner, mon père aussi était de Balkh.

— Alors tu dois savoir, reprit le sépeh-dar avec chaleur, que les enfants de Balkh sont de véritables croyants, et qu'ils préféreraient mourir plutôt que de trahir les Ecritures. Le sais-tu ?

— Comment pourrais-je l'ignorer ?

— Dans ce cas, tu sais aussi ce qu'il est dit : « Celui qui rendra la vie à un homme, il lui en sera tenu compte comme s'il avait rendu la vie à l'humanité entière. » Aussi, dès aujourd'hui considère-toi comme un être libre. Tu peux quitter la citadelle et aller où bon te semble.

Ali jaugea son interlocuteur l'œil brillant.

— Tu es bon... C'est toi qui mériterais le nom de *téguin*.

Il faillit ajouter : « Mais où irais-je... ? »

— Que diras-tu aux gens du Ghaznawide lorsqu'ils viendront pour m'emmener à Ghazna ?

Le sépeh-dar fit une moue dégoûtée et cracha à terre.

— Ma réponse te satisfait-elle ?

— Elle satisfait pleinement le fils de Sina. Mais je doute qu'il en soit de même pour le fils de Subukteguin.

— Je m'arrangerai... Peut-être même ne viendront-ils jamais. Peut-être même ne sauront-ils jamais que tu as été retrouvé.

Le commandant avait prononcé ces dernières paroles sur un ton énigmatique.

— Que veux-tu dire ?

— Laisse faire. Et réponds-moi : quand veux-tu partir ?

Ali passa lentement sa paume le long de sa barbe et répondit avec un sourire triste :

— Tu connais comme moi le proverbe : « Marche avec des sandales jusqu'à ce que Dieu te procure des souliers. » Hélas, regarde-moi, je n'ai même pas de sandales ; les routes du Daylam sont réputées difficiles, et Allah a peut-être d'autres priorités.

— Je comprends, que puis-je faire d'autres ? Demande. Tout te sera accordé.

— Avant toute chose des plantes, des plantes pour me soigner et soigner les autres, ma profession restant mon seul devoir et ma seule ressource ; deux nuits de sommeil sur une natte propre ; un vrai repas et — il marqua une pause avant de conclure — des sandales...

Le commandant posa une main amicale sur son épaule.

— Il en sera ainsi. Dès maintenant tu partageras la chambre de mon fils, et tu partiras quand tu jugeras que tes forces seront revenues. Il faut que je vous quitte à présent, les devoirs de ma tâche...

— Je ne connais même pas ton nom...

— Osman.

— Et ton fils ? Abou Obeïd, c'est bien ça...

— C'est exact. Il s'appelle Abou Obeïd el-Jozjani.

Onzième makama

« Ce fut donc de cette manière, en cette citadelle de Gurgan, que moi, Abou Obeïd el-Jozjani, enfant de Balkh, alors âgé de vingt ans, je rencontrai l'homme qui devait devenir mon maître, mon ami : le cheikh el-raïs, Ali ibn Sina. Tout ce qui a précédé, c'est lui qui me le dicta ; de ce qui suit je fus le témoin oculaire. Car dès ce jour qu'il me sauva la vie, je devins son ombre, il devint mon regard. C'est dans ses yeux que j'observais le monde des hommes, c'est par sa pensée que je méditais la philosophie.

« Fut-il jamais conscient de la force de ma tendresse ? S'interrogea-t-il jamais sur l'ardeur de ma dévotion ? Je ne l'ai jamais su. La réponse importe peu. Tout au long de ces vingt-cinq années je fus cette source des hautes montagnes, l'abi Tabaristan, qui, dit la légende, cesse de couler dès qu'un voyageur pousse un cri de douleur. Ainsi chaque fois que mon maître connut la souffrance, le flot de ma vie s'immobilisa.

« Au cours de ces trois jours où nous partageâmes la même chambre, forcé au silence par la plaie de ma gorge, je découvris un être blessé, désemparé, et malgré tout lucide. J'en conclus que c'était cette lucidité qui le torturait. La traversée du Dasht el-Kavir avait été pour lui un voyage au bout de lui-même. Il avait atteint Gurgan, mais son esprit n'avait pas touché le port ; le toucherait-il jamais ?

« Alors qu'il était allongé à mes côtés, et à mesure que ses forces lui revenaient, il me confia ses préoccupations philosophiques. Il me parla longuement de celui qu'il considérait comme son maître à penser, le Macédonien, le précepteur d'Iskandar, Alexandre le Grand pour les Roum, le fondateur de la logique formelle et de l'école péripatéticienne : Aristote. Il décrivit pour moi ce qu'il appelait " les grandes phases de la médecine arabe ". Je le sentais convaincu de faire partie intégrante de l'une de ces phases. Il dressa avec une précision étonnante le décor de notre siècle : l'expansion irrésistible de la civilisation arabe, partie sous l'impulsion du Prophète quelque quatre cents ans plus tôt et qui avait gagné l'Espagne, l'Afrique du Nord, la Syrie et notre terre, la Perse ; immense vague balayant tout sur son passage, forçant la culture hellénistique à lui céder le pas.

« T'avouerai-je qu'au terme de notre conversation, le monde chrétien me parut vraiment microscopique à côté de celui que dominait alors l'Islam ; et que j'en vins à imaginer, un peu naïvement je le reconnais, qu'un jour proche la terre ne serait plus peuplée que par les enfants de Muhammad.

« Ce fut à l'aube du quatrième jour qu'il décida de quitter Gurgan et la citadelle. Je le suppliai alors de l'accompagner...

« Ma demande le surprit, puis l'inquiéta. Il refusa donc et je fus blessé, car il employa des mots durs. Mais en vérité je lus très vite en lui : il se savait en danger et ne voulait à aucun prix que quelqu'un vînt à souffrir d'être son compagnon. Je percevais aussi qu'il se sentait indirectement coupable de la mort d'el-Massihi. C'est peut-être d'avoir compris cela qui m'aida à le convaincre.

« Ainsi le 3 de muharram nous quittâmes le pays des Loups, et partîmes pour la région du Dihistan et le village du même nom. Le ciel était d'un bleu parfait, mais lourd de cette moiteur qui caractérise les étendues qui bordent la mer des Khazars. Dihistan est situé à mi-chemin entre Gurgan et Kharizm. C'est une de ces places fortes frontalières que nous appelons un ribat, peuplée en majorité par des pêcheurs et des chasseurs d'oiseaux. Nous l'atteignîmes au terme de notre deuxième journée de voyage et, le village ne possédant pas d'auberge, nous nous installâmes dans l'enceinte de la mosquée.

« Dès le lendemain, Ali se mit à l'œuvre. Je le suivis de bourgs en hameaux : Nasâ, Tüs, Baward (plus d'une vingtaine occupent le district), de Harât à la presqu'île de Dihistanan Soûr, proposant les services du cheikh à tous ceux qui en avaient besoin ; soignant les nécessiteux sans contrepartie, et ceux qui étaient plus aisés en échange de poissons, de fruits, ou parfois de quelques dinars.

« Ainsi notre vie évolua paisiblement, entre ces paysages de sable roux où s'arrête la mer, et le prolongement du vieux volcan éteint, le Démavend. Il nous arrivait parfois, sur le chemin du retour, de nous arrêter près du bourg de Baïdjoun, le temps de remplir nos outres des eaux sulfureuses qui jaillissent en source chaude au pied du volcan et qui selon mon maître sont salutaires pour le foie.

« Pour moi, qui n'avais jamais quitté la maison familiale depuis mon départ de Balkh, ces jours étaient riches en découvertes ; pour mon maître il en était autrement. Je le sentais mélancolique et absent. Il me souvient d'un soir, alors que nous chevauchions le long du cap de Koulf et que nous entrions dans le quatrième mois de cette vie errante, où le cheikh composa sur sa situation un poème plein d'amertume. J'ai surtout retenu ces vers : *Je ne suis pas grand, mais il n'y a pas de pays qui me contienne. Mon prix n'est pas cher, mais je manque d'acheteurs...*

« Pourtant, malgré la fatigue et l'inconfort des voyages, il avait repris l'écriture ; et je pus me rendre compte que ni sa clairvoyance ni sa prodigieuse mémoire n'avaient été altérées par les événements passés. J'oserais même dire qu'elles avaient gagné en acuité. La seule note nouvelle était qu'il avait pris désormais l'habitude de me dicter ses œuvres. Nous nous retrouvions certaines nuits, partageant le feu avec des nomades de hasard ; mon maître s'installait en retrait, et ses propos sur la logique, les mathématiques, la médecine ou l'astronomie m'emportaient loin de tout. J'écrivais de longues heures sous la lueur incertaine des flammes, et si nous nous interrompions de temps à autre, c'était pour nous laisser emporter par le récit inattendu d'un chasseur du Turkestan, ou les descriptions d'un marchand du Kirman qui racontait des villes étonnantes enceintes de lumière.

« Au cours de ces mois, le cheikh me dicta quatre ouvrages : *Les Remèdes pour le cœur, Le Traité exposant l'épître du médecin*, un *Abrégé sur ceci que l'angle formé par la tangente n'a pas de quantité*, et les *Questions générales d'astronomie*. Je conservais ces écrits dans des sacs en peau de chèvre, et m'appliquais, chaque fois que nous retournions à Dihistan, à les ranger en lieu sûr.

« Un matin, le 7 de rabi' el-akhir, mon maître se réveilla brûlant de fièvre. Nous nous trouvions alors à flanc de colline, à deux farsakhs de Gurgan. Je m'empressai de l'envelopper de mon abas, un épais manteau en poil de chameau, et je chauffai un peu de thé sucré. Mais très vite son état s'aggrava. Il fut pris de nausée et je fus terrifié par ses vomis de couleur rougeâtre. Puis ses expulsions tournèrent au noir et sa soif devint intense.

Il éprouva ensuite des troubles respiratoires et fut pris de violentes diarrhées. Il réussit toutefois à conserver assez de lucidité pour m'indiquer les soins que je devais lui prodiguer. Je suivais donc ses directives à la lettre. Avant qu'il ne succombe dans une sorte de prostration, il me recommanda de lui faire boire toutes les trois heures du vin chaud dans lequel j'aurais fait macérer des écorces de quinquina. Ce que je fis. Par l'observation des symptômes, l'examen de son pouls et plus particulièrement la constatation que sa fièvre revenait régulièrement à la troisième heure du jour, tous les deux jours, à la quatrième tous les trois jours, il en avait déduit qu'il était atteint de la maladie des marais[1].

« Les jours qui suivirent furent éprouvants. Je l'entendis qui murmurait des mots sans suite, le visage trempé de sueur, l'œil exorbité, le corps envahi de frissons brefs. J'avais du mal à reconnaître dans ce faciès pâle et crispé le cheikh el-raïs, mon maître Ali ibn Sina. Dois-je l'avouer ? je pris peur. Une peur incontrôlée qui me poussa à enfourcher ma monture et dévaler le sentier qui conduisait à la route de Gurgan. Il me fallait de l'aide. Car, Allah me pardonne, j'étais rongé par le doute, et je m'interrogeais sur les capacités du cheikh à se soigner lui-même. L'avenir devait me prouver que j'avais eu tort, mais néanmoins les conséquences de ma stupide démarche allaient s'avérer profitables.

« Je cavalais bride abattue vers Gurgan, et je n'étais plus très loin de la cité, lorsque je croisai un groupe de cavaliers qui venaient dans la direction opposée. Je compris à leurs vêtements que j'avais affaire à de riches chasseurs. L'un d'entre eux tenait un faucon encapuchonné sur son index ganté. D'un coup de talon, sans trop savoir pourquoi, je fis aller mon cheval vers lui et lui confiai mon désespoir. L'homme m'écouta avec une attention qui me toucha, et lorsque je déclinai mon identité je vis que le nom de mon père ne lui était pas inconnu. Il proposa de me suivre jusqu'à l'endroit où j'avais abandonné le cheikh et de m'aider à le transporter jusqu'à la citadelle de Gurgan. Malgré la tournure que prenaient les événements je ne pouvais m'empêcher d'être inquiet, conscient des dangers que nous encourions. Mon père allait-il pouvoir cacher une deuxième fois la présence d'Ibn Sina ?

« Tout le groupe partit dans mon sillage. Ce fut seulement une fois auprès du cheikh que le destin se prononça d'une tout autre manière que celle que j'attendais.

« Après avoir mis pied à terre, l'homme au faucon fit signe à

1. On songe au paludisme. Cette maladie touche environ 10 millions de personnes par an. Plus de 3 millions en meurent. Et la quinine reste le seul remède. *(N.d.T.)*

l'un de ses compagnons de le suivre. Tous deux se rendirent auprès du raïs pour le soulever et l'installer sur mon cheval. Mais à cet instant précis, en découvrant les traits du malade, l'homme s'immobilisa et je compris qu'il l'avait reconnu.

— C'est incroyable... mes yeux me trompent-ils ? Ou est-ce bien le prince des savants, Ali ibn Sina ?

« Ma première réaction fut de nier. Mais je dus manquer de conviction, car l'homme au faucon insista, et m'adjura de lui dire la vérité.

— N'aie pas peur. Le Clément m'est témoin, je t'affirme que je ne suis pas de ceux qui trahiraient un être de cette valeur. Est-ce bien lui, le cheikh el-raïs ?

« Assuré de sa sincérité, j'acquiesçai. Alors l'expression de l'homme s'éclaira d'un seul coup. Sans attendre, il invita son compagnon à l'aider, puis se tournant vers moi il déclara avec passion :

— Mon nom est Muhammad el-Chirazi. Je possède plusieurs maisons à Gurgan. Nous logerons ton maître dans l'une d'entre elles. Il pourra la considérer comme sienne. Sache que tu as devant toi un amoureux sincère des sciences et des lettres, et surtout un fervent admirateur du cheikh. Sache aussi que d'avoir pu aujourd'hui le secourir restera dans mon esprit la plus belle action de ma vie.

« Le soir même nous nous installâmes dans la demeure mise à notre disposition par le généreux el-Chirazi, et à l'orée de la troisième aube je pus constater que le traitement décidé par mon maître, et pour lequel j'avais éprouvé des doutes, faisait effet. Le sixième jour, il retrouva sa lucidité et la fièvre le quitta. C'est sans doute à partir de ce moment-là que je pris conscience de deux choses essentielles : l'extraordinaire résistance physique du cheikh el-raïs, et cette protection occulte qui le suivait et le suivrait toujours où qu'il aille.

« Tour à tour labourés par les vents et la pluie, les portraits qui jusque-là recouvraient les murs de la cité s'effilochèrent au fil des mois. Aujourd'hui, nul n'aurait pu reconnaître à travers ces lambeaux de feuilles jaunis les traits du prince des savants.

« Avec une rapidité étonnante, Ali recouvra ses forces et s'attela au travail avec plus d'ardeur encore que par le passé. El-Chirazi veillait à ce que nous ne manquions de rien. En échange il pria mon maître de bien vouloir lui donner des leçons d'astronomie et de logique. Le cheikh fit plus que cela. En quelques semaines il rédigea un ouvrage qu'il intitula *Kitab el-Aoussat, Moyenne logique*, qu'il dédia à son bienfaiteur.

« Progressivement, notre demeure devint le rendez-vous de

tous les intellectuels de Gurgan. Ce qui accrut énormément le travail du raïs. Il ne se passait pas un jour sans qu'un nouvel ami, un étudiant, un philosophe, ne l'interrogeât sur tel ou tel sujet. Et devant la richesse, la clarté de ses réponses, choqués à l'idée que nul à part eux n'en profiterait dans les temps à venir, ses nouveaux amis supplièrent le cheikh de leur répondre par écrit ; ce qu'il se résigna à faire sous formes d'épîtres. Ainsi il y eut entre autres : *L'Epître de l'angle, L'Origine et le retour de l'âme,* ou encore *Les Définitions.* Cette dernière épître est, me semble-t-il, très importante pour les précieux renseignements qu'elle nous donne sur les conceptions philosophiques du fils de Sina.

« Mais ce fut aussi sous ce modeste toit que le cheikh devait commencer ce qui allait devenir l'œuvre maîtresse de toute sa vie.

« Nous étions le dernier jour du mois de sha'bâne.

« Installés sur la terrasse, nous attendions, à l'exemple de tous les musulmans de Perse, de pouvoir distinguer dans le ciel le mince croissant de la lune nouvelle qui annonce le commencement de ramadane. Pendant les trente jours qui allaient suivre, tous les fils de l'Islam, sains de corps et d'esprit, devraient s'abstenir d'aliments, de boisson, de parfums et de relation sexuelles ; très précisément, dès cet instant *où l'on peut distinguer un fil blanc d'un fil noir, et jusqu'au crépuscule, lorsque cette différence cesse d'être perceptible.*

« Nous étions donc dans cette expectative lorsque Ali, sans quitter le ciel des yeux, murmura :

— Abou Obeïd, te souviens-tu lorsqu'il y a quelques mois je t'entretenais des " grandes phases de la médecine arabe " ?

« Avant que j'eusse le temps de répondre par l'affirmative, il enchaîna :

— Ainsi que je te l'expliquais, la première phase fut caractérisée par ce que j'ai baptisé " la fièvre des traductions ", qui a conduit à ce qu'aujourd'hui toute la médecine hippocratique, galénique et byzantine soit accessible en langue arabe.

« Le cheikh marqua une pause, avant de poursuivre :

— Depuis peu, nous avons abordé la deuxième phase — créatrice celle-là. J'en veux pour exemple, *Le Contenant* écrit par le grand el-Razi, a qui nous devons la découverte des deux fièvres épidémiques majeures[1] ; et l'observation de la réaction de la pupille à la lumière. Les conclusions d'un homme comme Ibn el-Haïtham, qui définit la vue comme un processus lié à la

1. En effet nous devons à ce célèbre médecin le diagnostic de la variole et de la rougeole. *(N.d.T.)*

réfraction, sont fondamentales. Créatrices aussi les interventions qui se sont déroulées, il y a un an à peine, dans un hôpital de Bagdad. Souviens-toi, ce fut au cours de l'une d'elles que des médecins sont parvenus à extraire le cristallin lors d'une opération de la cataracte ; ce qui représente un immense progrès par rapport à l'ancien procédé qui consistait à enfoncer simplement la lentille opacifiée dans l'humeur vitrée[1]. Je pourrais citer encore le *Livre royal* d'Ibn Abbas, ou celui des *Cents*, de mon ami el-Massihi. La liste serait loin d'être exhaustive.

« Mon maître se tut à nouveau. Je crus percevoir dans son regard une flamme nouvelle. Il m'interrogea :

— Ne manque-t-il rien à mon analyse ?

« Je le dévisageai perplexe, ne sachant pas très bien où il voulait en venir. Il m'expliqua :

— Une œuvre. Il manque une œuvre. Un ensemble structuré. La somme claire et ordonnée de tout le savoir médical de notre époque, à laquelle s'ajouteraient bien sûr les propres observations et les découvertes de l'auteur.

« Je fis observer :

— Es-tu seulement conscient de ce que représente un tel projet?

Une telle entreprise serait en tout cas plus ambitieuse que les *Epidémies* d'Hippocrate, ou les cinq cents traités de médecine laissés par Galien !

« Le cheikh ne parut pas entendre ma remarque, il poursuivit emporté par le flot de ses propres réflexions :

— En réalité, je songe à la rédaction de cinq livres bien spécifiques. Le premier serait consacré aux généralités sur le corps humain, la maladie, la santé, le traitement et les thérapeutiques générales. Le second comprendrait la matière médicale et la pharmacologie des simples. Le troisième livre exposerait la pathologie spéciale, étudiée par organe ou par système. Le quatrième s'ouvrirait par un traité des fièvres, celui des signes, des symptômes, des diagnostics et pronostics, la petite chirurgie, tumeurs, blessures, fractures, morsures, et un traité des poisons. Pour conclure, le cinquième livre contiendrait la pharmacopée.

« A mesure qu'il énumérait les subdivisions de son projet, je sentis un frisson envahir mon corps et une certitude frappa mon esprit : tout ce qu'il venait de me confier n'avait rien d'impulsif ou d'improvisé. L'idée devait mûrir en lui depuis fort long-

1. Mon maître fut incapable de me donner avec certitude le nom du médecin qui avait tenté cette étonnante intervention. (Note de Jozjani.)

temps. Mais avait-il vraiment pris la mesure de l'immensité de la tâche ?

« Un mouvement d'allégresse monta des ruelles qui me tira de ma songerie. La nouvelle lune venait d'apparaître au-dessus de la citadelle de Gurgan.

« Le cheikh se leva en silence et déroula son tapis de prière. Je fis de même et m'approchai de lui. Comme s'il avait lu dans mes pensées il se retourna et dit avec un sourire :

— Tu veux savoir si j'ai songé au titre de cette œuvre ? Il s'inspirera du mot grec, *Kanôn*, qui signifie règle... »

★

Allongé sur son divan, Muhammad el-Chirazi referma l'exemplaire de l'*Almageste*, le célèbre ouvrage de Ptolémée, et porta à ses lèvres un verre de thé à la menthe.

Nous étions en 1012 pour l'Occident. Un an venait de s'écouler...

— Distrait, vénérable el-Chirazi..., murmura Ali tout en rangeant les notes éparpillées sur la table. Je t'ai trouvé particulièrement distrait ce matin.

El-Chirazi ne répondit pas et se contenta de reprendre une nouvelle gorgée de thé.

— Pourtant tu devrais le savoir mieux que quiconque. Il faut un esprit recueilli pour bien comprendre les mécanismes astronomiques enseignés par Ptolémée. La théorie des sphères n'est pas à la portée de tous.

Le mécène hocha la tête en signe d'assentiment :

— Je suis conscient de cela, cheikh el-raïs. Mais peut-on maîtriser les préoccupations du cœur ?

— Je n'oserai me permettre de pénétrer l'intimité de ta vie, j'espère seulement que je ne suis pas la cause de ces préoccupations.

Une certaine gêne apparut sur les traits d'el-Chirazi. Il se redressa sur le divan.

— Que penses-tu de la lettre que tu as reçue hier soir d'el-Birouni ?

— Tu dois t'en douter. La joie que j'ai éprouvée de savoir qu'il était sain et sauf fut altérée en apprenant qu'il se trouvait à Ghazna au service du Turc. Dois-je l'avouer ? J'en ai ressenti une certaine amertume.

— Que veux-tu, tout le monde n'a pas les mêmes vues que toi sur Mahmoud le Ghaznawide. Il...

— Pardonne-moi, el-Chirazi, mais l'amitié qui me lie à el-Birouni m'ôte toute objectivité. C'est pourquoi je préfère ne pas porter de jugement sur sa démarche. Je souhaite seulement qu'il trouve là-bas les possibilités de poursuivre son œuvre : c'est tout ce qui compte. Le reste...

Ali fit un geste fataliste et reprit :

— Ce qui me dépasse surtout, c'est la cruauté toujours plus grande du roi de Ghazna. D'après el-Birouni, la campagne qu'il mène en Inde ne fait que commencer. Rien ne semble résister au Ghaznawide. Depuis qu'il a défait la confédération formée par les hindous, et capturé la ville de Kangra, ses armées avancent en terrain conquis. Ils pillent les temples, égorgent les habitants ; femmes, enfants, vieillards sans distinction. Depuis plus de trois ans l'Inde vit dans la terreur et dans le sang.

— Si j'ai bien compris la lettre d'el-Birouni, il est fortement question que lui-même se joigne à l'une de ces expéditions.

— Oui, en tant qu'astrologue. Au risque de te surprendre, je pense que cette perspective doit l'enchanter. El-Birouni a toujours eu soif de découvrir le monde.

— Etrange façon de réaliser son rêve.

— Je suis persuadé que ses yeux ne verront rien d'autre que les terres, les paysages, les manuscrits, les mouvements géologiques. Il côtoiera le crime, mais l'ignorera.

— Tu parais porter bien haut ton ami...

— Puisqu'il est mon ami... Mais avant que notre discussion ne s'égare, tu me parlais de tes préoccupations. J'ai cru deviner que je n'y étais pas étranger.

— Disons que...

Il s'interrompit comme s'il cherchait les mots, puis il demanda avec un certain empressement :

— As-tu entendu parler de Shirine, plus connue sous le nom de la Sayyeda ?

— Il me semble. N'est-elle pas reine de la ville de Raiy[1] ?

— C'est exact. Elle est aussi la nièce du célèbre Ibn Dushmanziyar, fondateur de la dynastie des Kakuyides dont elle-même fait partie.

— Dushmanziyar... Cela signifie *accablant l'ennemi.* C'est bien le sens du mot ?

— Oui. D'ailleurs on retrouve invariablement ce nom sur toutes les monnaies kakuyides. Mais revenons à la reine. Depuis la mort de son époux, c'est elle qui règne sur la région occidentale du Djibal. En réalité elle n'a que titre de régente, puisque la couronne possède un héritier en la personne de son jeune fils : Majd el-Dawla. Il est aujourd'hui âgé de seize ans.

Ali caressa distraitement son collier de barbe.

1. Ces ruines s'élèvent aujourd'hui à environ huit kilomètres au sud-est de Téhéran. *(N.d.T.)*

— Pardonne-moi, el-Chirazi, mais je ne vois pas les raisons de cet exposé sur la Sayyeda et la dynastie kakuyide. Nous sommes si loin de Ptolémée et des sphères universelles.

A nouveau, el-Chirazi parut embarrassé.

— Je me sens coupable, dit-il en baissant les yeux. Depuis plus d'un mois je suis harcelé par des envoyés de la cour de Raiy. Depuis plus d'un mois je fais la sourde oreille. La reine a eu vent de ta présence à Gurgan et te réclame au palais. Hier soir encore j'ai reçu la visite du vizir Ibn el-Kassim en personne.

— Mais que me veulent ces gens ?

— Il m'a été confié que la santé du fils héritier posait quelques inquiétudes. Il souffrirait de la sawda[1].

— Je vois... Et que leur as-tu répondu ?

El-Chirazi affronta l'œil inquiet de son protégé et répondit avec une pointe de défi.

— Que tu étais absent. Que tu voyageais beaucoup. Que tu m'étais indispensable. Comme tu peux le constater, je leur ai menti.

— Mais pourquoi ?

— Toi qui sais si bien lire le secret des âmes, ignores-tu que l'homme est foncièrement égoïste ?

— El-Chirazi mon ami, dans ta bouche, ces propos sonnent comme un blasphème.

— Pourtant... Je n'ai songé qu'à moi. Je n'avais qu'une seule idée, te garder à mes côtés le plus longtemps possible. Puis j'ai réfléchi, et les pressions se sont faites plus rudes. Alors...

Ali quitta sa place et fit quelques pas vers la fenêtre.

— Je dois donc me rendre à Raiy...

El-Chirazi s'empressa de le rejoindre.

— Ce ne sera peut-être pas un mal. Tu es d'une autre dimension, Al ibn Sina. Ma modeste demeure ne suffira jamais à te contenir. J'ai réfléchi, te disais-je. A quoi me servirait de te garder ici, alors qu'il te faut, j'en suis convaincu, des espaces royaux.

Il marqua une pause avant de préciser en appuyant volontairement sur les mots :

— Comme el-Birouni.

— Je te l'ai dit. Le choix d'un mécène est affaire de jugement personnel.

— Mais toi-même le laissais sous-entendre. Un savant a besoin d'avoir à sa disposition les moyens nécessaires de poursuivre ses recherches sous de hautes protections. Moi, vois-tu,

1. Mélancolie, neurasthénie, dépression. *(N.d.T.)*

je ne suis qu'un simple commerçant. Tu seras bien mieux protégé sous la coupole d'un sérail.

Ali fit une brusque volte face.

— Le sérail ! Ouvre donc les yeux, mon frère. Les artistes, les savants, quels qu'ils soient, d'où qu'ils viennent, ne sont rien que des leviers dont usent les grands qui nous gouvernent pour s'élever au-dessus de la fange ! Une fois leur but atteint, ils s'empressent de nous abandonner, ou alors ils nous tuent. Nous sommes la bonne conscience des princes, el-Chirazi. Observe ma vie et tu verras que par deux fois j'ai servi, et jamais je ne fus autant en péril que sous les ors de ces palais.

El-Chirazi ouvrit la bouche pour protester, mais tous les mots lui parurent vains. Ibn Sina ajouta :

— De toute façon notre discussion est sans raison. Tu as parlé de pressions. J'en déduis donc qu'on ne nous laisse pas le choix. N'est-il pas vrai ?

Le silence du mécène contenait la réponse.

— Ma destinée est décidément bien étrange : chassé d'un côté, repris de l'autre. C'est bon. Préviens les émissaires de la reine ; dès demain je me rendrai à Raiy.

El-Chirazi saisit spontanément le bras d'Ibn Sina en un mouvement chaleureux.

— Il ne faut pas t'inquiéter, mon ami. Tu verras, là-bas tu seras reçu avec tous les honneurs dus à ton savoir.

— M'inquiéter ?

Il laissa errer son regard sur la mer des Khazars qui se dessinait au loin.

— Quoi qu'il arrive n'oublie jamais ceci : Notre existence s'écoule en quelques jours. Elle passe comme le vent du désert. Aussi, tant qu'il te restera un souffle de vie, il y a deux jours dont il ne faudra jamais t'inquiéter : le jour qui n'est pas venu, et celui qui est passé...

Douzième makama

Dans le jardin du palais, allongé sur le ventre parmi les buissons, l'adolescent somnolait, ou alors il faisait semblant.

Un bruissement lui fit entrouvrir les paupières. Il se raidit. Le bruissement se renouvela. Alors il emprisonna la pierre aux arêtes aiguisées, souleva le poing et attendit. Une tête de lézard apparut entre deux touffes d'herbes sèches. L'adolescent patienta jusqu'à ce qu'il pût presque dénombrer les écailles vert-de-gris qui recouvraient le dos du saurien. Lorsqu'il ne fut plus qu'à un souffle de lui, il frappa, broyant d'un seul coup le ventre mou qui se vida d'un mélange laiteux mêlé de viscères. Très vite, il se remit à frapper les membres éclatés du reptile. Encore et encore, jusqu'à ce qu'il ne demeurât plus qu'une masse diluée, confondue dans le sable et les herbes jaunies.

Alors seulement sa rage s'atténua. Avec un sourire satisfait, il trempa lentement la pointe de son index dans la bouillie informe et traça un mot : Shirine...

— Seigneur ! Où est Son Excellence ?

La voix du vieil eunuque qui avait charge de chambellan venait de résonner dans le jardin du palais.

— Seigneur ! Où êtes-vous ? Pour la bonté du Très-Haut répondez !

L'adolescent se décida enfin à se lever, tout en essuyant d'un mouvement distrait son index sur son sirwal de velours pourpre.

— Que me veut-on ?

Il se dressa sur la pointe des pieds. Sa tête ronde à la chevelure noire et frisée émergea par-dessus la haie. Le chambellan était à quelques pas et lui tournait le dos.

— J'ai demandé. Que me veut-on ?

Le vieil homme pivota sur place et s'inclina.

— Honneur de la nation. Shirine, ta mère, te réclame de toute urgence.

L'adolescent mit les poings aux hanches, pencha un peu la tête sur le côté, et avec une moue méprisante se fraya un chemin jusqu'aux massifs de roses, avant de partir vers la façade ouest du sérail, le chambellan sur ses talons.

— Tu ne m'as toujours pas répondu. Que me veut la reine ?

— Comment le saurais-je, Honneur de la nation. Il me semble que...

— Quand cesseras-tu de m'appeler par ce surnom stupide ! Majd. Majd el-Dawla. Je ne veux entendre que ce nom-là.

Le chambellan se courba humblement, mains jointes devant la poitrine.

— Oui... seigneur.

Le jeune émir reprit en activant le pas.

— Je suppose que ma chère mère désire me donner un nouveau cours sur les droits *illégitimes* de l'Etat ?

— Je... J'ai cru savoir qu'elle voulait te présenter un nouveau venu au palais.

Cette fois le prince scruta avec suspicion son interlocuteur.

— Je veux espérer qu'il ne s'agit pas une fois encore d'un médecin. S'agit-il d'un médecin ?

L'eunuque baissa les yeux.

— Je ne sais, Excellence. Je ne sais.

— Parfait, je connais donc la réponse.

Majd el-Dawla reprit sa marche vers le palais ; le pas plus rapide, plus ferme aussi.

★

— Cheikh el-raïs, je dois te prévenir. Mon fils est un garçon aux multiples facettes. A seize ans il est capable des actes les plus généreux et les plus pervers. J'en viens à douter que ce soit mon ventre qui ait porté un être aussi... difficile.

— L'indiscipline n'est-elle pas le propre de la jeunesse ?

Comme si elle n'avait pas entendu la remarque, la reine ajouta :

— Et pourtant Majd est mon fils. Je l'aime. Je voudrais tant qu'il guérisse.

— Pardonne-moi, Sayyeda. Tout cela n'est pas très clair. A-t-il besoin d'un précepteur ou d'un médecin ?

— Ce ne sont pas les précepteurs qui ont manqué. Allah est témoin, ils ont tous rendu les armes. Quant aux médecins, après avoir examiné le prince, ils se sont empressés de retourner à leurs études.

— Mais de quoi précisément souffre Son Excellence ? On m'a parlé de la sawda.

Ali commençait à éprouver une réelle irritation. El-Jozjani et lui-même étaient arrivés à Raiy depuis trois jours. C'est ce matin seulement que la reine lui avait accordé audience. Il en avait déduit que l'état du prince ne devait pas être aussi inquiétant que les messagers l'avaient laissé entendre.

D'autre part, il y avait eu ce sentiment de malaise ressenti dès le premier instant qu'il fut en présence de la reine. Il avait tenté de l'attribuer à son physique. Obèse, fardée à outrance, les cheveux roux cachés sous un gigantesque turban décoré de perles, la nièce de Dushmanziyar devait avoir une quarantaine d'années, mais son triple menton, la rondeur empâtée de ses traits, les cernes qui détouraient son regard caméléon, l'iris bleu, bleu froid, emprisonné sous un front plissé, contribuaient à la vieillir et à lui donner cet air impérieux et dominateur.

— De quoi souffre-t-il ? répliqua la reine, mais, cheikh el-raïs, il me semble que ce sera à toi de me fournir la réponse.

Avant qu'il eût le temps de répliquer, elle précisa :

— Sans que rien le laisse présager, il lui arrive de s'enfermer dans un incontournable mutisme. Son œil se vide de toute expression. Il refuse de se nourrir. Parfois même il est pris de crises de pleurs incontrôlées. De plus...

La reine détourna brusquement son visage replet et fixa l'horizon par-delà les croisées de bois précieux qui entouraient la salle du trône.

— Je le soupçonne d'être possédé du pire des maux : c'est un shirrib. A seize ans à peine, il s'adonne déjà à la boisson.

Il faillit répliquer que le jeune prince avait bien raison d'apprécier ce jus divin, bien moins amer que certaines désillusions de la vie. Il se contenta de déclarer :

— Sayyeda, c'est pour le péché que le pardon existe.

Elle ne parut pas saisir l'allusion et hocha simplement la tête en claquant dans les mains. Un soldat apparut dans l'encadrement de la porte.

— Où est passé le chambellan ?

— Je ne sais pas, Majesté. Peut-être...

— Peut-être s'est-il fourvoyé dans les jardins du palais. C'est cela ?

Se penchant vers Ibn Sina elle scanda :

— In-com-pé-tents ! Je suis entouré d'incompétents ! Comment s'étonner des fragilités de ce royaume !

Elle allait poursuivre, lorsque, le visage cramoisi, le souffle court, le chambellan fit enfin irruption. Il s'avança d'un pas incertain jusqu'aux pieds de la reine et s'agenouilla le front à terre.

— Et mon fils ? Où est le prince ?

Sans se relever, le vieil homme bafouilla :

— Il courait si vite...

La reine serra les lèvres.

— Mécréant... cet enfant est un mécréant.

Prenant le médecin à témoin elle reprit sur un ton presque pitoyable :

— Pourtant je ne désire que son bien. Son bien uniquement. Peux-tu comprendre une telle ingratitude ?

— Comment savoir ce qui se passe dans la tête d'un homme ?

— Cheikh el-raïs, tu fais erreur, ce n'est pas un homme ! Majd n'est encore qu'un enfant.

Elle avait affirmé cela sur un ton qui ne supportait pas la contradiction.

— Puisque tu l'as décidé, Sayyeda, l'émir n'est donc qu'un enfant.

— Je vais de ce pas le rechercher, proposa le chambellan toujours agenouillé. Si tu m'y autorises, Majesté.

— Va donc. Et, s'il le faut, fais-toi aider de tous les serviteurs du palais. Quand tu l'auras retrouvé amène-le au cheikh el-raïs. Je veux qu'il l'examine. Est-ce bien compris ?

L'eunuque se releva maladroitement et quitta la salle du trône en clopinant.

Un silence gêné s'installa un court instant, puis la Sayyeda reprit :

— Cheikh el-raïs, tout cela doit te troubler. Aussi je voudrais te rassurer. Je ne t'ai pas fait venir uniquement pour subir les caprices de mon fils. Tu le sais, si notre ville est célèbre pour sa bibliothèque et ses céramiques, elle l'est surtout pour son hôpital. La réputation du bimaristan de Raiy n'est plus à faire.

Ali approuva. Il savait qu'elle disait juste.

— J'aimerais, poursuivit-elle, que tu acceptes la fonction de sa'ur[1]. Le voudrais-tu ?

La proposition le prenait de court. Un moment il avait craint de s'être une fois de plus fourvoyé dans une situation vaine.

1. Premier directeur. *(N.d.T.)*

— Succéder au grand el-Razi est un honneur que je ne pourrais décliner. J'espère seulement en être digne.

— Nul autre que toi ne pourrait l'être.

Elle marqua une pause et laissa tomber avec détachement :

— Un salaire de mille dinars par jour te satisferait-il ?

Mille dinars ? Une véritable fortune en comparaison des trois cents dirhems qu'il touchait au bimaristan de Boukhara.

— Sayyeda, ta générosité est grande. Que le Clément te la rende au centuple.

La reine haussa les épaules.

— La générosité se mesure à la difficulté que l'on rencontre à donner. Mon royaume est riche.

Il crut déceler dans l'affirmation une pointe de mépris. Ou alors était-ce une grande lucidité ?

— Dès demain tu pourras prendre tes fonctions de premier directeur. A présent tu peux te retirer.

Elle se leva dans une tempête de soie.

★

La nuit dormait sur Raiy, la cité aux sept couleurs, aux sept remparts et aux mille jardins.

Quelques feux de camp épars scintillaient le long de la plaine fertile. D'un geste las, Ibn Sina écarta les parchemins qui recouvraient l'imposante table en bois de cèdre et se servit une nouvelle coupe de vin sous l'œil réprobateur de son disciple. Croyant intègre, el-Jozjani s'était toujours refusé d'enfreindre la loi.

Ali se leva, but une large rasade et se rendit jusqu'à la fenêtre qui surplombait le chemin de garde éclairé de torchères. Dans le secret de la nuit se devinaient les contours de la cité.

— Nous en sommes au chapitre des traitements et des thérapeutiques générales, rappela Jozjani en brandissant son calame.

— C'est parfait. Nous serons bientôt au terme du premier livre du *Canon*.

Le ton détaché sur lequel Ali avait répondu n'échappa pas au jeune homme.

— Pourquoi bois-tu ce soir, cheikh el-raïs ? Je croyais que tu étais heureux.

— Mais d'où tiens-tu qu'il ne faut boire que dans la peine ? Depuis toujours le vin n'est-il pas mon ami ? Je serais bien le dernier des mécréants si je ne confiais à mon ami que mes tourments.

— Tu t'es déjà beaucoup confié ce soir.

— Ce soir c'est différent. C'est avec le Tout-Puissant que je bois.

Dans un geste provocateur, il leva sa coupe vers le ciel.

— Allah ! Frappons toi et moi la coupe contre la pierre. Toi qui sais comme il fait rouler des gouttes de sueur sur les joues des belles de Raiy ! Depuis la lune jusqu'au poisson il n'en existe pas de plus belles ![1]

— Cheikh el-raïs ! Je t'en conjure, ne blasphème pas, ça porte malheur !

Dans un élan affolé il bondit vers son maître pour tenter de lui arracher la coupe. Elle se déroba, roula dans l'air avant de chuter deux coudées plus bas, quelque part entre les créneaux du chemin de garde.

— Mais que t'arrive-t-il ? C'est moi qui bois et c'est toi qui t'enivres !

— Raïs, je t'en prie. Tu te fais du mal. Viens, reprenons notre travail.

Ignorant la supplique de son disciple, Ali enjamba la fenêtre et, avant que l'autre n'eut le temps de réagir, il sauta dans le vide.

— *Divané* ! Fou ! Insensé !

Se penchant par-dessus le rebord, Abou Obeïd l'aperçut qui fouillait la nuit à la recherche de la coupe.

— *Divané* ! Tu aurais pu te tuer !

— Si je ne retrouve pas cette coupe, c'est toi qui vas mourir !

— Et tu auras raison !

Les deux hommes se figèrent interloqués. Ibn Sina interrogea son disciple :

— Ai-je rêvé, ou quelqu'un a parlé ?

— Non, et tu n'es pas encore ivre mort, répliqua la voix. Mais je le répète, tu auras raison. On ne doit pas empiéter sur la liberté d'autrui. Ton ami mérite le fouet !

Ali se retourna. Une silhouette venait de surgir des ténèbres. Un adolescent aux traits ronds et aux cheveux ébouriffés. Bien qu'il ne l'eût jamais vu, il sut tout de suite qui il était. La paume sur le cœur, il salua avec un sourire amusé :

— Prince, tu as devant toi un homme comblé de découvrir qu'il n'est pas seul à apprécier les délices de l'eau de l'oubli.

Majd el-Dawla, c'était lui, se rapprocha.

— Et toi, qui es-tu ? Je croyais connaître tous les occupants de ce palais.

1. Expression figurée très usitée en Perse. Elle signifie : dans l'univers entier, d'un pôle à l'autre. *(N.d.T.)*

— Mon nom est Ali ibn Sina. Je ne suis ici que depuis trois jours.

L'émir le scruta avec méfiance.

— Ne serais-tu pas par hasard le médecin que ma mère a convoqué ?

— Oui, Excellence. Mais lorsque je te vois, j'avoue ne pas saisir les raisons de son inquiétude.

— Ma mère... Les inquiétudes de ma mère ne sont qu'un masque. Derrière se trouve la nuit. Elle me vendrait pour deux grains d'orge.

Ignorant volontairement le commentaire, Ali demanda :

— Prince, partagerais-tu un peu du divin nectar avec moi ?

— Pourquoi pas ? J'avoue que c'est bien la première fois qu'un médecin me fait ce genre de suggestion. Mais... es-tu vraiment médecin ?

— Tout autant que tu es prince.

L'adolescent eut un sourire ironique.

— Dans ce cas tu n'es pas médecin.

Une fois encore, Ali fit mine de ne pas comprendre le sous-entendu et lança à l'intention d'el-Jozjani qui, penché à la fenêtre, n'avait pas perdu un mot de la discussion :

— La cruche, Abou Obeïd ! Et cette fois, pas de maladresse.

Avec une mauvaise grâce évidente, le disciple obtempéra.

— Prince, viens, éloignons-nous de l'œil comtempteur de mon ami. Son amertume risquerait de brouiller le velours de ce vin.

Majd acquiesça avec amusement et ils partirent ensemble le long du chemin de garde. Un peu plus loin, désignant l'une des tourelles qui dominait la cour intérieure, Ibn Sina proposa :

— Le lieu n'est certainement pas digne d'un sang royal, mais de là-haut nous aurons peut-être l'impression de dominer le monde.

Maintenant ils étaient là, assis côte à côte sur les marches de pierre au sommet de la tourelle découvrant le paysage.

Raiy... Patrie de Haroun el-Rashid. En arrivant du sud-est de Gurgan, Ali l'avait découverte dressée au pied de l'éperon que l'avant-montagne d'Elbourz projetait dans la plaine. C'est ici que depuis des temps immémoriaux s'étaient nouées les communications entre l'est et l'ouest. Ici, à l'ombre des constructions de pisé, que sommeillaient les mystères millénaires, les douze lieux sacrés créés par Mazda, le dieu du feu de la religion zoroastre.

Au-dessus de la plaine, alignées à l'infini, les constellations scintillaient comme autant de points d'or, et le ciel était tellement pur que l'on aurait pu imaginer en définir les limites.

— La nuit est miracle, murmura Ali visage levé vers les étoiles. La nuit est quiétude. Je l'ai souvent comparée à un océan calme. La surface est immobile, tandis que le fond n'est que mouvement.

Il tendit la cruche au prince :

— Aimes-tu la nuit ?

— C'est sans doute l'instant que je préfère. Le jour, je peux lire ma condition dans l'œil des autres ; la nuit tout disparaît.

— Ta condition... Tu parles comme si tu portais le poids de l'univers sur tes épaules. Tu n'as que seize ans. Et...

L'émir le coupa d'une voix dure :

— Il n'y a pas d'âge pour accepter l'injustice et la trahison.

— Rien n'arrive à personne que la nature ne l'ait fait capable de le supporter.

— Tu parles bien. Mais pour ce qui me concerne, la nature a dû se tromper.

— Alors c'est peut-être là que se trouve la cause de ta maladie ?

L'adolescent se tourna brusquement avec un regard fauve.

— Je t'interdis de dire que je suis malade !

— Pardonne-moi. Mais ta mère...

— Ma mère ! Ma mère est un oiseau de proie et je ne souffre de rien d'autre que des serres qu'elle plante dans ma tête et mon corps.

Comme Ali demeurait silencieux, il but une gorgée de vin et ses traits se fermèrent.

Un vent frais s'était mis à lécher les remparts, emmenant de la plaine l'odeur des jardins. En frissonnant Majd ramena ses genoux vers sa poitrine.

— Tu as froid, veux-tu rentrer ?

Le souverain secoua la tête d'un air têtu.

— Ainsi tu es médecin.

— Je te l'ai dit.

— Crois-tu pouvoir réussir là où tous ont échoué ?

— Ta question est étrange. Ne viens-tu pas de me confier que tu n'étais pas malade ?

— Ma mère est pourtant convaincue du contraire.

Ali reprit la cruche et la fit rouler entre ses paumes d'un air songeur.

— Dans ce cas, dit-il avec un sourire, c'est peut-être sur elle qu'il faudrait se pencher.

L'adolescent réprima un mouvement de surprise.

— Que dis-tu ?

— Tu as bien entendu. C'est peut-être la Sayyeda qui aurait besoin de la science.

L'expression étonnée de Majd s'accentua et il partit d'un éclat de rire spontané :

— Décidément, tu commences à me plaire. Nul jusqu'ici n'avait osé envisager une pareille chose !

Il reprit son souffle et demanda :

— Rappelle-moi ton nom ?

— Ali. Ali ibn Sina. On me surnomme aussi cheikh el-raïs.

— Eh bien, tu mérites sûrement ce surnom.

Il y eut un nouveau silence, puis le souverain murmura sur un ton redevenu grave :

— Sais-tu qui était mon père ?

— Tu es le fils du défunt Fakhr el-Dawla.

— Sais-tu que son nom était mentionné après celui du calife lors des sermons du vendredi ? Et devant les résidences princières aux heures des cinq prières ?

— Je l'ignorais. Mais sa grandeur ne m'est pas inconnue.

— Moi... Moi Majd el-Dawla, je ne suis rien. Je ne serai jamais rien.

— Tu es né prince. Cela ne s'efface pas.

— Je ne possède de prince que le titre. Alors qu'à la mort de mon père, ses vassaux m'ont désigné officiellement héritier du royaume. Quant à mon frère, car j'ai aussi un frère aîné, Shams, de dix ans plus âgé que moi, on lui attribua le gouvernement de Hamadhan[1] et de Kirmanshahan.

— Si ma mémoire est bonne, tu n'avais alors que quatre ans.

— C'est pourquoi ma mère a occupé la régence.

Il se tut, reprit la cruche des mains d'Ali et but une rasade de vin avant de conclure sombrement :

— Mais aujourd'hui... Aujourd'hui les choses ne sont plus pareilles. Je suis en âge de prendre les rênes. C'est la loi. C'est mon droit. Je le revendique.

— Je comprends...

— Vraiment ?

Il y avait une telle intensité dans la question qu'Ali en fut ému.

— Oui, Honneur de la nation. Je comprends tous les êtres qui cherchent à faire reculer l'injustice. Mais à mon tour j'ai quelque chose à te dire. Pardonne-moi d'avance les mots que je vais prononcer, mais il faut que tu saches que la rancœur, quand elle dort trop longtemps dans le cœur humain, peut rendre malade. Tu ne manges plus, m'a-t-on dit. Tu ne dors presque pas. Tu enfermes ton esprit dans une prison que tu as bâtie de

1. Hamadhan est une ville de l'Iran central, au sud de Raiy. *(N.d.T.)*

tes propres mains. Bien plus imprenable que le fort de Tabarak. Tôt ou tard tu subiras les conséquences de ton enfermement. Comprends-tu cela ?

L'émir ne répondit pas, il ajouta :

— Si tu veux un jour recouvrer tes droits, si tu veux prendre la tête de ton royaume, il te faudra des forces. Beaucoup de forces. Si ton corps vient à t'abandonner, ton esprit suivra. Alors il faut revivre. Il faut reconstituer tes puissances intérieures, ainsi tu pourras atteindre ton but. Puisque tel est ton droit.

— Mais je suis impuissant. J'ai peut-être créé ma prison, mais c'est la Sayyeda qui en détient la clé. Comment vais-je faire ? Comment ? L'armée, les espions, le chambellan, elle contrôle tout mon univers. J'étouffe, comprends-tu ? J'étouffe !

— Ecoute-moi. Si une chose te paraît inaccessible, n'en déduis pas qu'elle est inaccessible aux autres hommes. Et si cette même chose est inaccessible aux autres, convaincs-toi qu'elle t'est réalisable...

L'émir l'observa comme s'il cherchait à s'imprégner véritablement du sens de ses propos, et déclara après un long moment :

— Viens, cheikh el-raïs, partons d'ici. Il fait froid.

Il ajouta très vite :

— Et je crois que j'ai faim.

★

L'aube était levée depuis peu et au-dessus des maisons de pisé flottait une dentelle de brume qui faisait un ciel gris pastel. Ce début rabi' el-akhir portait déjà tous les signes d'un automne précoce.

Le vizir Ibn el-Kassim serra contre sa poitrine les pans de son manteau et se courba légèrement en pénétrant sous l'immense voûte qui marquait l'entrée de l'hôpital d'el-Sayyeda, l'autre nom du bimaristan de Raiy. Il indiqua du doigt la façade de brique et dit à l'intention d'Ibn Sina :

— Voici le lieu de tous les espoirs et de toutes les souffrances.

Ali se sentit troublé en présence de ces murs encore marqués de l'empreinte de son illustre prédécesseur, pourtant disparu quatre-vingts ans plus tôt, le grand el-Razi.

Le vizir reprit :

— Sans vouloir te paraître excessif, je crois sincèrement que notre hôpital n'a rien à envier à ceux de Bagdad. Ni l'Aldoudi ni le Mou'tadid ne lui sont comparables. Sais-tu à combien s'élèvent nos dépenses mensuelles ?

— Je n'ai pour élément de comparaison que l'hôpital de Boukhara. Environ deux cents dinars par mois ?

— Six cents !

Ibn el-Kassim avait annoncé le chiffre avec un certain orgueil. Et Ali songea tout de suite au salaire que lui avait offert la reine. Mille dinars. Il ne put s'empêcher de le faire remarquer à son interlocuteur.

— Rassure-toi. Ta solde sera payée par le trésor royal. De plus tu dois savoir que les hôpitaux survivent grâce aux donations faites par de riches particuliers. Raiy n'en manque pas. Pour s'attirer les faveurs de la cour, plus d'un notable est disposé à verser la moitié de sa fortune au bénéfice de cette institution bientôt centenaire.

— Possédez-vous aussi une unité médicale mobile ?

— Absolument. Des praticiens accompagnent quotidiennement notre dispensaire ambulant à travers les villages du Djibal. Ils soignent tant les musulmans que les infidèles. Ils inspectent aussi les prisons, fournissant médicaments et potions aux prisonniers malades, et, détail supplémentaire qui risque peut-être de te surprendre, nous avons autorisé, dans ces mêmes prisons, que les femmes se rendent en qualité d'infirmières.

L'information n'étonna pas Ali. Près d'un siècle plus tôt, du temps de Sinan Ibn Thabit, médecin-chef de l'hôpital de Bagdad, la chose existait déjà.

Ils étaient parvenus au pied du château d'eau qui alimentait le bâtiment, et le vizir désigna un homme qui venait à leur rencontre.

— Voici Soleïman el-Damashki, l'intendant général. Il connaît chaque recoin du bimaristan. Depuis dix ans qu'il occupe cette fonction, cette institution n'a plus de secret pour lui. Il sait au jour le jour la quantité de nourriture ou de médicaments distribuée ; la consommation du charbon qui sert au chauffage des salles, et le nombre des couvertures.

Après les salutations d'usage, l'intendant examina Ibn Sina avec curiosité.

— Ainsi, c'est toi. C'est toi le cheikh Ali ibn Sina. Le maître des savants. Toi dont j'ai parcouru la plupart des ouvrages avec une admiration jamais déçue.

Ali eut un sourire amusé.

— Tu me voyais différent ?

— Non, cheikh el-raïs. Loin de moi de t'avoir imaginé. Je n'ai jamais mis de visage sur les pages que je lisais. Leur rayonnement suffisait à me combler. J'ai d'ailleurs à ce propos mille questions à te poser.

— Il me semble, fit le vizir, que le cheikh éprouve le même

désir à ton propos. Aussi je vais vous quitter, mais avant j'aimerais m'entretenir un moment avec lui.

Se tournant vers Ali, il l'entraîna à l'écart.

— J'ai appris que tu as finalement rencontré notre prince ?

— C'est exact.

— Si j'en crois l'émir, tu lui aurais fait forte impression.

Baissant la tête, le vizir reprit en chuchotant presque :

— Il m'a aussi rapporté votre discussion. T'avouerais-je que j'ai été très sensible aux conseils que tu lui as prodigués ?

Ali conserva le silence. Ibn el-Kassim cherchait à lui dire quelque chose sans parvenir à trouver le mot juste. Il laissa tomber d'une voix neutre :

— Mes conseils avaient trait à la santé du prince. S'il ne souffre d'aucune maladie organique, en revanche il m'a paru que son esprit était tourmenté.

— Rassure-toi. Je sais tout cela. J'ai vu naître l'émir. J'ai servi son père — le Tout-Puissant prolonge sa mémoire —, je connais aussi la Sayyeda. En vérité ce que j'aimerais te dire, c'est que je suis entièrement dévoué à Majd. Corps et âme. Pour l'instant il est au pied d'une haute montagne, mais avec l'aide d'Allah il gravira la pente jusqu'au sommet. Avec l'aide d'Allah, et...

Il se tut un instant et jeta un coup d'œil autour de lui comme pour s'assurer que nul ne pourrait l'entendre.

— Avec l'aide d'Allah et la mienne.

Etonné par tant de confidences, Ali approuva sans se départir de sa réserve. Une voix intérieure lui rappelait qu'il n'était guère éloigné des régions marécageuses du Qazwim. Une région qui voyait se perdre nombre de voyageurs par trop d'imprudence. Devinant sa pensée, Ibn el-Kassim ajouta :

— Méfie-toi tout de même, cheikh el-raïs. La reine est partout. A l'écoute des moindres rumeurs. Et les rumeurs vont vite dans ce pays.

— Sois remercié. Mais je sais trop les choses de la politique pour ne pas me souvenir que si j'ai trente-deux ans, le Clément ne m'a pas accordé trente-deux vies.

Le vizir apprécia avec un sourire satisfait, et il pivota sur les talons sans autre commentaire.

— Rentrons, fit Ali à l'adresse de l'intendant qui patientait en retrait. J'ai hâte de découvrir les merveilles d'el-Sayyeda !

Dans la pièce qui servait de rangement aux produits médicaux, Soleïman désigna avec une fierté non dissimulée les étagères sur lesquelles étaient rangées les plantes médicinales, toutes classifiées par ordre utilitaire. C'était impressionnant.

Ici de la rhubarbe, de la manne, du séné, de la cassia, et des myrobalans, autant de plantes connues pour leurs effets purgatifs. Plus haut, les stimulants : la noix vomique, le galanga, le camphre et la muscade. Dans la catégorie des médicaments à action prépondérante sur le système nerveux, on trouvait l'aconit, le chanvre, l'ambre utilisé pour les tics facials, la coco ou noix des Indes, comme sédatif, la coloquinte employée comme diurétique. Des concrétions de bambou pour soigner la dysenterie. Et d'autres plantes encore à l'usage moins courant.

— Soleïman, mon ami, je suis admiratif devant autant de précision et d'ordre.

— Ce n'est pas tout, regarde ceci.

L'intendant présenta à Ali un épais manuscrit. Sur la couverture était inscrit : Pharmacopée. Un coup d'œil lui suffit pour juger de la qualité du travail accompli par son interlocuteur. Il s'agissait d'une sorte de répertoire divisé en deux parties distinctes. La première décrivait les médicaments dits composés, groupés par ordre alphabétique, par analogies thérapeutiques. La deuxième partie décrivait les médecines propres à chaque organe. C'est ainsi qu'Ali put à son grand étonnement découvrir des suggestions qui ne manquaient pas de pertinence sur les soins contre le mal de tête, la chute des cheveux, ou encore les problèmes ophtalmiques.

— C'est remarquable, tout à fait remarquable, commenta-t-il avec enthousiasme. J'espère simplement que les générations à venir reconnaîtront une part de nos mérites.

— Cheikh el-raïs, comment peux-tu en douter ? Tu sais bien que nos pères furent les premiers à introduire les préparations chimiques en pharmacie, à remplacer le miel par le sucre dans la fabrication des sirops ; la fermentation alcoolique par la distillation des matières féculentes et sucrées. La chimie appliquée à la pharmacie témoignera pour nous de manière indiscutable. Connais-tu aujourd'hui beaucoup de pays où l'institution pharmaceutique est placée sous la surveillance du gouvernement ? Où il existe des inspecteurs des pharmaciens et des herboristes ?

— C'est vrai. Je n'en vois aucun. Mais le temps qui passe ressemble au vent. Il possède parfois le pouvoir funeste d'effacer les plus grands accomplissements. Notre contribution tombera peut-être dans l'oubli.

L'intendant fronça les sourcils, offusqué.

— Jamais, cheikh el-raïs. Jamais. En tout cas, la trace que toi tu laisseras dans les mémoires demeurera, j'en suis convaincu, indélébile.

Ali acquiesça sans conviction et désigna la porte qui donnait sur le couloir menant aux salles.

— Maintenant visitons les patients.

— Lesquels ?

L'intendant précisa :

— Car ici nous avons isolé chaque catégorie de malades. Les fièvres, l'ophtalmie, la chirurgie, les cas de dysenterie, sont traités séparément.

Cette fois le fils de Sina se sentait dépassé. Mais l'intendant enchaînait déjà :

— Et nous possédons aussi une bibliothèque, des dépôts de vivres, une mosquée.

— C'est prodigieux... Comment m'étonnerais-je si tu m'annonçais que vous avez songé aussi à un lieu de culte pour les dhimmis !

Soleïman secoua la tête, ravi.

— Oui cheikh el-raïs. Il est situé très exactement dans l'aile gauche du bâtiment[1].

Abasourdi, le fils de Sina prit un temps avant de déclarer :

— Mon frère, je ne sais plus si après autant de révélations il me reste assez d'énergie pour examiner les patients. Aussi, fais preuve d'indulgence et guide-moi vers la salle des fièvres.

Pleinement satisfait de l'effet obtenu sur le nouveau premier directeur, Soleïman l'invita à le suivre.

« Ainsi commença la première journée du cheikh el-raïs au bimaristan d'el-Sayyeda. Elle fut en tout point conforme à celle d'un médecin principal : tournée des malades, prescriptions d'ordonnances, traitement, visite de la clientèle privée, et le soir retour pour une conférence aux étudiants.

« Je peux en témoigner, au fil des semaines, mon maître reprit goût à la vie. La lumière de la passion, qui s'était sensiblement voilée au cours de ces dernières années, illumina à nouveau ses traits. Son âme, jusque-là cernée d'obscurités et de doutes retrouva le bonheur de la certitude. Et j'en fus bouleversé. De l'entendre rire, je riais à nouveau. De sentir sa ferveur, je recouvrais ma foi en la grandeur d'Allah. Quant à son enseignement il s'était affiné. Il me souvient en particulier d'une réunion qui avait rassemblé comme au temps de Gurgandj étudiants et savants venus de toute la région du Fars et du

1. Un siècle plus tard, on retrouvera en Egypte ces mêmes structures beaucoup plus développées, dans l'hôpital Mansouri qui eut la réputation d'être le plus splendide du genre et le plus perfectionné qui ait été vu en terre d'Islam. Sa dotation se serait montée à près d'un million de dirhems en un an. Hommes et femmes y étaient admis. Personne n'était renvoyé, et la durée du traitement n'était pas limitée. *(N.d.T.)*

Kirman, au cours de laquelle il répondit avec une extraordinaire concision aux questions les plus diverses et les plus ardues. Certaines de ces réponses me sont restées en mémoire.

— Cheikh el-raïs, lorsque plusieurs maladies arrivent ensemble, y a-t-il une priorité dans le choix des méthodes thérapeutiques ?

— En premier lieu il faudra soigner d'abord l'affection qui a le plus de chances de guérir avant l'autre. Ainsi, une inflammation sera soignée avant un ulcère. Dans un deuxième temps, nous nous occuperons de la maladie qui pourrait être considérée comme la cause de la seconde. Ainsi, dans la tuberculose et sa fièvre on ne peut guérir la seconde qu'en s'attaquant à la première. Enfin, il faudra se préoccuper de la maladie curable. Entre la fièvre à rechutes et la paralysie, on choisira de soigner la fièvre à rechutes.

« Le cheikh avait achevé par un aphorisme que je savais déjà, puisqu'il était aussi la conclusion du livre premier du *Canon* :

— On s'efforcera avant tout de traiter la maladie elle-même plutôt que son symptôme. Mais si le symptôme devient urgent, le médecin abandonnera le soin de la maladie pour un temps et soignera le symptôme.

— Et si la guérison ne vient pas malgré l'application de certains médicaments ?

— Dans ce cas, il peut y avoir accoutumance à ces médicaments. Donc changez-en. Mais j'ajouterai un détail essentiel : si vous ne connaissez pas l'origine de la maladie, si elle vous demeure obscure, laissez faire la Nature. N'essayez pas de hâter les choses. Car, ou bien la Nature amènera la guérison, ou bien elle révélera clairement ce qu'a le malade.

— Que conseillerais-tu pour le régime des vieillards ?

— Le massage, l'exercice, à condition d'être modérés. Je déconseillerai les bains trop froids. Ils ne conviennent qu'à ceux qui sont en parfaite santé. A ceux-là je suggérerai de les prendre après un bain chaud pour renforcer l'épiderme et retenir la chaleur.

— Aurais-tu par hasard des conseils qui traiteraient de la beauté, cheikh el-raïs ?

« La question le fit sourire car elle émanait de Naïla, une jeune femme syrienne, qui travaillait au bimaristan comme infirmière.

— Sache simplement que la peau est le reflet de la beauté. Aussi préserve-la de ces trois éléments : le soleil, car il peut être aussi bienfaisant que redoutable, le vent et le froid.

« Et Ali de conclure d'une voix passionnée :

— Il y a plusieurs siècles, sur une île de Grèce, un homme

nous a laissé un message fondamental. A vous qui demain professerez ce métier unique, où que vous portent vos pas, du Kirman aux portes de Cordoue, gardez ces mots en mémoire ils sont sacrés :

« " Je promets et je jure au nom de l'Etre suprême d'être fidèle aux lois de l'honneur et de la probité dans l'exercice de la médecine. Je donnerai mes soins gratuits à l'indigent, et n'exigerai jamais un salaire au-dessus de mon travail. Admis à l'intérieur des maisons mes yeux ne verront pas ce qui s'y passe ; ma langue taira les secrets qui me seront confiés, et mon état ne servira pas à corrompre les mœurs ni à favoriser le crime. Respectueux et reconnaissant envers mes maîtres, je rendrai à leurs enfants l'instruction que j'ai reçue de leurs pères. Que les hommes m'accordent leur estime si je suis fidèle à mes promesses ! Que je sois couvert d'opprobre et méprisé de mes confrères si j'y manque[1] " !

« Ainsi s'acheva l'une des innombrables conférences données par mon maître Abou Ali ibn Sina, le prince des médecins... »

1. Cet acte de foi rapporté ce jour-là par Ibn Sina n'est autre que ce que les générations futures appelleront « le serment d'Hippocrate». *(N.d.T.)*

Treizième makama

La jeune Slave poussa un petit cri au moment où elle sentit la virilité d'Ali la pénétrer. Elle lui tournait le dos. Ses hanches étaient larges et grasses, et sa croupe était froide, encastrée contre le bas-ventre du cheikh. Elle étouffa un nouveau gémissement et se pinça les lèvres tandis qu'en un deuxième mouvement il alla plus profondément en elle.

El-Jozjani, assis à même le sol dans un coin de la pièce, observait distraitement son maître. Il se dit qu'il y avait définitivement quelque chose de sordide qui émanait de ce bouge dont les murs empestaient la sueur et le mauvais vin.

En moins d'une heure, c'était la quatrième étreinte à laquelle le cheikh se livrait. Il ne donnait rien. Il prenait avec une sorte de rage, une soif inexplicable de dépassement. C'était absurde. On aurait dit qu'il cherchait désespérément à se consumer entre les bras de cette prostituée, jusqu'à ce que sa jouissance ne soit plus que cendres.

Ce qui le surprenait le plus, c'était la manière dont les choses s'étaient déroulées : ils étaient en route pour le hammam, lorsque brusquement, sans que rien l'eût laissé présager, Ali prit la décision de faire un détour par cet antre impie, poussé par ce désir incontrôlable de se souiller, comme ces soirs où il se laissait aller dans les vapeurs d'opium jusqu'à perdre la notion du temps.

Maintenant la fille riait. Son rire résonnait dans la tête d'Abou Obeïd plus fort qu'un blasphème. Il leva son regard vers le couple et vit qu'ils s'étaient enfin dénoués l'un de l'autre. A son grand soulagement, le cheikh commençait à se revêtir.

— Alors, mon frère. Quand donc te décideras-tu à offrir ton pucelage ?

Feignant d'ignorer son maître, el-Jozjani haussa les épaules et se leva d'un air sombre, ce qui provoqua un nouvel éclat de rire de la Slave.

— Ghulam[1]..., dit-elle avec une moue amusée... Sa jeunesse le rend peut-être timide. Ou alors...

Elle pouffa en plaquant sa paume sur ses lèvres :

— Ou alors peut-être n'aime-t-il que les garçons ?

Elle se pencha vers lui et fit mine de caresser sa joue. La réaction de Jozjani fut aussi brutale qu'immédiate. Il la gifla du revers de la main. Puis, saisissant son manteau de laine, il ouvrit la porte et disparut.

★

Hormis le murmure tranquille de la fontaine et l'écho discret de quelques baigneurs qui se prélassaient dans la piscine, l'atmosphère qui régnait au cœur du hammam était douce et voluptueuse.

Dans la salle de repos, étendu paresseusement sur une des banquettes de bois garnies de coussins de soie, Ali contemplait d'un œil distrait l'eau qui coulait avec une régularité lancinante dans le bassin creusé au centre de la pièce.

En compagnie de Jozjani enfermé dans un mutisme total, ils étaient passés dans la salle de déshabillage, puis entre les mains du barbier. Ensuite, immergés dans de petites piscines, des serviteurs les avaient savonnés successivement à l'eau tiède, puis avec des huiles et des onguents. Ces premiers soins terminés, revêtus de pagnes faits de serviettes nouées, on les avait conduits dans la salle intérieure où, allongés sur des tables de marbre rose, ils s'étaient abandonnés aux massages de l'étrilleur.

— Toujours irrité ? demanda Ali avec amusement.

Abou Obeïd le foudroya du regard.

— Qu'Allah te pardonne, cheikh el-raïs. Tu es sans doute le maître des savants, mais depuis la lune jusqu'au poisson, tu es aussi celui des jouisseurs !

Ali se contenta de répondre de la même manière qu'il l'avait fait à la reine Shirine :

— C'est pour le péché que le pardon existe.

1. Jeunot. *(N.d.T.)*.

— Mais pourquoi ? Pourquoi éprouves-tu ce désir de te rouler dans la fange ?

— L'amour mérite-t-il ce qualificatif ?

— L'amour ? Mais l'amour n'a rien de commun avec l'acte que tu viens d'accomplir ! C'était purement bestial. Une étreinte dépouillée de toute forme de tendresse. Comment peux-tu parler d'amour ?

Ali se redressa légèrement et rétorqua d'une voix posée :

— Malgré l'écart d'âge qui nous sépare, tu ne peux ignorer qu'il existe plusieurs formes d'amour. Dans l'instant précis où elle était entre mes bras, j'ai aimé cette fille. Je l'ai aimée tout simplement parce qu'elle a assouvi mon plaisir.

— Et elle ? As-tu songé à elle ?

— Mais elle aussi m'a aimé.

Il conclut avec un naturel désarmant :

— Tout simplement parce que je lui ai donné de l'argent.

El-Jozjani leva les yeux au ciel, désespéré.

— Il est des heures où tu m'échappes, cheikh el-raïs. Et Allah m'est témoin, ce ne sont pas les heures où tu me parles de science.

— Abou Obeïd, puis-je espérer que malgré ton jugement tu voudrais encore m'être agréable ?

El-Jozjani hésita, un peu surpris, avant d'acquiescer avec un mouvement d'humeur.

— Alors relis-moi la dernière lettre d'el-Birouni. Et oublions tout cela.

Le disciple marqua un nouveau temps d'hésitation puis il s'éclipsa. Lorsqu'il réapparut un moment plus tard, il tenait une besace à la main. Il en sortit des feuillets, qu'il déplia, poussa un profond soupir, et commença :

Ghazna, 3e jour de Safar, *406 de l'Hégire*

« Fils de Sina, agrée mon salut,

« C'est ton ami el-Birouni, de retour des Indes, qui t'écrit en ce mois de safar, de l'an 1013 pour les gens d'Occident. C'est la troisième fois que j'accompagne le Ghaznawide dans les terres du pays jaune. Que te dire ? Si ce n'est que le fils de Subukteguin est en voie de se constituer un royaume de la rive gauche de l'Amou-Daria à la chaîne des monts Soleïman, à l'ouest de l'Indus. Pourquoi te cacherais-je mes révoltes ? Témoin de l'horreur, j'ai mal dans moi, Sina mon ami. Chaque nouvelle incursion du Ghaznawide en terre indienne laisse son empreinte d'atrocités.

« Ses armées massacrent tout ce qui leur résiste. Nous profanons les temples, nous brisons les idoles hindoues. Le pillage du temple de Somenath, situé sur la côte sud de la presqu'île de Gudjerat, restera à jamais présent dans ma mémoire. Ce temple contenait une statue de Shiva, qui comme tu le sais fait l'objet d'une grande vénération auprès du peuple de ce pays. Mahmoud a pris ce sanctuaire après un assaut de trois jours et trois nuits. Il a détruit sans scrupule la statue de ce dieu, et pour des raisons qui m'échappent il a fait enlever les portes pour les transporter à Ghazna[1]. En vérité ce qui me trouble le plus dans la personnalité du Turc, c'est sa duplicité. Comment un être peut-il aimer la poésie ? Comment peut-il s'entourer de lettrés et de savants, et posséder en son âme autant de violence ?

« Mais là où je te surprendrai le plus, c'est lorsque tu apprendras qu'un de nos lointains amis vient lui aussi d'arriver à la cour. Te souviens-tu de Firdoussi ? Le poète aux 60 000 vers ? Il fait désormais partie des proches du Ghaznawide. Je crois savoir qu'il lui destine son *Livre des Rois*. Mais bien sûr, l'argent ne doit pas être étranger à tout cela.

« Fils de Sina, comme soudainement tout me semble vide. Je n'ai cherché la proximité et la protection du roi de Ghazna que pour assouvir ma soif de découvrir le monde. Et voilà qu'aujourd'hui toute la masse d'informations que j'ai rassemblées me paraît vaine en comparaison avec la route parcourue pour y parvenir. Pourtant je continue d'écrire. J'ai commencé un ouvrage dont le titre provisoire est *India*, qui se veut une description géographique, historique et religieuse de ce pays. Je me dis que cette œuvre pourra peut-être rendre des services aux voyageurs et aux historiens futurs. J'ai achevé mon abrégé de géométrie et d'astrologie. Ils sont inclus dans mon courrier ; j'aimerais sincèrement avoir ton opinion.

« Et toi, mon frère ? Comment se déroule ta vie ? Je veux espérer que le bonheur veille à tes côtés. Que tu as enfin trouvé la sérénité à la cour de Raiy. Ecris-moi. Ecris-moi dès que le temps te le permettra. Tes mots me réconforteront et apaiseront mon âme tourmentée.

Je pense à toi. Que le Très-Haut te protège. »

La lecture achevée, Ali soupira :

— J'ai parfois le sentiment que l'existence n'est rien d'autre qu'un immense labyrinthe où nous ne serions que des images qui errent...

1. J'ai entendu dire que le Ghaznawide avait enlevé ses portes pour en orner le tombeau qu'il se faisait construire à Ghazna. Mais aucun témoin oculaire n'a pu me le confirmer. (Note de Jozjani.)

Il se leva d'un seul coup.

— Viens. Il se fait tard. Je voudrais que nous entamions le livre deuxième du *Canon*.

Le disciple s'apprêtait à le rejoindre lorsqu'il se produisit quelque chose d'étrange. On aurait dit que tout à coup le sol se dérobait sous leurs pas. La surface de l'eau du bassin se rida. Les mosaïques qui coloraient les murs de la pièce donnèrent l'illusion de se désarticuler, puis tout redevint normal.

— Que s'est-il passé ? interrogea Abou Obeïd, hébété.

— Comment le savoir ? Peut-être cela vient-il de la chaudière, ou des canalisations chauffantes.

— C'est curieux. On aurait dit que la terre tremblait.

— Quelle que soit la raison, je pense qu'il vaudrait mieux récupérer nos vêtements. Si un incendie devait se déclarer dans le hammam, que notre pudeur soit préservée !

Sans perdre de temps, les deux hommes se dirigèrent vers la salle de déshabillage, se vêtirent rapidement et prirent la direction de la sortie.

Dans l'instant même qu'ils franchissaient le seuil, le phénomène se renouvela, mais cette fois avec plus d'amplitude.

— La chaudière n'est plus en cause ! lança Ali.

Il faillit ajouter quelque chose, mais une nouvelle secousse lui fit perdre pied, et il dut se raccrocher à l'un des piliers de stuc pour ne pas tomber.

Quelqu'un cria :

— Allah nous protège ! Le taureau a bougé !

Sans essayer d'interpréter le sens de cette étrange affirmation, Ali saisit Abou Obeïd par le bras et se rua vers l'extérieur. Un vent de panique soufflait déjà sur Raiy. Le ciel était bas, aussi noir que le voile des femmes endeuillées, plein de lourds nuages qui roulaient avec lenteur, prêts à éclater.

La rue principale se mit à chanceler. Les cognassiers et leurs fleurs blanches se déformèrent, tandis que la tour des Guèbres, cette tour où les habitants avaient coutume d'exposer leurs morts, vacilla dangereusement.

La même voix que tout à l'heure hurla à nouveau :

— Le taureau est en colère !

— Viens ! cria Ali à l'intention de son disciple. Il ne faut pas rester là. Regagnons le hammam !

— Mais c'est de la folie !

— Fais ce que je te dis ! C'est là que nous aurons le plus de chances de survivre !

Un grondement sourd monta du ventre de la terre, couvert presque aussitôt par les cris de terreur des habitants. Jozjani dans son sillage, Ali s'engouffra sous le porche du hammam.

Derrière eux le sol se fendit sur toute sa longueur. La crevasse courut jusqu'à la place du marché, jusqu'aux portes sud de la ville, jusqu'aux collines rocheuses qui formaient les contreforts de la chaîne de l'Elbourz.

— C'est la fin du monde ! fit el-Jozjani l'œil hagard. Ou alors ce sont les djinns qui se réveillent !

— Non, mon frère. Cela s'appelle un tremblement de terre. Et c'est peut-être bien plus redoutable que tous les djinns de l'univers.

Les deux hommes s'étaient accroupis sous l'arche qui surplombait la salle de repos, et du dehors leur parvenaient les échos de l'horreur. Le wakkad, chargé de l'alimentation du foyer du hammam, le barbier, ainsi que le préposé au vestiaire les avaient rejoints. Ce dernier, le visage aussi blanc que celui d'el-Jozjani, tremblait de tous ses membres.

— Le Tout-Puissant nous pardonne, balbutia-t-il, mais l'injustice doit régner sur notre ville.

Ibn Sina ne fit pas de commentaires, mais la phrase de l'homme le troubla.

Il se produisit une troisième secousse. Plus violente que les précédentes. Des lézardes se dessinèrent le long des murs de brique et sur le plafond voûté, déchirant l'enduit poli qui recouvrait le sol. Puis tout se figea dans un rideau de fumée. Aux aguets, les hommes n'osaient plus commettre le moindre mouvement, ni battements de cils ni respirations qui auraient été susceptibles d'irriter les djinns du fond de la terre.

Un temps infini s'écoula. El-Jozjani bougea le premier.

— Je crois que c'est fini, dit-il d'une voix éteinte.

Le préposé au vestiaire déclara gravement :

— Si l'injustice n'est pas redressée, le taureau bougera à nouveau.

Le fils de Sina s'exclama :

— Qu'est-ce qu'un taureau vient faire dans un phénomène naturel ?

— Il n'y a rien de naturel dans les colères de la terre.

Ali lui lança un regard indulgent.

— Tu ignores sans doute les croyances de Raiy, expliqua le wakkad. Elles prennent leur origine dans la nuit des temps. Tu ne devrais pas en rire.

— Que dit l'histoire du taureau ? interrogea Jozjani.

— Elle dit que la terre repose sur l'une des cornes d'un immense taureau qui se tient lui-même sur un poisson, quelque part dans l'univers des Pléiades. Lorsqu'il y a trop d'injustice dans un coin du monde, le taureau se met en colère et fait basculer la terre d'une corne à l'autre. Le phénomène naturel dont parle ton ami se produit alors à l'endroit précis de la terre qui retombe sur la corne de l'animal. Voilà ce que dit la légende. Et nous savons que l'injustice règne sur notre ville.

— Que cherches-tu à insinuer ?

L'homme entrouvrit les lèvres pour répondre, mais se ravisa.

— Venez, dit-il à ses collègues. Allons voir s'il demeure quelque chose de notre cité.

— Je ne sais pas si l'injustice est cause de ce tremblement de terre, observa le fils de Sina. Mais si c'est le cas, et s'il s'agit d'un prince endeuillé d'un trône, prions Allah qu'entre le palais et l'hôpital ce soit l'hôpital qui ait été épargné. Car je pressens qu'une lourde tâche nous attend.

Un nuage de poussière volait sur la ville et ses mille jardins. La tour des Guèbres et les remparts étaient voilés. Tout n'était que confusion et gémissements. Des ombres errantes se profilaient parmi les ruines. Une femme sanglotait, agenouillée au milieu de la rue. Plus loin un enfant observait l'air hagard ce qui n'était sans doute plus que les restes de sa maison.

— C'est terrible. Sans instruments, sans potions, je ne peux rien faire pour ces malheureux. Il faut nous rendre immédiatement au bimaristan, en espérant que l'intendant aura donné les ordres pour que l'on détache le dispensaire ambulant et que l'on sonne le rappel de tous les médecins disponibles.

Après un dernier coup d'œil sur le quartier en ruine, Ali et el-Jozjani foncèrent vers l'hôpital.

Les blessés affluaient par vagues. Vieillards, femmes, enfants. Très vite l'endroit fut saturé ; couloirs, salles de garde, on créa même des espaces dans les dépôts de vivres et les réserves de charbon.

L'intendant général suivait Ali comme son ombre, prêt à réagir à chacune de ses directives. Pour l'heure le cheikh était penché sur le corps d'un jeune homme qui souffrait d'une fracture du tibia. Quelques instants plus tôt il avait enduit le membre d'une solution d'huile camphrée, réduit la fracture, et maintenant il était en train d'installer une sorte de claie formé de tiges de roseaux. Son travail terminé, il repartit vers d'autres blessés, toujours suivi par l'intendant.

Ici, il fallait stopper une hémorragie à l'aide d'un cautère rougi à blanc. Là, suturer une plaie en utilisant des fils de palmier de très petit volume. Effectuer des pansements simples faits de henné. Poser des emplâtres d'argile ou de la cendre de romarin pour assurer l'hémostase. Apaiser les douleurs en distribuant des décoctions d'opium ou de melia. Sans relâche, pendant quatre jours et quatre nuits, les médecins d'el-Sayyeda dispensèrent leurs soins aux blessés qui ne cessaient d'affluer. Puis il fallut affronter de nouveaux tourments. Au couchant du septième jour, on vit apparaître les premiers cas épidémiques. Les malades qui arrivèrent au bimaristan souffraient tous des mêmes symptômes : entérocolite fulminante, caractérisée par une diarrhée subite au cours de laquelle — Ali le savait pour l'avoir observé dans le passé — le malade pouvait éliminer jusqu'à un litre par heure. Cet état s'accompagnait d'une déshydratation sévère, d'une soif intense, de crampes musculaires, d'une peau ridée et des yeux enfoncés. Le choléra s'était abattu sur Raiy. Et contre cette affection la médecine était impuissante. On ne pouvait qu'attendre. Attendre que le malade franchisse le cap des six jours. S'il y parvenait, il avait alors toutes les chances de guérir.

Les directives que donna le cheikh se fondèrent sur les principes qu'il avait lui-même énoncés quelques semaines plus tôt à ses étudiants :

Si le symptôme devient urgent, on abandonnera le soin de la maladie pour soigner le symptôme.

Il préconisa à ses collègues de donner aux malades de l'opium afin d'aider les patients à supporter la souffrance des crampes musculaires et de leur faire boire le plus possible de l'eau sucrée, pour essayer de compenser les pertes de substances.

Environ trois semaines plus tard, l'hiver s'installa sur le Djibal et la population de Raiy n'en finissait toujours pas de panser ses blessures. Nous étions en fin d'après-midi, au cœur de jumada el-ûla, et le fils de Sina qui venait d'achever sa tournée quotidienne, s'apprêtait à regagner le palais. Dans sa tête se bousculaient encore les événements tragiques de ces derniers temps, sur lesquels s'était greffé un conflit ouvert entre la reine et son fils. A croire que ce tremblement de terre avait aussi bouleversé les esprits. Il avançait, perdu dans ses pensées, dans le quartier qui avait vu naître l'immortel Haroun el-Rashid, non loin de la porte dite de la Plaine-Fertile, lorsque des éclats de voix attirèrent son attention. Il se dit que c'était sans doute des commerçants ou des porteurs d'eau qui se chamaillaient comme à l'accoutumée, et poursuivit sa route. Ce fut alors qu'il atteignait l'angle des jardins royaux qu'il vit une silhouette féminine qui courait vers lui, poursuivie par un groupe d'hommes et de femmes vociférants, poings levés.

Avant qu'il ait eu le temps d'analyser la scène, la silhouette vint s'écrouler à ses pieds.

— Qui que tu sois... Sauve-moi.

Sans hésiter, Ali lui tendit la main pour l'aider à se relever, tandis qu'un cercle menaçant se formait autour d'eux. La plupart le reconnurent, ce qui sans doute tempéra leur animosité.

— Cheikh el-raïs ! écarte-toi de cette femme ! Elle va te contaminer.

— Oui. Elle est frappée de la maladie qui ronge les chairs. Elle est contagieuse.

— De quelle maladie voulez-vous parler ?

— La maladie qui ronge les chairs. La lèpre.

— Comment pouvez-vous l'affirmer ?

— Tu n'as qu'à voir ses avant-bras, ses jambes. Sa peau est brûlée. Tu sais comme nous que le tremblement de terre a pratiquement détruit la léproserie de Deir el-Mâr. Cette femme doit être l'une des rescapées.

— De toute façon personne ne l'a jamais vue dans la cité. Personne ici ne la connaît.

— Calmez-vous, répliqua Ibn Sina. Laissez-moi au moins l'examiner.

Le groupe leva les bras en signe de désapprobation.

— Mais elle va te tuer, cheikh el-raïs ! Tu es médecin. Tu sais que cette affliction est contagieuse ! A ton tour tu contamineras tes patients.

Ali se pencha sur la femme. Elle n'avait pas bronché depuis qu'elle était tombée à ses pieds. Ses vêtements en lambeaux laissaient entrevoir une partie de sa nudité. Sa peau était nettement plus blanche que les filles de Perse. Prostrée à la manière d'une gazelle aux abois, le visage enfoui dans ses mains, les jambes repliées sous elle, on sentait qu'elle tremblait de tous ses membres. Alors, il emprisonna son menton, la força doucement à lever la tête, et vit que ses yeux étaient pleins de toutes les peurs du monde. Etrangement, sa peau et son visage étaient ceux d'une Roum. Son âge était indéfinissable. Elle pouvait avoir trente ans ou dix ans de plus. Il se dégageait de son expression, à la fois pure et tourmentée, un charme indéfinissable. Il s'agenouilla près d'elle et étudia ses bras dénudés. Les hommes avaient vu juste ; les faces postérieures ainsi que les coudes étaient recouverts de plaques squameuses rougeâtres, qui rappelaient des taches de cire. Il fit la même constatation sur les genoux et les jambes. Mais ce qui l'inquiéta le plus était la parfaite limitation de ces érythèmes. Ils étaient presque symétriques, tout comme les plaques aux bordures nettes qu'il lui avait été donné de voir chez certains lépreux. Cependant, quelque chose lui soufflait qu'il ne s'agissait pas de la même affection. Ou peut-être se refusait-il à ce diagnostic.

Il se redressa et se surprit à annoncer avec assurance aux villageois :

— Cette femme n'est pas touchée par la maladie qui ronge les chairs. Mais seulement d'un mal qui lui ressemble.

— Comment peux-tu en être certain ?

— Aurais-tu oublié ma profession ?

Et il ajouta sur un ton décidé :

— Je vais la conduire au bimaristan. N'ayez aucune inquiétude, elle sera isolée et n'en sortira qu'une fois guérie.

— C'est le cheikh el-raïs, dit une voix avec fatalisme, il sait des choses que nous ignorons.

— Sa science n'est tout de même pas infinie !

Il se produisit un léger flottement lorsque Ali aida la femme à se relever, mais l'on s'écarta pour leur livrer passage.

★

— Tu ne veux toujours pas me dire ton nom ? demanda le fils de Sina en aidant la jeune femme à s'allonger sur le seul lit disponible de l'hôpital.

C'était la deuxième fois qu'il lui posait la question. Jusqu'ici, en dépit de tous ses efforts, elle n'avait pas desserré les lèvres. Il l'examina à nouveau. Il en était certain : elle n'était pas arabe. Autour de ses grands yeux marron clair se devinaient vaguement des restes de khôl ; et il remarqua que ses cheveux auburn dégageaient des lueurs bleutées. Il avait entendu parler de ces reflets artificiels, obtenus habituellement en appliquant une teinture d'indigo et de henné qui caractérisait surtout les filles de mauvaise vie habituées des ports de Deybul ou de Sifar.

— Vais-je mourir ?

Il fut tellement surpris de l'entendre qu'il mit un temps avant de répondre :

— Crois-tu que le Très-Haut prendrait la vie d'une créature qui commence à peine à découvrir le monde ? Non. Nous te soignerons et tu guériras.

— Le monde, je ne le connais que trop. Je ne serais pas déçue d'avoir à le quitter.

Plus il l'observait, moins il parvenait à la cerner. Mais le plus singulier était cette sorte de sentiment confus qui tout à la fois le poussait vers elle et cherchait à l'en écarter.

— Il ne faut pas parler ainsi, dit-il d'une voix neutre. On ne doit pas blasphémer contre la vie.

Elle secoua la tête et tira vers elle la couverture de laine comme pour se protéger des mots.

— Je m'appelle Ali ibn Sina. A présent que tu sais mon nom, ne voudrais-tu pas me dire le tien ?

— Lequel ? On me surnomme de multiples façons.

— Dans ce cas, donne-moi le nom que tu préfères.

— Yasmina...

— A ton accent, à la couleur de ta peau je reconnais que tu n'es pas originaire du Djibal. Je ne serais pas étonné que tu sois une fille de Roum. D'où es-tu ?

Elle éluda la réponse et rétorqua avec une naïveté volontaire :

— Tu es médecin n'est-ce pas ?

Il fit oui.

— Un médecin a-t-il besoin de connaître le pays d'un malade pour soulager ses souffrances ?

Il ne put qu'approuver la logique de sa repartie et fit le geste de retirer la couverture. Elle eut un mouvement de défense et ses doigts s'accrochèrent à la laine.

— Si tu veux que je te soigne, il faut me laisser t'examiner.

— Est-ce vrai ce qu'ils ont dit ? J'aurais la lèpre ?

— Je ne le crois pas. Mais j'avoue que je n'en suis pas encore sûr.

Il tendit à nouveau la main vers la couverture. Cette fois elle ne résista pas. Ce qui avait dû être une durra'a, un manteau, était réduit à l'état de haillons, il s'effilochait lamentablement ne cachant presque plus rien de ses jambes frêles. Mais il y avait autre chose. Juste au-dessous de sa paume, son poignet était lacéré. La cicatrice, bien qu'ancienne, ne laissait pas de doute sur son origine. Mais d'où venait-elle, quel terrible voyage avait-elle vécu, de quel bouge de Samarkand ou de Chiraz s'était-elle évadée pour être dans un tel état ?

Il fit un effort pour se concentrer sur les placards squameux qu'il avait aperçus une heure plus tôt. Une fois encore, il fut frappé par leurs localisations : coudes, genoux, cuir chevelu, faces postérieures des avant-bras et des jambes. En les examinant plus attentivement, il constata que ses squames étaient recouvertes d'une mince pellicule transparente.

Saisissant de sa trousse une courte lame effilée, il emprisonna l'un des bras de la jeune femme et commença à gratter délicatement l'érythème.

Tout son corps se rétracta.

— N'aie pas peur, Yasmina. Tu ne sentiras rien. Je te le promets.

— Un homme qui promet..., fit-elle désabusée. Les promesses d'hommes sont pareilles aux vagues de la mer : elles meurent aussi vite qu'elles naissent.

Ali retint la lame et une expression de défi éclaira ses traits.

— Dans ce cas je ne te promets rien : j'affirme.

Il gratta délicatement la pellicule qui couvrait la plaque, et constata qu'en dessous le derme ressemblait à une rosée sanglante.

— Te souviens-tu quand ces marques sont apparues ?

— Il y a quelques semaines. Aux coudes d'abord. Puis aux genoux.

Ali médita un moment avant de demander :

— As-tu éprouvé une faiblesse générale. Surtout musculaire ?

La jeune femme fit non de la tête.

— Des douleurs aux mains ? A la voûte plantaire ?

Elle répondit encore par la négative. Alors il palpa son pouls et demeura attentivement à l'écoute du sang qui battait à fleur de peau. En même temps, tel le fléau d'un grainetier, son esprit soupesait, jaugeait, ajoutait et retranchait tout ce qu'il possédait de science. Lèpre ? ou alors maladie de la peau dont l'origine lui était inconnue ? Il ne pouvait agir que par élimination : les plaques qu'il observait n'était pas hypopigmentées. La jeune femme ne paraissait pas souffrir d'alopécie des sourcils, et les lésions n'étaient pas convergentes. Ses doigts s'articulaient normalement. Néanmoins il restait un symptôme qu'il ignorait encore. Reprenant le coude de la jeune femme il la mit en garde :

— Maintenant, je ne peux plus affirmer que mon action sera sans douleur. Je te demande seulement de ne pas trop m'en vouloir.

Elle acquiesça d'un battement de paupières.

Posant l'index sur le centre exact de l'érythème il l'appuya contre la peau. La jeune femme laissa aussitôt échapper un petit cri de douleur. A son grand étonnement, la réaction d'Ali fut à l'opposé de celle qu'elle aurait pu imaginer. Son œil brilla d'un éclat triomphant et il annonça soulagé :

— Ce n'est pas la lèpre ! Cette fois j'en suis certain[1].

Elle ouvrit de grands yeux étonnés.

— Depuis quand la douleur serait-elle un signe favorable ?

— La douleur est parfois un signe salutaire. En tout cas, pour ce qui me préoccupait, elle est une réaction concluante.

— Je ne comprends pas.

— Il serait trop long de développer ma conclusion. Sache

1. Selon toutes probabilités, Ibn Sina s'est trouvé ce jour-là devant ce que la médecine actuelle connaît sous le nom de psoriasis, une maladie de la peau dont la cause est toujours inconnue. *(N.d.T.)*

simplement que, s'il s'agissait de la lèpre, le centre de ces plaques aurait dû être totalement indolore.

Elle se souleva légèrement et parut accepter le diagnostic avec indifférence.

— Dieu ne veut donc pas des infidèles...

Il ne chercha pas à approfondir la remarque. Elle reprit :

— Pourras-tu faire disparaître les traces de cette maladie ?

— Je le pense. Nous allons commencer par décaper la pellicule qui recouvre les plaques avec de l'huile de cade. Puis il faudra exposer ton corps le plus souvent possible au soleil, tout en reconstituant sa vigueur.

— J'espère que tu auras vu juste, Ali ibn Sina. Et que ton traitement portera ses fruits. On pardonne beaucoup de choses à une femme, mais rarement sa laideur.

— La laideur est aussi éloignée de tes traits que le mensonge de la vérité.

Il crut qu'elle allait lui répondre, mais ses yeux s'étaient embrumés, et elle se détourna brusquement pour ne pas qu'il la vît pleurer.

Le cheikh la soigna comme on soigne son propre enfant. Il ne se passa pas un seul jour sans qu'il se rendît à son chevet. Sans qu'il lui servît lui-même sa nourriture, sans qu'il l'accompagnât dans les jardins du bimaristan afin qu'elle bénéficiât de ce soleil dont sa maladie avait tellement besoin.

Et comme Jozjani s'étonnait de ce dévouement excessif à l'égard d'un être dont il ne savait rien, et qui de surcroît n'exprimait à aucun moment sa gratitude, il eut cette repartie pour le moins énigmatique :

— Abou Obeïd... Lorsque la Providence place sur votre route une sœur revenue des ombres, il serait sacrilège de se détourner...

Quatorzième makama

Le vizir Ibn el-Kassim avait du mal à maîtriser son excitation. Il s'interrompit pour reprendre son souffle avant de conclure :

— La tête de la Sayyeda roulera dans la cendre...

Il quêta autour de lui un signe d'adhésion. Assis, lui faisant face, l'œil fixé sur ses bottines, vêtu d'une ample djukhâ, se tenait Majd el-Dawla. Sur la gauche de celui-ci, la mine grave, était installé le sépeh-dar, Osman el-Boustani, commandant de la garnison postée dans le fort de Tabarak. A droite en robe de brocart mauve, il y avait le grand chancelier. Debout, en retrait, se détachait dans le clair-obscur Hosayn, le grand cadi.

Du plafond voûté, le seul lustre de bronze diffusait une lumière pâle. Et le long des murs mordorés tremblotaient des arabesques aux teintes uniformes.

Le chancelier s'exprima en premier :

— Le plan me semble parfait. Pour ma part je n'y trouve rien à redire.

Le vizir inclina la tête avec satisfaction, puis son attention se porta sur le jeune souverain.

— Tu parais perplexe, Excellence, interrogea Ibn el-Kassim.

Majd pointa son index sur le commandant.

— C'est de lui que tout va dépendre. Ma mère est une femme puissante. Pour que réussisse le coup d'Etat il nous faudra l'appui total et indéfectible de la garnison. L'avons-nous ?

Le sépeh-dar écarta les mains dans un mouvement d'offrande :

— Entièrement. Je m'en porte garant. Son Excellence sait que de toutes les troupes du Djibal, celles de Tabarak sont les plus redoutables.

— J'en suis convaincu, fit Majd. Mais je sais aussi le pouvoir de ma mère. Et je n'ai pas oublié l'échec de ma première tentative.

Le vizir s'empressa de le rassurer.

— C'était il y a trois ans. Tu étais alors mal secondé. Ce qui n'est pas le cas aujourd'hui. Je te l'affirme : dans trente-cinq jours très précisément, à l'aube du printemps, tu seras sacré roi du Djibal. La justice aura repris ses droits.

— Inch Allah, fit le chancelier. Le Clément est du côté du Juste.

C'est alors que le grand cadi se décida à prendre la parole. Il le fit avec lenteur. Le front soucieux.

— J'aimerais soulever un détail qui pourrait avoir son importance. Vous savez tous que si la reine se savait menacée, elle ne resterait pas les bras croisés. Une partie de l'armée lui demeure fidèle. Et...

Le commandant l'interrompit :

— Une partie seulement. Mais j'insiste, le cœur des forces est ici, à Tabarak. Ce n'est pas la garnison daylamite formée d'esclaves turcs qui nous résistera.

— C'est vraisemblable. Mais ce sera aussi la vision de la reine. Elle cherchera des alliances. Elle lancera des appels au secours. Vous ne pouvez ignorer qu'elle entretient des rapports privilégiés avec le prince kurde : Hilal ibn Badr. Son éventuel soutien pèserait alors très lourd dans la balance. Souvenez-vous, il y a six ans, dans la même situation, elle n'avait pas hésité à demander l'aide de Hassanwaih, le propre grand-père de Badr.

— C'est exact. Mais cette fois nous bénéficierons de l'effet de surprise, objecta le chancelier royal. Elle ne disposera pas du temps nécessaire pour concrétiser une nouvelle alliance avec les Kurdes.

Le cadi croisa les doigts sur sa poitrine et marcha vers le prince.

— Excellence. Ce n'est pas tout. Il y aussi un autre élément que tout le monde semble négliger.

— Je t'écoute.

Le cadi toisa tour à tour le vizir et le chancelier :

— Notre prince a un frère. Shams el-Dawla. L'auriez-vous oublié ?

Majd répliqua avec agacement :

— Que vient faire mon frère dans ce débat ? Il est gouverneur de Hamadhan. Il règne sur tout le Kirmanshahan. Il n'a jamais été lésé de quoi que ce soit. Et...

L'émir appuya avec un mépris volontaire sur ses dernières paroles :

— Il n'aime guère plus cette... femme que moi-même...

— Le prince a raison, confirma Ibn el-Kassim. Shams el-Dawla ne tient pas sa mère en haute estime. Il sait que son frère est depuis longtemps victime d'une injustice.

— Dans ce cas, rétorqua le grand cadi en plissant un peu les yeux, pourquoi jusqu'à ce jour n'a-t-il jamais rien fait en faveur de notre souverain ?

Majd replongea son œil sur ses bottines.

— Parce que si moi, Majd el-Dawla, fils de Shirine, j'ai des raisons majeures d'entrer en conflit avec la reine, il n'en est pas de même pour Shams. Livrer bataille contre sa propre mère n'est pas chose aisée. Il faut de véritables motifs. Ce n'est pas le cas de mon frère.

Cherchant peut-être à se rassurer, il conclut :

— Non. Mon frère n'agira pas. Pas plus dans un sens que dans l'autre.

Une saute de vent fit brusquement trembler la lumière sous la voûte créant l'illusion très brève que les personnages eux-mêmes vacillaient.

Ibn el-Kassim se leva.

— Je crois que nous avons fait le tour de la question, dit-il avec fermeté. Le premier jour du printemps, notre jeune prince sera assis sur le trône de Raiy.

Tous acquiescèrent. Le prince se retira en premier, suivi par le chancelier et le grand cadi. Seuls restèrent dans la pièce le vizir et le commandant.

Ce dernier passa lentement ses paumes le long de ses joues et déclara un peu las :

— Je comprends leur inquiétude.

— Il ne peut pas en être autrement, puisqu'ils ignorent ce que je sais.

— Peut-être faudrait-il les rassurer.

— Pour ce faire, il faudrait que je découvre l'essentiel de mon plan. Or c'est impossible. Trop tôt. Trop dangereux.

— Tu as donc si peur qu'un brusque élan patriotique n'inverse leur détermination ?

Le vizir vrilla littéralement son regard dans celui du sépehdar.

— Ecoute-moi bien, Osman. Tu sais parfaitement que notre

bras, s'il est fort, ne l'est pas assez pour vaincre la reine. Dans trente-cinq jours il n'y aura pas que ta garnison qui envahira notre cité. C'est dans la paume d'un autre que Majd el-Dawla sera porté sur le trône. Cela, vois-tu, je ne prendrai pas le risque de le dévoiler...

★

Lorsqu'il quitta au galop le fort de Tabarak, le prince Majd el-Dawla ne remarqua à aucun moment l'ombre du cavalier qui le suivait. Il ne la découvrit pas non plus lorsqu'il s'engouffra dans le passage secret qui lui permettait de réintégrer le palais.

L'ombre était toujours dans ses pas, quand il frappa à la porte d'Ibn Sina. Elle vit le médecin apparaître dans l'embrasure et le prince se glisser dans la chambre.

— Je sais qu'il est tard, fit Majd en se laissant tomber sur le divan qui jouxtait la fenêtre. Mais j'avais besoin de parler à quelqu'un...

— Quelle que soit l'heure tu es le bienvenu.

El-Jozjani esquissa un mouvement discret vers la porte. Mais d'un signe le prince l'invita à rester. Tout en parlant, il nota qu'Ali posait son calame dans l'encrier :

— Encore... Mais ignores-tu la fatigue ? Je t'observe depuis ton arrivée. Lorsque tu ne soignes pas, tu enseignes, ou alors tu écris. Même lorsque tu ne fais rien de tout cela : je te soupçonne de travailler dans ta tête. Ai-je tort ?

Ali versa une coupe de vin épicé qu'il offrit au souverain.

— Il y a deux espèces d'hommes : les uns qui cherchent à atteindre un but et n'y réussissent pas, les autres qui l'atteignent et n'en sont point satisfaits. Alors Excellence, être une moitié des deux est un fardeau très lourd à porter...

Majd refusa la coupe du revers de la main.

— Non, pas ce soir. Mon humeur est trop trouble et mon âme trop soucieuse.

Il reporta à nouveau son attention vers la table de travail.

— Où en es-tu de la rédaction de cet ouvrage imposant dont tu m'as entretenu ?

— Le *Canon* ? Je touche à la fin du deuxième livre.

— Si ma mémoire est bonne, il t'en reste encore trois.

Ali confirma.

— Une longue route...

El-Jozjani se hâta de préciser :

— Une route qui aurait pu être plus courte si le cheikh se limitait à cette tâche.

— Tu veux sans doute parler de son travail au bimaristan ? interrogea le prince.

— Non, Excellence. Il s'agit d'autre chose : l'esprit du raïs est un éternel bouillonnement. Dans l'instant où nous nous attaquons au chapitre des médicaments simples, il s'interrompt pour me dicter un théorème de logique. Et quand je crois son cerveau enfin libéré, il aborde les propriétés de la ligne équinoxiale. Si...

Ali interrompit son disciple.

— Abou Obeïd. Je sais tes griefs. Mais nous importunons le prince avec tout cela. Laisse-moi plutôt lui offrir un présent.

Quittant sa place, il prit un manuscrit qu'il tendit au prince :

— Fais-moi l'honneur d'accepter ce modeste témoignage d'amitié. C'est un ouvrage que j'ai écrit uniquement pour toi. Il t'est dédicacé. Je veux espérer que sa lecture t'ouvrira des horizons plus optimistes, plus philosophiques et surtout j'espère qu'elle t'aidera à voler au-dessus de la médiocrité des méchants.

Majd saisit le recueil et lut le titre à haute voix :

— *Kitab el-Maâd*... le Retour de l'âme...

Il leva la tête et demanda avec intérêt :

— Cheikh el-raïs, tu crois donc à l'immortalité ?

— Celle de l'âme sans aucun doute.

Majd hocha la tête avec perplexité.

Ali reprit :

— Tu avais besoin de parler à quelqu'un...

— Oui. Surtout besoin de conseils. Que penserais-tu d'un fils qui déciderait de livrer la guerre à sa propre mère ? Même si cela devait conduire à sa mort...

Le fils de Sina secoua la tête, gêné.

— Que me demandes-tu là, Honneur de la nation... Quelle épreuve m'infliges-tu... Pourquoi ne m'interroges-tu pas sur le maintien de la Terre au centre de la sphère céleste ou sur l'unité divine ? Combien alors il me serait aisé de te répondre !

— Parce que ni la sphère céleste ni l'unité divine ne m'intéressent, cheikh el-raïs. Seule me préoccupe ma destinée terrestre.

Le prince insista.

— Je pourrais te dire, commença Ali, que la meilleure manière de se venger d'un ennemi, fût-il sa propre mère, c'est de ne jamais lui ressembler. Je pourrais te dire aussi qu'il ne faut pas se convaincre que ce que l'on désire est plus important que ce que l'on possède. Et t'assurer qu'aucune ambition ne mérite le prix d'une vie humaine...

Majd répliqua avec un geste d'impatience :

— Ce ne sont que des phrases abstraites. Je veux une réponse d'homme.

Il répéta en espaçant les mots :

— Un fils a-t-il le droit de livrer la guerre à sa propre mère ?

Ali réfléchit avant de laisser tomber :

— Je vais te citer les propos d'un philosophe juif méconnu, dont j'ai découvert les écrits un jour que je me trouvais à la bibliothèque de Gurgandj[1] : *Lorsque la bêtise gifle l'intelligence, alors l'intelligence a le droit de se conduire bêtement.*

Le cheikh marqua un temps d'arrêt et ajouta :

— Ma réponse te suffit-elle, Honneur de la nation ?

Le souverain quitta le divan et fixa Ali l'œil sombre :

— J'ignore qui est ton philosophe juif, mais comme tous les juifs il devait être retors.

— Dans ce cas je dois être terriblement juif, Excellence. Car je ne vois pas d'autre réponse à ta question...

— As-tu conscience qu'elle laisse la porte ouverte à toutes les possibilités, sans limites ?

— Dans les limites de l'outrage.

Majd el-Dawla se pinça imperceptiblement la lèvre inférieure. Son visage était très pâle. Il fixa quelques instants le cheikh, et dit avec détermination :

— Donc jusqu'à la mort...

Sans attendre il se rua vers la porte et disparut.

L'ombre qui les écoutait eut à peine le temps de se dérober dans un renfoncement du couloir...

1. Ce n'était pas la première fois que j'entendais mon maître parler de ce philosophe, un certain Ben Gourno, natif des rives de la mer des Roum. La phrase citée était extraite d'un ouvrage intitulé : *Recueil de pensées*, que le cheikh savait parfaitement de mémoire. A l'heure où j'écris ces lignes, je suis entré en possession de ce recueil, et il fait l'objet de toute mon admiration. (Note de Jozjani.)

Au terme de nombreuses péripéties, je suis parvenu à mon tour à retrouver le recueil en question. A ma connaissance il doit en exister deux ou trois exemplaires dans le monde. On peut s'interroger sur les raisons qui font que Ben Gourno demeure encore à ce jour inconnu de la masse et des milieux littéraires. *(N.d.T.)*

Quinzième makama

— Le maître des savants serait-il aussi le maître des assassins ?

La reine cessa de torturer son mouchoir de soie et le jeta à terre avec une rage mal contenue. Le cheikh ne broncha pas.

— Je n'ai jamais encouragé le meurtre. Jamais. Je sais mieux que personne le prix de la vie.

— Mensonge ! Je suis au courant de tout. La vie n'a pas plus d'importance à tes yeux qu'un plat de lentilles ! En tout cas, MA vie.

— C'est faux, Sayyeda.

Un éclair passa dans l'œil violet de la reine.

— Lorsque la bêtise gifle l'intelligence, l'intelligence a le droit de se conduire bêtement...

Elle avait scandé les mots, puisant dans chaque syllabe un peu plus de fureur.

— Tes espions ont l'oreille fine... Ceci est indiscutable. Mais je ne faisais que citer un philosophe et...

— Juif !

Il eut une moue condescendante :

— Juif, je le reconnais. Mais une phrase sortie de son contexte peut être interprétée de mille façons. Et...

La Sayyeda le coupa net.

— Quel sens donnerais-tu à ce genre de maxime ? Je n'y vois qu'un encouragement au meurtre ! C'est cela que tu recherches ? La mort d'une mère frappée par son propre fils ? C'est cela que tu es venu semer sous mon toit ?

— Altesse... je n'ai rien semé de neuf qui n'eût déjà poussé avant mon arrivée dans cette ville.

— Que veux-tu dire ?

— Que cela fait plusieurs années que l'ivraie croît dans le champ. La maladie de Majd el-Dawla *est* cet ivraie.

— Et au lieu de chercher à soigner, tu n'as rien trouvé de mieux que d'accélérer la maladie par des conseils sournois et injustes !

— Je ne sais pas ce que tes espions t'ont rapporté. Mais permets-moi de te rappeler que donner son opinion sur un sujet n'est pas conseiller.

La reine lissa machinalement son triple menton, tout en fermant les yeux.

— Nierais-tu que le prince t'a rendu visite hier soir ?

— Pas du tout.

— Reconnais-tu que vous vous êtes entretenus du différend qui nous oppose ?

— Il avait besoin de parler à quelqu'un... Je l'ai écouté. Comme on écoute un ami.

Les traits de la Sayyeda se durcirent. Tout traduisait qu'elle était à bout de patience :

— Ecoute-moi bien, fils de Sina. (C'était la première fois qu'elle l'appelait ainsi.) Ou devrais-je dire... *Ben Sina* ?

Il crut avoir mal entendu.

— Je répète : *Ben Sina*. Mais moi, lorsque j'use des mots, ce n'est jamais par jeu. Jamais innocent.

Elle se tut pour mieux jauger l'effet de ses paroles. Puis, avec un détachement volontaire, elle leva lentement sa main droite en écartant les doigts et se mit à fixer le diamant d'eau pure qui ornait son auriculaire :

— Ne serais-tu qu'un voleur de sédjadeh[1], Ibn Sina ? Tes origines sont troubles. Nul n'ignore la conversion de ton père à l'ismaélisme.

— Mon père était un bon musulman.

— Pourrais-tu en dire autant ?

— Tu ne trouveras pas dans tout le pays chiite plus convaincu que moi...

La reine émit un petit rire amusé.

— C'est cela... Un chiite convaincu. Comme ta mère sans doute ?

Il parut chanceler sous le coup d'un invisible bélier.

1. Le sédjadeh désigne le petit tapis de prière. Voler un sédjadeh dans la mosquée signifie : y aller par hypocrisie. *(N.d.T.)*

— Ma mère, souffla-t-il d'une voix rendue tremblante par l'émotion, ma mère était bonne et digne.

Elle allait l'interrompre, mais cette fois ce fut lui qui imposa le silence.

— Cette discussion est stérile et risque de nous conduire l'un et l'autre sur des sables mouvants. Aussi je préfère en rester là. Dès cet instant considère-moi démissionnaire de mes fonctions au bimaristan. Je quitterai le palais et, s'il le faut, la ville.

— Il n'en est pas question !

Bondissant hors de son trône avec la nervosité d'une lionne, elle descendit les trois marches de marbre rose qui la séparaient de lui et marcha dans sa direction, l'index pointé.

— Pas question ! Ta condition de savant te dispense-t-elle de respecter le protocole ? On ne prend pas congé de la reine, c'est la reine qui congédie ! On ne démissionne pas, c'est la reine qui chasse ! Tu demeureras à ton poste tant que je l'estimerai nécessaire et utile à cette ville. Est-ce clair ?

Tu es au bord d'un précipice... un pas de plus et...

En resurgissant à sa mémoire, cette phrase prononcée par el-Massihi quelques années plus tôt lui fit l'effet d'un déjà vécu. Du même coup, il prit toute la mesure de son immense vulnérabilité. Devant la menace des princes, la citadelle à l'abri de laquelle tout individu est persuadé vivre n'est en réalité qu'une misérable cahute. Serrant les poings, il s'inclina avec déférence, le premier étonné de trouver le courage de déclarer :

— Il sera fait selon le désir de la reine.

Une lueur victorieuse traversa l'œil de la Sayyeda.

— Voilà qui est mieux, cheikh el-raïs.

Elle prit plaisir à l'observer en silence, se délectant de ce qu'elle considérait sans doute comme une guerre remportée.

— Mais j'ajouterai ceci : Nous serions vraiment très contrariés si à l'avenir nous apprenions que mon fils recevait encore les conseils d'un philosophe. Fût-il juif... A présent, tu peux disposer.

★

La lumière s'effiloche derrière les contreforts des monts Elbourz. Le couchant n'est pas loin de gagner tout le Djibal.

Ali donna du jeu aux rênes, imposant le pas à son cheval bai pour lui éviter de trébucher le long de la sente tortueuse qui conduisait jusqu'à l'avancée naturelle creusée dans la montagne. L'air froid faisait trembler les branches nues des rares arbres de ce paysage tourmenté. Dans un piétinement affolé, la bête manqua de glisser dans l'abîme qui filait sur la gauche de la sente et recouvrit l'équilibre de justesse.

Ils atteignirent enfin un promontoire formé de lave desséchée au centre duquel se détachait un rocher mauve, sillonné de rainures. Ali tapota l'encolure de la bête, mit pied à terre et noua la longe à un tronc décharné. Puis il détacha sa besace de la selle. Ce n'était pas la première fois qu'il venait ici. Il savait par cœur les moindres coudées de ce coin. Ni les herbes folles ni la terre humide où se creusait l'empreinte de ses bottes non plus que les roches obsidiennes n'avaient de secret pour lui. C'est ici qu'il s'était attaqué à l'étude des mouvements géologiques. Ici aussi qu'il avait rédigé son épître sur la *Cause du maintien de la Terre dans son lieu*. Il prit feuille, calame et encrier, et laissa vagabonder son esprit.

Là-bas, vers le nord, la surface éthérée de la mer des Khazars faisait comme un miroir d'argent. L'est offrait la crête enneigée du Démavend ; le plus haut sommet de toute la Perse[1]. A l'ouest s'étirait l'immense plaine jaune du Rihab.

Ali sentit peu à peu la sérénité revenir en lui. Les phrases de la Sayyeda s'estompaient sous l'influx du silence. La paix regagnait lentement son âme. Il était bien. Il était seul. Hors de portée du tumulte et de la médiocrité des humains. Il prit son calame et usant de la surface plane du rocher comme d'un pupître, il écrivit en tête de page : *Remède aux diverses erreurs administratives.*

Plus bas :

Il ne convient pas que celui qui doit gouverner les bêtes soit lui-même d'entre les bêtes. Il ne convient pas que celui qui doit gouverner les scélérats soit lui-même d'entre les scélérats. Il ne convient pas que celui qui doit gouverner la masse soit lui même un d'entre la masse... Non, il faut que ce soit au moins quelque petit garçon plus intelligent qu'elle.

Le soleil a disparu de l'autre côté de la terre. La nuit est là. Les mots se sont dilués dans les ténèbres.

Ali a rangé ses feuillets. Le froid brûle un peu ses phalanges. Il s'enveloppe dans son manteau et se couche sur le sol. Il sait que le sommeil sera long à venir...

Le troisième jour le trouva toujours au même endroit. Et les jours suivants. Ainsi, jusqu'au septième. Les feuillets se sont amoncelés autour de lui. Assis en tailleur face à l'horizon, il

1. 5 670 mètres. *(N.d.T.)*

demeure immobile. Tellement qu'on le confondrait avec le paysage. L'encrier est sec. Sec comme le sont devenus les traits de son visage. Il n'a rien bu, rien mangé depuis sept jours. Ses yeux se sont creusés, mais sans rien perdre de leur éclat ; on dirait même qu'ils sont plus vifs.

L'aube monte doucement de la mer. Ali s'est levé. Les bras le long du corps, il murmure : Dieu est Grand...

Ce fut un froissement d'herbes, mêlé au pas incertain d'un cheval qui dévalait la sente qui le fit se retourner. Un cavalier apparut au détour des arbres. Non, ils étaient deux. Dans l'allure du premier Ali reconnut tout de suite el-Jozjani ; celui qui le suivait lui était inconnu. Lorsqu'il l'identifia sa surprise fut immense. Il s'agissait de la femme aux squames : Yasmina.

Les deux cavaliers mirent pied à terre presque en même temps. Et el-Jozjani se rua vers son maître. Incapable de proférer un seul mot, il le saisit par les épaules et le serra de toutes ses forces. Quand il relâcha son étreinte, ses yeux étaient pleins de larmes.

— Cheikh el-raïs..., balbutia-t-il... Allah est miséricordieux. Il t'a rendu à moi.

Ali posa une main fraternelle sur la joue de son disciple.

— Pourquoi m'aurait-il enlevé ?

Son attention se reporta sur la jeune femme qui ne disait toujours rien. Elle devança sa question :

— Je t'ai cru mort...

— Tu ne te souviens donc plus ? N'est-ce pas toi qui m'as dit il y a peu que le Tout-Puissant ne voulait pas des infidèles ?

— Nous t'avons cherché partout, gémit el-Jozjani. Nuit et jour. Fouillé chaque recoin de Raiy. Et tu étais là... Mais comment as-tu pu résister au froid ? Sans nourriture ? Sans eau ?

— Apparemment, fit observer Yasmina avec une petite pointe d'ironie, Allah a doté le cheikh d'une résistance physique au moins égale à sa puissance intellectuelle.

Ali se tourna lentement vers elle :

— Pourquoi es-tu là ?

Ce fut el-Jozjani qui répondit :

— Elle s'inquiétait de ne plus te voir au bimaristan. Elle s'est adressée à moi.

Le fils de Sina la sermonna avec une sévérité feinte :

— Tu as donc quitté l'hôpital sans l'autorisation du premier directeur. Sais-tu que c'est grave ?

— Je suis guérie, cheikh el-raïs. Tu peux en faire la constatation.

Liant le geste à la parole, elle remonta les deux manches de son vêtement et lui offrit ses bras nus. Un simple coup d'œil suffit au médecin pour constater qu'elle disait vrai. Il ne subsistait plus de traces des érythèmes.

— Tu es un bon médecin...

Décidément, une fois de plus cette femme l'intriguait. Il constata que son court séjour à l'hôpital l'avait profondément transformée. Son visage, hâlé par le soleil auquel elle s'était exposée, avait retrouvé sa beauté ancienne. Mais s'agissait-il vraiment de beauté ? Non, il s'agissait d'autre chose. Peut-être cette aura qui émanait de tout son être ; la manière dont elle se mouvait ; le son fort et tendre de sa voix. Ou encore cette vibration du regard tout à fait singulière. En fait elle était simplement femme. Femme jusque dans l'air qu'elle expirait, dans le parfum exhalé de sa peau.

— J'ai eu peur pour toi...

Elle s'était exprimée sur un ton neutre. C'est dans son expression qu'il déchiffra la ferveur des mots.

Elle ajouta doucement :

— Ne crois-tu pas qu'il serait temps de rentrer au palais ?

★

La nuit était sur Raiy.

La tête reposée sur le ventre de Yasmina, Ali semblait dormir, mais en réalité il respirait l'odeur de miel de sa peau.

Ils avaient fait l'amour. Et, dans l'instant, il s'était interrogé sur l'exactitude de ce verbe. Pouvait-il vraiment s'appliquer à ce qu'ils venaient de connaître ? Tout le temps qu'avait duré leur étreinte, s'étaient glissées des réminiscences venues d'ailleurs, qu'on aurait crues remontées de la nuit des temps. Ils avaient su d'avance les gestes, les respirations de l'autre ; la prescience de leurs désirs réciproques étonnamment anticipés. L'expérience d'amours passées lui avait enseigné qu'il était rare que dès la première fois deux corps encore inconnus la veille pussent atteindre la parfaite osmose. Pourtant le prodige avait eu lieu. Ils avaient bu l'un à l'autre, leurs lèvres s'étaient mêlées, jointes, épousées, avec la ferveur de l'ouvrage d'argile qui regagne son moule. Ils s'étaient brûlés, consumés, sans plus savoir lequel d'entre eux était le suif, et lequel la flamme. En vérité, ils n'avaient pas fait l'amour... Ils n'avaient fait que se reconnaître.

— Que m'arrive-t-il ? dit Ali comme s'il se parlait à lui-même. Il y a quelque chose qui vit en moi que je connaissais pas jusqu'à cette heure. Comprends-tu ?

Elle passa doucement sa main le long de sa nuque.

— Je comprends, Ali ibn Sina. Mais à la différence de toi, bien que n'ayant jamais éprouvé ce dont tu parles, je savais que cela existait. Confusément. Comme on sait une terre sans jamais l'avoir connue.

Il vint s'allonger près d'elle. On le sentait profondément bouleversé.

— Pourtant il ne faut pas... Pas moi.

Ses doigts se refermèrent brusquement sur la pierre bleue qui pendait à son cou.

— Tu vois ceci, commença-t-il doucement. Je n'avais alors que dix-huit ans. Une voisine me l'a offert pour me remercier d'avoir sauvé son mari. Je me souviens encore des mots qu'elle prononça, et elle avait conclu en disant : « Nul mauvais œil n'aura de prise sur toi... » Je suis un homme de science, et je ne crois pas à l'irrationnel. J'ai même écrit un ouvrage sur le sujet intitulé : *Réfutation des prédictions basées sur les horoscopes.* Pourtant quelque chose me dit que sans cette pierre je serais mort plus d'une fois. Car depuis que j'ai quitté Boukhara ma vie a progressé sur le tranchant d'un cimeterre. Et aujourd'hui...

— Aujourd'hui ?

— Tu ignores beaucoup de choses. Raiy va connaître des événements graves. Une fois de plus ma situation deviendra des plus précaires. Je risque d'y laisser ma tête.

L'expression de la jeune femme se transforma d'un seul coup.

— Toi ? Tu serais en danger ?

Il confirma.

— Pardonne-moi, mais j'ignore tout des problèmes de cette ville.

— C'est vrai. J'oubliais.

Brusquement il s'aperçut qu'il ne savait toujours rien de cette femme. Il demanda :

— D'où es-tu ? Parle-moi de ta vie.

Elle garda le silence avant de répondre à mi-voix :

— Crois-tu vraiment que ce soit utile ? De savoir d'où nous venons, qui nous sommes, changerait-il le présent ?

Elle se rapprocha un peu plus de lui.

— Ne me demande pas de réveiller ma mémoire. Des portes sont fermées ; les ouvrir ne me ferait que du mal. Je t'en prie. Peut-être qu'un jour, plus tard...

Il décida de respecter son désir.

Elle poursuivit :

— Pourquoi disais-tu que des événements graves allaient survenir ?

— Je crois que nous sommes à la veille d'une révolution. Elle aura la triste originalité d'opposer une mère à son fils. La régente actuelle au prince héritier.

— Peut-on faire couler son propre sang ?

— Tu es loin des méandres de la politique et de la soif d'ambition des princes qui nous gouvernent. Pour ces gens la justice n'est rien d'autre que ce qui profite au plus fort. Toujours, de quelque bord qu'ils soient.

Un sourire apparut sur les lèvres de Yasmina :

— S'il existe dans toute la Perse un homme qui hait les choses de l'Etat, je crois bien qu'il est à mes côtés. Mais ta condamnation n'est-elle pas un peu simpliste ? Ne faut-il pas que les peuples soient gouvernés ? Un troupeau n'a-t-il pas besoin d'un pâtre ?

— A ceci près que tu imagines des pâtres ayant en vue le bien-être de leurs bêtes. Hélas, je suis persuadé que la plupart n'ont d'autres désirs que de les utiliser à leur profit. Mais ce qui me chagrine le plus, c'est que les peuples souffrent d'une double infirmité : l'absence de mémoire et la cécité. Ce qui leur confère l'étrange aptitude de glorifier ceux qu'ils ont haïs la veille, et de haïr le lendemain ceux qu'aujourd'hui encore ils vénèrent.

— Et toi, que comptes-tu faire ?

— Rien. Attendre. Je suis sur un des plateaux de la balance. Je ne peux qu'espérer qu'il penchera en ma faveur.

— Du côté de la reine ?

— Non. De celui du prince...

— Que pressens-tu ?

— Je vais te surprendre... mais j'ai le sentiment que les deux plateaux vont être balayés...

Les yeux de Yasmina s'agrandirent, et elle sentit tout son corps gagné par l'hiver.

— C'est pour cela que tu disais : « Il ne faut pas... » ?

Il l'attira contre lui.

— Ceux qui me deviennent proches connaissent les mêmes dangers que moi. Leur existence rejoint la mienne sur le tranchant du cimeterre. Ai-je le droit de les exposer ainsi ? A-t-on le droit de risquer la vie de ceux qu'on aime ?

Elle ne répondit pas tout de suite, mais il sentit que quelque chose s'était brisé en elle.

— Tu crois que j'ai tort ?

Elle secoua la tête.

— Je ne sais pas, fils de Sina. Je sais seulement que dans le passé j'ai déjà vécu sur ce tranchant dont tu parles, pour ne connaître que souffrance et avilissement. Aussi pardonne-moi si j'ai mal lorsque je songe qu'aujourd'hui, pour la première fois, j'aurais pu payer ce prix, mais en échange du bonheur...

Elle avait à peine fini de parler, lorsque brusquement, comme le mouvement de la marée qui remonte vers la grève, resurgirent à sa mémoire l'une des prédictions du musicien aveugle. C'était il y a longtemps dans la nuit du Turkestan : *Tu as aimé, mais tu ne connais pas encore l'amour. Tu le rencontreras bientôt. Il aura le teint du pays des Roum, et les yeux de ta terre. Vous serez heureux, longtemps. Tu t'en défendras, mais ce sera ton amour le plus durable. Il te gardera, parce que tu l'auras trouvé. Il n'est pas loin, il dort quelque part entre le Turkestan et le Djibal.*

★

Dans les semaines qui suivirent les tours de guet virent passer nombre de messagers. Du Djibal au Daylam. Et du Daylam au Turkestan.

Ainsi que le cadi l'avait laissé entrevoir lors de la réunion qui s'était déroulée dans le fort de Tabarak, la reine, ayant eu vent du complot qui se tramait, n'hésita pas à faire appel au prince kurde, Hilal ibn Badr, lequel se hâta de pousser ses troupes jusqu'aux portes de Raiy. Mais il arriva deux jours trop tard : la ville et le palais étaient déjà aux mains des rebelles commandés par Osman. La reine n'avait dû son salut qu'au dévouement de sa garde personnelle. On la disait en fuite quelque part dans les montagnes de l'Elbourz.

Devant la position stratégique de l'ennemi, l'émir kurde n'eut pas d'autre choix que de faire siège autour de la cité. Dès lors, les plateaux de la balance évoqués par Ibn Sina donnèrent l'illusion d'un léger avantage pour le prince héritier.

L'hiver s'écoula. Le printemps survint, et la situation demeura inchangée. Puis les effets du siège commencèrent à se faire sentir, et l'inquiétude et la nervosité crûrent dans la cité. Le milieu du mois de dhù el-qu'ada trouva Majd el-Dawla solitaire, désemparé, au plus haut de ses tourments. Un matin il s'en ouvrit au cheikh, qui tenta tant bien que mal de le rassurer.

— Tu ne comprends donc pas ? Nous sommes à bout de résistance. Raiy est exsangue. Nous ne tiendrons plus longtemps.

— Prince, je ne connais rien à l'art de la guerre, mais peut-être l'armée devrait-elle tenter une sortie ?

— C'est exactement ce que je m'évertue à répéter au vizir et au commandant Osman. Mais ils font la sourde oreille. J'ai l'impression de parler à des pierres !

— Sans doute espèrent-ils que les Kurdes se lasseront les premiers. Après tout un siège ne peut durer mille ans.

En proie à un grand désarroi, Majd allait et venait le long de la pièce.

— Non, cheikh el-raïs, non. Il s'agit d'autre chose. Si je n'ignorais rien de leur plan, je jurerais qu'ils semblent attendre du secours.

— Du secours ? Mais d'où viendrait-il ? Nous savons parfaitement que ni le gouverneur du Kirman ni l'émir du Rihab, et pas plus le calife de Bagdad ne sont disposés à intervenir dans cette affaire.

Le visage terriblement tendu, Majd el-Dawla joignit les mains et s'exclama avec rage :

— Ah ! si seulement je pouvais lire dans l'avenir !

Hélas, ce don n'appartient pas à l'homme, fût-il prince de sang. Quand bien même cela eût été, jamais le jeune souverain n'y aurait donné crédit. Car, comment aurait-il pu croire un seul instant que le secours qu'il avait justement pressenti, ce secours attendu par le vizir Ibn el-Kassim se trouvait très précisément à trois jours de marche de Raiy et qu'il avait pour nom : Massoud. Massoud, le propre fils de Mahmoud le Ghaznawide. Roi de Ghazna.

Seizième makama

— Sois maudit, Ibn el-Kassim ! Que ton âme brûle pour l'éternité dans la Géhenne !

Dans un déploiement de manches, le vizir se dressa d'un seul coup, le visage blême.

— Excellence, répliqua-t-il en avançant prudemment vers Majd el-Dawla installé sur le trône de la reine. Nous n'avions pas le choix. Si j'ai réclamé l'aide du Ghaznawide c'était uniquement pour te servir. Pour servir le royaume. Sans son armée nous étions perdus. Je le savais.

— Aux Turcs ! Tu as vendu le royaume de mon père aux Turcs !

— Je récuse cette accusation ! Je la récuse de toute mon âme. C'est un soutien que j'ai demandé, uniquement un soutien militaire.

— Un soutien militaire ? Et c'est par grandeur d'âme que le roi de Ghazna te l'aurait accordé ? Je n'ai peut-être que seize ans, mais le Tout-Puissant m'a tout de même donné un cerveau capable de réfléchir !

— Altesse... je...

— Silence ! Que ta langue tombe en poussière et que tes yeux se dessèchent !

Ali ibn Sina, qui observait la scène, crut que le vizir allait perdre ce qui lui restait de maîtrise pour se jeter à la tête du jeune souverain. Mais il n'en fut rien. Ibn el-Kassim prit une profonde inspiration et apostropha les membres de la cour.

— Ecoutez-moi. La situation est claire : A une nuit d'ici campe une armée qui peut sans doute ôter le bâillon qui nous étrangle. Au pied des remparts se tient une autre armée qui tôt ou tard nous acculera à la reddition, ce qui aura pour conséquence le retour de la reine. Car vous le savez désormais, elle est vivante, sa tente est dressée au cœur du campement kurde. Que décidez-vous ?

Un silence pesant succéda aux propos du vizir. Le chancelier baissa les yeux. Le grand cadi épousseta nerveusement la manche de son kaftan. Le commandant ordonna son turban en fixant le vide. Nul ne semblait vouloir réagir. Finalement ce fut le chambellan qui prit la parole :

— Honneur de la nation, commença-t-il sur un ton hésitant, il me paraît que nous n'avons pas tellement de choix.

— Tu veux dire que nous n'en avons aucun, rectifia le commandant Osman. Nous sommes dans une geôle et la clé...

— La clé, interrompit Majd el-Dawla, est entre les mains des Turcs ! Et demain ? Qui sera notre nouveau geôlier ? Les Kurdes ou le Ghaznawide ?

— La réponse t'appartient, Excellence, lança le vizir.

— Mon frère ? Peut-être que mon frère...

Il avait prononcé ces mots avec des sanglots dans la voix. C'était soudainement l'enfant qui refaisait surface dans le corps de l'homme.

— Nos espions à Hamadhan m'ont fait savoir que pour l'instant Shams est insondable. Il a demandé qu'on le tienne au courant heure par heure de l'évolution des événements, mais ne paraît pas disposé à agir en aucune manière.

Le jeune souverain se prit la tête entre les mains et demeura immobile, figé dans les ors nacrés du trône.

Il n'était qu'un faon au bord d'un abîme, traqué par une meute de faucons. Une seule alternative s'offrait à lui : se jeter dans le vide ou se laisser dévorer.

Il se décida à déclarer :

— Que le Clément nous protège. Que nos troupes soient prêtes à se ranger aux côtés de Massoud. Nous livrerons bataille quand celui-ci le jugera propice.

— Demain, Majesté, murmura le vizir. Le fils du Ghaznawide m'a fait savoir qu'il attaquera les Kurdes demain, aux premières heures de l'aube.

— Alors demain donc...

D'un geste de la main, Majd signifia que l'entrevue était terminée. La cour s'inclina respectueusement et quitta la salle du trône. Le fils de Sina s'apprêtait à les imiter lorsque la voix de Majd l'interpella :

— Cheikh el-raïs !

— Seigneur ?

— Demain, il coulera beaucoup de sang dans les rangs de nos frères. Il faudra faire en sorte de rendre plus douce la souffrance de nos soldats. J'aimerais que tous les médecins soient sur le champ de bataille, qu'ils accompagnent l'unité médicale mobile.

Ibn Sina répondit sans hésitation :

— C'est bien ce que j'avais envisagé, Honneur de la nation.

Et il ajouta d'une voix émue :

— Qu'Allah nous garde de demain...

★

Le soleil se hissait lentement entre les crêtes du Daylam. Des brumes de chaleur flottaient au-dessus de la plaine faisant comme une ceinture d'écume blanche, à mi-hauteur des remparts de Raiy d'où le vizir Ibn el-Kassim, Majd el-Dawla et les hautes personnalités de la cour contemplaient le champ de bataille.

Sur la gauche, l'armée kurde, impressionnante par sa masse, s'était immobilisée dans l'ordre parfait de *l'oussoul* ; la configuration traditionnelle des corps de bataille répartis en cinq *khamis*, cinq éléments intangibles : le cœur, l'aile droite, l'aile gauche, l'avant-garde et l'arrière-garde. Et la lumière feutrée de l'aube glissait insensiblement sur l'acier mat des sabres de Damas, elle s'infiltrait à travers le lacis des cottes de mailles, et recouvrait la tête brunâtre des massues.

Sur la droite, dos au soleil, visiblement en nombre inférieur, les forces turques avait amorcé leur descente le long des flancs de la colline dite « des corbeaux ». L'armée était répartie sur trois rangs. Au premier, noyés dans les mantilles de brume, on distinguait les fantassins abrités derrière leurs boucliers de brun doré ; au second rang flottait l'ombre noire des archers et des arbalétriers ; au troisième rang, rendus presque invisibles par les poudroiements du contre-jour, piaffaient les cavaliers lourds. Au centre on avait dressé les bannières brodées de fils d'or sur fond de pourpre et d'ébène ; dominées par les *liwa*, les drapeaux du souverain ghaznawide, et ceux aux couleurs bleues des Buyides.

— C'est curieux, constata le chancelier en montrant du doigt les troupes turques, bien que l'équilibre des forces soit clairement en notre défaveur, Massoud a adopté une position défensive. De surcroît il a placé ses archers en deuxième ligne, ce qui va à l'encontre de toutes les règles de la guerre.

Le vizir Ibn el-Kassim hasarda en portant la main sur son front :

— Il doit avoir ses raisons. Je n'ai aucune inquiétude.

Sans quitter des yeux le champ de bataille, Majd murmura, la gorge nouée :

— Que le Clément nous protège...

Là-bas, du côté kurde, des trompettes au timbre strident éclatèrent sous le voile qui oscillait toujours au-dessus des armées. Hilal ibn Badr se tourna vers ses lieutenants et ordonna d'une voix forte :

— Donnez la cavalerie !

Aussitôt, les chevaux, les flancs protégés par des rets cuivrés, partirent en soulevant un tourbillon de sable. Ils dévalèrent la colline dans un roulement de tonnerre, filèrent droit devant et fondirent sur le centre de l'armée turque. Il y eut un moment de flottement, et comme un seul homme les soldats de Massoud rompirent l'alignement à la manière d'une vague brisée par la proue d'un navire, amorçant un mouvement en demi-cercle vers les deux ailes de l'armée kurde.

— Le fils du Ghaznawide a perdu la tête ! pesta le chancelier. Ce stratagème est vieux comme le monde. Jamais les Kurdes ne tomberont dans un piège aussi grossier. Leurs ailes sont parfaitement protégées et ils ont la supériorité du nombre !

— Et son centre sera dégarni ! ajouta Majd el-Dawla, très pâle.

Effectivement, la première ligne des fantassins écartée, la cavalerie kurde s'engouffra comme un torrent dans la brèche, tandis que derrière elle le *kalb*, le cœur de son armée, se mettait en marche.

Le soleil s'était élevé plus haut dans le ciel, sans parvenir encore à crever les brumes de chaleur qui persistaient au-dessus de la plaine, masquant la colline des corbeaux.

Les fantassins du Ghaznawide poursuivaient leur progression vers les flancs gauche et droit de l'armée kurde, où genoux à terre, muscles tendus, visage de pierre, les attendaient les archers d'Ibn Badr. Sur un signe du général les flèches kurdes fusèrent d'un seul coup dans le ciel. Dans un sifflement ténu elles montèrent presque à la verticale des brumes ; on les aurait crues un instant retenues dans l'air mais elles retombèrent aussitôt, semant une pluie meurtrière sur les fantassins ghaznawides.

C'est le moment que choisit Massoud pour lancer à son tour sa cavalerie lourde. A la différence de l'adversaire, ces cavaliers étaient équipés d'arcs et de fléchettes, qui avaient fait leur réputation de « démons du Turkistan ». Tout en chevauchant, avec une agilité prodigieuse, ils lâchèrent un déluge de flèches semant la mort et la confusion au sein de la cavalerie kurde. A présent, le galop des chevaux semblait crever le ventre de la plaine, arrachant des volutes de sable qui s'élevaient au ras du sol avant de retomber en lambeaux. Soudain ce fut le choc. Terrible. Les deux cavaleries se heurtèrent avec la violence de vagues se fracassant contre les rochers. Sabres et cimeterres brandis vers le ciel prirent vie sous l'éclat âpre du soleil. Et tout se mêla pour ne plus former qu'un magma de couleurs et de bruits. Ici le froissement du lin contre la laine, les turbans décapités ; là, le souffle court, la sueur salée et la bave des chevaux. A cette confusion vinrent s'ajouter successivement trois des *khamis* de l'armée kurde, l'aile droite et l'aile gauche s'opposant à la manœuvre de débordement tentée par l'ennemi ghaznawide.

En retrait, debout sur le toit de l'une des quatre unités mobiles, Ali tentait de décrypter l'issue du combat. Il avait toujours su cette odeur de sang et de mort, mais ce matin elle avait quelque chose de plus aigu qui prenait au cœur et provoquait la nausée. Il s'essuya machinalement les lèvres du revers de la manche comme pour tenter de faire disparaître ce goût d'excréments et de vomissure. En réalité, il ne savait plus très bien si c'était les scènes d'horreur qui se déroulaient sous ses yeux ou la pensée de se trouver involontairement associé à ceux qu'il considérait comme les ennemis de la Perse, les Ghaznawides, qui éveillait en lui cette nausée.

Pour l'heure tout n'était que confusion et tumulte. Les forces kurdes opposaient une surprenante résistance aux mercenaires mamelouks. Elles avaient même réussi à repousser l'attaque qui menaçait leurs ailes, et progressaient sur les flancs de l'adversaire en amorçant un mouvement de tenailles.

Personne n'aurait pu prédire l'issue des combats. Ni le vizir ni les personnalités juchées sur les remparts de Raiy, et encore moins Majd el-Dawla, dont on se demandait s'il était plus tourmenté par la possible défaite des Kurdes ou la victoire de Massoud.

C'est alors que se produisit l'événement qui allait faire basculer le sort des armées. La brume s'était totalement dissipée, laissant apparaître un ciel de cristal limpide. Les lignes brouillées qui jusqu'à cet instant avaient délimité l'horizon se détachaient clairement aux quatre coins de la plaine bossuée, dégageant du même coup la crête et les alentours de la colline des corbeaux.

C'est de là que surgirent les dix éléphants turcs. Immenses, tels des pans de montagne ; harnachés et ornés de colliers de grelots, le ventre protégé par une cuirasse, un éperon sur le poitrail,

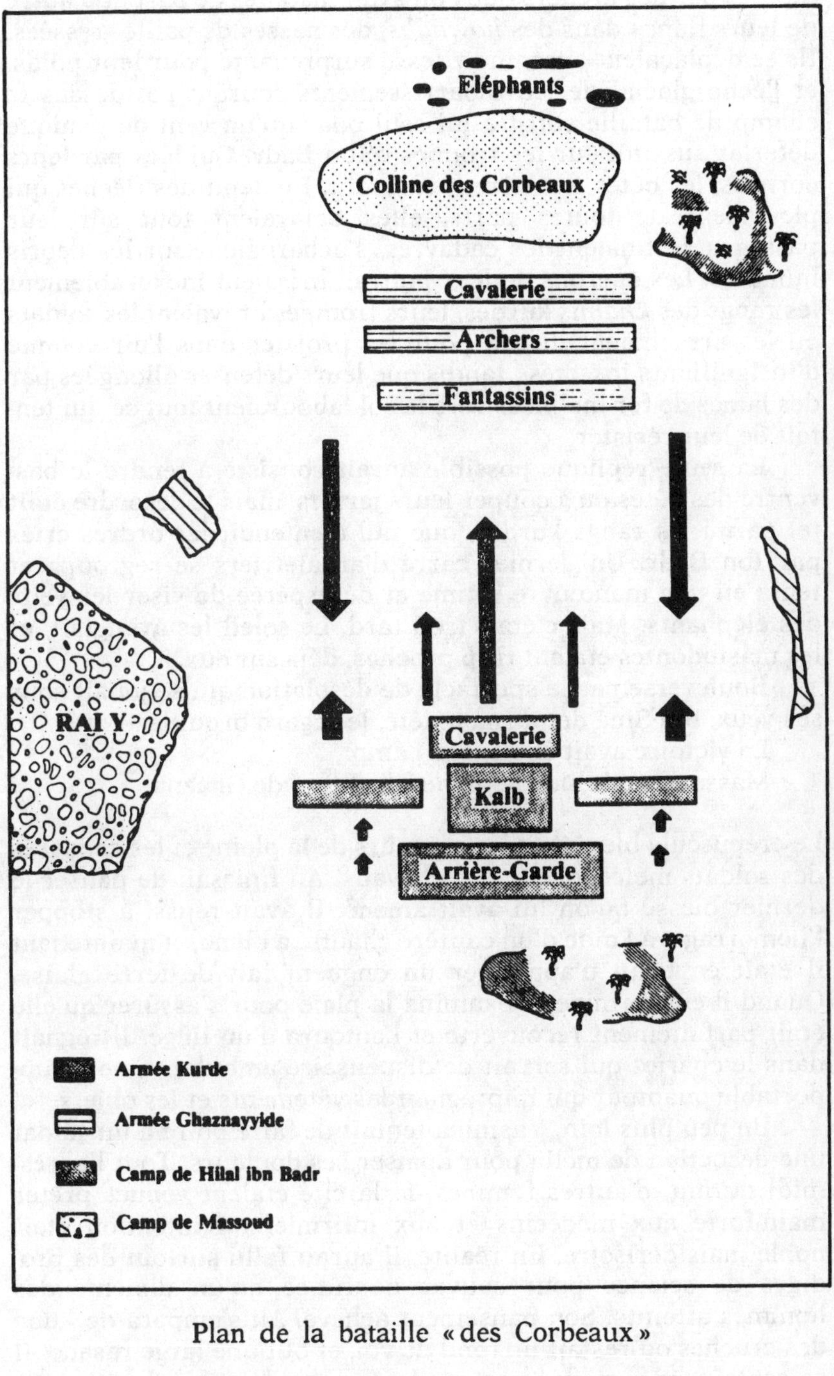

Plan de la bataille « des Corbeaux »

montés par des archers que l'on avait installés de part et d'autre de leurs flancs dans des *howdahs*, des nasses de paille tressées. Ils se déplaçaient avec une vitesse surprenante pour leur poids, et l'écho glacial de leurs barrissements courant par-dessus le champ de bataille suffit à lui seul pour qu'un vent de panique déferlât aussitôt sur les troupes d'Ibn Badr. Guidées par leurs cornacs, les bêtes, se ruèrent en avant. En dépit des flèches qui pleuvaient de toutes parts, elles balayaient tout sur leur passage ; piétinaient les cadavres, s'acharnaient sur les débris humains. Les éperons de leur poitrail brisaient inexorablement les rangs des *khamis* kurdes, leurs trompes broyaient les soldats ou les arrachaient du sol pour les projeter dans l'air comme d'insignifiants insectes ; tandis que leurs défenses allongées par des lames de fer inclinées vers le sol labouraient tout ce qui tentait de leur résister.

La seule réplique possible aurait consisté à fendre le bas-ventre des bêtes ou à couper leurs jarrets, mais le désordre était tel parmi les rangs kurdes, que nul n'entendit les ordres criés par Ibn Badr. Un dernier carré d'arbalétriers se regroupa et tenta en une manœuvre ultime et désespérée de viser les yeux des éléphants. Mais c'était trop tard. Le soleil les aveuglait, et les mastodontes étaient trop proches, déjà sur eux.

Bouleversé par le spectacle de désolation qui se jouait sous ses yeux, Ibn Sina détourna la tête, le regard brouillé.

La victoire avait choisi son camp.

Massoud était bien le digne fils du roi de Ghazna.

Le crépuscule bleuissait les contours de la plaine et les cadavres des soldats mêlés à ceux des chevaux. Ali finissait de panser le dernier blessé qu'on lui avait amené. Il avait réussi à stopper l'hémorragie à l'aide d'un cautère chauffé à blanc, et maintenant il était en train d'appliquer un onguent fait de terre glaise. Quand il eut terminé, il examina la plaie pour s'assurer qu'elle était parfaitement recouverte et l'entoura d'un linge. Il régnait dans le chariot qui servait de dispensaire ambulant une insupportable puanteur qui imprégnait les vêtements et les objets.

Un peu plus loin, Yasmina tentait de faire boire à un soldat une décoction de melia pour apaiser ses douleurs. Tout l'après-midi durant, d'autres femmes de la cité étaient venues prêter main-forte aux médecins et aux infirmiers. L'intention était noble mais dérisoire. En réalité, il aurait fallu surtout des prodiges de science pour sauver ne fût-ce qu'un dixième des hommes atteints. Son pansement achevé, Ali s'empara de l'une des cruches où restait un fond de vin, et but une large rasade. Il se sentait vidé, épuisé par ces heures qu'il venait de passer à prodiguer des soins qu'il savait au fond de lui-même insuffisants. Ces heures entières à dispenser des analgésiques, à tenter de suturer, de monder ces plaies creusées par l'acier des lames et la pointe des flèches.

Ecartant la bâche bigarrée qui servait de porte, il descendit les trois marches qui conduisait au-dehors et alla s'adosser contre l'une des roues du chariot. Presque immédiatement l'air frais du soir fouetta son visage couvert de sueur, lui apportant un certain bien-être. Son regard erra le long du champ de bataille encore jonché de cadavres et il songea à l'absurdité de tout cela. La destinée des hommes ne serait-elle jamais fondée que sur des malentendus, des déchirements, l'orgueil et l'absence de tolérance ? Là-haut, dans le ciel abordé par la nuit, on apercevait déjà al-Zuhara, l'étoile du soir, qui luisait au nord d'un éclat mat, non loin de Zuhal, l'une des deux grandes étoiles du malheur...

Il allait s'apprêter à regagner le chariot, lorsqu'un gémissement s'éleva sur sa gauche. Tout d'abord il crut que ce n'était que l'écho des cris du jour dont ses oreilles étaient encore pleines. Mais très vite il eut la certitude qu'il s'agissait bien de quelqu'un qui souffrait. Il avança en direction des gémissements et, scrutant la pénombre, il découvrit une forme recroquevillée sur elle-même. Il s'agenouilla près d'elle et la retourna sur le dos avec précaution. C'était un jeune homme d'une vingtaine d'années à peine. Sa jambe était atrocement mutilée sur toute la longueur du tibia, et la déchirure était si profonde qu'on pouvait entrevoir la blancheur de l'os. Une odeur nauséabonde émanait de la plaie, et il ne faisait aucun doute que déjà la gangrène s'était incrustée dans les chairs. Tout à coup un détail lui sauta aux yeux : ce soldat n'était ni un fantassin ghaznawide, ni un cavalier kurde, ce n'était pas non plus un des hommes de Majd el-Dawla. Néanmoins c'était bien un militaire. Mais alors, d'où venait-il ? De quelle armée ?

Sans perdre un instant, il le souleva de terre et le porta jusqu'au dispensaire.

— Vite ! cria-t-il, un anesthésiant !

Yasmina lui tendit immédiatement le bol encore fumant de pavot dont elle venait d'abreuver un blessé.

Ali allongea le soldat et déchira d'un coup sec le tissu qui enveloppait la jambe malade.

L'un des aides du cheikh s'approcha au chevet du blessé et l'examina à son tour. Il ne lui fallut pas longtemps pour faire la même constatation que le fils de Sina.

— D'où vient-il ? Je n'ai jamais vu cet uniforme.

— Tu me vois aussi surpris que toi. Car à ma connaissance

il n'y avait que deux armées qui s'affrontaient aujourd'hui. C'est étrange.

Intrigués par les propos des deux médecins, les occupants du dispensaire s'étaient groupés en demi-cercle autour du militaire inconnu.

L'un des médecins déclara en haussant les épaules :

— De toute façon, Ghaznawide ou Kurde, cet homme est perdu. Dans quelques heures la mort l'aura emporté.

Ali se dressa d'un seul coup, le trait dur, et saisit son collègue par le col de son gilet :

— Jamais, tu m'entends, ne prononce jamais devant moi de telles paroles ! Tu es médecin ! Pas déserteur. Ton devoir est de préserver la vie, pas de prédire la mort !

Pris au dépourvu par la violence d'Ibn Sina, l'homme balbutia quelques mots confus et baissa les yeux. Les femmes se détournèrent gênées. Seule Yasmina vint s'agenouiller auprès du soldat.

— Veux-tu que je le fasse boire ? demanda-t-elle doucement.

Ali acquiesça et souleva lentement la tête du soldat. Celui-ci entrouvrit alors les yeux pour la première fois et fixa le médecin.

— Que se passe-t-il ? Où suis-je ?

— Tu es blessé. Je t'ai retrouvé sur le champ de bataille. Mais tout ira bien.

Il but quelques gorgées de pavot et voulut se laisser retomber en arrière. Mais le cheikh le retint.

— Non. Il faut tout boire. C'est indispensable si tu veux avoir moins mal.

Yasmina replaça la coupe entre ses lèvres et le força à ingurgiter tout le contenu. Quand il eut fini, Ali l'aida à reposer sa tête sur la natte et attendit.

Insensiblement, l'œil du blessé se voila, et ses traits se détendirent.

— Seul... ? M'as-tu retrouvé seul ? N'y avait-il personne à mes côtés ?

— Il n'y avait que toi. Mais à quel corps d'armée appartiens-tu ?

Les premiers effets du pavot se faisaient sentir. Le jeune homme ne semblait plus s'appartenir.

— Hamadhan..., fut sa seule réponse. Hamadhan...

Le cheikh sursauta presque.

— Tu veux dire que tu viens de Hamadhan ?

De plus en plus drogué le soldat battit des paupières, répétant à nouveau comme un leitmotiv le nom de la ville.

— C'est incroyable ! s'exclama un médecin. Il appartiendrait à l'armée de Shams el-Dawla. Le propre frère de notre souverain ?

— Pourquoi pas ? rétorqua une infirmière. Après tout Hamadhan n'est séparé de Raiy que par une dizaine de farsakhs.

— Ce qui laisserait supposer que c'est un espion ?

— Je pencherais plutôt pour un éclaireur, rectifia Ali.

— Mais alors...

— Alors qu'Allah nous protège... Shams n'a pas dû voir d'un très bon œil l'intervention ghaznawide.

— Il aurait donc décidé de venir en aide à son frère ?

— Comment savoir quels sont ses véritables desseins ? Je ne vois pas d'autre explication à la présence de cet homme. Logiquement nous devrions nous attendre à voir apparaître dès l'aube l'armée du fils aîné de la Sayyeda.

— Mais avec ses éléphants, Massoud est invincible !

— C'est tout ce qu'il lui reste, fit observer Ali. Il n'est sûrement pas en mesure d'affronter une seconde bataille dans un délai aussi rapproché.

Une expression consternée apparut sur les visages, et tous observèrent le blessé avec incrédulité.

Ali se tourna brusquement vers Yasmina.

— Pour l'heure, nous avons une vie à sauver. Il va me falloir encore plus de pavot, beaucoup plus concentré. Tu le prépareras dans du vin chaud, et tu y ajouteras quelques graines de jusquiame.

Puis il ordonna à l'un des médecins :

— Choisis les meilleures lames, au tranchant le plus vif. Les meilleurs cautères. Et prépare-toi à immobiliser les jambes et les bras du malade avec des cordes.

— Pardonne-moi, cheikh el-raïs, murmura son collègue embarrassé. Mais que comptes-tu faire ?

— L'amputer. Je ne vois que cette solution si l'on veut espérer une chance de le sauver.

— Mais... l'amputation...

— Je sais, coupa Ibn Sina. C'est une opération aléatoire. Mais dans ce cas précis nous n'avons pas le choix. Va maintenant.

Reprenant à l'intention des autres occupants du dispensaire, il ajouta :

— Des lampes. Rassemblez toutes les lampes, même celles des autres unités. Il va me falloir toute la lumière du Daylam.

Le soldat s'était endormi. Sa respiration s'était faite plus profonde, plus régulière. Agenouillée près de son visage, Yasmina épongea ses joues, son front et ses paupières noyées de sueur. On avait lié les extrémités de ses membres que quatre médecins retenaient fermement. Ainsi étendu sur le dos, écartelé sous les ombres jaunes et pâles, enveloppé de fumée d'opium, le blessé ressemblait à un crucifié.

Ali prit le pouls au poignet et au haut de la gorge. Assuré qu'il était régulier, il commença par installer un solide garot à mi-cuisse, puis il prit le couteau apprêté par son collègue, éprouva le tranchant sur le plat de la main, vérifiant que l'acier était bien dépourvu de toute ébréchure. Ensuite il tendit fermement la peau de la cuisse à l'aide de sa main libre, et commença à sectionner les chairs, un peu au-dessus de l'articulation trochléenne, nettement plus haut que la plaie. Le sang s'échappa en filets épais des premiers vaisseaux éclatés. Très vite les doigts d'Ibn Sina en furent maculés, et ses paumes, et la laine de sa tunique. Le couteau qui s'enfonçait plus avant brisait délibérément les voies du sang, déconstruisait irrémédiablement la nacre des nerfs et celle des tendons.

— Pardonne-moi, cheikh el-raïs, interrogea une voix, mais pourquoi as-tu incisé aussi loin de la blessure ?

— Il vaut mieux ne jamais sectionner sur la limite de la gangrène, expliqua Ali sans lever la tête. Mais à une certaine distance ; là où le mal n'est pas encore parvenu.

Il avait atteint les premiers muscles fémoraux. Prenant appui sur le péroné, il creusa un chemin en demi-cercle, perpendiculaire, au-dessus du genou. Lacérant, creusant au cœur de plus en plus profondément, jusqu'à ce qu'il décelât une résistance. Le blanc mat de l'os apparut au bout de la pointe, comme une canne d'ivoire couchée au fond d'un pertuis.

— La scie, réclama le cheikh tout en confiant le couteau à Yasmina.

Le sang coulait en rigoles épaisses le long de la natte. Quelqu'un avait fait brûler de l'encens pour atténuer la puanteur qui engorgeait le chariot. Autour d'eux les lumignons tremblotaient dans les lampes à huile.

Au moment où s'éleva un bruit de râpe, couvrant la respiration haletante du blessé, une des femmes se trouva mal et fut forcée de quitter le dispensaire. Yasmina elle-même, le teint crayeux, l'aurait sans nul doute imitée si ne la retenait le désir farouche de ne pas faillir devant Ali.

L'attente se prolongea dans cette atmosphère étouffante avant que le fils de Sina ne se redresse enfin. Il repoussa le tibia qu'il venait de séparer du fémur, et essuya ses mains poisseuses le long de son kaftan.

— Maintenant il faut stopper les écoulements, annonça-t-il sur ton neutre. Passez-moi un cautère. Le plus large.

L'une des femmes se précipita sur le brasero fumant et retira d'entre les braises rougeoyantes une plaque ovale en métal doré, prolongée par un manche de bois. Elle la tendit à Ibn Sina qui l'appliqua immédiatement contre les extrémités sanguinolentes de la cuisse, qui se recroquevillèrent d'un seul coup à la manière d'un parchemin qui crisse sous la chaleur.

Le blessé émit un sifflement rauque, et tout son corps se tendit.

— Redonnez-lui une nouvelle dose de pavot, ordonna Ali.

Après avoir vérifié que l'hémorragie était stoppée, il palpa à nouveau le pouls de l'homme. Vérifia selon les anciens préceptes d'Hippocrate que les voies du sang du front et des paupières n'étaient ni gonflées ni raidies. Apparemment satisfait de son examen, il demanda à son collègue d'appliquer sur le moignon un onguent composé de graisse de chèvre fondue, de jujube sauvage et d'écorce de grenadier pilés, avant d'entourer la plaie d'un tissu laineux. Puis après avoir jeté un dernier coup d'œil sur le blessé, il quitta le chariot.

Une fois dehors, il alla s'adosser contre l'une des roues, la tête rejetée en arrière, soudain vide de pensées. Un instant plus tard, Yasmina venait le rejoindre. Elle se glissa discrètement près de lui et après un moment dit d'une voix tendue :

— Je te sens inquiet...

Il ne répondit pas tout de suite. Mais pour lui tout était clair. S'il avait vu juste, si Shams el-Dawla avait pris la décision de venir mettre de l'ordre dans le royaume de Raiy, il rétablirait sans doute la reine sur son trône. Dans ce cas, lui, Ali, était définitivement perdu...

Saisissant une poignée de sable fin dans sa main il la laissa couler entre ses doigts entrouverts.

— Je vais partir, annonça-t-il brusquement.

La femme hocha la tête et le laissa poursuivre.

— Je ne vois pas d'autre solution. Si Shams restitue sa couronne à la Sayyeda, elle cherchera, c'est sûr, à se venger. Tous ceux qui ont soutenu son fils en paieront le prix. Je suis condamné d'avance.

— Et où iras-tu ?

— Je ne sais pas encore... probablement vers le sud.

— El-Jozjani t'accompagnera-t-il ?

— Je pense. Ce sera à lui de décider.

Il y eut un temps, puis elle demanda :

— Et... moi ?

Ali saisit une nouvelle motte de terre entre ses doigts.

— Toi, Yasmina... Où trouverais-je la réponse ? Je me sens tellement perdu. J'ai trente-quatre ans et deux mille ans.

Autant que je me souvienne je n'ai jamais cessé de vivre en exil. Je sais désormais que ce sera inexorablement ma destinée. Peut-être en suis-je responsable. Peut-être ai-je manqué de courage. Au risque de te paraître cynique, je citerai les propos d'un philosophe cher à mon cœur, Ben Gourno : *Celui qui m'a créé se doit de me détruire, car son œuvre est imparfaite...*

— Ce qui est imparfait chez toi, Ibn Sina, c'est ta crainte de l'amour...

Il ne put s'empêcher de sourire.

— C'est bien. Alors dis-moi ce qu'est l'amour ?

— Le don de soi. Le sacrifice. Le pardon.

Sans se départir de son sourire, il contempla d'un air distrait les grains de sable qui filaient entre ses doigts.

— Pardonne-moi. Mais je crois que tu fais erreur. Ou alors tu dois vivre dans le monde des rêves. Je vais te dire ce qu'est l'amour.

Il se tourna vers elle et elle crut sentir ses yeux qui plongeaient au-dedans de son âme.

— Lorsque nous disons que nous aimons, qu'est-ce que cela veut dire ? Simplement que nous possédons. Puisque dès l'instant que nous perdons la personne aimée nous nous sentons perdus, vides de tout. En réalité, en disant que nous aimons, nous ne faisons que légaliser un sentiment de possession.

— Même lorsque nous pardonnons à un être qui nous fait mal, qui nous trahit ?

— Même là. Que faisons-nous ? On lui en veut, on s'en souvient. Et finalement nous sommes amenés à prononcer la phrase sacrée : « Je te pardonne. » Qu'est-ce que cela révèle ? Rien. Rien d'autre si ce n'est que nous demeurons toujours et encore le personnage central, que c'est « moi » qui assume l'importance, puisque c'est encore « moi » qui pardonne... Tu as peut-être raison Yasmina. Je crains l'amour. Il n'est fondé que sur l'attirance des corps, sur l'idée de possession, la jalousie, la méfiance et la peur. C'est terrible d'avoir peur. C'est comme mourir. Certes, nous croyons aimer. Mais en vérité, nous n'aimons que nous. Et comme je te le disais, je me trouve imparfait. Peut-on aimer ce qui est imparfait ?

Yasmina leva les bras au ciel dans un geste fataliste.

— Cheikh el-raïs, ta rhétorique me dépasse. Je ne suis qu'une simple mortelle. Je te parle de cœur, tu me parles d'algèbre et de choses qui me dépassent... Soit, puisque tel est ton désir, tu partiras sans moi vers la province du Sud.

Dix-septième makama

« L'aube est levée depuis une heure déjà. Le désert a commencé aux portes mêmes de la ville. Sous le pas régulier des sabots ce n'est que pierres, sable et le gris du ciel qui s'étire à perte de vue au-dessus du ventre stérile de la plaine. Dans le sillage de nos montures suivent deux chevaux de bât. Sur le harnais du premier nous avons installé un cadre de bois pour y fixer l'imposante malle de cuir renfermant tous les ouvrages et les livres précieux de mon maître. Sur une autre bête, j'ai entassé plusieurs ballots solidement maintenus par des cordes de chanvre ; ils contiennent nos vêtements, un peu d'opium pour résister à la fatigue, des réserves d'eau et de nourriture.

« La route sera longue qui doit nous conduire jusqu'au Mazandaran, *le pays des cognées*, ainsi appelé en raison des épaisses forêts qui couvrent la région. C'est une province bordée au nord par la mer des Khazars, au sud par la chaîne des monts Elbourz. Une légende raconte qu'elle doit sa prospérité à Ali, l'émir des croyants, qui y secoua sa nappe après avoir mangé. Les Arabes la connaissent sous le nom de Tabaristan. Mais les gens qui y sont nés l'appellent aussi : Bab el-Mézanne, la porte du pesage. Je me suis laissé croire que les récentes comparaisons que le cheikh avait établies sur la mouvance du destin n'étaient peut-être pas étrangères au choix de cette destination. Quoi qu'il en soit, si tel est le désir d'Allah, dans cinq jours nous entrerons à Qazvim. Pour des raisons de sécurité, c'est cette ville qu'a choisie Ibn Sina, la préférant à Amol, pourtant plus importante et plus florissante. Mais avant, il nous faudra traverser la bande étroite de désert qui nous sépare de l'Elbourz, gravir la montagne, redescendre vers les vallées.

« Yasmina nous accompagne. Au tout dernier instant, sans que rien l'eût laissé prévoir, le cheikh est revenu sur ses réticences. J'avoue que j'en fus très étonné. Quant à la jeune femme, même si elle le fut aussi, elle n'en laissa rien paraître.

« Pourquoi ce changement d'attitude ? Quelle fut la cause de ce revirement ? Je fus toujours persuadé que jamais, dans sa vie d'errance, le raïs ne se serait imposé le souci d'une présence féminine. Il avait trompé mon analyse. J'en conclus que les desseins du cœur sont impénétrables. A ce point, il me faut préciser un détail qui peut paraître anodin, mais qui par la suite aura une résonance terrible, imprévisible : Alors que jusqu'à ce jour la jeune femme avait évolué à visage découvert, dès l'instant que nous franchîmes les portes de Raiy, elle s'empressa de masquer ses traits derrière un litham, un de ces voiles qui ne laissent deviner que la ligne des yeux. C'est d'ailleurs mon maître qui le premier s'en aperçut et le lui fit observer :

— Craindrais-tu les yeux du désert ? C'est pourtant habituellement dans les cités que les femmes se protègent des regards impurs.

« En guise d'explication elle eut cette réponse ambiguë :

— Ne dit-on pas que le visage est le reflet de l'âme ? Puisque désormais je t'appartiens, nul autre que toi n'aura le droit de connaître ce que je suis.

« Au-dessus de nos têtes, le soleil a gagné de la hauteur et commence à brûler le sable de la piste. Bientôt, la chaleur sera insupportable. Il n'y aura pas d'arbres, pas la moindre protection avant la montagne.

« Au midi de l'horizon nous atteignons enfin le point d'intersection d'où part le chemin qui mène aux contreforts de l'Elbourz, avec tout au bout notre première étape, le Démavend, le toit de la Perse.

« Maintenant, la piste monte le long des flancs rocailleux. Lentement nous gagnons de l'altitude. L'abîme se creuse vers l'occident. Bientôt c'est le premier pont, le fracas d'un torrent. Nous devrons franchir le col qui serpente au-dessus de nos têtes. Nous grimpons toujours en file. L'air a pris une transparence ambrée, cristalline, de plus en plus pure, cependant qu'insensiblement, au-dessous de nous, en direction de l'orient, prend forme un paysage d'une incroyable splendeur.

« Je ne peux m'empêcher d'éprouver un certain respect devant le courage de Yasmina. Elle est à bout de forces mais ne laisse échapper aucune plainte. A ma proposition de halte, le cheikh oppose un refus catégorique : Il préfère attendre ; la crainte, sans doute, d'être encore trop proche de la Sayyeda Shirine et des menaces de Raiy.

« Le col est traversé. Démavend est au bout.

« Le décor s'est métamorphosé d'un seul coup. Blotti à nos pieds apparaît le village, sa mosquée bleue, ses arbres, ses peupliers et tout autour un monde troublé et confus de rocs, de collines et de pics aigus ; un lacis de grande beauté composé de formes déchiquetées et de teintes dégradées, qui vont des bruns rouges du porphyre aux traînées vives du soufre.

« Nous nous arrêtons enfin près d'une des nombreuses rivières qui sillonnent la montagne, et dans laquelle vient se déverser le vertige bouillonnant d'une cascade. Notre première impulsion est de nous laver dans l'eau fraîche avant de prendre quelques nourritures à l'ombre des arbres. Des dattes, un bol de riz, du thé sucré.

« De là où nous sommes on peut apercevoir clairement la rue principale du village : deux chemins étroits en bordure de maisons rousses. La flèche de l'unique minaret entièrement recouverte de briques et de faïences bleues file vers l'azur.

« Les légendes racontent que c'est ici, à Démavend, que s'est fait le passage de l'état de nomade à celui où l'homme perse s'est fixé et a créé la première cité.

« Une heure plus tard, nous voilà repartis. Pelaur est notre prochaine destination, c'est là que nous passerons la nuit.

« Nous voici à nouveau en file le long de la sente, à une altitude de près de six mille coudées[1]. D'ici c'est presque toute la Perse qui se dévoile pour nous. Le courant vert sombre des vallons, les arbres serrés le long des rivières du Mazandaran, la frontière du désert et des sommets tellement bouleversés qu'on croirait qu'ils ont été figés avant leur achèvement.

« Les ombres qui précèdent la nuit font déjà l'ascension des pentes. Tout le décor en contrebas semble se défendre contre l'invasion irrésistible des ténèbres et s'entête à jeter des lueurs fauves sur le ciel.

« Mais avec la fulgurance propre à cette contrée qui ignore les crépuscules, le voile de la nuit recouvre d'un seul coup le paysage.

« Je propose au cheikh une nouvelle halte, mais il me rétorque que les bêtes voient mieux que nous dans l'obscurité. Pourtant nous avançons sur un chemin qui descend en pente

1. 3 000 mètres environ. *(N.d.T.)*

raide et tournoie dangereusement à travers les rochers. Il fait si noir que nous distinguons à peine la tête de nos montures. Et j'ai la certitude de sentir trembler les flancs de mon cheval.

— Cheikh el-raïs ! Nous allons nous rompre les os !

« Mais Ibn Sina n'a pas l'air de m'entendre. Je le devine légèrement penché sur son cheval, lui laissant la bride, s'en remettant à lui.

« Pourquoi, à cet instant précis, une suite d'images parfaitement incohérentes me sont-elles revenues en mémoire ? Les moments d'ivresse de mon maître, ses égarements dans les fumées d'opium, et cette scène impure dans le bouge de Raiy, tandis qu'il faisait l'amour à cette Slave. Cette nuit-là, j'avais cru que ces images m'étaient dictées par la peur qui nouait mon ventre. Mais aujourd'hui, j'ai acquis la certitude qu'à certains moments de sa vie le fils de Sina a cherché consciemment à se détruire, jusqu'à courtiser la mort elle-même.

« La nuit est glaciale. Toujours poussés par la prudence, nous avons préféré dépasser le hameau de Pelaur et ses maisons de boue séchée, pour coucher un farsakh plus loin, sur une crête aussi étroite que le tranchant d'une épée.

« Yasmina est assise tout près du feu. A ses côtés, le cheikh aspire quelques bouffées d'opium tout en finissant de me dicter l'un des chapitres du livre troisième du *Canon* ; celui concernant la pathologie spéciale, étudiée organe par organe. Cette faculté que possède mon maître de rassembler dès l'instant qu'il le désire sa pensée créatrice sera toujours pour moi un élément de trouble et d'admiration. Exilé une fois de plus, en route pour l'inconnu, pratiquement démuni sur cette montagne où le froid transperce nos os, voilà qu'il trouve les ressources nécessaires pour isoler son esprit et ne plus tendre qu'au but qu'il s'est imposé : achever le *Canon*.

« Le temps passe. Mes doigts commencent à s'engourdir. C'est la voix de Yasmina qui met fin à notre séance de travail. Dans peu, sous la morsure du froid, mes phalanges se seraient brisées comme des roseaux de verre.

— Une étoile filante !

« Le fils de Sina s'interrompt et scrute le coin du ciel désigné par sa compagne. Elle enchaîne :

— Cheikh el-raïs, toi qui possèdes la science infinie, sais-tu l'explication de ce phénomène ?

« Ali sourit en secouant la tête.

— J'avoue m'être penché sur la question. Mais le Tout-Puissant ne m'a pas accordé de réponse. Mais peut-être toi, Yasmina, pourras-tu m'éclairer ?

« La femme le toisa avec un air d'enfant content de lui.

— Je suis heureuse de constater que tu ignores encore certains mystères. Je peux t'expliquer les étoiles filantes.

« Je me permis de faire observer :

— J'ai toujours entendu dire que toute étoile filante est la vie d'un être humain qui s'éteint.

« Yasmina rejeta ma suggestion. Alors le cheikh me fit signe de ranger les feuillets du *Canon*, et fixa la femme, l'œil attentif.

— Je t'écoute.

— Voici. Lorsque le démon frotte ses talons l'un contre l'autre, il en tombe de petits diables. Ceux-ci montent alors sur l'épaule l'un de l'autre pour espionner ce qui se passe au septième ciel. Alors l'Eternel donne l'ordre à ses anges de leur lancer une flèche qui les disperse. C'est cette flèche que nous appelons étoile filante.

« Un sourire indulgent éclaira les traits de mon maître.

— D'où tiens-tu cette théorie ? Qui te l'a rapportée ?

— Mais personne ! Me sous-estimes-tu au point de me croire incapable d'une telle réflexion ?

« Ibn Sina se tourna aussitôt vers moi :

— As-tu entendu, Abou Obeïd ? As-tu pris note ?

« Comme je répondais par la négative, il ajouta sévère :

— Eh bien, tu as eu tort. Cette théorie est essentielle. Demain, quelqu'un la rapportera, qui la dira à un autre. Dans mille ans, on l'échangera encore. C'est ainsi que naissent les légendes.

« La jeune femme s'exclama offusquée :

— Une légende ? Mais ce n'est en rien une légende !

« Il s'empressa de la rassurer :

— C'est ainsi que les hommes l'interpréteront. Nous seuls saurons que ce n'en est pas une, mais une théorie parfaitement scientifique.

— Tu te moques de moi, cheikh el-raïs.

« Il se pencha vers elle et frôla ses lèvres. Elle lui rendit son baiser avec ferveur, tandis que je m'écartais d'eux...

« L'aube nous retrouva en route le long d'un sentier escarpé, jonché de grosses pierres qui roulaient sous les pas de nos chevaux.

« La descente vers la vallée du Lar a commencé. A notre gauche, les derniers contreforts du Démavend que nous avons quitté depuis une heure déjà, à notre droite " le chemin qui marche ", une rivière. Plus loin, des crêtes effilées.

« Shawwâl touche à sa fin mais l'on peut voir encore de grands champs de neige qui couronnent la tête du vieux volcan.

Autour du cône flottent quelques nuages légers, et des volutes de fumée qui montent sur le côté de la montagne. En ce moment nous longeons un précipice de plusieurs centaines de coudées, qui s'achève par une gorge étroite au fond de laquelle court le Tchilik, la rivière qui nous servira de guide.

« Par endroits, le soleil naissant éclaire les eaux tumultueuses, jetant sporadiquement des éclats d'argent dans l'ombre du ravin.

« Avec docilité nos chevaux cherchent où poser leurs sabots sur ce chemin incroyablement dangereux. Nous sommes tenus de leur laisser une entière liberté, et la bride sur le cou. Mais souvent nous n'avons pas d'autre choix que de mettre pied à terre devant l'inclinaison périlleuse de certaines pentes ; poussant nos montures par la croupe, nous les forçons à se lancer, puis à se glisser les quatre pattes écartées dans un éboulis de pierre jusqu'à ce qu'elles soient parvenues à un sol plus ferme.

« Combien de prières mon cœur a-t-il balbutiées ? Combien de sourates me suis-je répétées ? Je n'en ai plus la mémoire... L'extrême fatigue aidant, je sais que j'ai fini par nous remettre entre les mains du Clément.

« Alors que nous pénétrions des gorges si étroites que la lumière n'y parvenait presque plus, je connus à nouveau d'autres frayeurs. Et s'il n'y avait eu le vacarme assourdissant de la rivière tourbillonnant à nos pieds, je crois que l'on aurait pu entendre les cris affolés de mon cœur cognant dans ma poitrine.

« Pendant toute la matinée nous suivîmes le même sentier qui domine le haut de la vallée. Ce paysage qui progressivement tourne au vert laisse pressentir les forêts du pays des cognées. A mesure que nous avancions l'espace s'élargissait, devenait plus vaste, les horizons plus lointains.

« Après une courte halte au cours de laquelle le cheikh et Yasmina prirent un bain dans leur plus simple tenue, nous reprîmes notre périple. L'air était plein de moiteur, et la proximité des basses terres du Mazandaran nous enveloppait d'une atmosphère humide qui nous retirait toute énergie. Pourtant nous progressions quand même.

« Une fois le Tchilik traversé nous quittâmes définitivement les forêts pour pénétrer dans un immense territoire marécageux qui s'étendait en longue bande sur près de quinze farsakhs. Ce n'était que rigoles, ruisseaux, terres noires où poussaient des champs de coton, de riz et de tabac. A cette période de l'année, le paysage était doré par le soleil, plat et parsemé de grands roseaux qui oscillaient doucement sous le souffle à peine perceptible du vent. Grisés de fatigue et de parfums, nous ralentîmes presque à notre insu le pas de nos montures. Un coup d'œil par-dessus mon épaule me donna à espérer que mon maître déciderait enfin de s'arrêter. Yasmina était penchée en avant dans une attitude somnolente, le trait hâve et desséché. Quant au cheikh il n'était guère plus reluisant ; son visage était tanné, brûlé, et sa barbe collait à ses joues comme un masque d'argile grisâtre.

« C'est finalement en vue d'Amol, au cœur du pays des cognées, qu'à bout de forces j'adjurai le fils de Sina pour qu'il se résignât enfin à faire halte. Les couleurs du ciel avait pris une teinte pourpre et violet. Le crépuscule n'allait pas tarder à envahir le sillon des rizières. A mon grand soulagement, le raïs accepta. Apercevant à un demi-farsakh environ les vestiges d'une hutte dressée sur un terre-plein, je suggérai que nous nous y installions pour y passer notre deuxième nuit. J'aurais dû ce jour-là sceller mes lèvres ! Le Tout-Puissant, dans son infinie miséricorde, me pardonnera-t-il jamais ma faiblesse ?

« Une heure plus tard, alors que le soir avait gagné le paysage, c'est là que nous fûmes attaqués par les ayyaroun... »

Ce fut peut-être le clapotis provoqué par la marche des hommes dans la rizière avoisinante qui tira Ali de son sommeil. En vérité il ne dormait pas vraiment. Comment aurait-il pu, avec le harcèlement des moustiques, l'humidité suffocante et la douleur lancinante qui émanait de ses membres fourbus ? D'abord il crut que les bruits qu'il entendait n'étaient rien d'autre que les dernières braises qui crépitaient dans le feu. Mais lorsqu'il se releva, il s'aperçut qu'ils étaient encerclés par une vingtaine d'ombres menaçantes, armées de poignards et de sabres.

A leur allure déguenillée Ali les identifia immédiatement. Il y avait quelque chose de volontaire dans le cuir laminé de leurs bottes, dans leurs pantalons bouffants, dans les haillons qui leur servaient de manteaux et les mille rajouts qui couvraient leurs turbans. C'était bien des ayyaroun, ces chevaliers vagabonds qui depuis quelques années semaient la terreur jusqu'aux portes de Bagdad. En réalité, plus que de simples brigands, les ayyaroun formaient une véritable confrérie, agissant selon des règles précises, celles de la *futuwwa* ; un terme qui sous-entend l'esprit de chevalerie.

C'était un ordre assez mystérieux, au règlement très strict, et régi par un grand maître (parfois le calife lui-même). Il possédait entre autres la caractéristique de n'être lié par aucune attache confessionnelle, corporative ou tribale. L'investiture des nouveaux adeptes se déroulait de manière solennelle. A son terme, on leur faisait revêtir les *sarawil el-futuwwa*, les pantalons de chevalier, et on leur faisait boire la coupe de la fraternité. Tout ceci était organisé selon un système de réunions régulières, avec un rituel immuable. Adeptes d'une morale expéditive fondée sur le détroussement du riche, les ayyaroun étaient parvenus peu à peu à tisser de ville en ville les réseaux d'une solidarité d'un genre très particulier, et il n'était pas rare que leurs dirigeants — parfois véritables maîtres des cités — traitassent d'égal à égal avec les autorités officielles.

Celui qui avait des allures de chef s'approcha lentement d'Ibn Sina.

En l'examinant, la première impression d'Ali fut qu'il était en présence d'un faucon au physique humain. Ses yeux étaient ronds et noirs comme le charbon, durs comme la pierre. Les traits étaient anguleux et le nez aquilin s'affaissait à son extrémité vers une lèvre supérieure épaisse. Il devait avoir un peu plus de cinquante ans.

— Qui êtes-vous ? D'où venez-vous ?

— Des marchands, répondit Ali. Nous sommes en route pour Qazvim.

Le chef des ayyaroun pointa son index sur la jeune femme.

— Et elle ?

— Mon épouse.

El-Sabr, c'était son nom, caressa d'un air songeur la crosse damassée de son poignard.

— Des marchands... Et que vendez-vous ?

Ali eut un imperceptible mouvement d'hésitation.

— Des livres.

Les yeux de faucon du ayyar s'aggrandirent. Il partit d'un grand éclat de rire, imité par ses compagnons.

— Voici ma barbe[1] ! C'est bien la première fois que j'entends parler d'une telle profession !

— Pourtant, elle existe, se hâta de répondre Ali.

Incrédule, le chef se dirigea d'un pas rapide vers la grande malle de cuir contenant les manuscrits. D'un geste décidé il dégaina son poignard.

— Non ! s'exclama le cheikh en se précipitant vers l'homme. Ne fais pas cela. Une fois lacéré ce bagage sera inutilisable et son contenu perdu. Laisse-moi faire.

Il s'empressa de dénouer lui-même les sangles qui fermaient le bagage laissant apparaître sous la mine consternée du ayyar un nombre impressionnant de livres de toutes sortes et de manuscrits non reliés.

1. Expression tout orientale qui signifie : montrer du dédain, du mépris à quelqu'un. *(N.d.T.)*

El-Sabr s'empara au hasard d'un recueil, le fit tourner un instant entre ses mains et le jeta à terre avec humeur.

— Je n'y comprends rien !

Opérant une volte il commanda à ses hommes :

— Fouillez tout ! Examinez les moindres recoins ! Si ces individus sont marchands de livres, je suis mangeur de lézards !

En un éclair les ballots furent vidés de leur contenu. La malle contenant les ouvrages du cheikh mise sens dessus dessous, les harnais découpés au couteau. On ne laissa rien au hasard. Mais cette fouille sauvage n'eut pour seul effet que d'accroître un peu plus l'irritation déjà grande d'el-Sabr.

— Tu vois bien, protesta Ibn Sina. Nous ne possédons ni or ni perles rares. Laisse-nous donc poursuivre notre route en paix.

— Pas question ! Depuis l'âge de quinze ans j'use ma peau à tous les sables du désert. Je sais faire la différence entre un oiseleur et un porteur d'eau, un vendeur d'opium et un tisseur de tentes. Et toi, je peux affirmer que tu n'as rien d'un marchand. Ton nom ! Et de quelle ville es-tu ?

— Je m'appelle Abd el-Kitab. Le serviteur du livre. Et je suis originaire de Balkh. Tout comme mon associé.

Le ayyar pointa son doigt sur Yasmina.

— Et ton épouse ? Serait-elle aussi une fille de Balkh ?

— Elle est native de Raiy.

Il fit un pas vers la femme et désigna ses mains et ses pieds dénudés.

— Voilà qui est étrange... Une fille de Raiy qui a la peau aussi blanche qu'une Roum.

Ali essaya de conserver son sang-froid.

— J'ai connu des femmes du pays des Turcs à la peau couleur d'ébène. Et des Khorassaniennes au teint jaune. Il n'y a là aucun prodige, si ce n'est le hasard de la nature.

— Qu'elle ôte son voile !

Yasmina se recula, protégeant son visage entre ses mains.

— Sacrilège ! protesta Ali en s'interposant entre el-Sabr et sa compagne. Aurais-tu oublié les Ecritures sacrées ?

— Dieu est celui qui pardonne, fut la seule réponse du ayyar.

Et il arracha le voile de Yasmina.

Dix-huitième makama

Rapidement maîtrisés, on les avait conduits sous une tente, pieds et poings liés. La première pensée d'Ali fut pour sa compagne. Il fut soulagé de la retrouver allongée près de Jozjani. Elle avait le visage découvert.

— Décidément, ces individus ont une étrange conception de l'esprit de fraternité et de générosité.

— Des brigands, voilà ce qu'ils sont, siffla Abou Obeïd.

— Que vont-ils faire de nous ? interrogea Yasmina un peu perdue.

— Comment le savoir ? Tout ce que j'espère c'est qu'ils n'entretiennent pas de rapports avec la cour du Daylam.

— Ils ne vont tout de même pas nous garder prisonniers indéfiniment !

— Non. Je ne le crois pas. A moins que...

Elle sut tout de suite que c'était elle qui était concernée par cette phrase laissée volontairement en suspens.

— Tu veux dire que je risque de les intéresser ?

Il allait répondre lorsque la toile qui fermait l'entrée de la tente s'écarta brusquement. Un des hommes d'el-Sabr fit irruption. Sans prononcer un seul mot il dégaina son poignard et trancha d'un coup sec les liens qui emprisonnaient le médecin.

— Suis-moi. Le chef veut te voir.

Un instant plus tard, on l'introduisait sous la tente d'el-Sabr.

Enveloppé dans un nuage de fumée bleue, le chef était assis en tailleur sur un tapis de soie. Sa main tenait négligemment un *kalyan*, une pipe à opium. Les manuscrits d'Ibn Sina étaient éparpillés autour de lui.

Non loin, une femme gracile, le visage découvert, était à moitié allongée sur un tapis. Ses yeux ombragés de longs cils étaient résolument baissés. C'est à peine si elle remarqua l'arrivée du médecin. A ses côtés se trouvait un récipient rempli de charbons ardents.

D'un geste nonchalant, el-Sabr invita le cheikh à s'asseoir. Tout en l'étudiant, il porta l'embout de la pipe à ses lèvres. Renversant la tête en arrière, il savoura son plaisir en silence.

— Tiens, dit-il au bout d'un moment en lui tendant le *kalyan*. C'est du meilleur. J'espère qu'il sera à ton goût...

Ali remercia et aspira à son tour deux profondes bouffées.

— Je reconnais bien la qualité incomparable des champs d'Ispahan.

Le ayyar désigna la femme allongée.

— C'est Khadija, mon épouse, ma favorite. N'est-elle pas de toute beauté ?

La femme releva le menton avec une moue dédaigneuse.

— Changeante et indomptable, comme le vent, commenta le chef avec tristesse.

Il balaya l'air d'un geste de dépit et s'empara de l'un des manuscrits.

— *Traité sur la nature de la prière*, commença-t-il d'une voix neutre.

Entrouvrant la dernière page, il récita :

— *En moins d'une demi-heure, exposé à beaucoup de distractions, j'ai composé ce traité avec l'aide de Dieu et par sa grâce abondante ; c'est pourquoi je demande à tout lecteur qui a reçu par la grâce du Très-Haut sa part d'intelligence et de justesse d'esprit, de ne point divulguer mon secret, même s'il devait être à l'abri de toutes représailles méchantes de ma part. Je confie mon affaire au seul Seigneur ; lui seul la connaît, et nul autre sauf moi-même.* Signé : *Abou Ali el-Hosayn ibn Abdallah ibn Sina*[1].

— Connais-tu l'auteur de ce texte ? dit el-Sabr après une pause.

Ali répondit, impavide :

— Aussi bien que moi-même. C'est un philosophe. Du moins se considère-t-il comme tel.

1. Cette étrange conclusion du *Traité sur la nature de la prière*, qui laisse le champ libre à de nombreuses interprétations, ne se trouve que dans les manuscrits de Saint-Pétersbourg et de Leyde. *(N.d.T.)*

Sans attendre, le ayyar prit un autre ouvrage :

— Livre premier du *Canon de la médecine*.

Se référant à nouveau à la dernière page il poursuivit :

— *Le sceau de l'œuvre est une action de grâces. Notre prochaine tâche sera de compiler l'œuvre sur les Simples, avec la permission d'Allah. Puisse-t-Il être notre aide et remercions-Le pour tous ses innombrables bienfaits.* Signé : *Abou Ali el-Hosayn ibn Abdallah ibn Sina.*

— Un philosophe, doublé d'un médecin...

— Allah soit loué. Nous possédons en Perse des hommes de qualité.

El-Sabr hocha la tête pensivement et prit un troisième volume.

— *Traité sur la musique... Celui qui a transcrit cet ouvrage est la créature la plus humble, qui compte le plus de péchés, Abou Ali el-Hosayn ibn Sina, puisse Allah l'aider à terminer sa vie dans les meilleures conditions...*

A ce point de sa lecture une certaine tension s'était glissée sur les traits du ayyar.

— Un philosophe, doublé d'un médecin, doublé d'un musicologue, dit-il d'une voix moqueuse.

Ali ne fit aucun commentaire.

— Vois-tu, reprit el-Sabr en tirant sur sa pipe, d'un air absorbé, je trouve tout de même curieux qu'un marchand de livres se limite à ne vendre qu'un seul auteur.

— Je crois que tu fais erreur. Si tu as bien examiné le contenu de la malle de cuir, tu as dû sûrement trouver des œuvres de Ptolémée, et des...

— Il suffit ! Pour un livre de ton Ptolémée, dix d'ibn Sina ! Et tu ne me convaincras pas que l'on puisse gagner sa vie en proposant un choix aussi limité. Non, il s'agit d'autre chose.

— Que veux-tu insinuer ?

— Rien. Si ce n'est que tout ceci confirme mes doutes.

Ses yeux ronds posés sur Ali, il conclut en espaçant les mots :

— Tu n'es pas un marchand. Ton nom n'est pas Abd el-Kitab.

— Propose-m'en un autre...

Le ayyar aspira une bouffée avant de laisser tomber :

— Abou Ali el-Hosayn ibn Abdallah ibn Sina. N'ai-je pas raison ?

— Si cela était, quelle importance ?

— Une importance extrême ! Je ne supporte pas de me tromper. Depuis toujours j'ai fondé mes actions et mes attitudes sur une intuition sans égale. Et je serais profondément bouleversé dans mes humeurs si quelqu'un venait à me démontrer que je ne suis pas infaillible. Alors, réponds...

Le fils de Sina tendit la main vers la pipe d'opium.

— Que sais-tu de l'homme dont tu m'imputes l'identité ?

El-Sabr haussa les épaules.

— Rien. Rien si ce n'est qu'apparemment il me paraît être doué d'un esprit peu commun.

— Es-tu sincère ? Tu ne sais vraiment rien de lui ?

Le ayyar parut choqué :

— Qui que tu sois, je t'interdis de mettre ma parole en doute. Il m'arrive de voler, mais jamais de mentir. Maintenant réponds.

Ali exhala un mince nuage de fumée.

— Tu peux être tranquille, mon frère. Tes intuitions sont inégalées.

— Ah ! dit-il avec un large sourire. Je préfère ce langage. Et pour te le prouver, je t'invite à partager un melon de Farghana.

Il se dirigea vers une corbeille de fruits posée sur un coffre orné d'arabesques.

— Regarde, dit-il en brandissant un melon. Sens ce parfum.

Se penchant vers sa favorite, il proposa doucement :

— En voudrais-tu aussi, prunelle de mes yeux ?

Une nouvelle fois la réaction de la femme fut curieuse. Elle cracha sur le sol et se tourna sur le côté.

— Décidément..., fit el-Sabr embarrassé, elles sont aussi versatiles que des chamelles.

Dégainant son poignard, il trancha le fruit en deux parties égales et revint vers Ibn Sina.

— Ainsi, tu es médecin, reprit-il en se rasseyant. Mais pourquoi m'avoir menti ?

— Mon frère, le mensonge il est vrai est l'une des tares de l'homme. Mais il fait gagner du temps.

— Tu cherchais donc à te préserver de quelque chose.

Ali ne put que confirmer.

Découpant une épaisse tranche de melon, el-Sabr n'en fit qu'une seule bouchée.

— J'en déduis que je pourrais tirer de toi un certain profit.

— J'ai toujours pensé que la *futuwwa* avait pour principe de ne s'attaquer qu'aux puissants. Défendre la veuve et l'orphelin. Je ne vous imaginais pas être de ceux qui allongent la main[1]. Je me trompais donc.

1. Allonger la main pour s'approprier le bien d'autrui, pratiquer la concussion, l'exaction, la tyrannie. *(N.d.T.)*

Le ayyar leva son index droit devant lui.

— Tu ne fais pas partie de ces puissants. Mais tu es certainement le serviteur de l'un d'entre eux. Un serviteur en fuite. Ta tête doit avoir un prix. En te livrant, je ne ferais que soulager l'escarcelle d'un riche.

Ali eut un geste d'abnégation.

— Raisonnement singulier, contre lequel je suis sans armes hélas...

— Il y a autre chose. Cette femme qui t'accompagne. Est-ce bien ton épouse ?

— En quelque sorte.

— Depuis quand la connais-tu ?

— Quelques semaines. Mais pourquoi ces questions ?

Le ayyar s'allongea sur le tapis et dit en se frottant la pointe du menton :

— A l'heure où nous parlons, sache qu'un de mes hommes ne doit pas trouver le sommeil. Il est persuadé l'avoir rencontrée quelque part. Dans une ville, Bagdad probablement. Mais hélas il est incapable de se souvenir en quelle occasion, en quel jour.

Ali fronça le front, tout à coup soucieux.

Il songea aux discussions qu'il avait eues avec Yasmina, à toutes ces questions demeurées sans réponses.

— Je ne sais pas quels sont tes projets, fit el-Sabr, mais permets-moi de te rappeler le fameux proverbe : *En ces trois êtres ne mets jamais ta confiance : le roi, le cheval et la femme...*

Ali enchaîna à la place du ayyar :

— *... car le roi est blasé, le cheval fugace et la femme perfide...* Oui mon frère, je sais. Je te répondrai simplement : on vénère rarement le roi et on ne fornique pas avec son cheval. En revanche on aime une femme et on lui fait l'amour. Il faut seulement se garder d'avoir trop mal. Enfin, si l'on peut...

Il avait adopté un ton quelque peu détaché, mais au fond de lui les confidences du chef l'avaient profondément troublé.

La voix ironique de la favorite d'el-Sabr le tira brusquement de sa songerie :

— Et que doit-on dire des hommes qui ne font même pas l'amour à leur femme ?

Le ayyar explosa :

— Il suffit maintenant ! Si tu continues à m'échauffer les oreilles je te renvoie dans la tente de tes consœurs.

Il reprit, irrité :

— C'est bon. Maintenant raconte-moi ton histoire. Je veux tout savoir.

Devant son expression hésitante, il s'empressa de préciser sèchement :

— Prends garde, Ibn Sina ! Ce soir je ne suis pas d'humeur à tergiverser. Parle, et ne me fais pas languir. Un individu de ton intelligence doit savoir qu'il n'a pas le choix. Je pourrais me montrer beaucoup moins hospitalier. Je t'écoute.

La menace était inutile. Au moment où il se glissait sous la tente, Ali savait déjà que toute résistance serait vaine. Alors il se confia. Il révéla dans les grandes lignes sa situation auprès de la reine, de Majd el-Dawla. L'attaque de Raiy, l'intervention de Shams et sa fuite. Quand il eut fini, le ayyar se leva d'un seul coup :

— Buyides, Samanides, gens du sérail... ils sont tous pareils. Des rats prisonniers de leur propre souricière. Je n'ai aucun respect pour ces individus. Ils sont privés de toute noblesse. Leur seul intérêt se limite à se disputer des morceaux de notre terre comme des vautours le cadavre d'une gazelle. Il faut que je réflechisse. Demain je statuerai sur ton sort et celui de tes amis. Va maintenant. J'ai besoin de sommeil.

Ali salua. En se retirant, il jeta un coup d'œil discret sur la favorite. Elle avait le visage plus renfrogné que jamais.

★

Dix jours passèrent.

Ce fut seulement le matin du onzième jour que le chef des ayyaroun fit appeler son prisonnier. A peine eut-il pénétré sous la tente, qu'il prit conscience de l'état d'énervement dans lequel était plongé el-Sabr.

— Peste soit des femmes ! siffla-t-il en arpentant le sol. Peste soit des créatures du diable ! Que penses-tu de Khadija ?

— Mais...

— Sans détour ! Je veux ton opinion.

Interloqué, le cheikh essaya de trouver le mot juste.

— Puisque tu m'y autorises, commença-t-il prudemment, je te dirai que c'est une femme... très agréable.

— Mais encore...

— Appétissante...

— Quoi d'autre ?

— Mon frère, pardonne-moi, mais je ne sais rien de ta favorite. Comment pourrais-je te...

— Tu es un homme de science. Tu es un savant. Un écrivain. Tu dois être capable de juger tes congénères sur un seul regard !

Ali médita un instant. Il était évident qu'el-Sabr désirait entendre des mots précis. Mais lesquels ?

— Elle est unique, lança-t-il brusquement. Unique puisque tu l'aimes.

Les traits du ayyar parurent s'affaisser d'un seul coup. Il se laissa choir sur son tapis de soie en se prenant le visage entre les mains.

— Oui, gémit-il. Oui, je l'aime. Et cet amour est cause de tous mes maux.

— Confie-moi ton problème.

Le visage toujours enfoui, l'homme murmura :

— Elle veut me quitter... Elle me méprise. Et son mépris est aussi brûlant qu'un tison. Crois-tu qu'on puisse mourir d'amour ?

— Oui... mon frère. Parfois. Mais rassure-toi, c'est une mort dont on revient. L'univers est peuplé de revenants d'amour.

Le ayyar écarta ses paumes et releva la tête doucement. Il était vraiment désespéré.

— Ta connaissance peut-elle expliquer l'inexplicable ?

— Quel est ton souci ?

El-Sabr prit un temps d'hésitation avant de déclarer d'une petite voix :

— Ma virilité m'a quitté...

Ali crut avoir mal entendu.

— Oui, reprit le chef des ayyaroun, ulcéré. Et pour bien souligner son propos, il plaqua sa main sur son sexe.

— Il ne m'obéit plus. Il rechigne à la besogne. Il se dérobe tel un coursier devant l'obstacle. Tu l'as dit toi-même, ma femme est appétissante. Et moi je sais que sa croupe est plus belle que celle d'une jument. Ses seins m'interpellent comme des astres. Et sa peau a le parfum de la mangue.

— Tu lui fais tout de même l'amour ? s'inquiéta Ali en pleine perplexité.

— Ne suis-je pas assez humilié pour que ta question ajoute à cette humiliation ? Bien sûr que je lui fais l'amour. Mais le malheur a mis entre mes bras une épouse jamais assouvie. Une louve au désir toujours renouvelé. La première étreinte n'est qu'un prélude à ses yeux. Tandis que moi je suis repu. Mon membre s'éteint comme une flamme à la première saute de vent... Qu'y puis-je ? C'est peut-être l'âge ? Peut-être suis-je malade ?

Il s'empressa de demander :

— Suis-je malade ?

Ali se voulut rassurant :

— Non, mon frère. Mais vois-tu, la virilité de l'homme n'est pas toujours constante. Influençable, elle varie selon les humeurs, les saisons, la nourriture. Il n'y a là rien d'alarmant. Je peux t'affirmer que tu es aussi solide qu'un roc.

— Mais alors ? Que puis-je faire pour satisfaire ma Khadija. Je l'aime. je ne veux pas la perdre. Elle m'a menacé de se jeter dans les bras du premier chamelier ! Et ça... Je ne pourrais jamais l'accepter. Si demain je devais la surprendre à me tromper, sa tête ira rouler dans une rizière du Mazandaran et celle de son amant avec ! Par l'Invincible j'en fais le serment !

— Calme-toi. J'ai peut-être une solution à ton problème.

L'œil d'el-Sabr s'arrondit tout à coup.

— Oui, enchaîna Ali. Lorsque le roseau penche, il faut le redresser. Lorsque la tige défaille, il lui faut un tuteur.

— Que suggères-tu ?

— Il existe une substance... Une substance poudreuse que l'on tire de l'écorce d'un arbre, et qui a la faculté de faire retrouver à celui qui l'absorbe la virilité de ses vingt ans[1]. Deux heures avant de retrouver ta bien-aimée il te suffira d'en boire une décoction pour connaître l'ardeur du lion.

Au fur et à mesure que le médecin parlait, l'expression d'el-Sabr devenait celle d'un enfant émerveillé.

— Jure, balbutia-t-il, bouche bée. Jure-moi par le saint nom du Prophète, que tout ce que tu dis est vrai.

Ali répondit par l'affirmative.

— Tu pourrais me préparer ce remède magique pour ce soir ?

— Remercie la Providence. Car l'arbre en question ne pousse pas dans notre pays. Mais rassure-toi, je possède quelques morceaux d'écorce achetés il y a quelques mois à un marchand d'herbes.

Le ayyar ferma les yeux un instant. Ali se dit que dans sa tête défilait sans doute la vision brûlante de ses exploits à venir.

— Fils de Sina, voici le pacte que je te propose : si ta potion miraculeuse agit comme tu l'as laissé entendre, tes amis et toi pourrez repartir libres, pour la destination de votre choix. Dans le cas contraire...

1. J'avoue un soir de curiosité en avoir absorbé ; le résultat ne fut pas particulièrement troublant. Devant ma déception le cheikh me fit cette réponse énigmatique : « A cheval docile et obéissant, nul besoin de cravache... » (Note de Jozjani.)

Cette substance est en fait un alcaloïde tiré de l'écorce du *Pausinystalia Yohimba*, un arbre qui croît au Cameroun et au Congo. Depuis des temps immémoriaux on l'emploie en Afrique équatoriale comme stimulant nerveux capable de retarder le sommeil, et surtout comme aphrodisiaque. Pour le lecteur (motivé par la curiosité scientifique bien sûr...), nous précisons que cet alcaloïde est toujours en vente dans les pharmacies sous le nom de yohimbine. *(N.d.T.)*

Il marqua une pause avant de conclure sur un ton sec :

— Dans le cas contraire... Dès demain matin je me ferai un plaisir de t'amputer de tes organes génitaux et de les empaler au bout de ma lance. Ce pacte te convient-il ?

Le cheikh avala péniblement sa salive.

★

Le martèlement lancinant des tambourins soutenait les mouvements frénétiques du danseur. Assis en cercle autour de lui, le visage illuminé par les flammes et l'or des étoiles, les hommes l'encourageaient en frappant avec entrain dans la paume de leurs mains.

Au-dessus du campement, la lune était ronde et pleine. La tente d'el-Sabr était close.

Allongé sur sa natte, le corps luisant de sueur, Ali emprisonna avec ferveur la bouche de Yasmina. Leurs lèvres se joignirent avec une extraordinaire intensité. Leurs salives se mêlèrent, cherchant à confondre leurs langues dans une quête passionnée.

— Si demain je dois être castré, Allah fais que cette nuit soit la nuit de tout mon amour...

Yasmina eut une expression émue dans la pénombre et elle lui offrit ses lèvres avec encore plus d'ardeur.

Ses cheveux dénoués faisaient sur le sol une tache auburn diluée sur le blond de la natte. Soudain, il la contraignit à s'agenouiller entre ses cuisses et attira sa tête contre son bas-ventre. Il poussa un gémissement lorsque la langue de son amoureuse effleura les secrets de sa chair, et il se tendit plus vers elle. Dans une sorte de désespérance il enserra les tempes de la femme et porta son sexe à sa rencontre. Lentement, elle l'amena au bord de la jouissance, puis au-delà, si fort qu'il exhala un cri bouleversant, presque un sanglot.

Presque aussitôt, il la saisit par les épaules et l'amena contre son thorax, la couvrant de baisers, humant le miel et l'ambre de sa peau.

— Je t'aime... ma bien-aimée, je t'aime comme on aime le bonheur et la vie.

Elle voulut lui répondre mais ne réussit pas à articuler le moindre mot. Elle ne fit que se serrer contre lui, désespérément, de toutes ses forces, les doigts incrustés dans son dos, accrochée à son corps comme si sous elle se trouvait un abîme effrayant d'infini.

— Lorsque l'on dit que dans le cœur de l'homme l'amour est comme une flamme dévorante, je crois que c'est vrai...

— Et maintenant, Ali mon bien-aimé, as-tu moins peur de l'amour ?

— Au contraire. J'ai bien plus peur encore... Sans doute parce que je sais désormais que mon premier regard vers toi n'était pas le premier ; que notre première rencontre n'était pas la première. Comme je savais aussi, à l'heure de notre séparation, que rien ne serait assez fort pour nous tenir séparés.

Il se tut.

A l'extérieur le son pointu d'une flûte s'était uni au tambourin.

Il reprit :

— Mais je sais aussi que ces convictions ont renforcé ma foi dans l'éternité et dans l'immortalité de l'âme... Cela m'aide parfois à oublier ma peur. Mais qu'importe... brûlons, mon amour. Brûlons-nous puisque ce soir risque d'être mon dernier soir...

Les paumes d'Ali glissèrent fiévreusement le long du buste de Yasmina, vers sa taille et ses hanches. Sa main droite descendit plus bas encore, s'immobilisa contre la fente chaude qui dormait entre ses cuisses, et son majeur effleura la corolle frissonnante de rosée, arrachant à la femme un soupir.

— Ton corps est ma page d'or, fit-il doucement, et j'en suis le calame...

Elle s'offrit naturellement à ses caresses, longtemps, infiniment jusqu'à ce qu'elle sentît qu'il l'avait pénétrée. D'abord ce fut une possession lente, douce ; mais très vite elle prit un autre visage ; plus intense, plus fort. Il souleva les jambes de la jeune femme, les replia presque contre son buste, de manière à aller plus profondément en elle. Elle eut la vision furtive d'une vague brisée par une étrave et serra les lèvres pour ne pas crier. Sous la violence de l'étreinte, la douleur vint très vite se confondre avec le plaisir, une brûlure intense envahit tous ses pores, un peu comme si le soleil descendait au tréfonds d'elle. Des larmes de bonheur roulèrent le long de ses joues nacrées. Son esprit bascula. Elle ne s'appartenait plus. Elle libéra ses jambes, son corps se cambra comme un arc sous l'intensité du plaisir, et elle se laissa retomber, alanguie.

Cette jouissance démesurée se renouvela encore et encore jusqu'aux aurores, se consumant de mille caresses, de mille feux, jusqu'au moment où la voix de Jozjani les tira de leur folie.

— El-Sabr ! El-Sabr veut te voir sur-le-champ !

L'aube était là.

★

Tout d'abord il se dit qu'il était sans doute victime d'une hallucination. Que la peur de mourir lui inventait un mirage, ou que la nuit d'amour qu'il venait de vivre avait dérangé sa raison. Pourtant, *il* était bien là. Debout, au côté d'el-Sabr. Réel. *Il* lui souriait.

— Mahmoud..., balbutia-t-il la gorge prise dans un étau. Mahmoud, mon frère... Est-ce bien toi ?

Le jeune homme se contenta d'acquiescer aussi ému que le cheikh.

Ali fit un pas de plus. Incertain. Sa main se tendit presque à son insu vers la joue de son frère cadet. Brusquement il le saisit par les épaules et l'attira contre son cœur.

— Mais comment... comment es-tu arrivé ici ?

Mahmoud secoua la tête avec lassitude.

— Ce ne fut pas simple. Tu es plus difficile à suivre que le vent de shamal.

El-Sabr, mains sur les hanches, observait la scène avec un plaisir évident.

— Je suis heureux, fit-il en invitant les deux frères à s'asseoir. Heureux d'avoir contribué à vos retrouvailles.

Bien que la question lui brûlât les lèvres, Ibn Sina n'osa pas interroger le ayyar sur sa nuit.

— Raconte-moi tout, dit-il à Mahmoud. Comment va notre mère ?

Mahmoud accepta la tasse de thé que lui tendait el-Sabr, et se détourna sans répondre.

— Sétareh... Il s'agit de notre mère, fit Ali soudain très pâle.

Le jeune homme évitait toujours son regard.

— Réponds-moi, mon frère... Je t'en prie. Le silence est parfois plus pénible que certaines vérités. Il est arrivé quelque chose à notre mère ?

Mahmoud se décida enfin à parler :

— Elle est morte... Sétareh est décédée. Un matin de shawwâl. Alors que je m'apprêtais à me rendre aux champs, elle s'est écroulée sous mes yeux. Je crois qu'elle n'a même pas eu le temps de comprendre qu'elle mourait. Je n'ai rien pu faire.

Ali se sentit pris de nausées. Il demeura silencieux, fixant le vide.

Abd Allah... El-Massihi... Sétareh... Les êtres qu'il aimait le plus au monde l'avaient quitté les uns après les autres. Toute l'absurdité de la mort lui revint une fois de plus à l'esprit. Pourquoi mon Dieu ? Pourquoi ce chemin cahoteux sur lequel on nous fait avancer et qui ne débouche que sur les ténèbres. Pourquoi nous offrir ces plaisirs de la vie, pour décider brusquement de tout nous reprendre un jour ? Toute cette science qui était la sienne, à quoi lui servirait-elle à l'heure de fermer les yeux ?

La voix de son cadet le sortit de ses pensées.

— J'ai quitté Boukhara une semaine après sa mort. Je ne me sentais plus le cœur de vivre dans ces murs.

— Mais comment as-tu retrouvé ma trace ?

— Je te le disais : ce ne fut pas simple. Ton dernier courrier m'informait que tu te trouvais à Gurgandj avec el-Birouni. Je suis donc parti pour cette ville pour apprendre de la bouche même du vizir, el-Soheyli, que tu étais dans le Daylam. Après avoir passé un mois dans le Turkestan où j'ai trouvé un emploi de pêcheur, j'ai repris la route pour la mer des Khazars. Là, nouvelle déception : tu avais quitté pour une destination inconnue. Mais le Très-Haut doit nous aimer ; il a mis sur ma voie un certain el-Jozjani.

— Le père d'Abou Obeïd !

— C'est exact. Aux dernières nouvelles, son fils lui écrivait que vous vous trouviez à la cour de Raiy. Je suis donc reparti vers Raiy, où je suis tombé en pleine Géhenne. La cité était à feu et à sang. Des batailles se livraient à tous les coins de rues. Shams el-Dawla, le prince de Hamadhan, avait fondu sur les Turcs et tentait de leur reprendre la ville. J'ai failli cent fois y laisser ma peau.

— Sais-tu qui l'a emporté ?

— Shams.

C'était el-Sabr qui avait répondu.

Il expliqua :

— Les informations que j'ai obtenues sont assez étonnantes. Shams, lassé des luttes intestines qui opposaient sa mère et son jeune frère Majd, furieux surtout de voir que ces luttes avaient eu pour conséquence la funeste intervention du Ghaznawide, décida — après avoir remporté la victoire sur les Turcs — de mettre en prison Majd et de chasser la Sayyeda du Djibal. A ses yeux c'était le seul moyen de mettre un terme à ce qu'il avait surnommé « les jeux du diable ». Aux dernières nouvelles c'est lui qui en ce moment occupe le trône de Raiy. Majd est enfermé dans le fort de Tabarak. Et la Sayyeda erre quelque part dans le Djibal.

— C'est une manière pour le moins énergique de ramener l'ordre, fit remarquer Ali avec dérision. Après tout, c'était peut-être la seule solution.

— Sans aucun doute, affirma le ayyar. Si ce litige entre mère et fils s'était poursuivi, je peux t'assurer que tout le Djibal et le Daylam réunis seraient tombés entre les mains des Ghaznawides.

Mahmoud reprit :

— A Raiy, un des médecins qui étaient sous tes ordres m'a laissé entendre que tu avais fui pour le pays des cognées. Je suis donc reparti sur tes traces.

— Comment nous as-tu retrouvés chez les ayyaroun ?

— Le hasard... une fois de plus. Ce matin, en vue du campement, j'ai fait ce que je n'ai cessé de faire depuis ces dernières semaines : interrogé, harcelé les gens sur ma route. Un des hommes d'el-Sabr m'a conduit auprès de lui. J'ai mentionné ton nom...

Ali se tourna vers le ayyar, qui devança sa question :

— Pourquoi aurais-je caché ta présence ? Hier peut-être... mais plus aujourd'hui.

Il marqua une pause avant de déclarer :

— Je n'ai qu'une parole. Je te l'ai donnée. A partir de cet instant toi et tes amis êtes libres d'aller où bon vous semblera.

Le cheikh voulut lui exprimer sa reconnaissance. Mais il se ravisa. Il est des moments où les mots n'ont plus grande valeur.

Au moment où les deux frères allaient quitter la tente, el-Sabr ajouta, un sourire aux coins des lèvres :

— Ibn Sina... Où que tu sois, que le Tout-Puissant te protège. Tu m'as rendu mon amour... et ma fierté !

★

« Deux jours plus tard, nous arrivâmes à Qazvim.

« C'était un village insignifiant, composé de petites maisons de boue séchée, érigé au milieu d'une plaine verdoyante, peuplée de forêts. La terre était fertile, sillonnée de petits fleuves tels que Herhaz, Tâlar ou Tedjen, abondante en fruits mais néanmoins malsaine à cause des eaux croupissantes. Les hommes de Qazvim, comme d'ailleurs la majorité des habitants du Mazandaran, vivaient de la pêche, d'oiseaux aquatiques, de culture du riz, du tissage du lin et du chanvre. Mais au-delà de cette image paisible, l'endroit n'était pas sûr ; de nombreuses tribus belliqueuses, indisciplinées, y semaient le désordre en se livrant à des meurtres et des pillages.

« Notre richesse se réduisant à quelques centaines de dirhems, nous commençâmes par nous installer dans un khan qui se trouvait à un mille[1] de la ville. Dès le lendemain de notre arrivée, le cheikh recommença à vivre de ses consultations, et Mahmoud trouva un emploi auprès d'un pêcheur, ce qui nous

1. Mesure de distance équivalant au tiers d'un farsakh. *(N.d.T.)*

permit quelques semaines plus tard de louer une petite maison en bordure du fleuve Talâr.

« C'est là que le cheikh el-raïs entreprit l'écriture d'une épître qu'il appela *Al-Niruzya*, contenant une explication du sens mystérieux de ces lettres de l'alphabet que l'on trouve au début de certaines sourates du Coran. En une semaine, il élabora un *Canon des tables astronomiques*. Un recueil sur les charmes et les talismans, ainsi qu'un traité d'alchimie : *Le Miroir des merveilles*.

« Au cours des trois mois passés à Qazvim, il ajouta à ses écrits trois ouvrages supplémentaires : *Le Colloque des esprits après leur séparation d'avec le corps, les Postulats des annales du temps passé*, et une allégorie philosophique : *Histoire de Salaman et d'Absal*.

« Tout cela fut conçu sans jamais abandonner la rédaction du deuxième livre du *Canon* qu'il acheva sur la route entre Talar et Tedjen. Cette deuxième partie comprend les définitions de la maladie et ses causes. C'est son livre de pathologie.

« Sa résistance physique et ses facultés cérébrales continuaient de m'émerveiller. J'en veux pour preuve l'incident de ce soir.

« Ce soir est le dernier de rabi el-awwal, c'est le cœur de l'automne...

« Un vent frais ride les eaux du fleuve, et autour de la maison les arbres font des taches jaunes sur les rives du crépuscule.

« Mahmoud, Yasmina, le cheikh et moi-même sommes réunis dans la pièce principale où nous venons d'achever un frugal repas, assis non loin du *coursi*.

« Pour ceux qui l'ignorent, le *coursi* est un grand trou carré d'une coudée environ de profondeur et large de trois, dans lequel on fait brûler des charbons. Nous plaçons au-dessus des braises une petite table de bois haute d'au moins trois coudées que nous recouvrons d'une grande couverture piquée qui traîne jusqu'au sol ; de cette manière la chaleur se diffuse agréablement à travers la pièce.

« Au *coursi* est d'ailleurs liée une superstition assez curieuse qui dit que si l'on désire appeler la pluie, il suffit de tambouriner en mesure, avec un musicien, sur le plateau de la table.

« J'observe mon maître du coin de l'œil et je suis heureux de constater qu'il est d'humeur sereine. Depuis que nous sommes à Qazvim c'est la première fois que je le trouve aussi détendu. Cependant que Mahmoud s'affaire sur un filet de chanvre, Yasmina et le cheikh ont amorcé un petit jeu fondé sur les facultés mnémoniques du raïs.

« Dois-je l'avouer ? un peu irrité, je saisis l'occasion pour tenter de le prendre en défaut. Je me précipite vers l'endroit où sont rangées mes notes et j'en reviens avec un recueil.

— Cheikh el-raïs ! Pardonne-moi de t'interrompre, mais je crois que tous ces livres te sont trop familiers pour que tu puisses commettre une erreur. En revanche, je te propose une tâche un peu plus difficile. Peux-tu me donner les chiffres suggérés par tous les astronomes arabes, tous jusqu'à ce jour et sans exception, concernant la plus petite, la plus grande et la moyenne distance géocentrique de la planète Zuhal ?

« Le cheikh m'observa avec un sourire en coin et, après un court temps de réflexion :

— Pourquoi pas ?

« Il commença.

« Je me suis permis de retranscrire la liste citée de mémoire par le cheikh. Elle ne contenait pas une seule erreur. Toutefois, je m'empresse de rassurer le lecteur impatient, et comme moi sans doute réfractaire aux chiffres, pour préciser que cette retranscription se limite uniquement aux derniers calculs. Dans le cas contraire, elle aurait largement couvert la page :

« Le cheikh commença d'un seul trait :

— Selon el-Battani, Ptolémée et les auteurs postérieurs, le diamètre apparent de Saturne est à la distance moyenne, le huitième du diamètre du soleil. Par là, en se servant de la valeur numérique de la distance moyenne, il évalue le diamètre véritable de Zuhal à $4^{7/24}$ du diamètre de la Terre. Cette dimension élevée à la 3e puissance établit le volume de la planète à 79 fois celui de la Terre.

« Reprenant son souffle il poursuivit :

— El-Battani observe que les diamètres apparents de la planète au périgée et à l'apogée sont dans le rapport de $1^{2/5}$ à 1. Respectivement de 7 à 5. Sur cette base, il évalue l'éloignement de Zuhal au périgée à 12 924 rayons terrestres, et à l'apogée à 18 094 ; quant à son éloignement moyen il se situerait à 15 509 rayons terrestres. A savoir que la distance réelle géocentrique est en chiffres ronds 14 fois plus considérable : 224 000 rayons terrestres. Quelques années plus tard l'astronome al-Farghani proposera pour la plus petite distance 14 405 rayons terrestres, pour la moyenne $17\ 257^{1/2}$ et pour la plus grande distance, 20 110...

« J'arrête ici cette avalanche de chiffres et prie humblement le lecteur de ne pas me tenir rigueur de ce passage ardu. Mais à mon sens, même s'il peut sembler simpliste, il était indispensable pour donner ne fût-ce qu'un vague aperçu de l'esprit prodigieux du fils de Sina.

« Cela va faire bientôt trois années que je vis à ses côtés. Il m'est souvent arrivé de m'interroger sur le devenir de sa postérité.

« Au vu des lignes qui ont précédé, certains jugeront peut-être mon maître comme vivant une vie dissolue, un débauché, livré aux excès du vin, ou encore comme un opiomane, uniquement préoccupé des plaisirs de la chair. D'autres l'accuseront de n'être qu'un plagiaire de Galien ou d'Hippocrate ; on critiquera sans doute son style d'écriture que l'on accusera d'être creux et plein d'emphase. Mais moi qui sais, je peux affirmer avec force : lisez Galien, lisez ensuite le fils de Sina. Quelle différence ! C'est l'obscurité chez l'un, la clarté chez l'autre. Que le Très-Haut vous accorde d'avoir un jour entre les mains le *Canon* que nous achèverons avec l'aide d'Allah, et vous pourrez constater qu'il y règne un ordre parfait et une méthode rigoureuse.

« J'ai volontairement évité d'aborder l'aspect philosophique de l'œuvre du cheikh afin de ne pas décourager celui qui me lira un jour. Il faut savoir que mon maître était un esprit trop pénétrant et trop épris d'absolu pour ne pas dépasser les sciences particulières. Ce que je perçois de cette entreprise philosophique, j'en dirai que c'est le travail d'un scientifique qui s'efforce d'amener les théories grecques à la hauteur de ce que l'étude du concret a besoin d'exprimer. J'affirme aussi qu'il est un novateur en logique, corrigeant l'excès d'abstraction qui ne permet pas chez Aristote — pourtant son grand maître — de tenir suffisamment compte du changement, présent dans le monde terrestre partout et à tout instant.

« Est-il ou non un mystique ? A l'heure où j'écris ces lignes je reconnais mon impuissance à répondre à cette interrogation. L'avenir m'accordera peut-être une réponse. Pour l'heure — mais le Clément me garde de m'avancer — j'ai le sentiment qu'il tente de parvenir à un dieu philosophique, que j'entrevois bien différent du dieu coranique ou biblique. Mais il nous reste — du moins je l'espère — une longue route à faire ensemble ; au bout luira la vérité...

« On frappe à la porte. Nous avons un visiteur... »

C'est Mahmoud qui alla ouvrir.

Dans l'encadrement deux hommes se tenaient en uniforme. Le visage noir de poussière. Les traits tirés. Un troisième était resté sur sa monture.

— Es-tu le cheikh Ali ibn Sina ?

Affolé, Mahmoud se tourna vers Ali.

— Nous ne connaissons personne de ce nom, s'empressa de répliquer le cheikh.

Le soldat avança d'un pas. Son regard scruta un à un les visages.

— Déclinez vos identités, commanda-t-il après un silence.

— Mais que se passe-t-il ? s'inquiéta el-Jozjani, que nous voulez-vous ?

— Vos identités, répéta le soldat en essuyant nerveusement son menton poussiéreux.

Yasmina, prise de peur, saisit la main du cheikh. Qui pouvaient bien être ces gens ? Des envoyés de la reine ? Des espions de Majd el-Dawla ? Des hommes du Ghaznawide ? La vue de leur uniforme lui rappelait vaguement quelque chose...

Le deuxième soldat s'était glissé à son tour dans la maison. Il semblait moins patient que son collègue.

— Nous n'allons pas passer la nuit ici ! aboya-t-il. Les villageois nous ont bien précisé que c'est ici que nous trouverions le dénommé Abou Ali ibn Sina, médecin de Qazvim. Pourquoi mentez-vous ?

Le fils de Sina poussa un soupir résigné.

— Tes informations sont exactes. Mais le cheikh a quitté cet après-midi pour Amôl. Il ne sera pas de retour avant une dizaine de jours.

— Pour qui nous prends-tu ? répliqua l'homme. Tout à l'heure tu affirmais ne connaître personne de ce nom ! Quand faut-il te croire ?

— Il suffit ! trancha son camarade. Nous venons de passer deux nuits à cheval et nous n'allons pas perdre plus de temps !

Il pivota d'un seul coup sur les talons et se dirigea vers le troisième soldat resté sur sa monture.

On sentait Mahmoud partagé entre l'envie de sauter au cou des militaires et celle de conserver un calme inspiré par Ali. Il n'eut pas le temps de réfléchir plus longtemps. Le soldat était déjà de retour ; il soutenait un jeune homme d'une vingtaine d'années, dont tous constatèrent qu'il était privé de sa jambe gauche.

En un éclair, le fils de Sina comprit qu'il avait en face de lui le blessé qu'il avait opéré quelques mois auparavant, après la bataille de Raiy.

— Alors ? s'enquit le soldat. Reconnais-tu celui qui t'a amputé ?

Avant que le jeune homme ne répondît, Ali l'aborda :

— Je suis heureux de te revoir, mon ami, et de constater que tu as survécu...

— Grâce à toi, cheikh. Comme tu vois, je n'ai pas oublié...

Ibn Sina eut un sourire mélancolique.

— Je ne sais pas si je dois m'en réjouir...

— Tu n'es donc pas parti pour Amôl, observa ironiquement l'un des soldats.

— Que me voulez-vous donc ?

Le jeune homme se hâta d'expliquer :

— Tu n'as rien à craindre. Nous sommes envoyés par notre bien-aimé prince : Shams el-Dawla. Il est souffrant, au plus mal. Depuis qu'il est rentré à Hamadhan, il est rongé de douleur.

— A Hamadhan ? s'étonna el-Jozjani. Mais après sa victoire nous le croyions à Raiy. Maître de la ville.

— Il l'a été. Mais pour des raisons politiques qui d'ailleurs nous échappent un peu, il a restitué le trône à son frère Majd et autorisé la Sayyeda à réintégrer le palais.

Ali inclina la tête songeur cependant que l'autre poursuivait :

— C'est de la propre bouche de Majd que notre prince a appris ton existence. Cela fait bientôt plus de dix ans qu'il souffre, et il n'est pas un seul médecin dans toute la Perse qui ait réussi à le soulager. On lui aurait assuré que tu serais le plus grand des savants. Aussi il nous a chargés de t'amener à son chevet. Il a besoin de tes soins.

— Quand devrons-nous partir ?

— Sur-le-champ.

— Et mes amis ? Mon épouse ?

— Ils t'attendront. Une fois l'émir guéri, tu pourras revenir à Qazvim.

Le fils de Sina hocha la tête, fataliste.

— Ma bien-aimée..., dit-il en caressant la joue de Yasmina, te souviens-tu de ce que je te disais il y a à peine quelques mois ? Le fil de la lame...

Dix-neuvième makama

Des brocarts tombaient en cascade des murs, rehaussant l'éclat de l'onyx et du marbre veiné. Plusieurs épaisseurs de soie habillaient toute la longueur du salon, vaste comme le cœur d'une mosquée. Tandis que le sol orné de motifs floraux faisait un miroir horizontal, au-dessus duquel, voilé par des brumes d'aloès, le plafond se reflétait comme un océan de stalactites en lames de cèdre. Une fontaine arrêtée dormait au centre.

A l'une des extrémités de la pièce, une estrade garnie de tapis et de coussins tissés de fils d'or servait de sofa. C'est là que, nu jusqu'à la taille, on avait couché Shams el-Dawla sur le ventre. Du haut des omoplates au bas des reins, son dos était noir de sangsues.

Assis en tailleur au chevet du prince, Ali aperçut un jeune adolescent de dix-sept ans environ. Un peu plus loin il vit la silhouette d'une femme voilée qui observait la scène discrètement.

— Avance, cheikh el-raïs. Avance, souffla Shams, la tête enfouie dans les coussins. Et pardonne-moi de te recevoir dans de telles circonstances ; mais la faute en est à mes médecins.

Ali se courba respectueusement.

Le visage toujours caché, le souverain reprit :

— Je suis heureux de t'avoir trouvé. Si toi que l'on surnomme le prince des savants ne parviens pas à savoir l'origine de mes souffrances, alors il ne me restera plus qu'à me laisser mourir comme un chien.

Il tourna lentement la tête et désigna le jeune homme.

— Mon fils Samà. La prunelle de mes yeux.

Levant maladroitement le bras qui pendait sur le rebord du divan, en direction de la femme :

— Mon épouse, Samira.

Puis :

— Mes deux médecins Sharif et Osman. Deux sommités. Ce sont les derniers appelés à mon chevet. Ils ont fait leurs études à l'Aldoudi de Bagdad, et je peux affirmer, pour les avoir vus à l'œuvre, qu'ils maîtrisent parfaitement leur science. Bien des gens de mon entourage leur doivent leur santé ; mais hélas, pour ces deux savants, mon corps a conservé son secret.

Sharif, replet, la face rougeaude, la tête ployant sous le poids d'un turban, déclara timidement :

— Ta réputation ne nous est pas inconnue, cheikh el-raïs. Nous espérons de tout cœur que tu réussiras là où nous avons échoué. Cependant sois convaincu que nous avons fait tout ce qui était en notre pouvoir. Nous n'avons rien négligé qui aurait pu apaiser les souffrances de notre souverain bien-aimé.

Ali s'empressa de le mettre à l'aise :

— J'en suis certain. L'école de Bagdad est connue pour la rigueur de son enseignement. Il reste à espérer que le Clément m'accordera ce qu'il vous a refusé.

Il marqua un temps d'arrêt et demanda :

— Pourriez-vous m'exposer l'historique de la maladie ?

Ce fut Osman qui répondit :

— C'est très complexe. Impalpable. Depuis plusieurs années le prince se plaint de violentes douleurs dont le point de départ se situe ici. (Le médecin désigna la base de l'os du milieu de la poitrine.) Cette douleur touche toute la région thoracique, traverse le corps et irradie jusque dans le dos.

— Le pouls s'accélère-t-il lors de ces crises ?

— A peine. Mais c'est probablement une accélération provoquée par la tension douloureuse du corps.

— Avez-vous vérifié les selles du patient ? Ses urines ?

Osman et Sharif firent oui en même temps.

— Les urines sont claires. Aucun dépôt. Aucune altération de la couleur. Quant aux selles — et c'est là un détail qui a peut-être son importance — selon les jours, elles sont noirâtres.

Ali jeta un coup d'œil sur le prince toujours allongé, et désigna les sangsues.

— Ma question va peut-être vous étonner : pourquoi ceci ?

Sharif rétablit nerveusement l'équilibre précaire de son turban et se hâta d'expliquer :

— Cheikh el-raïs, nous avons travaillé par déduction : Au début, nous pensions que le patient souffrait d'un problème cardiaque. Les spasmes à la poitrine pouvaient être le signe annonciateur de problèmes plus graves. Mais devant la régularité du pouls, nous avons dû éliminer cette éventualité et songer à un autre diagnostic : une inflammation de l'os du centre de la poitrine. Alors nous avons tenté d'apaiser le mal par l'application de baumes et de révulsifs. Hélas, malgré nos efforts, aucune amélioration n'est intervenue. C'est pourquoi depuis hier nous nous attaquons à l'autre symptôme : les douleurs dorsales.

Le médecin reprit son souffle avant de conclure :

— Nous sommes presque convaincus que le souverain est victime d'un écoulement des humeurs situées dans les muscles et les articulations du dos[1]. Ce qui explique l'emploi des sangsues. Comme tu le sais, le sang qu'elles ramènent a une origine beaucoup plus profonde que celui des ventouses. Ce qui permet d'évacuer la quantité d'humeur qui se trouve en excès dans les vaisseaux.

— J'imagine que vous avez au préalable désinfecté le dos à l'eau de nitre, pressé les sangsues pour vider leur estomac, et fait légèrement saigner la peau pour qu'elles prennent ?

Osman répondit par l'affirmative.

— Et la saignée ?

— Deux fois.

— Je peux te rassurer, enchaîna Sharif, nous avons parfaitement respecté le protocole : pose du garrot, quantité à retirer fondée sur la vitesse et la force du jet, la couleur, l'état du pouls. Et comme il s'est produit une suppuration nous avons appliqué un emplâtre à la céruse.

— C'est bien, commenta le cheikh songeur. Et avez-vous noté une amélioration de l'état du patient ?

C'est le prince qui répondit en frappant son coussin du plat de la main.

— Rien ! Je souffre toujours autant !

Les deux médecins échangèrent avec Ali un regard impuissant.

Ce dernier se pencha sur l'émir en souriant :

— Tu me parais être un tempérament particulièrement sanguin, Excellence.

Cette fois ce fut Samà qui se permit d'intervenir :

— Cheikh, je veux croire que tu as de l'humour. Entre les saignées et ces sales bêtes qui s'activent sur son dos, je ne sais pas s'il reste à mon pauvre père un peu de sang !

La voix timide de la princesse Samira suggéra :

1. Rhumatisme ? Lumbago ? Arthrite ? On voit mal ce que Sharif envisageait. *(N.d.T.)*

— Cheikh el-raïs, ne pourrait-on le débarrasser de ces sangsues ?

Ali hocha la tête.

— Je pense qu'on pourrait accorder cette faveur à la princesse. Au risque de vous contredire, je ne crois vraiment pas que ce traitement pourrait apporter un résultat bénéfique. Il risque au contraire d'affaiblir notre patient.

Sharif et Osman restèrent perplexes. Il fallut la voix impérieuse de l'émir pour les décider à réagir :

— Allez donc ! Faites ce qu'il vous dit. Retirez-moi ces horribles bêtes.

Avec une moue résignée, l'un des médecins fit observer :

— Pour retirer les sangsues il nous faut du sel, Excellence. Ou de la cendre.

— Eh bien ? Que je sache, ni l'un ni l'autre ne manque à Hamadhan ?

— Seigneur, fit doucement le fils de Sina, j'ai cru comprendre que tes douleurs n'étaient pas constantes. Peux-tu me dire à quel moment précis elles se produisent ? Et de quelle nature elles sont ?

— La nuit. Presque toujours au milieu de la nuit.

— Jamais durant la journée ?

— Très rarement. Mais lorsque je m'endors la souffrance est si grande qu'elle me réveille et j'éprouve alors des brûlures terribles. Comme si des piments rouges enflammaient mon estomac.

— Eprouves-tu alors une grande soif ?

L'émir fit oui.

— A quelle heure dînes-tu habituellement ?

— Je mange deux heures environ après le coucher du soleil, répondit le prince. Il ajouta avec rancœur : Lorsque je ne livre pas bataille à mon frère et à ma mère !

Sharif était revenu en tenant une bourse d'une main et une vasque de l'autre. Il alla s'asseoir auprès de Shams et entreprit de saupoudrer son dos de sel fin. Un phénomène de rétraction se produisit aussitôt parmi les sangsues, qu'il commença de retirer une à une pour les jeter dans la vasque.

Lorsque son dos fut complètement débarrassé, le prince poussa un soupir de soulagement et se retourna parmi les coussins.

— Un peu plus et j'étouffais !

Le cheikh put enfin observer à loisir son illustre patient. La première chose qui le frappa, c'était qu'entre Shams et son jeune frère Majd, la ressemblance était quasi inexistante. La seconde, c'est qu'il n'avait sans doute pas plus de trente ans ; mais les cernes bleuâtres qui entouraient ses yeux anémiés, sa grande pâleur, les ridules qui marquaient son front et les commissures de ses lèvres, contribuaient à lui donner dix ans de plus.

— Alors, cheikh el-raïs, demanda Samà avec une certaine impatience. Quelle conclusion tires-tu de tout cela ?

— Tout me laisse à croire que nous sommes devant un ulcère de l'estomac.

Les deux médecins se concertèrent, sceptiques. Ali expliqua :

— Un moment j'ai envisagé l'idée d'un salatane[1]. Mais d'autres symptômes se seraient alors greffés, tels que des diarrhées, une difficulté à digérer les aliments, une fièvre rémittente, tantôt violente, tantôt faible. De plus, s'il s'agissait d'une tumeur, elle aurait sans doute tué le prince depuis bien longtemps.

— Nous sommes d'accord, cheikh el-raïs, approuva Osman, mais qu'est-ce qui te fait pencher pour un ulcère ?

— Trois détails précis : le souverain nous l'a dit, il souffre uniquement la nuit, plus de trois heures après avoir dîné ; l'estomac est donc à jeun. D'autre part, il y a la sensation de brûlure transphyxiante aiguë. Et enfin, la couleur des selles. Vous m'avez précisé qu'elles étaient noirâtres, ce qui indique du sang digéré provenant de l'ulcère.

On sentait les deux médecins à la fois confus et séduits par le diagnostic.

— Tout ceci est très clair, dit brusquement le souverain. Mais comment savoir si tu n'es pas dans l'erreur ?

— C'est le traitement qui nous le dira... Il te faudra boire au lever et au coucher une potion à base de céruse et...

— De la céruse ? coupa la princesse interloquée.

— Parfaitement, Majesté. Nous la diluerons dans du lait de brebis, ce qui créera un pansement intestinal. Manger plusieurs fois par jour est souhaitable, en évitant formellement les aliments qui contiennent de l'acidité, tels que les fruits. Enfin, au moment des spasmes, je conseillerai au souverain une décoction de racines de mandragore ou de belladone. Ce sont des analgésiques moins puissants que le pavot certes, mais ils permettent d'éviter l'accoutumance et l'intoxication.

L'émir passa à plusieurs reprises la main sur son crâne clairsemé, et opina en silence.

— Nous verrons, dit-il après réflexion, nous verrons si ta réputation est fondée. Prions Allah pour qu'elle le soit. Pour

1. Cancer. Il était déjà connu du temps de Galien, lequel soigna Julia Domna, l'épouse de Septime Sévère, pour un cancer du sein. *(N.d.T.)*

l'heure, je vais donner des ordres pour qu'on te conduise à tes appartements. Tous tes désirs seront exaucés. Mon palais est désormais ta demeure.

★

Le soleil amorçait son déclin au-dessus de la plaine fertile qui entourait Hamadhan. Après avoir pris quelques heures de repos suivi d'un bain au hammam du sérail, Ali partit à travers les ruelles de la ville.

Hamadhan était une cité dont l'origine se perdait dans la nuit des temps. En des jours lointains, on l'aurait appelée Ecbatane, d'où le mot *hangmata,* qui signifie en persan « lieu de rassemblement », qui dériva plus tard vers le nom actuel. Pour des raisons imprécises, on la surnommait aussi la cité aux Sept Couleurs. Elle n'avait jamais cessé d'être un point d'intersection important sur la route des caravanes. Ce qui expliquait qu'à l'opposé de Raiy ou d'Ispahan, elle était plus une cité commerçante qu'un centre culturel. Aujourd'hui c'était l'une des quatre capitales du Djibal, solidement fortifiée, vaste, cernée de hauts murs. Et ses faubourgs s'étendaient au cœur d'une région agricole qui prospérait malgré l'altitude[1] et le climat rigoureux des hivers.

La première chose qui surprit Ali ce fut cette impression de neuf qui se dégageait des édifices. La grande mosquée, la madrasa, les murailles, la plupart des maisons, donnaient l'impression d'avoir été construites dans un passé récent. Il y avait une explication à cela : aux alentours de l'an 351 de l'Hégire la ville avait subi un effroyable tremblement de terre et il avait fallu la rebâtir entièrement.

En revanche, les rues ressemblaient à celles de la plupart des cités persanes.

On y croisait des soufis qui cheminaient le dos légèrement voûté, drapés dans leur vêtement de bure, reconnaissables entre mille ; des femmes aux doigts peints, visage voilé, qui telles des amarantes glissaient le long des ruelles pierreuses, et des mendiants dépenaillés, la main tendue dans l'air, appelant à la bonté des passants.

Perdu dans ses pensées, le cheikh venait d'atteindre la place du grand bazar.

C'était Boukhara frappé de démesure.

L'éclair de l'osier et du rotin fendait l'azur. Le brasillement furtif des pierres rares, le tapotement des sabots des mules et

1. Hamadhan est situé à une altitude de 1 800 mètres environ. *(N.d.T.)*

des ânes, le jacassement des volières, le pas sûr des chameaux, étaient autant de sons et d'images démultipliés. Et dans le sillage de l'air ridé de paprika, on retrouvait sans peine ce mal infini des parfums, imprégné de l'entêtante odeur d'aloès qui brûlait dans des cassolettes posées aux pieds des marchands.

— Cheikh el-raïs. C'est bien toi ? Abou Ali ibn Sina ?

Pris de court Ali n'eut pas le temps de répondre.

— Au nom d'Allah Clément et Miséricordieux. Je n'en crois pas mes yeux. C'est toi... C'est bien toi... Je m'appelle el-Maksoumi. Abou Saïd el-Maksoumi. Je sais tout de tes œuvres. Tout de ton enseignement philosophique, de tes recherches médicales. Tu ne possèdes pas dans ce pays plus grand admirateur.

Intrigué, Ali examina attentivement son interlocuteur. Il était jeune, vingt ans. Le nez droit. Le trait régulier. Le cheveu noir de jais et l'œil pétillant d'intelligence.

— El-Maksoumi... Pardonne-moi mais ce nom m'est étranger.

Le jeune homme releva la tête avec fierté.

— Je suis de Boukhara. Comme toi. Quelques ruelles séparaient ma maison de celle de ton père.

— Pourtant je croyais connaître tous mes voisins.

— Tu as plus de trente-cinq ans. J'en ai quinze de moins. Lorsque tu enseignais au bimaristan et que l'on te surnommait déjà le prince des savants, je tenais à peine sur mes jambes.

— Dans ce cas, tu dois avoir une mémoire visuelle tout à fait prodigieuse. Me reconnaître, des années plus tard, ici, à Hamadhan...

— Aurais-tu oublié ? Tes traits ont été affichés à travers toute la Perse...

— C'est vrai. Je n'y pensais plus. Et que fais-tu ici à Hamadhan ?

— Tu vas être certainement surpris. Je suis venu parfaire ma connaissance des mathématiques auprès d'un de tes anciens élèves : el-Hosayn ibn Zayla.

— Ibn Zayla ? Ici, à Hamadhan ?

— Parfaitement. Il enseigne à la madrasa de la cité.

— Voilà une surprise en effet. Lorsque nous nous sommes connus, il étudiait au bimaristan de Boukhara et se préparait à devenir médecin. Je me souviens en particulier — alors que je l'avais mis en présence d'un cas difficile — de la manière dont il avait diagnostiqué un *sersam* aigu, précisant le degré de gravité atteint par la maladie. Plus tard je l'ai retrouvé à la madrasa de Gurgandj. Ce fut la dernière fois.

— Rassure-toi, cheikh el-raïs. Ton élève n'a rien perdu de sa vivacité d'esprit ni de ses facultés d'analyse. Il les a simplement appliquées à un autre domaine ; celui des mathématiques et... de la musique.

Une expression satisfaite anima le visage d'Ibn Sina.

— Sais-tu s'il enseigne aujourd'hui ? J'aimerais beaucoup le revoir.

— Je peux t'affirmer que ta joie ne sera rien en comparaison de la sienne. Avant que le Clément ne me mette sur ta voie j'étais en route pour la madrasa. Je serais honoré si tu m'y accompagnais.

— Dans ce cas, ne perdons pas un instant. Je te suis, Abou Saïd el-Maksoumi.

★

Monté sur un mulet, el-Hosayn ibn Zayla prodiguait son enseignement en circulant parmi les centaines d'étudiants rassemblés dans la grande cour de la madrasa.

Les années ne l'avaient pas beaucoup changé : le trait toujours vif, le geste aussi nerveux. A peine eut-il aperçu le cheikh qui franchissait le seuil de l'iwan, qu'il s'interrompit net dans l'exposé qu'il était en train de faire. Il écarquilla grands les yeux, pencha légèrement la tête sur le côté, son regard se porta vers el-Maksoumi, puis à nouveau vers Ali, et d'un coup sec des talons, aussi rapidement que le lui permettait sa monture, il fila dans leur direction.

— Cheikh el-raïs ! s'écria-t-il en sautant à terre. C'est incroyable !

— Je ne sais pas lequel de nous deux doit être le plus surpris. Je te croyais médecin, et toujours à Gurgandj.

— Après ton départ et celui de la majorité des intellectuels de la cour, rien n'était plus pareil. Je ne trouvais plus le moindre intérêt à demeurer dans le Turkestan. J'ai donc repris la route pour Boukhara, et après avoir approfondi la science des nombres auprès d'un maître éminent, un juif de Samarkand, j'ai décidé de voyager jusqu'à trouver une chaire d'enseignement qui convînt à mes nouvelles aspirations.

— Et la médecine ?

El-Hosayn secoua la tête avec un sourire complice.

— Tout le monde n'est pas Ali ibn Sina. Je désirais être le meilleur et le meilleur existait déjà.

— Il n'y a pas de meilleur, Ibn Zayla mon frère. Il n'y a que des êtres qui essaient plus que d'autres c'est tout.

Le disciple reprit avec enthousiasme :

— Mais n'aie crainte. La science des nombres me passionne

tout autant. J'ai dévoré Euclide, al-Harrani[1] et Nicomaque de Gerasa. J'ai bu à la source du calcul indien. Désormais la preuve par neuf et le djadhr[2] n'ont plus de secrets pour moi.

— Tu as sans doute choisi la bonne voie. Il m'est souvent arrivé de penser que les mathématiques constituaient la première marche de l'échelle qui mène à la connaissance de l'univers.

— Et toi, cheikh el-raïs. Que fais-tu dans le Djibal ? On te disait à Raiy.

— C'est une longue histoire. Tu apprendras, ou peut-être le sais-tu déjà, que l'homme n'est pas toujours maître de ses mouvements. Hier c'était la mélancolie d'un jeune prince qui me menait à Raiy, aujourd'hui c'est l'ulcère d'un autre qui me conduit à Hamadhan. Le prince Shams a réclamé mes soins.

— Tu vas donc demeurer parmi nous !

— Non. Une fois l'émir rétabli, je repartirai pour Qazvim où l'on m'attend.

— Qazvim ? s'exclama el-Maksoumi choqué. Mais c'est un coin perdu, indigne du grand Ibn Sina !

— Notre ami a raison, cheikh el-raïs. Ta présence serait plus utile dans l'une de nos grandes cités.

Ali secoua la tête avec résignation.

— Soulager la douleur d'un émir ou celle d'un oiseleur, où est la différence ?

— Mais ton enseignement, ta science ? Tu te dois de la faire partager à tes contemporains, protesta Ibn Zayla.

Il désigna d'un geste de la main les étudiants qui les observaient patiemment.

— Regarde... Il me suffirait de leur mentionner ton nom pour que tu vérifies combien ta réputation est grande.

Et sans attendre, el-Hosayn annonça d'une voix forte.

— Mes amis, sachez que nous avons l'honneur d'avoir parmi nous le prince des savants, le maître incontesté des sciences du corps et de l'esprit : Ali ibn Sina !

Un mouvement se produisit dans l'assemblée, suivi d'exclamations admiratives. Certains quittèrent leur place pour se rapprocher des trois hommes. Très vite la surprise fit place à la curiosité. Et des questions fusèrent de toutes parts, touchant à la médecine, à l'astronomie, aux problèmes philosophiques.

1. Il semblerait que Thabit ibn Kurra al-Harrini, traducteur de l'*Introduction* de Nicomaque était l'un des meilleurs mathématiciens de ce temps. *(N.d.T.)*

2. La racine carrée. *(N.d.T.)*

— Du calme, ordonna Ibn Zayla. Le cheikh n'est que de passage. Il n'est pas ici pour donner un cours.

Il était trop tard. Les étudiants ne désiraient plus qu'une seule chose : écouter le cheikh el-raïs.

L'ancien disciple échangea avec le maître une moue fataliste :

— Tu avais raison... L'homme n'est pas maître de ses mouvements. Et sa gloire ne lui appartient pas.

Ali désigna le mulet et demanda :

— Puis-je emprunter ton fier coursier ?

Sans hésiter el-Hosayn lui tendit les rênes. Ibn Sina enfourcha l'animal et le fit avancer à travers les rangs des étudiants. Parvenu au centre de la cour, il s'immobilisa et après un court temps de réflexion il déclara :

— Vous espérez sans doute que je vous parle de sciences hermétiques et complexes. Que j'entame un discours brillant sur le *Ilm el-Kalam*[1], ou encore que je dissèque pour vous les secrets du corps. Hélas, je vais sans doute vous décevoir. Aujourd'hui je n'ai envie de parler que de choses abstraites. Je vous parlerai donc de l'amour.

L'étonnement, un certain désenchantement même apparut sur les visages, mais personne ne protesta. Le calme s'instaura, et Ali commença de discourir sur l'amour. Il parla pendant près d'une heure. Plus tard, les auditeurs devaient rapporter qu'aucun maître dans toute la Perse ne s'était exprimé avec autant d'originalité, de précision sur un thème aussi peu concret[2].

Il termina à l'instant où le soleil arrivait à son zénith, et où la voix pleurante du mu'adhine appelait tous les croyants de Hamadhan à la prière de midi. Restituant le mulet à el-Hosayn, il désigna la flèche du minaret qui s'élevait par-dessus le mur de l'iwan.

— Et maintenant, l'heure est à Dieu. M'accompagnez-vous à la mosquée ?

Tout en faisant signe à ses étudiants de se retirer, Ibn Zayla secoua la tête.

— L'aurais-tu oublié, cheikh el-raïs ? Je suis toujours un adepte de Zoroastre. Un parsi.

El-Maksoumi prit Ibn Sina à témoin :

— Il se dit parsi et demeure toujours en Perse. S'il était

1. L'une des sciences religieuses de l'Islam. L'expression signifie approximativement : théologie. *(N.d.T.)*

2. On retrouvera l'essentiel de ce discours dans une épître : *Risala fi'l-isq*, appelée petite épître sur l'amour, que mon maître devait me dicter quelques semaines plus tard. (Note de Jozjani.)

véritablement un adepte du dieu Mazda, il aurait imité ses coreligionnaires et vivrait à l'heure actuelle auprès des siens, dans le Gudjarat[1].

— Tu me casses les oreilles, mon frère, maugréa Ibn Zayla. Ma terre est ici. Tant qu'on ne me forçera pas à l'exil je ne vois aucune raison d'aller me perdre dans les confins du pays jaune !

Ibn Sina croisa les bras en souriant.

— Est-ce le début d'un long débat ? Dois-je vous abandonner à vos polémiques ?

— Pardonne-nous, cheikh el-raïs. Mais je perds toute patience devant les incroyants !

— Ne t'inquiète pas, el-Maksoumi. Allah sait reconnaître les injustes... et je ne crois pas que ce brave zoroastrien fasse partie de ceux-là. Allons-y à présent.

— Nous reverrons-nous fils de Sina ? s'inquiéta Ibn Zayla en retenant le cheikh par le bras.

— Bien sûr. Ce soir au palais du prince si tu le désires. Nous pourrions tenter de refaire le monde à trois comme au temps de Gurgandj et de Boukhara.

— Au palais donc. Et priez pour les infidèles...

1. La remarque d'el-Maksoumi n'était pas dépourvue de logique. Les parsis étant les zoroastriens qui après la conquête arabe, refusant de se convertir à l'Islam, s'enfuirent vers Sandjan, en Inde, où ils installèrent le feu sacré. *(N.d.T.)*

Vingtième makama

Le fils de Sina demeura très exactement quarante jours à Hamadhan. Durant tout ce temps des liens privilégiés se tissèrent entre le malade et son médecin. Les coliques du prince s'espacèrent, jusqu'à disparaître presque totalement ; il en éprouva pour Ali estime et reconnaissance. Pour lui témoigner sa gratitude, il offrit au cheikh la somme incroyable de cinq cent mille dinars. De son côté, insensiblement, le cheikh fut lui aussi conquis par l'intelligence et la clairvoyance de son patient. De tous les puissants qu'il avait connus, l'émir était sans doute celui qui le captivait le plus. Il leur arriva de parler jusqu'à l'aube de tout, des choses de la vie, des peurs de la mort, du destin et de Dieu. Sa famille, sa mère la Sayyeda, en particulier, furent les maladies de son enfance. Au fond de lui il haïssait profondément ces pièges imposés par l'hérédité, et se jugeait plus proche de certains êtres parfaitement étrangers à lui que des siens.

Au soir du dernier jour, alors que le cheikh s'apprêtait à plier bagage pour regagner Qazwim, Shams le fit demander. Il l'attendait dans le salon de verre, une pièce surnommée ainsi à cause de ses murs entièrement recouverts de miroirs de Damas. L'émir se tenait debout près de l'une des fenêtres ouvertes sur la cour intérieure du palais. Le dos tourné, il laissa tomber d'une voix un peu tendue.

— Tu pars et je quitte Hamadhan aussi.

Surpris, Ali l'interrogea sur les raisons de ce départ.

Shams fit volte-face.

— Ne t'ai-je pas expliqué que depuis que j'ai hérité ces territoires de mon père, je n'ai cessé de batailler ; les dynasties de pacotille, les hommes de Ghazna, les tribus sanguinaires. Demain il me faut poursuivre.

— Cette fois d'où vient la menace ?

— Les Kurdes... Annaz... Abou Shawk Ibn Annaz...

Ce nom n'était pas inconnu au cheikh. Lors des discussions qu'il avait eues avec l'émir, ils avaient aussi abordé les problèmes politiques du pays. Le nom de Annaz était revenu plusieurs fois.

— Je ne peux plus tolérer sa présence dans le Djibal. Tous les jours elle se fait plus menaçante.

— Il s'agit bien de ce chef d'origine kurde qui a conquis la ville de Qirmisin[1] pendant que tu te portais au secours de ton frère Majd ?

— C'est exact. Ce fils de chien a profité de mon départ pour Raiy pour me poignarder dans le dos. En réalité, depuis la mort de mon père, les Kurdes n'ont cessé de vouloir accaparer la région. Il y a sept ans déjà, ce chacal de Hilal ibn Badr, le même pourtant qui a volé au secours de ma mère contre les Ghaznawides, s'était emparé lui aussi de Qirmisin.

— Je ne comprendrai jamais rien au rôle joué par les Kurdes. Il y a dans leur attitude quelque chose d'irrationnel.

— Irrationnel... Mais cheikh el-raïs, ne sais-tu pas encore que tout le monde politique est dominé par ce mot. Durant toutes ces années, les Kurdes n'ont rien fait que de profiter de nos déchirures familiales. Un jour on les trouve alliés avec la mère contre le fils, le lendemain c'est l'inverse. Ce sont des caméléons, mais leur langue porte le poison du scorpion.

Un long silence s'instaura dans le salon de verre avant que le prince ne reprît avec gravité :

— Si je t'ai fait venir, c'est pour te demander de m'accorder une ultime faveur.

Ali posa la main sur son cœur.

— Comment pourrais-je te refuser quoi que ce soit, Majesté ?

— J'aimerais que tu m'accompagnes dans cette campagne. Ce n'est pas à l'ami que je m'adresse, mais au médecin. J'aurai besoin de toutes mes forces au cours de cette guerre. Tu n'ignores pas que mes crises peuvent recommencer à tout moment.

Le cheikh répondit spontanément :

1. Une des quatre capitales du Djibal. A l'ouest de Hamadhan. La ville était connue aussi sous le nom de Kirmanshah ou Kirmanshahan. *(N.d.T.)*

— Demain, face aux Kurdes, tu auras la main ferme et l'esprit aussi limpide que l'abi Tabaristan. Ton médecin te le promets. Il sera à tes côtés.

Il se leva d'un seul coup. Et les deux hommes se donnèrent l'accolade.

— La bataille sera rude. Mais si Allah le veut, demain nous boirons à la victoire dans le palais de Qirmisin !

★

Sous le soleil de midi, la plaine bossuée semblait composée d'or et d'argent. Une cuvette se découpait en son centre dans laquelle les deux armées avaient pris position.

Sur un promontoire en retrait, on avait installé au cœur du campement la tente de l'émir et, suprême honneur, celle de son médecin. Le *liwa*, l'emblème du souverain, point de ralliement de pourpre et d'or, flottait sur sa hampe, à quelques pas. Une main protégeant ses yeux du soleil, Ali examinait le décor, tandis que, soulevant des vagues de poussière, la cavalerie buyide traversait le camp de part en part pour gagner ses positions. Au pied des étendards qui giflaient l'azur métallisé, la fièvre montait de toutes parts.

On pouvait aisément reconnaître dans la plupart des cavaliers les traits durs des mamelouks ; encore un paradoxe dicté par la nécessité. Le besoin constant de soldats émérites avait depuis toujours conduit les chefs d'armées à doubler leurs forces de contingents formés d'esclaves turcs. Mais on trouvait aussi des hindous, des Berbères, des Slaves et des Noirs venus d'Arabie.

Ainsi que le voulait la coutume, les trompettes annonçant le début de la bataille sonnèrent au-dessus de la plaine. Le salar, le général en chef de l'armée de Shams el-Dawla, leva le bras haut dans le ciel, donnant le signal de la charge. Presque aussitôt on agenouilla sur le sable les chameaux demeurés en arrière ; précieux porteurs de vivres et d'armes. Les divers corps, portant leurs *rayas*, leurs drapeaux, s'ébranlèrent lentement sous le regard anxieux du cheikh el-raïs. Pour la seconde fois en quelques mois, il allait être le témoin impuissant de nouveaux massacres. Il ne put s'empêcher de songer aux stratagèmes employés par les hommes d'une même religion pour s'entre-tuer, et un verset coranique lui revint à l'esprit : *Nous ne punissons jamais avant d'avoir envoyé un apôtre.* Tous ici le savaient parfaitement, l'Islam interdit à un musulman de verser le sang d'un autre musulman. Il prohibe également toute sorte de guerre à l'exclusion de la guerre sainte. Est seule légitime une guerre dont le but final est religieux, c'est-à-dire qui sert à imposer la *shari'a*, la loi sacrée, ou empêcher une transgression contre elle. Aucune autre forme n'est légale à l'intérieur et à l'extérieur de l'Etat islamique.

Seul le rejet de l'invitation à embrasser l'Islam rendait un combat légal. D'où les efforts que faisaient les princes pour représenter leur adversaire comme ayant, au moins en quelque manière, contrevenu aux commandements de la foi ou à l'orthodoxie ; proclamant qu'il ne pouvait y avoir entre eux d'autre solution possible que le glaive manifestant le jugement d'Allah... Comme hier, comme aujourd'hui...

En réalité, songea Ali, tout cela n'était que prétexte. La guerre était liée à la nature de la société humaine depuis le stade tribal, et aucune loi fût-elle sacrée n'aurait pu y changer quoi que ce fût.

Les cris qui montaient dans le ciel l'arrachèrent à ses réflexions. En contrebas, on pouvait apercevoir les premières vagues de cavalerie qui s'entrechoquaient dans l'éclat des sabres et des javelots. Les *karadis*, les escadrons aux uniformes bigarrés, attendaient avant de se mouvoir le long des flancs étirés des deux armées que l'un ou l'autre des carrés cède sous les charges renouvelées. Il ne fallut pas moins de quatre assauts pour que la cavalerie de Shams parvienne à briser les lignes kurdes. Alors seulement ordre fut donné aux fantassins d'engager la bataille. En première ligne, le souverain buyide luttait avec une vaillance exemplaire. Son sabre faisait des ravages parmi les rangs ennemis, tailladant impitoyablement ceux qui se trouvaient sur sa trajectoire. On aurait dit qu'il maniait Dhu'l Fakar, le fameux sabre du Prophète, tant sa précision était meurtrière[1].

La bataille se poursuivit pendant près de trois heures. Hommes et bêtes confondus dans la blancheur aveuglante de la plaine. De plus en plus morcelées les troupes kurdes présentaient les premiers signes de faiblesse, et à plusieurs reprises Ibn Annaz dut rameuter ses unités tentées par la fuite. L'instinct combatif des cavaliers turcs de Shams el-Dawla dominait tous les angles du champ, et leur cruauté légendaire exerçait une sorte de fascination sur leur ennemi. Quant à la cavalerie kurde, elle était maintenant largement détruite ; à la merci des fantassins buyides qui, agenouillés à même le sol, protégés par des boucliers plantés dans le sable, brisaient les dernières attaques en coupant les jarrets des chevaux qui venaient s'affaler comme des masses en écrasant leur équipage.

1. L'iconographie musulmane représente ce sabre avec deux pointes probablement pour marquer son caractère magique ; les deux pointes servant à atteindre les yeux de l'ennemi. *(N.d.T.)*

Cette fois, il n'y eut pas de surprise ; pas de coup d'éclat, nul éléphant qui déboula de derrière le flanc caché d'une colline. Le reflux des troupes d'Ibn Annaz se transforma en déroute. Et l'armée de Hamadhan régna en maître sur toute la plaine. Renonçant à poursuivre son adversaire, Shams el-Dawla fondit sur Qirmisin maintenant privé de toute protection. Une heure plus tard, il était accueilli en libérateur par les habitants qui s'étaient précipités aux portes de la ville.

En compagnie de quelques médecins et d'infirmiers, Ibn Sina était demeuré avec l'arrière-garde, s'efforçant de prodiguer les soins d'urgence aux centaines de blessés qui jonchaient le sol de la cuvette transformée en charnier. Hélas, les équipements sanitaires emmenés de Hamadhan étaient plus que primaires. On manquait de tout, de potions, d'électuaires, d'onguents et surtout de médecins. Ce fut seulement à la tombée de la nuit que le cheikh rejoignit Shams à Qirmisin où il s'était installé avec son fils dans le palais déserté du gouverneur. Dès son arrivée il fut appelé auprès du souverain en proie à une nouvelle crise. Il le trouva dans une chambre tendue de soie mauve et meublée de lourds fauteuils. Samà était au chevet de son père. Le corps recroquevillé par la souffrance, le prince trouva la force d'esquisser un vague sourire en l'apercevant.

— Cheikh el-raïs, comprends-tu maintenant pourquoi je tenais tant à ce que tu m'accompagnes ?

Posant à terre le bissac dans lequel il rangeait ses herbes et ses instruments, Ali s'agenouilla au chevet de son illustre patient, et après avoir palpé la région abdominale il déclara :

— Il va te falloir absorber un de ces analgésiques que tu détestes. Cette fois nous ferons appel au pavot.

Le prince héritier s'étonna :

— Ne disais-tu pas qu'il fallait se méfier de cette drogue ?

— Oui, Excellence, mais cette fois elle est indispensable si nous voulons apaiser les douleurs de ton père.

— Allah soit loué, murmura l'émir. Tu m'accordes enfin le bien-être.

— Si tu continues à livrer bataille et à mener cette vie dissolue, ce bien-être sera de courte durée. Nous devrons chaque jour augmenter les doses, avec tous les risques d'effets secondaires que cela comporte, et bientôt les emplâtres de céruse se révéleront impuissants.

— Je croyais que...

Ali coupa volontairement le souverain.

— La tension, la nervosité, les soucis sont autant de poisons lorsque l'on souffre de qalandj... Il faudra songer sérieusement à prendre du repos.

Shams se souleva lentement sur le lit de bois nacré.

— Donne ces conseils à mes ennemis. Moi je ne demande qu'à vivre en paix.

Il ajouta, déterminé :

— Tant qu'il me restera une parcelle d'énergie, nul ne volera un grain de sable du royaume fondé par mon père.

Pointant son index sur Samà :

— Et toi, mon fils, au moment où je fuirai la mort[1], tu feras de même !

Ibn Sina ne fit aucun commentaire.

— Je vais demander que l'on nous trouve une boisson chaude. En attendant essaie de te détendre.

Il allait se diriger vers la porte, mais le prince héritier le devança :

— Laisse, je m'en charge, reste au chevet de mon père.

Dès qu'ils furent seuls, l'émir déclara :

— Fils de Sina, je t'ai observé au cours de ces quarante jours, et je t'ai écouté. Je connais les hommes et leurs détours. Tu me plais. Tu possèdes des qualités certaines : la droiture, la connaissance des lois, tu es un jurisconsulte éminent, et tu sais quand il le faut lier la philosophie à la science.

— Excellence, prends garde de ne jamais idéaliser un homme. La déception ne peut être que plus cruelle.

D'un signe de la main, Shams invita son médecin à s'asseoir dans l'un des fauteuils.

— J'ai une proposition à te faire.

Comme Ali prenait place, il l'interrogea :

— Que penses-tu du pouvoir ?

— Le pouvoir est solitaire.

— Et la solitude n'est pas toujours bonne conseillère. N'est-il pas vrai ?

— Je le crois, Excellence.

— De même il est périlleux de partager sa puissance avec le premier venu. Je connais des êtres à qui l'on tend la main, et qui vous prennent le bras. Tu sais cela aussi...

Ali approuva, tout en essayant de déchiffrer la pensée de l'émir. Celui-ci annonça brusquement :

— Voudrais-tu partager ma solitude ?

Il se hâta d'ajouter avec une certaine solennité :

— Et le pouvoir...

— Je ne comprends pas, Excellence.

1. Qui veut dire au moment où passant de cette vie à l'autre, je n'aurais plus rien à craindre. *(N.d.T.)*

Au moment où Shams allait répondre, son fils revint avec une aiguière de bronze et une coupe qu'il tendit au médecin.

— C'est pourtant simple, murmura l'émir.

Ali s'était levé pour verser un peu de lait dans la coupe. Et puisant dans son bissac il en extirpa une spatule et de la poudre de pavot.

— Qu'attends-tu de moi ?

— Que tu deviennes mon ombre, et mon bouclier. En un mot, je t'offre le poste de vizir.

Ali réprima un frisson. Le vizirat... La fonction suprême.

Pris de vertige, une multitude de pensées contradictoires se bouscula dans sa tête.

— Je suis un homme de science, Majesté, un médecin avant tout. Je n'ai rien du politique. De plus je ne suis pas de ceux qui allongent le cou.

— C'est bien pour cette raison que je te propose cette fonction. Je te l'ai déjà dit, je me méfie des politiques.

Aidant Shams à se soulever il approcha la coupe de ses lèvres et poursuivit :

— Le peu d'expérience que je possède m'a enseigné qu'il existe deux sortes de vizirs : ceux qui avancent dans les pas de leur prince, et ceux qui tentent de le faire trébucher. Je suis incapable d'être l'un ou l'autre.

— Dans ce cas, où te situerais-tu ?

— Fidèle mais pas servile. Ma sincérité et le respect que je te porte m'obligent à te dire que je me sens incapable d'être une voix qui ne serait qu'un écho à la tienne.

Shams but une large rasade et s'essuya les lèvres du revers de la main.

— Dès lors que cette voix ne cherche pas à me nuire mais à m'aider, je serai tout à fait disposé à l'écouter. Je la réclamerai même.

— Je ne sais pas si je serai digne d'un tel honneur, Majesté.

— J'ai besoin de toi, fils de Sina, fut la seule réponse du souverain.

— Et les miens ? J'ai mon frère, mon disciple et celle que j'aime qui m'attendent à Qazwim.

Shams balaya l'air avec indifférence.

— Ils seront là dès l'instant où tu le désireras. Je donnerai les ordres... Il interrompit volontairement sa phrase pour rectifier : *Tu* donneras les ordres pour qu'on les escorte jusqu'à Hamadhan.

Le fils de Sina médita encore un moment et dit :

— Au risque de t'irriter, je me permets à nouveau de te rappeler avec insistance : je suis avant tout un homme de science. Je ne peux pas envisager d'abandonner ma profession, mes écritures, mon enseignement. M'autoriseras-tu à poursuivre dans cette voie ?

L'émir but encore une gorgée avant de répliquer :

— C'est mon souhait le plus vif. Ce n'est pas uniquement le vizir que je voudrais à mes côtés, c'est aussi le maître des savants. A toi de juger si tu pourras mener de front les deux fonctions. Alors que décides-tu ?

Le cheikh croisa les doigts et médita en silence, l'œil perdu dans les tentures de soie.

Samà, qui jusque-là n'avait rien dit, fit observer :

— Peu d'hommes ont la chance que mon père t'offre. Le sais-tu ?

— Est-ce vraiment une chance, Majesté ? Je te surprendrais peut-être si je te disais que l'homme ne doit pas sans nécessité ouvrir toutes les portes qui se présentent à lui.

Shams répliqua :

— A quoi je te rétorquerai que l'homme se doit de jouer d'après le nombre de points que lui présentent les dés jetés par le destin... Je te le répète, j'ai besoin de toi...

Ali sonda longuement les yeux de l'émir :

— C'est bon, dit-il enfin. Je vais donner des ordres pour que l'on fasse venir mes proches.

★

« On aurait dit que tous les astres de l'univers s'étaient rassemblés pour illuminer la grande salle des fêtes du palais de Hamadhan. Les lustres et les candélabres bruissaient de leurs milliers de cristaux étincelants, projetant sur les murs habillés d'arabesques d'or un jeu savant de lumières irisées.

« Debout, auprès de Yasmina, de Mahmoud, du jeune el-Maksoumi et d'Ibn Zayla, je buvais littéralement des yeux le spectacle éblouissant qui s'offrait pour notre plaisir. Jamais je n'avais été confronté à autant de beauté à la fois. Le plafond peint flottait comme un lac entre les mouqarnas. Trois épaisseurs de tapis de soie couraient sur toute la longueur du parquet. Une immense coupole, que les architectes de Hamadhan avaient concue sans doute selon le principe idéal de la section d'or[1] surplombait le

1. Mon maître m'expliqua un jour que les Grecs, depuis Pythagore et Platon, se sont spécialement intéressés à l'esthétique des figures géométriques et des rapports de proportion. La théorie de la « section d'or » aurait été élaborée par les milieux pythagoriciens. C'est l'une des proportions harmoniques des Grecs. On l'obtient en divisant une droite en deux segments de manière que le plus grand soit dans le même rapport avec l'ensemble que le plus petit avec le plus grand. Sa formule telle que me l'a indiquée le cheikh serait : $a/b = b/(a+b)$.

centre de la salle ; cette coupole était entièrement garnie de mosaïques turquoise et blanc, et percée d'une centaine d'ouvertures octogonales par où filtrait la nuit l'éclat des étoiles, et le jour le flamboiement du soleil. Quant aux fenêtres, détourées de carrelages bleu et jaune, eux-mêmes cerclés de bois rares incrustés de nacre, elles rappelaient les émaux de Chiraz.

« Sur l'un des pans de mur, derrière le trône enluminé de feuilles d'or, se détachait une fresque géante représentant une caravane en partance pour La Mecque, avec ses fanions, sa nuée de chameaux ployant sous les vivres. En d'autres temps, j'aurais pu être surpris ou choqué en découvrant sur cette fresque des visages humains, car depuis ma plus tendre enfance on m'avait enseigné que le Livre et les hadiths prohibaient la reproduction picturale d'êtres vivants.

« En réalité, l'interdiction de reproduire les êtres vivants serait née, selon Ibn Sina, d'un double malentendu : l'absence de toutes représentations d'êtres vivants dans la *Première Mosquée*, la maison que le Prophète avait construite à Médine, et l'excès de luxe et de gaspillage dont faisaient preuve nos princes et nos califes dans leurs palais, qui conduisirent les théologiens à étendre à toutes les images ce qui était seulement une condamnation des idoles.

« Installé sur son trône, le crâne habillé d'un turban couleur ivoire, Shams el-Dawla s'était paré d'une robe de velours bleu saphir, brodée d'argent et de perles, ainsi que d'une pelisse doublée de martre. A ses côtés, très dignes, on pouvait voir le prince héritier et sa mère. Devant eux, la cour était réunie au grand complet, en habit de cérémonie. Le chancelier, les officiers et leurs épouses, le chambellan Taj el-Molk — personnage qu'on disait d'origine Tajik, d'un abord assez désagréable —, les enfants des familles nobles, le salar, le général en chef des armées. On avait fait brûler des perles d'encens et de musc, et il régnait une atmosphère fiévreuse. Tous avaient hâte de connaître enfin celui dont le nom était depuis quelques jours sur toutes les lèvres : le cheikh el-raïs, Abou Ali ibn Sina.

« Lorsqu'il fit son apparition, je crus que mon cœur s'arrêterait de battre. Et je m'interrogeai sur la réalité de ma vision : il avançait très digne, superbe, les épaules protégées par un manteau de drap pourpre bordé d'hermine à manches longues et parements retournés. Un sirwal bouffant de brocart noir lui descendait jusqu'aux chevilles, et son gilet de soie blanche était fermé sur sa poitrine par un médaillon d'or, présent du souverain.

« Etait-ce bien lui ? Ali ibn Sina, l'enfant prodige du Khorasan. Etait-ce bien lui cet homme qui hier encore errait dans les montagnes d'Elbourz ? Egaré un jour dans le Dasht el-Kavir ? Désemparé par l'iniquité humaine, meurtri par l'injustice des princes ?

« Je cherchai machinalement le regard de Mahmoud et je vis que ses prunelles étaient embrumées de larmes. Quant à Yasmina, le visage caché derrière ce voile dont elle ne se départissait plus depuis notre départ de Raiy, vêtue d'une simple robe de velours rose à fleurs argentées, elle paraissait étrangement tendue ; une certaine angoisse se lisait sur ses traits. Dans l'instant, cette attitude ne me frappa point l'esprit. Ce n'est que beaucoup plus tard qu'elle revint à ma mémoire, et que je la compris.

— Ali ibn Sina, soit le bienvenu à la cour de Hamadhan !

« La voix solennelle de Shams el-Dawla me tira de mes pensées.

« Le cheikh s'était approché au pied des marches du trône, et ainsi que le voulait la tradition il s'agenouilla devant le souverain.

« Celui-ci poursuivit à l'intention de la cour :

— Voici le nouveau vizir. Mais ce n'est pas uniquement un ministre que j'offre à mon peuple, c'est aussi un savant. Le plus grand médecin de notre temps. Un philosophe, un esprit universel qui par sa sagesse et ses connaissances contribuera, j'en suis sûr, au bien-être des nôtres.

« Un murmure d'approbation parcourut l'assistance. Le prince invita le cheikh à se relever, et le chancelier s'approcha à son tour. Prenant place auprès d'Ibn Sina, il déroula un long manuscrit représentant le décret princier, et le lut d'une voix forte.

« Une salve d'applaudissements vint saluer la fin de la lecture, à quoi le cheikh, la main sur le cœur, répondit par une succession de saluts. A mes côtés, el-Maksoumi et Ibn Zayla observaient la scène avec un emerveillement enfantin. Depuis quelque temps, ils étaient devenus les inséparables du cheikh el-raïs.

— A présent, conclut Shams el-Dawla, je vous invite à fêter dignement ce jour, qui voit la promotion d'un homme et la victoire sur l'ennemi kurde.

« De nouveaux applaudissements crépitèrent tandis que le souverain descendait les marches du trône pour se rendre dans la salle à manger attenante. Un nouveau spectacle encore plus extraordinaire nous y attendait.

« Sur de longues tables en bois de Damas étaient alignés les mets les plus riches qu'il m'ait été donné de voir. Hormis la gazelle et le porc, aliments interdits par la religion chiite, tous les plats familiers de l'Islam étaient rassemblés sous nos yeux. Moutons, lièvres, foies cuits, riz aux pignons, au safran, lait de chèvre salé, semoule, boulettes en sauce noyées d'épices, et toutes les senteurs réunies de la cannelle, de la cardamome, du bétal, du musc et de la noix muscade. Sur des coffres de bronze massif on avait posé les desserts les plus variés ; cependant que prêts à servir, alignés contre l'un des murs de la salle à manger, on apercevait les djashangir, les serviteurs qui avaient fonction d'officiers de bouche.

« Pressé de toutes parts, le cheikh essayait tant bien que mal de répondre aux innombrables questions des invités. Je l'observais et, moi qui le connaissais sans doute mieux qu'aucun autre ici, je devinais qu'il se sentait quelque peu dépassé par tout ce faste.

« Ce ne fut qu'aux premières heures de l'aube que le banquet s'acheva et que je pus, en compagnie de son frère, m'approcher du cheikh. Ce dernier s'inclina devant lui :

— Bienheureux frère, y a-t-il ce soir quelque chose au monde qui ne soit à portée de ta main ?

« Ali se pencha à son oreille en chuchotant :

— Du vin... une coupe de vin de Soghdiane ou d'ailleurs...

« Mahmoud et moi nous ne pûmes nous empêcher de partir d'un éclat de rire. J'ajoutai, paraphrasant le cheikh :

— Qu'y a-t-il sur la terre de préférable au vin ? C'est un amer qui vaut cent fois la douceur de la vie... N'est-il pas vrai, cheikh el-raïs ?

« Mais il ne m'écoutait pas. Je vis son regard fouiller la salle comme s'il cherchait quelqu'un ou quelque chose.

— Yasmina, dit-il d'une voix inquiète. Où est-elle ?

« Nous fûmes forcés d'avouer que nous n'en savions rien. Je me souvenais seulement qu'elle était à nos côtés au début de la soirée. Puis...

« Une expression angoissée envahit les traits du cheikh. Il examina une dernière fois les invités, puis il se rua vers la sortie. »

Vingt et unième makama

Il la chercha partout dans la lumière grisâtre de l'aube, et alors qu'il commençait à désespérer il finit par la retrouver non loin de la mosquée ; assise, anonyme, sous une voûte, à l'angle de la rue des Potiers.

Il ne commit aucun éclat, et pourtant son cœur frappait très fort et ses mains étaient moites.

— Veux-tu m'expliquer... ?

— Je ne sais pas ce qui m'a pris. Pardonne-moi. J'ai eu peur.

— Viens. Nous n'allons pas rester ainsi. C'est indigne du nouveau vizir et de sa compagne. Marchons.

Machinalement elle s'assura de la rectitude de son voile, et lui emboîta le pas.

Ils n'échangèrent pas un seul mot avant d'arriver en vue d'un gonbad, un mausolée dédié à un membre défunt de la famille des Dawla. De cet endroit on apercevait l'étendue de la plaine au pied de Hamadhan. Ali lança brusquement :

— Connais-tu le dicton des gens du Khorasan ?

Avant qu'elle ait eu le temps de répondre, il expliqua :

— Un bol renversé ne se remplit jamais. Si tu persistes à vivre en tournant le dos à la réalité, le bonheur et le malheur glisseront sur ton cœur comme l'eau du torrent sur les galets. Or l'homme a besoin du bonheur et du malheur pour marcher en équilibre. Et l'être le plus fort, fût-il l'invincible Roustam, a besoin de se confier un jour. Alors... parle-moi. Voici trop longtemps que tu cherches à me cacher les secrets de ta vie.

— Qu'aimerais-tu savoir ?

— Tout. Et pour commencer — il effleura le voile qui couvrait le visage de la jeune femme — ceci. Depuis que nous avons quitté Raiy, tu n'as cessé de le porter comme si ta vie en dépendait.

— Aurais-tu oublié, Ali ibn Sina ? « Dis aux croyants de baisser leurs regards, d'être chastes... »

Il compléta la phrase :

— « ... de rabattre leurs voiles sur leurs poitrines, de ne montrer leurs atours qu'à leurs époux... » Yasmina, si j'avais le cœur léger je te rappellerais que le Prophète a dit aussi : « Admonestez les femmes dont vous craignez l'infidélité ; reléguez-les dans des chambres à part et frappez-les. » Si tu ne veux pas subir le même sort, parle-moi de Bagdad...

Au mot de Bagdad, elle eut du mal à maîtriser son émotion.

— Pourquoi me parles-tu de la Ville-Ronde ?

— L'un des hommes d'el-Sabr, le chef des ayyaroun, affirme t'avoir croisée un jour là-bas.

— Il s'est sans doute trompé.

— Pourquoi poursuivre dans le mensonge ? Tant que ton passé n'influençait pas le présent, j'estimais qu'il t'appartenait. Mais aujourd'hui je suis vizir. Et la réaction que tu as eue ce soir prouve désormais que le passé n'est plus sans incidence sur notre vie. Je veux savoir ! J'en ai le droit.

Il ajouta dans un souffle :

— Ne fût-ce que pour te protéger...

— Très bien, Ali ibn Sina. Je vais donc me confier, en espérant que ta miséricorde me sera acquise.

Elle se déplaça vers les créneaux et s'accouda sur la pierre, les mains nouées devant elle.

— Mon vrai nom est Mariam, commença-t-elle lentement. Je ne suis pas une enfant de l'Islam, mais une fille de chrétien. Je ne suis pas originaire du Daylam ni du Rihab, mais du pays des Hellènes. Ma mère était de Macédoine, mon père était de Constantinople ; il était négociant en soie et possédait un atelier de tissage à Chios. Il avait l'habitude de commercer avec les communautés arabes du Cham et se déplaçait très fréquemment dans cette région. J'ignore tout du détail des événements qui ont suivi, mais ce dont je me souviens, c'est qu'au cours d'un de ces voyages, alors que ma mère et moi accompagnions mon père, nous fûmes attaqués par des inconnus alors que nous nous trouvions à Damas. Je crois qu'il s'agissait d'une sombre histoire de lettre de change, ou de paiement différé qui n'aurait pas été respecté. Mes parents furent tués sous mes yeux ; je fus enlevée et emmenée à Alep et vendue à un commerçant perse qui m'emporta dans les bagages de sa caravane. J'arrivai dans la Ville-Ronde. Je n'avais alors que sept ans.

Yasmina se tut et elle fit un effort pour contenir l'émotion que cette évocation faisait naître en elle.

— Veux-tu vraiment que je poursuive ?

Il répondit par l'affirmative.

— Il serait inutile de te parler de l'existence que j'ai menée jusqu'à l'âge de vingt-cinq ans. Imagine simplement ce que peut être le quotidien d'un être qui ne s'appartient plus. Une sorte d'objet que l'on déplace, utilise, vend au gré des humeurs de ses maîtres successifs. Des maîtres, j'en ai connu trois. Mais c'est le dernier qui a joué un rôle déterminant. Il ne t'est pas étranger.

— De qui s'agit-il ?

— D'el-Qadir.

— Le calife de Bagdad !

Yasmina fit oui.

— Mais il règne toujours !

— Il venait d'être élu lorsque j'arrivai au palais.

Stupéfait, Ali essaya de mettre de l'ordre dans ses pensées, tandis qu'elle poursuivait :

— Je fus envoyée là comme tribut à celui que l'on surnommait « l'Ombre d'Allah sur terre » et faisais partie de nombreux présents ; entre autres un lot de ceintures en soie, une centaine de rosaires d'ambre, quelques eunuques slaves et d'autres choses encore que je n'ai plus en mémoire. En revanche, je me souviendrai toujours de mon arrivée aux portes de la cité de la Paix. Nous venions du nord et, après avoir traversé le quartier de Zafariyya, le souq al-Thatalata, nous franchîmes le Tigre et nous arrivâmes enfin devant la porte d'Or. Malgré toute la tristesse qui habitait mon cœur, je ne pus m'empêcher d'éprouver de l'admiration devant tant de beauté. Il se dégageait quelque chose de surnaturel de cette porte faite de marbre et de pierre, ornée de dorures. Je me souviens que mes yeux n'arrivaient pas à s'en détacher. J'étais à la fois fascinée et anéantie. A l'intérieur de moi, une voix me soufflait que c'était ici derrière cette porte que commencerait véritablement l'humiliation et la souffrance.

— Tu es devenue la favorite du calife.

— J'ai d'abord habité, comme le veut la coutume, le sanctuaire des femmes. Le lieu saint, ou du moins considéré comme tel par la tradition islamique. Je fus accueillie par l'intendante du harem. J'étais terrifiée. Il m'arrive encore certains soirs de faire un cauchemar, où je crois entendre le grincement des lourdes portes se refermant une à une derrière moi, le rire niais des eunuques qui me déshabillaient des yeux.

Yasmina dénoua ses mains et les fixa d'un air absent.

— Pardonne-moi de ne pas développer le détail de ce qui s'est passé au cours des mois qui suivirent, mais tu dois savoir la vie d'un harem ; son protocole, son immuable hiérarchie fixée par la tradition séculaire.

Les rumeurs les plus diverses couraient à propos des goûts d'el-Qadir. Certains racontaient qu'il avait une préférence pour les filles du pays jaune, à cause de leur étroitesse, d'autres pour l'ingénuité des Egyptiennes, d'autres encore qu'il était par-dessus tout attiré par la complaisance des femmes grecques qui avaient la réputation d'accepter toutes les formes de l'amour, y compris celle qui permettait à l'homme la possession de ce que vous les Persans appelez *dou féroud*, les deux isolés.

Ibn Sina eut du mal à maîtriser son écœurement.

— C'est pourquoi, lorsque l'intendante me présenta à l'Ombre d'Allah sur terre, elle loua avant toute chose mes origines grecques...

— C'est ignoble...

Yasmina ne parut pas l'entendre.

— On m'épila entièrement. On me lava à l'eau de rose. On inspecta les parties les plus intimes de mon corps, on m'enveloppa dans un voile de soie, et je passai ma première nuit dans le lit d'el-Qadir.

Elle marqua une pause et dit en serrant les dents :

— Ce ne devait pas être la dernière. J'en ai connu plus de mille. Mille nuits partagées entre la révolte, la soumission et la folie. Le plus insensé c'est que le calife tomba éperdument amoureux de moi. En quelques semaines je devins « la lumière de ses pas », « son éclat de lune », ses « yeux ». J'ai connu les splendeurs de la vie du sérail, les richesses les plus extraordinaires, les bijoux les plus rares. Rien n'était assez beau pour l'adorée que j'étais. Durant ces cinq années dans la Ville-Ronde, j'ai vu déposer à mes pieds les fourrures du Turkestan, les soieries de Chine, les cachemires du pays jaune et tout l'or de Bagdad. Comprends-tu maintenant mon ressentiment devant les fastes de ce soir ?

Elle se tut à nouveau et demanda :

— Veux-tu toujours que je poursuive ?

— Si tu arrêtais là ce serait bien plus amer que si tu n'avais rien dit.

Elle porta un instant son attention sur la plaine où le soleil venait de percer les brumes de chaleur.

— Fils de Sina, je ne sais pas s'il t'est jamais arrivé de connaître ce sentiment étrange : dans certaines situations la générosité des autres est plus insupportable que leur mépris.

Ainsi, plus grande était la prodigalité du calife, plus grande était ma haine.

— Je suppose que cette prodigalité s'accompagnait de toutes les exigences ?

— Toutes les exigences, et bien plus encore. Chaque présent était suivi de son lot de souffrances et d'avanies. J'ai rampé comme une chienne le long des tapis de soie. J'ai connu la morsure du fouet. J'ai léché les bottines de l'Ombre d'Allah, et mes larmes ont salé les blessures de mes mains. Jusqu'au jour où je me suis dit que la mort devait être plus douce que la vie.

Elle remonta le tissu de sa manche le long de son poignet et tendit le bras vers Ibn Sina.

— Tu te souviens ? Ces stries qui marquent ma peau. Tu te demandais d'où elles provenaient...

Ali passa son index le long de la cicatrice.

— Détrompe-toi, j'ai su dès le premier instant.

— Ma tentative de suicide manquée n'a fait qu'attiser la haine de mon seigneur et maître. Son autorité a redoublé. Ses désirs sont devenus plus pressants. Et chose impensable : il m'a forcée à l'épouser. La vulgaire esclave est devenue femme de calife.

Ibn Sina resta sans voix.

— Toute autre que moi eût été comblée. Je dois être singulièrement folle. Au terme de la cinquième année, à bout de forces, j'ai pris la décision de fuir Bagdad à la première occasion. Celle-ci se présenta un vendredi, à l'heure de l'adhan, tandis qu'el-Qadir tenait sermon à la grande mosquée. Je suis partie en abandonnant tout. L'or, les atours, les fourrures, les perles rares. J'ai dérobé un cheval et traversé la ville comme dans un rêve avant de prendre la direction du Djibal. Je suis restée à Ispahan quelques semaines jusqu'à ce que les hommes du calife lancés à ma recherche fassent irruption dans la cité. Je leur ai échappé miraculeusement et je suis repartie vers le Daylam ; puis jusqu'au port de Deybul sur la mer des Khazars, où je me suis fixée pendant près d'un an.

— J'ai peur d'imaginer les moyens que tu as dû employer pour subsister durant tout ce temps.

Elle hocha la tête et il devina sa mélancolie derrière son voile.

— Mon corps ne m'appartenait plus depuis longtemps.

— Et Raiy... Comment as-tu fini à Raiy ?

— Je sais maintenant qu'un mari blessé dans son amour-propre peut se transformer en bête féroce. El-Qadir n'a jamais abandonné. Ses espions ont réussi à retrouver mes traces et j'ai dû fuir à nouveau. Raiy était la ville la plus proche. C'est là que la fortune a mis sur mon chemin un certain Ali ibn Sina.

En un geste ému, il retira le litham et, emprisonnant son visage maintenant dénudé, il se pencha sur ses lèvres.

— Mon pauvre cœur..., dit-il doucement. La distance qui sépare le bonheur du malheur tient dans un souffle. Prions que jamais ce souffle ne vienne à nous manquer. Prions de connaître enfin la sérénité.

Il la serra contre lui et dit encore :

— Finalement ta vie n'est pas loin de ressembler à la mienne. J'ai trente-sept ans et depuis toujours je n'ai cessé d'errer... Peut-être fallait-il que nous nous retrouvions pour gagner ensemble le havre. Serait-ce Hamadhan ? Enfin ?

★

« Au début de sa nouvelle existence, tout portait à croire que le souhait du cheikh el-raïs pouvait se réaliser.

« Au cours des quatre années qui suivirent, et selon un rite presque immuable, il voua tout son temps à l'enseignement, aux consultations qu'il donnait au bimaristan, sans négliger les devoirs du vizirat. Quant aux nuits elles étaient consacrées à de laborieuses réunions de travail auxquelles participaient les plus grands esprits de Hamadhan. Il me faut préciser que, durant toute cette période, je ne vis jamais mon maître lire un livre nouveau en entier ; il le parcourait rapidement et se reportait instinctivement aux passages difficiles ; d'après lesquels il parvenait avec précision à juger des qualités de l'ouvrage.

« Le plus étonnant, c'est que malgré ses occupations débordantes, à aucun moment il n'abandonna l'écriture. Dans les salles de garde de l'hôpital, entre deux réunions du conseil, au terme d'un débat avec ses étudiants, il poursuivit avec la même efficacité son œuvre créatrice. C'est ici, au printemps de 1019, qu'il me dicta les dernières pages du *Canon*. Dans le quatrième livre on trouvera le traité des fièvres, le traité des signes, les symptômes, les diagnostics et pronostics, la petite chirurgie, les tumeurs, les blessures, les fractures, les morsures, et le traité des poisons. Le cinquième livre s'achève sur la pharmacopée. Une semaine plus tard il y ajouta les Gloses. En vingt jours d'un travail acharné il écrivit les sept volumes de *La Physique et la Métaphysique*. Au fil de ces quatre années, il rédigea successivement un nombre impressionnant d'ouvrages que je cite scrupuleusement à la fin de ce journal.

« A tout cela vint s'ajouter un étonnant poème, appelé *Poème de la médecine*, dédié au souverain Shams el-Dawla. Je crois qu'il ne serait pas sans intérêt que j'explique ce qui a motivé sa création. Pour ce faire, je cède la parole au cheikh el-raïs car ses propos sont tirés de la préface du poème en question :

" Il était de coutume pour les Philosophes et les Gens de savoir des temps anciens de servir les rois, les émirs, les califes en rédigeant pour eux des écrits en prose ou en vers, des volumes consacrés aux Arts et aux Sciences et surtout des poèmes médicaux.

" Pour ce qui est des médecins, ils écrivaient souvent des poèmes, et faisaient des recueils qui permettaient de distinguer l'homme éloquent de celui qui ne l'est pas, l'habile de l'incapable. C'est ainsi que les rois ont connu les préceptes de la médecine et les méthodes philosophiques. J'ai vu que dans certains pays l'art médical ne provoquait ni séances de discussion ni controverses, tant dans les hôpitaux que dans les écoles ; j'ai vu s'occuper de médecine, et sans l'avoir étudiée, des gens dépourvus de toute formation morale : ainsi se sont poussés en avant et donnés pour maîtres des hommes sans connaissances approfondies. Alors je me suis lancé sur les traces des anciens et des philosophes et j'ai servi Son Excellence, notre seigneur, Shams el-Dawla (Allah prolonge sa vie, fasse durer sa puissance, sa gloire et culbute ses jaloux et ses ennemis) ; je l'ai servi par cette *Urguza*, poème qui traite de toutes les parties de la médecine.

" Je l'ai divisée d'une façon remarquable, je l'ai habillée d'un vêtement complet et ornée d'une robe de beauté.

" Elle est rédigée en un style très simple, dans une versification aisée, pour qu'elle soit facile, moins ardue à apprendre.

" Quand notre prince la regardera de toute sa pénétration et qu'elle prendra place parmi ses livres, il s'en aidera pour acquérir les bases de cette magnifique science. Alors il saura discerner le véritable praticien de la vile tourbe, le novice du savant complet, et l'érudit du sot.

" Je supplie Dieu de m'aider dans une de ces œuvres qui approchent de Lui et élèvent à ses yeux leur auteur. C'est de Lui que j'implore le secours et en Lui que je place ma confiance... "

« Ainsi parlait mon maître.

« Ce poème est divisé en deux parties : la théorie et la pratique. Et pour nos étudiants en médecine il est un véritable trésor. A titre d'exemple voici un extrait :

Mouvement et repos :

1. Parmi les exercices physiques il en est de modérés : c'est à eux qu'il faut se livrer.

2. Ils équilibrent le corps, en expulsent les résidus et les impuretés.

3. Ils sont facteurs de bonne nutrition pour les adultes, et d'heureuse croissance pour les jeunes.
4. L'exercice immodéré est un surmenage, il altère les forces de l'âme et conduit à la lassitude.
5. L'exercice immodéré consume la chaleur naturelle, vide le corps de son humidité.
6. Il affaiblit les nerfs par la violence de la douleur et fait que le corps se décrépit avant l'âge.
7. Pas d'illusion sur le repos prolongé : dans son excès aucun avantage.
8. Le repos prolongé emplit le corps d'humeurs nuisibles et ne le met pas en état de profiter de sa nourriture.

Evacuation et engorgement :

1. Le corps a besoin d'évacuation pour tous ses organes et pour le cerveau.
2. La saignée et les drogues prises au printemps sont très utiles aux hommes.
3. Gargarise-toi et cure tes dents pour tenir nets ta dentition et ton palais.
4. Provoque les urines, sinon crains l'hydropisie.
5. Emploie le purgatif, grâce à lui tu éviteras les coliques.
6. Fais usage des bains pour emporter les impuretés. Ne sois pas fainéant.
7. Fais usage des bains pour sortir les résidus des pores et débarrasser le corps de ses malpropretés.
8. Lâche la bride aux jeunes pour les rapports sexuels ; par eux ils éviteront des maux pernicieux.
9. Par contre interdit-les aux débiles, aux vieillards et aux affaiblis.
10. Promets la goutte et les douleurs à qui copule après le repas.
11. L'abus des rapports débilite le corps et donne en héritage toute espèce de maux.

« Voici donc ces courts extraits du *Poème de la médecine* écrit par le cheikh el-raïs. J'ose espérer que tu les jugeras utiles à ton hygiène, et que tu n'en souriras pas. J'aimerais ajouter ceci : Je ne sais pas quand tu liras ces lignes, ni en quel lieu, mais si dans mille ans ou plus ces conseils étaient toujours de mise, alors ma joie et ma fierté seraient inégalées. Et de là-haut, si le Clément m'accorde une place dans la maison de la Paix, sache que je vivrai heureux mon éternité parmi les jujubiers sans épines, les acacias bien alignés et les spacieux ombrages. Je lèverai spontanément ma coupe qui sera lourde de ce vin rare destiné aux élus, et je boirai l'âme comblée, à la mémoire du prince des savants. »

En ce soir de dhù el-qa'da, la chaleur qui régnait sur la ville était étouffante. Le front couvert de sueur, Ali continuait d'écrire, indifférent aux débats auxquels se livraient depuis plus de deux heures ses disciples à propos des origines du thé. Il but à la cruche une large rasade de vin épicé, et replongea dans ses écrits.

— Cheikh el-raïs ! cria presque Ibn Zayla, explique donc à cet âne bâté de Jozjani que le thé est bien originaire de Chine.

— C'est trop facile, protesta Jozjani. Ce que je réclame ce sont des précisions.

Ibn Sina trempa son calame dans l'encrier et poursuivit, imperturbable, sa rédaction. Alors Ibn Zayla reposa sa question. Cette fois le cheikh éclata :

— Il suffit ! Je n'ai que faire de vos palabres de femmes ! Ne voyez-vous pas que je suis occupé.

— Mais cheikh el-raïs, fit observer el-Maksoumi avec raison, ce n'est pas nouveau. Il y a quelques mois encore, tu dictais le cinquième livre du *Canon* à Jozjani tout en m'expliquant la courbure de la terre.

— *Charta parta*... babillage ! fut la seule réplique d'Ibn Sina.

Avec une certaine déception, les disciples retournèrent à leurs polémiques. Finalement, ce fut vers le milieu de la nuit qu'Ali rangea son calame.

— Je vous quitte, je vais voir le prince.

— Le prince à cette heure ? s'inquiéta Ibn Zayla.

— Ce que j'ai à lui soumettre ne peut pas attendre.

Il désigna du doigt l'en-tête du document, présentant le titre à la vue de tous : *Administration de l'armée, des mamelouks, des soldats, de leur ration et de leur solde.*

— Allah nous protège, souffla Jozjani le visage défait. Je me trompe peut-être, mais j'ai comme l'impression que nous allons nous retrouver sur le fil de la lame...

★

— Mon frère, fit Shams d'une voix pâteuse, cette affaire est donc si urgente ? Je suis repu.

Sans répondre, Ali prit place sur un des divans recouverts de tapis et rapprocha la petite colonne de marbre rose sur laquelle était posé un chandelier.

— Soleil de la nation. Pardonne mon intrusion, mais je

crois que lorsque je t'aurai lu de quoi il retourne tu oublieras sûrement les désagréments causés par ton réveil.

Shams se frotta les yeux et se cala parmi les coussins.

— C'est bon, mais j'espère que ce ne sera pas trop long.

— Avant de te soumettre la lecture de mon projet, j'aimerais te rappeler certains faits. Il s'agit de l'armée.

— Tu abordes là un problème qui, je le sais d'avance, va réveiller mon ulcère.

— Depuis quatre ans que j'occupe mes fonctions de vizir, j'ai eu tout loisir d'étudier l'organisation militaire. J'ai examiné le problème sous tous ses angles, et je suis parvenu à une conclusion : le fruit est pourri.

Shams prit un air affecté.

— Nous savons cela, cheikh el-raïs. Tu ne m'apprends rien de nouveau.

— L'armée est devenue un monstre tentaculaire aux exigences chaque jour plus absurdes. Au fur et à mesure qu'elle accentue son emprise sur le pouvoir central, il lui faut des soldes substantielles. De crise en crise le prix des fidélités ne cesse de monter. Le Trésor s'essouffle, et Hamadhan avec.

— Mon frère, à quoi sert de ressasser tous ces lieux communs ? Je te le répète, ce n'est pas nouveau.

— Soleil de la nation, sais-tu que depuis quelque temps, pour calmer l'appétit de nos mercenaires, nous avons dû pratiquer l'*iqtâ*, la dotation en terre. Et que celle-ci se trouvant dans le domaine public, elle a atteint ses limites. Ailleurs toutes les terres sont prises. Au-delà des frontières, l'horizon est bouché par la stagnation des conquêtes ; les exactions et la dépossession des propriétaires ne peuvent plus être régularisées sans péril pour ton propre règne !

— Pourquoi cet affolement ? Nous avons réglé ce problème.

— Certes. Aujourd'hui les soldats ne se font plus concéder des terres, mais l'impôt foncier des domaines particuliers.

— Et tout rentre dans l'ordre.

Ali leva les bras en ciel en signe d'exaspération.

— Bien au contraire ! Tout rentre dans le désordre. Que fais-tu du dessaisissement et de l'appauvrissement de l'Etat ? De l'exploitation des propriétaires par une classe soucieuse avant tout de rentrées d'argent immédiates, ce au prix de la ruine des sols, prélude aux endettements et à la dépossession de la paysannerie traditionnelle ?

— Conclusion ?

— Deux conclusions. La première c'est que notre monde irrigué d'or, de marchandises et d'hommes, n'a pas les moyens de son armée. La seconde : il faut mettre un terme à la perception de l'impôt foncier par les mercenaires.

Shams el-Dawla battit des paupières, incrédule.

— Majnoun... Mon vizir aurait-il perdu la tête ?

— Mes pensées n'ont jamais été aussi claires.

— Priver les mamelouks de l'impôt foncier ? Mais imagines-tu seulement à quoi tu t'exposes ? Nous allons nous retrouver avec une révolte sur les bras.

— Excellence. Si nous ne rétablissons pas une économie saine, le risque de révolte sera bien plus grand. De partout montent la lassitude et la colère. Les paysans, les propriétaires terriens, le peuple tout entier est saturé de constater à quel point les privilèges dominent dans ce pays. Seul le respect qu'ils éprouvent à ton égard les a contenus jusqu'à ce jour. Mais pour combien de temps encore ? Ton royaume est toujours aussi fragile. En quatre ans tu as livré plus de six campagnes, et dans quelques jours tu t'apprêtes à repartir de nouveau à l'assaut de Raiy pour y restaurer l'ordre.

Un éclair de colère traversa l'œil du souverain.

— Allah culbute dans la Géhenne mon frère et ma mère ! Cette fois je serai sans pitié, ils iront croupir ensemble dans les geôles de Tabarak !

— Cela ne résout pas le problème des mamelouks.

— Tu es le vizir. La décision t'appartient.

— Majesté, tu es le prince. Et...

Shams el-Dawla l'interrompit avec agacement :

— Ecoute-moi, fils de Sina. Je sais que ta démarche est guidée par un sentiment de justice, je sais que tôt ou tard il faudra résoudre cette affaire ; mais je sais aussi le danger de toucher aux privilèges de l'armée. A toi donc de juger des priorités.

— La justice doit prévaloir sur les intérêts personnels.

— Dans ce cas, agis comme bon te semblera. Tu as toute ma confiance. Tu as toujours fait preuve de clairvoyance. Je continuerai donc à t'appuyer. Néanmoins je te demanderai de différer la promulgation de ton décret jusqu'à notre retour de Raiy. La campagne s'annonce rude, et j'ai besoin de toute l'adhésion de mes troupes.

— Il sera fait selon ta volonté, Excellence.

Ali souffla le chandelier. A l'instant où il allait franchir le seuil de la chambre, la voix de Shams s'éleva à nouveau :

— Méfie-toi tout de même. Pèse bien les conséquences... Une médiocre aisance avec la paix vaut mieux que l'opulence avec les soucis.

Vingt-deuxième makama

Ghazna, 1019

« Très cher fils de Sina, après mon salut.

« Voici bien longtemps que tu ne m'as lu et que je n'ai eu de tes nouvelles. Nos missives se sont perdues, croisées, perdues à nouveau. Je te croyais à Raiy, tu étais à Qazwim, je t'écrivais à Qazwim, tu étais à Hamadhan, et de surcroît vizir ! Quant à moi, j'ai plus vécu en Inde qu'à la cour du Ghaznawide. Aujourd'hui notre dialogue reprend, et je suis heureux que le Très-Haut dans sa grande bonté nous ait permis de nous retrouver.

« J'ai sous les yeux le *Canon* achevé. Je t'en remercie, c'est un monument. Comme je te remercie pour la copie de quelques-uns de tes ouvrages que tu as bien voulu me faire parvenir. J'ai dévoré ton *Essentiel de philosophie*, et ton *Abrégé de la pulsation* m'a fasciné. Lorsque je songe à notre discussion dans la demeure de ton père, et que je me remémore tes scrupules à vouloir te lancer dans l'écriture, je ne peux m'empêcher de sourire. J'ai aussi éprouvé un grand intérêt pour ton abrégé d'astronomie. A ce propos, tu seras peut-être intéressé de savoir que sur la demande du roi j'ai entrepris la construction d'un instrument que j'ai baptisé — tradition oblige — Yamine el-Dawla[1]. Il va me permettre de mesurer très précisément la latitude de Ghazna. A vrai dire

1. La main droite de l'Etat. C'était l'un des titres dispensés à Mahmoud par le calife de Bagdad. L'instrument monumental que construira el-Birouni était désigné selon la coutume sous le nom du protecteur royal. *(N.d.T.)*

ce n'est pas la première fois que je tente ce genre d'expérience. Il y a deux ans, alors que je me trouvais à Kaboul, sans instrument, assez déprimé je l'avoue, et dans des conditions misérables, j'ai réussi à fabriquer un quadrant improvisé en traçant un arc gradué sur le dos d'une planche à calculer, et en utilisant un fil à plomb. Sur la base des résultats obtenus, et que je te communiquerai si tu le désires, je suis parvenu à élaborer avec précision la latitude de la localité. Je compte d'ailleurs progressivement établir une table des longitudes et latitudes des villes et des régions les plus importantes du monde islamique[1].

« Toujours concernant l'astronomie, j'attire ton attention sur l'ouvrage du grand astronome indien Brahmagupta, et les cahiers de Tabahafara. Ce qu'on y apprend n'est pas dépourvu d'intérêt.

« Certains savants hindous soutiennent que la terre se déplace et que les cieux sont fixes. D'autres réfutent cette assertion en alléguant que, si tel était le cas, les rochers et les arbres tomberaient de la Terre. Brahmagupta n'est pas de cet avis, et dit que la théorie n'implique pas une telle conséquence, apparemment parce qu'il pense que toutes les choses pesantes sont attirées par le centre de la Terre. Pour ma part, j'estime que les plus éminents astronomes, tant anciens que modernes, ont assidûment étudié la question du mouvement de la Terre, et tenté de le nier. Aussi j'ai composé il y a six mois un ouvrage sur ce sujet, que j'ai appelé : *Les Clefs de l'astronomie*. En toute modestie, je pense avoir été plus loin que nos devanciers, sinon dans l'expression, du moins dans l'examen de toutes les données du sujet.

« Mais je crois que ce qui éveillera surtout ton intérêt c'est la nouvelle dont je vais te faire part : je suis parvenu à établir la circonférence de la Terre.

« Voici les faits. Il y a deux ans, je me trouvais dans le fort de Nandana[2]. J'ai commencé par mesurer la hauteur d'un mont voisin qui se profilait derrière le fort ; j'ai ensuite déterminé à partir de cette montagne l'inclinaison de l'horizon visible. Le résultat : 6 338,80 km pour le rayon terrestre[3].

1. El-Birouni établira de fait cette table qui contiendra plus de six cents points, qui permettra de déterminer scientifiquement la direction de La Mecque. *(N.d.T.)*

2. Le fort de Nandana, dont il reste certains vestiges, se dressait dans une région vallonnée à une centaine de kilomètres au sud d'Islamabad, l'actuelle capitale du Pakistan. *(N.d.T.)*

3. Ses résultats (cités volontairement en kilomètres pour plus de clarté) sont surprenants d'exactitude. Comparés aux chiffres d'aujourd'hui : 6 370,98 km, ou 6 353,41 km à la latitude de Nandana, ils ne représentent qu'une différence de 17,57 km. *(N.d.T.)*

« Par ailleurs, lors de mes déplacements en Inde, je me suis beaucoup intéressé aux éclipses, et à la manière de mesurer les parties éclairées de la Lune. Je me suis attaché à faire une classification des corps célestes par ordre de grandeur (en fait d'après leur luminosité). Et j'ai répertorié mille vingt-neuf étoiles.

« Dans un tout autre domaine, je compte approfondir mon observation des couches stratifiées des roches, car je suis de plus en plus convaincu que tous les changements se sont produits il y a très, très longtemps, dans des conditions de froid et de chaleur qui nous demeurent inconnues.

« Mais il faut que j'arrête de parler sans cesse de mes projets ou de mes réalisations. Je risquerais de te paraître prétentieux. Aussi j'achèverai cette lettre en me limitant à te communiquer les dernières nouvelles de la région. Peut-être l'ignores-tu, mais le sultan Ibn Ma'moun et son épouse (laquelle, je me permets de te le rappeler, était la sœur du roi de Ghazna) ont péri dans une révolte de palais. Mahmoud s'est empressé de venger cette mort en marchant sur Khwarizm. Il a étouffé la rébellion et désigné comme successeur d'Ibn Ma'moun un des officiers de sa suite. Désormais le royaume du Ghaznawide est au plus haut de son expansion.

« Pour ce qui est de mes relations avec le souverain, je ne te surprendrai guère en te confiant qu'elles ne sont pas des plus harmonieuses. C'est indiscutablement un tyran sanguinaire, assoiffé de pouvoir. Je le soupçonne de rêver à un empire qu'il souhaiterait comparable à celui du grand Iskandar. Tu t'interroges certainement sur les raisons qui me poussent à demeurer à sa cour. Elles se résument en quelques mots : ma passion de l'Inde. Elle absorbe toute mon énergie. Pourrais-je rêver d'un meilleur tremplin que Ghazna pour poursuivre ma quête dans ce pays ? Et tant que le Très-Haut m'en donnera la force je demeurerai ici.

« Par ailleurs j'ai une triste nouvelle à t'annoncer. Te souviens-tu de Firdoussi et de son *Livre des Rois* ? Firdoussi n'est plus hélas. Il est mort il y a quelques jours. Mais moi qui ai eu la chance de compulser son œuvre, je m'interroge... Un être qui a réussi à accomplir un travail aussi colossal, réunissant toutes les légendes qui vont des premiers rois fabuleux de notre pays, jusqu'à sa conquête par les mangeurs de lézards, un homme comme celui-là peut-il vraiment mourir ? Je garderai longtemps en mémoire sa description des amours de Zäl et de Rudaba, ou la déchirante élégie composée à la mort de son fils. Je la soumets à ton jugement :

" J'ai soixante-cinq ans et lui trente-sept : il ne demanda rien à ce vieillard, et s'en alla tout seul...

" Peut-être a-t-il trouvé de jeunes camarades, puisqu'il s'est éloigné si vite de moi? "

« Ses rapports avec Mahmoud se sont révélés très vite des plus hostiles. Quelques semaines avant sa mort, Firdoussi a eu le courage d'invectiver le roi devant ses intimes en lui lançant cette phrase terrible :

" Si le roi avait eu pour père un roi, il m'aurait mis sur la tête une couronne d'or... mais puisque dans sa nature il n'y avait pas trace de grandeur, il n'a pas pu souffrir d'entendre le nom des grands!... "

« Lorsque l'on sait les origines de Mahmoud, on peut aisément imaginer la portée de l'humiliation !

Comme tu peux le constater, ni les scientifiques ni les artistes n'obtiennent le parfait bonheur auprès de leurs mécènes. J'espère cependant que ces mots te trouveront heureux et prospère, et reçois tous mes vœux de réussite dans tes nouvelles fonctions. Méfie-toi tout de même de ne pas te laisser prendre au piège du pouvoir : il peut être mortel pour les âmes pures...

Ton frère, Ibn Ahmad el-Birouni. »

Au moment où Ali posa la lettre devant lui, un martèlement effréné s'éleva de derrière la porte.

— Cheikh el-raïs, ouvre, vite !

On eût dit que la pièce entière allait voler en éclats.

Jozjani apparut dans l'encadrement, le visage blanc, l'œil exorbité.

— Cheikh el-raïs..., balbutia-t-il, il faut fuir... Il faut quitter la ville.

— Mais qu'est-ce que tu racontes. Serais-tu devenu fou ?

El-Jozjani emprisonna le bras du cheikh et l'entraîna vers la fenêtre.

— Et toi, serais-tu devenu sourd ? N'entends-tu pas ?

Comme Ali s'interrogeait, le jeune homme le poussa littéralement vers le rebord et désigna le centre de la cour en contrebas.

— Tu es peut-être devenu sourd, mais tu n'as pas perdu la vue !

C'est à ce moment qu'il comprit ce qui se passait et que, tout à la lecture du courrier d'el-Birouni, il n'avait pas perçu.

Des hommes en armes, parmi lesquels un détachement de mamelouks et de nombreux officiers de l'armée, brandissaient le poing et lançaient des imprécations en sa direction. C'était sa tête que les soldats réclamaient.

— Mais qu'est-ce qui leur prend ?

Jozjani allait répondre, lorsque dans un bruit de bottes trois hommes déboulèrent dans la chambre accompagnés par le chambellan Taj el-Molk.

— Cheikh el-raïs, il faut nous suivre, le prince te réclame sur-le-champ.

Sans essayer de comprendre, Ali jeta une burda sur ses épaules et emboîta le pas aux soldats. Sur le chemin il fut frappé par l'incroyable effervescence qui avait gagné le palais. Des militaires de la garde personnelle de Shams, des serviteurs affolés s'entrecroisaient, couraient dans tous les sens. Un moment plus tard il était introduit dans le salon de verre où l'attendait l'émir. A ses côtés il y avait le chancelier, le chambellan et Samà, le prince héritier.

— C'est le drame ! s'exclama le souverain. C'est la fin !

— La fin de quoi ? Tous les djinns de l'univers semblent avoir pris possession de la ville !

— Tu ne crois pas si bien dire, fit le chambellan d'une voix ténébreuse. Les djinns, et bien plus...

Du dehors de nouvelles clameurs éclatèrent, plus fortes, plus menaçantes.

Ali serra les poings.

— Soleil de la nation, pourrais-tu m'expliquer ?

— N'entends-tu pas ? intervint Samà.

— C'est ta tête qu'ils réclament, précisa le chambellan.

— C'est bien ce que j'ai cru comprendre. Mais pour quelles raisons ?

Shams el-Dawla leva les yeux au ciel, dépité.

— Tu as la mémoire courte, fils de Sina. N'as-tu pas publié un décret abrogeant les privilèges de l'armée ?

— C'est donc ça.

— Qu'espérais-tu ? lança Taj el-Molk avec hargne. On ne retire pas le pain de la bouche de celui qui a commencé à le mâcher.

Ali se voûta légèrement, et ses traits se fermèrent. Ses relations avec le chambellan avaient toujours été médiocres. Il soupçonnait l'homme de n'avoir jamais apprécié sa nomination à un poste auquel lui-même devait aspirer bien avant l'arrivée du cheikh à Hamadhan.

Il laissa tomber d'une voix maussade :

— N'aie crainte, Taj, moi parti, la relève est assurée.

Sans attendre la réplique du chambellan, il se dirigea à longues enjambées jusqu'à la fenêtre et désigna les émeutiers.

— Majesté, qu'attends-tu pour faire disperser ces charognes ?

— Et qui s'en chargera ? ironisa le chambellan. Toi peut-être ? Ou notre souverain, à mains nues ?

— Il reste bien des fidèles ! Le fruit ne peut pas être complètement pourri !

Shams serra les lèvres.

— Non, il n'est pas complètement pourri. Je dispose des moyens de mâter cette rébellion.

— Mais alors...

— Pourquoi ne le ferais-je pas ? C'est clair : je ne suis pas fou. Fils de Sina, faire verser le sang de l'armée par l'armée est un luxe que je ne peux pas m'offrir ; autant livrer tout de suite les clefs de Hamadhan.

— Ce serait la fin du règne, ajouta Samà. L'héritage de mon grand-père réduit en cendres.

— Mais vous n'allez tout de même pas laisser ces mercenaires dicter la loi ? Ne comprenez-vous pas que si vous cédez aujourd'hui, vous céderiez du même coup le royaume.

— Cheikh el-raïs, ne fais donc pas l'enfant ! Nous n'avons pas affaire à une simple bande de mutins ! C'est une armée qui se soulève !

Le souverain s'était exprimé avec une véhémence et un désespoir qu'il ne lui avait jamais connus jusqu'à cette heure.

— C'est bien, Soleil de la nation. Qu'attends-tu de moi ?

— Le salar réclame l'abrogation du décret.

— C'est simple, Majesté. Le salar aura donc ce qu'il désire. Nous brûlerons le décret sur la place publique.

— Ce n'est pas tout.

Ali attendit la suite, mais ce fut le grand chancelier qui précisa :

— Ta tête. Les officiers dans leur unanimité exigent ta mort.

La vision d'Ibn Sina se brouilla, et il eut l'impression qu'un vent glacial soufflait sur la salle de verre. Très pâle, il se tourna vers l'émir.

— Dois-je me considérer comme déjà mort, Excellence ?

Shams balaya l'air rageusement.

— Seul Allah décide de reprendre la vie. Je me refuse à jouer ce rôle.

— Dans ce cas...

— J'ai négocié.

— J'ai obtenu ta survie contre l'exil.

— L'exil ?

Ali crut que les miroirs de Damas se brisaient d'un seul coup.

— Rassure-toi, le mot est plus fort que ses conséquences. En réalité tu te retireras à une centaine de farsakhs de la ville. Nous avons tout organisé. Tu seras hébergé par un de mes amis personnels : le cheikh Ibn Dakhdul. C'est un homme intègre et généreux. Nous pourrons compter sur sa discrétion.

— Mais c'est monstrueux ! L'abrogation du décret n'est-elle pas suffisante qu'il faille y ajouter l'humiliation de mon départ ?

— C'est ainsi. Nous n'avons pas le choix, répliqua placidement Taj el-Molk.

Le souverain posa sa main sur l'épaule d'Ibn Sina.

— Je n'y peux rien ! Ecoute-les qui hurlent comme des loups ! C'est toi ou le royaume !

— Tu es un homme difficile, cheikh el-raïs, marmonna le grand chancelier.

— Je suis ce que je suis ; cela ne regarde que le Très-Haut et moi, puisqu'il est le seul aujourd'hui à me tendre la main.

— Tu es injuste fils de Sina ! explosa le jeune Samà. Mon père aussi te tend la main. Il s'est battu contre ses généraux, contre ses soldats, pour te conserver la vie sauve !

Les cris de la foule redoublaient de violence. Ibn Sina retourna à la fenêtre et, protégé par les rideaux de velours, il observa avec amertume les visages grimaçants.

— Dire que parmi ces hommes il en est certains qui me doivent la santé...

Faisant volte-face, il annonça très las :

— C'est bon. Je me remets entre vos mains.

Shams parut se détendre.

— Tu verras. Tu ne manqueras de rien. Les tiens t'accompagneront. Je ferai porter tes manuscrits, tes instruments. Ibn Dakhdul à ordre de satisfaire tous tes désirs.

— Je t'en sais gré. Il me reste à souhaiter que jamais tu n'aies à regretter d'avoir eu à céder devant la force et la vilenie.

★

« Ibn Dakhdul était ainsi que l'avait décrit Shams el-Dawla. Un personnage d'une grande courtoisie, ouvert ; il avait à peu près une soixantaine d'années. Et son œil reflétait la sérénité de son âme. Il avait sans doute vu beaucoup ; connu des êtres divers et des villes innombrables. De tout cela on sentait qu'il n'avait retenu que la beauté des choses.

« Il possédait une vaste propriété au sud de Hamadhan entourée de jardins fleuris qui embaumaient la rose et le jasmin. Soignant lui-même sa terre en dépit de son âge avancé, il veillait à ce que la moindre feuille, le plus petit arbre, ne manquât de rien.

« Il savait par cœur les plus beaux poèmes persans. Ni Dakiqi ni Baba Tahir, encore moins Rudaqi n'avaient de secret pour lui. Et il prenait plaisir tous les soirs à nous réciter certains vers qui étaient assurément d'une grande beauté.

« Le cheikh avait demandé à Yasmina, à Mahmoud et à moi-même de ne plus jamais parler des événements passés. Mais nous qui le connaissions nous savions que cette nouvelle blessure qui venait s'ajouter à toutes les autres, saignait dans son cœur.

« Je profitais de ce que les tâches du vizirat ne l'occupaient plus pour le prier de rédiger pour mon plaisir un commentaire des œuvres d'Aristote. Il me fit remarquer qu'il n'avait pas l'esprit assez libéré pour entreprendre un tel travail, lequel necessiterait polémiques et contrevérités. Mais il ajouta : " En revanche si tu es disposé à accepter un ouvrage où je développerai simplement tout ce que je trouve de positif chez Aristote, en évitant de débattre sur les points litigieux, je suis prêt à te l'offrir. "

« Il va de soi que je fus trop heureux d'accepter. Et le cheikh commença aussitôt une œuvre qu'il intitula le *Shifa*, la guérison. Ces volumes seront à la philosophie ce que le *Canon* est à la médecine. Le *Canon* fera de lui le maître incontesté des sciences naturelles, le *Shifa* celui de la pensée philosophique.

« Le temps passa. Ibn Dakhdul avait enseigné au cheikh un jeu passionnant : *Le Jeu du brahmane*, qui consistait à l'aide de pions d'ivoire représentant des cavaliers, des ministres, des tours et des soldats, à livrer bataille sur un damier. La légende voulait que ce jeu fût inventé par un brahmane hindou pour divertir un jeune prince arabe. C'était un divertissement très populaire dans la région ; mais vu sa complexité les bons joueurs étaient rares. L'esprit mathématique du fils de Sina excella naturellement dans cette distraction, et bientôt il proposa de nouvelles ouvertures à son hôte frustré, mais néanmoins admiratif.

« Ce fut au cours de l'une de leurs parties, alors que nous entrions dans le quarantième jour de notre exil, que le fils de Shams el-Dawla en personne vint quérir le cheikh. Son père souffrait atrocement, victime d'une de ses crises d'ulcère. Ali partit sur-le-champ.

« J'ignore le détail de ce qui s'est dit entre Shams et son médecin lorsqu'ils se sont retrouvés après cette longue séparation. Tout ce que je sais, c'est que quelques jours plus tard, tandis que l'inquiétude commençait à nous gagner, une nouvelle délégation arriva dans la propriété et l'on nous annonca que le cheikh nous attendait à Hamadhan : le souverain l'avait nommé vizir pour la seconde fois. »

Vingt-troisième makama

Dans la pièce enfumée par la brume des narghilés, les musiciens assis en tailleur sur les tapis de soie jouaient en dodelinant de la tête.

Ibn Zayla tendit le tuyau du narghilé à el-Jozjani, lequel après avoir aspiré une bouffée le passa au cheikh el-raïs qui à son tour le passa à son frère.

Nous étions au début du printemps de l'an 1021 pour les chrétiens, et la nuit était douce, l'air rempli de senteurs apaisantes. Le musicien plaqua un dernier accord sous les applaudissements, et le cheikh reprit sa dictée du *Shifa*.

C'était ainsi chaque soir depuis le retour en grâce du raïs ; un an déjà. Au fur et à mesure qu'il parlait, el-Jozjani transcrivait le texte avec une fidélité appliquée, se permettant de temps à autre d'interrompre son maître pour lui demander un éclaircissement sur un point litigieux. Parfois c'était le fils de Sina lui-même qui s'arrêtait pour développer un passage difficile, le rapportant à son expérience propre, l'éclairant à la lumière des faits.

Ce fut vers le milieu de la nuit qu'el-Jozjani posa son calame et rangea le manuscrit. On fit alors servir du vin de Qazvim et quelques fruits secs. Les discussions reprirent : pluralité de l'être, destinée des âmes, Aristote, Platon, el-Farrabi. Enfin repus de vin et de polémiques, au moment où les premiers rayons de l'aube rosissaient le flanc des contreforts, le groupe se décida à se séparer. C'est le moment que choisit el-Maksoumi pour parler de la dernière lettre d'el-Birouni. Elle était arrivée quelques jours plus tôt et faisait déjà l'objet de tous les commentaires. Sur un ton assez surprenant, el-Birouni avait mis au défi le cheikh el-raïs de répondre à dix questions précises, sur des sujets aussi divers que la physique, les mathématiques, la géologie ou la philosophie. Parmi ces questions on trouvait de sévères critiques à l'encontre du philosophe préféré du raïs : le grand Aristote. Depuis, les intellectuels de Hamadhan guettaient avec impatience les réponses du maître. Et ces réponses ne venaient pas.

Les poings posés sur ses hanches, le cheikh toisa son jeune disciple et prit son frère à témoin.

— Cela m'aurait étonné que cette soirée s'achève sans que quelqu'un ne cherche à irriter mes humeurs.

— Mais cheikh el-raïs, ce courrier d'el-Birouni n'est pas une simple lettre ; c'est une provocation. Ne pas répondre serait jugé par tous les intellectuels de Perse comme un aveu d'ignorance.

Ali eut un sourire indulgent.

— Ignorance... Ah ! mon ami, quand donc apprendras-tu à tourner sept fois ta langue avant de prononcer des mots dont tu ne connais pas le poids. A cette heure avancée, pourquoi ne te contentes-tu pas d'imiter la tulipe qui fleurit au Naurouz[1] ? Sois comme elle une coupe, et apprécie simplement les délices du vin.

— Il est trop tard pour continuer à boire et trop tôt pour recommencer, rétorqua el-Maksoumi, dépité. Tu ne nous as pas habitués à un tel comportement. Ces questions sont-elles si ardues ?

— Si je ne t'estimais pas, je te répondrais : rien n'impose au sot comme le silence ; en lui répondant on l'enhardit !

— Dois-je considérer ces propos comme une critique personnelle, ou s'adressent-ils à ton ami el-Birouni ? Nous allons finir par croire que ces questions t'embarrassent vraiment.

Les joues d'Ali s'empourprèrent.

— Vous commencez à m'échauffer les oreilles.

Pivotant sur les talons, il se précipita vers sa table de travail et se mit à fouiller parmi ses notes.

— Tu veux tes réponses ! s'exclama-t-il en brandissant sous le nez d'el-Maksoumi le pli qui faisait l'objet de tant de polémiques. Tu les auras ! Tiens, prends donc la lettre et lis les questions à haute voix, que tous entendent.

1. La nouvelle année persane. Elle commence à l'équinoxe du 21 mars. *(N.d.T.)*

Avec une certaine fébrilité, il poursuivit à l'intention des autres :

— Revenez, reprenez vos places. Toi, el-Jozjani, reprends ton calame.

Dans un silence recueilli, el-Maksoumi commença :

— « Selon el-Birouni, à propos de la mécanique céleste, Aristote n'a fait que suivre aveuglément les penseurs antiques et ses devanciers, sans mettre en jeu, aux fins d'examen, des observations personnelles. A l'appui de sa critique, il donne l'exemple d'une description de montagnes de l'Inde, description à laquelle, dit-il, on ne saurait se fier ; car si l'on observe les montagnes en question, on s'aperçoit que depuis le temps de cette description elles ont changé d'aspect. »

A peine le disciple eut-il terminé, que le cheikh répondit :

— El-Birouni mon frère, sache que les montagnes se forment et s'altèrent, non les corps célestes. C'est là une différence fondamentale. De plus, et sans vouloir te vexer, je te fais observer que ton accusation n'est pas nouvelle. Sans le savoir tu reprends cet argument, soit de Johanna Philoponos qui s'opposait à Aristote parce qu'il était chrétien, soit d'el-Razi qui, s'il était un grand médecin, ignorait tout de la métaphysique. Deuxième question ?

— « Le péripatétisme nie que puisse exister un autre monde complètement différent de celui que nous connaissons, un monde inconnu de nous parce qu'il échappe totalement à nos sens. Ce qui est absurde. J'en donne pour illustration le fait qu'il est impossible à un aveugle-né de concevoir ce qu'est la vision. Pareillement d'autres mondes peuvent exister, que l'homme ne saurait percevoir faute des facultés nécessaires. »

— J'accepte tout à fait l'existence d'autres mondes, différents du nôtre, mais en revanche je soutiens totalement le point de vue aristotélicien qui fait observer qu'il ne peut exister un autre monde *tel que celui-ci, constitué des mêmes éléments et de même nature.*

La série de critiques émises sur Aristote se poursuivit et le cheikh y répondit avec la même efficacité. Puis ce fut au tour des questions d'ordre général :

— « Pourquoi la glace flotte-t-elle sur l'eau alors qu'elle s'apparente plus à un solide qu'à un liquide et devrait être plus lourde que l'eau ? »

— Quand l'eau gèle, des espaces internes et des poches d'air l'empêchent de couler.

— « Comment la vision est-elle possible ? Pourquoi peut-on voir sous l'eau, alors que l'eau est une masse opaque qui reflète à sa surface les rayons du soleil ? »

— Selon Aristote, la vision procède de l'œil affecté par les « qualités » des couleurs visibles incluses dans l'air avec lequel l'œil est en contact. Suivant cette théorie, le problème que tu soulèves n'a pas raison d'être puisque l'eau et l'air sont tout ensemble des corps transparents qui peuvent transmettre les couleurs à l'un de nos sens — la vue — et qu'ainsi la vision devient possible.

— « Pourquoi donc un flacon plein d'eau se rompt-il quand l'eau se change en glace ? »

— C'est l'air inclus qui, s'étant refroidi, se contracte, jusqu'à parfois causer un vide ; et puisque cela ne peut être, le flacon se casse[1].

Ainsi, en une heure le cheikh répondit aux dix questions posées par el-Birouni et conclut en s'adressant à el-Maksoumi :

— Je te laisse juge d'ajouter un épilogue à cette lettre ; et même de prolonger le débat avec notre ami[2]. Etes-vous satisfaits ?

La petite assemblée, apparement très impressionnée, répondit par l'affirmative.

— C'est parfait. Maintenant, si vous m'y autorisez, je vais me retirer. L'aube est là. Il me reste à peine le temps d'accomplir mes ablutions et de vérifier la bonne organisation du départ. Je dois accompagner le souverain pour une nouvelle campagne. Nous partons dans une heure.

Ibn Zayla et el-Maksoumi échangèrent un coup d'œil interloqué.

— Dans une heure ? interrogea ce dernier.

— En ce moment même les troupes sont sans doute alignées.

— Mais nous l'ignorions, cheikh el-raïs. Et contre qui allez-vous encore livrer bataille ?

— Al-Marzuban. L'émir du Taroum[3]. Pourquoi cet étonnement ?

Ibn Zayla se sentit gêné.

— Pardonne notre insistance de tout à l'heure. Tu devais avoir besoin de repos.

1. Force est de reconnaître que ces réponses d'Ibn Sina sont dépourvues de toute rigueur scientifique. Ses explications ont été depuis remises largement en question par nos connaissances actuelles. *(N.d.T.)*

2. Ce courrier fait l'objet d'un recueil connu sous le titre : *Questions et réponses*. El-Birouni est intervenu quelque temps plus tard pour commenter les réponses de mon maître. Mais cette fois c'est el-Maksoumi qui poursuivit le débat au nom du cheikh. (Note de Jozjani.)

3. El-Taroum est un large district situé entre les montagnes de Qazwim et le Djibal. *(N.d.T.)*

— Tu parles comme un mangeur de lézards ! Ne voulais-tu pas connaître mes réponses à el-Birouni ?

— Certes mais...

— Ne brûlais-tu pas de curiosité, comme tous ici ?

— Bien sûr cheikh el-raïs... cependant...

— Dans ce cas, pourquoi prends-tu cette mine déconfite ? Tu regrettes de m'avoir tenu réveillé ? Tu as tort. Tu sais combien j'apprécie la nuit.

Il marqua une pause et ajouta avec une certaine ironie :

— En revanche, je ne pourrai pas en dire autant de notre ami el-Birouni. C'est auprès de lui que tu devrais implorer ton pardon. Lorsqu'il recevra cette lettre, je ne crois pas qu'il dormira beaucoup...

★

Le vent qui soufflait chassait les derniers nuages de sable le long de la plaine aride d'el-Taroum ; ceux-ci volaient vers le ciel comme arrachés du sol et retombaient en lambeaux masquant les chevaux et les hommes. La confusion était encore totale. La lumière aveuglante du soleil rendait les distances incalculables, et de là où il se trouvait, Ali n'arrivait plus à juger des événements.

Tout avait commencé une heure plus tôt. Rien ne s'était déroulé comme prévu.

L'armée d'el-Dawla qui avait quitté Hamadhan dans la matinée, s'apprêtait à pénétrer dans les terres du Taroum. Selon les djawasis, les espions envoyés en éclaireurs, l'affrontement n'aurait dû se produire qu'à la sortie du dernier défilé, à deux farsakhs de Qazwim. Or ce fut précisément au moment où l'ensemble des corps étaient largement engagés entre les murailles de roche qu'eut lieu la première attaque. Postés sur les hauteurs, invisibles jusqu'au dernier instant, les archers d'el-Marzuban avaient décoché leurs flèches, semant la mort et une indescriptible panique dans les rangs des soldats d'el-Dawla. Ibn Sina qui chevauchait en tête auprès de l'émir crut que leur fin avait sonné. En quelques secondes, le ruban de ciel fut noirci par des centaines de traits qui se mirent à pleuvoir au-dessus des têtes ; tellement denses que par endroits ils voilaient la lumière du soleil.

Il avait fallu tout le courage de Shams et de son jeune fils pour entraîner les troupes hors du défilé. Mais à l'extérieur les attendait la cavalerie ennemie. Seul un miracle d'Allah aurait pu empêcher la défaite. Au moment même où ce qu'il restait de l'armée de Hamadhan franchissait les gorges, une tempête de sable éclata. Elle éclata avec cette soudaineté propre au désert, qui rappela au cheikh celle qu'il avait connue lors de sa traversée du Dasht el-Kavir.

C'était comme si tout le désert se soulevait. Par-dessus la voix des généraux, la sonnerie des clairons retentit dans un chaos total ; chacun des camps essayant de garder l'homogénéité de ses troupes. Mais il était trop tard. L'affrontement eut lieu dans un terrible chaos. Des soldats aveuglés frappaient leurs frères d'armes, d'autres en cherchant la fuite se retrouvaient empalés contre des fers de lances tendus par des mains invisibles.

Sous des vagues de sable blond, jaillissait de temps à autre la pointe d'un javelot, l'arête d'un bouclier ; l'agitation des glaives était si précipitée que les pointes seules transparaissaient, élargissant d'invisibles cercles qui se refermaient en tourbillonnant. Ceux qui avaient perdu leur sabre s'étreignaient au corps à corps. Pareilles à des derviches, les silhouettes avançaient, reculaient et tournaient sur elles-mêmes.

Combien de temps dura ce combat d'aveugles ? Finalement, la tempête s'apaisa et le voile se déchira progressivement, laissant apparaître un horrible charnier où s'entassaient pêle-mêle sur plus d'un mille une multitude de cadavres défigurés. Miraculeusement, Samà, le prince héritier, était parvenu à conserver réunie la cavalerie de son père et à la maintenir à l'écart des combats. Il attendit patiemment que retombe un peu le vent, puis, avec la maîtrise d'un vieux guerrier, il chargea les derniers khamis de l'armée d'al-Marzuban.

Tout se passa très vite. Essoufflés, haletants, les malheureux oscillèrent éperdus, avant de battre en retraite dans un reflux incontrôlé poursuivis par le jeune prince. Et les trompettes annoncèrent la victoire des troupes d'el-Dawla. Mais était-ce vraiment une victoire ? Laminés, défaits, les hommes n'étaient plus que l'ombre d'eux-mêmes.

— Cheikh el-raïs ! Vite, le prince est au plus mal !

Dans un éclatement de poussière, le mamelouk freina sa monture, manquant de renverser Ibn Sina.

— Il est blessé ?

— Je ne sais pas, cheikh el-raïs. Il a perdu conscience et...

Ali coupa court aux explications du soldat et se précipita vers sa monture.

— Je te suis, hurla-t-il en se soulevant à moitié sur la selle.

Eperonnant son cheval, le mamelouk fila aussitôt en direction du sud et ils franchirent à toute allure le demi-mille qui les séparait du campement.

Ce qui frappa le cheikh c'était le calme qui dominait aux abords de la tente du prince. Hormis deux sentinelles qui montaient la garde et quelques officiers qui discutaient à voix basse, on n'observait rien qui laissât présager du drame.

La première personne qu'il aperçut sous la tente de l'émir fut Taj el-Molk. Derrière lui se trouvait Samà, agenouillé au pied d'une litière sur laquelle on avait allongé le prince.

— Cheikh ! Enfin..., souffla-t-il.

Il désigna du doigt son père.

— Il vient de reprendre conscience...

Un coup d'œil suffit à Ali pour comprendre que cette fois il ne s'agissait plus d'une simple crise d'ulcère. Le visage du souverain était d'une effrayante blancheur, ses lèvres étaient bleuâtres et ses prunelles avaient perdu tout leur éclat. De plus, en dépit de la chaleur étouffante qui régnait sous la tente, il tremblait de tous ses membres.

— Mon sauveur, dit-il d'une voix étouffée.

Ali fit un signe apaisant et, retirant l'épaisse couverture de laine, il colla son oreille contre la poitrine de Shams. Le cœur était faible, presque imperceptible. Il dénuda les pieds et palpa leurs extrémités ; elles étaient glacées. Puis il défit la cotte de mailles et palpa l'abdomen ; la paroi était tendue, enflée, et le seul contact de sa paume arracha à Shams un cri de douleur.

— Cheikh el-raïs, balbutia-t-il..., cette fois...

Il n'acheva pas sa phrase, et se mit à vomir de manière sporadique.

— Que l'on fasse chauffer du lait ! ordonna Ali tout en soutenant le malade. Que l'on amène des couvertures !

Dans un dernier soubresaut Shams retomba lourdement sur la litière.

— Il faut respirer profondément, Majesté. Essaie de te détendre.

— Mon frère, mon âme est au bord de mes lèvres.

— Ce n'est qu'une crise de plus, Excellence. Ne t'inquiète pas, je vais te préparer un électuaire, et la douleur passera.

Tout en parlant, Ali étudiait les taches de vomi répandues sur le sable, et sur l'uniforme du malade. A leur couleur brunâtre et rouge il comprit : l'ulcère avait crevé ; Shams se vidait de son sang.

Il se leva et invita discrètement le prince héritier à le suivre à l'extérieur.

Une fois sur le seuil de la tente, avant même qu'il proférât un seul mot, Samà murmura :

— Il va mourir, n'est-ce pas ?

Ali ne put que confirmer avec tristesse.

— Hélas, cette fois, je suis impuissant devant son mal.

— Mais ce n'est pas possible, gémit el-Molk. Il y a peut-être...

— Rien hajib, il n'y a plus rien à faire. Seulement tenter de rendre sa mort plus douce.

— Tiendra-t-il jusqu'à notre retour à Hamadhan ?

— Je ne le crois pas. Il se noie dans son sang.

— Mais alors fils de Sina, à quoi sert ton infini savoir, ton incommensurable science !

— Excellence... je ne suis qu'un simple médecin. Je peux soulager la douleur, mais c'est le Très-Haut qui gère la vie et la mort.

On sentait que le jeune homme faisait un effort surhumain pour ne pas éclater en sanglots.

— Il faut lever le camp immédiatement, dit-il d'une voix sourde. Puisque mon père doit mourir, j'aimerais que ce soit parmi les siens, dans sa ville.

★

Le retour vers Hamadhan faisait songer à une procession funèbre. A travers le désert la colonne s'étirait sur plus d'un mille, avançant à pas lents, se traînant le jour sous un soleil implacable ; la nuit sous le ciel froid des étoiles. Tous les soirs, ainsi que le voulait la tradition, on alluma dans le camp des centaines de petits feux, pour prévenir les caravanes de passage de prier Allah pour le mourant. Dans ces heures-là, le désert imitait le firmament.

Shams rendit l'âme alors qu'ils arrivaient en vue des montagnes, à deux farsakhs environ de la cité. Les officiers déchirèrent leurs habits du col jusqu'à la ceinture. On entendit des cris terribles, au moment où, toujours selon la tradition, le chambellan retira l'uniforme du prince héritier, le lacéra, pour le vêtir d'une simple tunique qu'il devrait porter jusqu'à l'entrée au palais. Là-bas seulement, il serait paré des habits royaux.

Ayant eu vent de la mort de leur souverain, et bien que l'heure fût tardive, des habitants étaient sortis dans les rues. Certains s'égratignaient le visage, d'autres se frappaient la poitrine, tandis que le gémissement des pleureuses envahissait le ciel. A peine arrivé au palais, on fit la toilette du mort. Par trois fois les laveurs purifièrent la dépouille du souverain, avec des eaux mélangées de sedr et de lotus. On boucha toutes les ouvertures de son corps, on l'habilla comme pour un jour de cérémonie, avant de le coucher sur une estrade couverte d'un immense tapis de soie. Assis en tailleur au pied de l'estrade, un mollâh psalmodia la *nèmaz el-mayyet*, la prière des morts tirée de l'Avesta, ainsi que des extraits du Coran. Ensuite on enveloppa Shams dans une grande pièce de coton, sans couture, dont on lia les deux extrémités.

Aux premières lueurs de l'aube la cour en grande tenue porta le prince au cimetière.

Devant le corbillard tout noir et entièrement clos, traîné par deux alezans, Ibn Sina, Samà, Taj el-Molk, ouvraient la marche, encadrés par des musiciens tirant de leurs trompettes des sons rauques, auxquels venaient se mêler les pleurs et les gémissements des passants. Venaient ensuite cinq serviteurs portant en équilibre sur leur tête de grands plats couverts d'étoffes contenant les offrandes funéraires qu'on distribuerait aux pauvres pour le salut du défunt. Suivait la foule — les hommes en tête, et des porteurs d'étendards qu'aucun vent ne déployait.

Au cimetière, la fosse était prête. On y introduisit la dépouille du souverain, sans bière, couché sur le côté droit, orienté vers La Mecque. Dans un silence lourd, Samà lui-même vint déposer sur la poitrine de son père son turban, son sabre, ses flèches et son carquois. Un mollâh y ajouta des vivres, et l'on commença à murer la fosse.

— *Lâ illah, ilâh'llâh...* Il n'est de divinité qu'Allah..., furent les derniers mots que prononça le prince héritier. Et la formule fut reprise en chœur par la foule.

Ali leva la tête vers le ciel... De lourds nuages gris roulaient au-dessus de Hamadhan.

Vingt-quatrième makama

— Ciel de la nation, je ne peux ni ne souhaite revenir sur ma décision.

Installé sur le trône, Samà el-Dawla, nouveau souverain de Hamadhan et du Kirmanshahan, se pencha en avant et noua ses doigts d'un geste brusque. Debout à ses côtés, le chambellan Taj el-Molk, le regard fixe, ne disait rien.

— Cheikh Ibn Sina. Je réprouve ton attitude. Voici deux semaines que mon père est décédé, et tu persistes à ne pas vouloir reprendre tes fonctions de vizir. Mais que t'ai-je donc fait qui mérite un tel comportement ? Ai-je en quoi que ce soit gêné ou diminué les prérogatives de ta charge ?

— Tu n'es nullement responsable de ma décision. Je peux t'assurer que rien dans ton attitude ne m'a influencé. Mais Ciel de la nation, je ne peux plus mener de front la médecine et le vizirat, l'enseignement et la politique. Depuis près de cinq ans que j'occupe ces fonctions je t'avoue que ce ne fut pas vraiment de gaieté de cœur, mais uniquement par amitié pour ton père.

Samà se figea, choqué. Taj el-Molk saisit l'occasion d'intervenir.

— Si je comprends bien, tu n'éprouves à l'égard de notre nouveau prince aucun des sentiments qui te liaient au souverain défunt ! C'est blessant, cheikh el-raïs, et indigne.

Ali fixa le hajib avec un certain agacement. Il n'avait jamais eu pour cet homme la moindre sympathie, et il savait que c'était réciproque. De surcroît, durant les quarante jours de son exil forcé, c'était el-Molk qui lui avait succédé au poste de vizir. L'homme avait connu le pouvoir, et vécu très mal le retour en grâce du raïs. Si durant tout ce temps el-Molk avait réussi à masquer son agressivité, aujourd'hui elle éclatait au grand jour.

— Hajib, dit-il doucement, ce qui est indigne c'est le jugement que tu portes. Que connais-tu de mes sentiments ?

Il se rapprocha de Samà.

— Ciel de la nation, sache que je te respecte, et que j'ai pour toi la même considération que pour ton père. Mais il s'agit d'autre chose. Il s'agit de ma liberté.

— Un vizir n'est tout de même pas un vulgaire mamelouk ! Un palais n'a rien d'une prison !

— Bien sûr. Mais là n'est pas la question. Je le répète, je ne me sens plus en mesure de poursuivre de pair politique et science.

Samà hocha la tête et resta pensif un moment avant de déclarer :

— C'est bon. Je ne peux que me plier à ton souhait. Toutefois, si j'accepte de perdre le vizir, je tiens à conserver le médecin. A moins que tu n'aies aussi l'intention d'abandonner cette charge ?

— Je ne me départirai pas de cet honneur, Majesté. Ma science t'est acquise.

Les traits du jeune homme se détendirent.

— Je m'en réjouis, tout en souhaitant que tu n'aies pas trop souvent à t'en servir.

— N'aie crainte, tu es jeune et fort, et il se passera longtemps avant que tu n'aies recours à mes soins.

— Inch Allah, cheikh el-raïs. De tes lèvres aux portes du ciel.

Il se pencha vers le chambellan et conclut avec un sourire forcé :

— Taj, tu peux remercier notre ami. Te voilà vizir à nouveau.

★

Yasmina s'étira langoureusement sur la couverture de laine écrue, offrant son visage au soleil qui filtrait à travers les rideaux entrebâillés.

— Lorsque je songe qu'il existe des êtres qui condamnent les plaisirs de la chair.

Elle fit glisser lentement la paume de ses mains le long de ses hanches nues et vint se blottir contre le corps d'Ali.

— Ma bien-aimée, sache que le sot ne goûte pas plus la

volupté que l'homme enrhumé n'apprécie les parfums de la rose.

Ils avaient fait l'amour deux heures durant, avec la même passion qu'au premier jour. Parvenus à la parfaite connaissance de leurs corps, ils savaient atteindre désormais des sommets de plaisirs chaque fois renouvelés, empreints de subtiles mélanges de violence et de douceur, de perversité et de vertu.

Yasmina effleura distraitement la pierre bleue qui se détachait sur le thorax de son amant.

— Béni soit le jour où cette femme t'a fait ce don. Saura-t-elle jamais combien elle a contribué à ton bonheur et au mien ?

— Plaise à l'Invincible que dure longtemps encore cette protection occulte. Nous allons en avoir besoin.

Yasmina l'examina, surprise.

— Oui, reprit-il, de nouveaux bouleversements nous guettent. Mais cette fois, j'en serai l'instigateur.

Devançant les questions de sa compagne, il expliqua :

— J'ai écrit il y a quelques jours à l'émir d'Ispahan.

— Alà el-Dawla ?

— Lui-même.

— Le neveu de la Sayyeda ?

— Parfaitement, et un lointain cousin de notre nouveau souverain.

— Mais enfin, pourquoi ?

— Pour lui offrir mes services.

— Aurais-tu perdu la tête ?

— Non, douceur de mes yeux, je n'ai jamais été aussi lucide. Si tout se passe bien, dans quelque temps nous serons invités à la cour d'Ispahan.

— Explique-toi, je t'en prie.

— Tu n'ignores pas que depuis que son père est mort, Samà n'a cessé de me harceler pour que je conserve le vizirat. J'ai goûté trop longtemps au monde de la politique pour avoir envie d'y demeurer : c'est le fruit le plus amer que je connaisse. Samà a vu mon départ d'un mauvais œil.

— Mais il t'a quand même rendu ta liberté !

— A contrecœur. Je peux te l'assurer.

— Quelle importance, puisqu'il a accepté ta démission. De quoi as-tu peur ? Il sait l'amitié que son père te portait, et te respecte.

— Tu as la mémoire courte, Yasmina. Aurais-tu oublié les événements d'il y a quelques mois ? Le tollé soulevé par mon décret ?

— C'est du passé. Tu n'es plus vizir.

— Shams est mort, l'armée demeure. Et en son sein il existe

des hommes qui me conservent une haine farouche. Le prince vivant, personne n'osait s'attaquer à moi. Aujourd'hui je suis une cible sans protection ; aussi vulnérable qu'un patient entre les mains de son médecin.

— Samà te protégera comme son père l'a fait.

— Détrompe-toi. Samà n'a que vingt-trois ans. Il ne possède pas l'influence de son père et n'impose pas comme lui. De plus... Il y a un homme dans la place, un homme qui, je le sais, me jalouse depuis toujours : notre nouveau vizir, Taj el-Molk.

— Ce fils de Tajik n'est qu'un personnage sans consistance. Il est incapable de la moindre initiative.

— Nouvelle erreur, douceur de mes yeux. Tu connais mal les êtres. Taj cédera aux premières demandes de l'armée. Si celle-ci vient à réclamer ma tête, il la leur offrira sans la moindre hésitation.

Yasmina se tourna sur le dos et fixa tristement le plafond orné d'arabesques.

— Je te trouve bien pessimiste tout à coup.

— Pas du tout. Simplement réaliste.

— Qu'est-ce qui te fait croire que l'émir d'Ispahan t'accordera l'hospitalité ?

— Je connais sa réputation. C'est un amoureux des arts et des sciences, un être bon et généreux ; sans doute le membre le plus sain de la dynastie buyide.

— Ispahan... Une fois de plus nous voilà repartis.

— N'aie crainte. Cette fois sera la dernière. J'en suis convaincu.

— Qu'Allah t'écoute, fils de Sina, mon frère. Et remercie-le de n'avoir pas eu à partager ta couche avec une femme fragile ou pusillanime !

Il eut un sourire, et se pencha vers elle à la recherche de ses lèvres.

— Mon cœur... Fragile, je t'aurais communiqué ma force ; pusillanime je t'aurais donné mon courage. Mais en réalité je le sais, c'est en toi que je puise tout cela.

★

L'ombre de la nuit se reflétait dans la salle de verre.

Taj el-Molk noua ses doigts sur son ventre avec un air affété et s'avança à petits pas vers Samà.

— Je savais, Ciel de la nation. Je savais que tu en éprouverais de la tristesse. Mais que veux-tu, l'homme est un ingrat.

Le jeune prince reporta son attention sur la lettre que lui avait remise son vizir et la relut pour la seconde fois.

— J'ai du mal à y croire.

— Dieu seul connaît le contenu des cœurs.

— Je lui ai offert le vizirat. Il l'a refusé. En mémoire de mon père, j'ai cédé à tous ses désirs. Et voici que pour me remercier il va proposer ses services à un autre souverain.

Taj el-Molk parut rapetisser et fixa le sol, faussement affligé.

— Il fallait s'y attendre, Majesté. Souviens-toi il n'a pas caché ses sentiments à ton égard.

— De plus il m'avait assuré qu'il n'abandonnerait pas ses fonctions de médecin à la cour ! Tu es témoin, Taj. Il l'a bien affirmé ?

« Je ne me départirai pas de cet honneur, Majesté. Ma science t'est acquise. » Ce sont exactement ses propos.

Samà froissa la lettre d'un geste sec.

— J'ai du mal à y croire.

— La trahison est pourtant claire.

— Il ne me laisse pas beaucoup de choix. Où est-il en ce moment ?

— Comme chaque soir, Majesté. Réuni avec ses disciples, dans ses appartements. A ce propos, je t'avouerai que je n'ai jamais trouvé ces réunions très saines. Le khamr[1] y coule à flot, on y joue des airs lestes, et l'on y débat de théologie. Pourtant il est écrit : *vous ne sauriez, sur la terre, vous opposer à la puissance de Dieu.*

Samà agréa d'un battement de cils.

Le vizir reprit avec plus de fermeté :

— En vérité il n'y a pas de quoi être surpris, car j'ai appris des choses étonnantes sur son passé : son père se serait converti à l'ismaélisme, et sa mère aurait appartenu à la mauvaise religion.

— Sa mère ? Une nestorienne ?

— Non, Ciel de la nation : une yahoudéya, une juive.

— D'où tiens-tu de telles informations ?

— Nous avons nos espions, Majesté. Et puis les rumeurs circulent vite dans ce pays. On m'a affirmé que c'est parce que son passé avait été découvert qu'il a dû quitter Raiy et le service de la Sayyeda.

— Pourtant le cheikh a toujours été un chiite exemplaire.

Taj inclina légèrement la tête sur le côté.

— Il arrive que les incrédules usent de stratagèmes pour mieux s'emparer de nous. Le cheikh n'est qu'un voleur de sédjadeh.

1. Le vin. *(N.d.T.)*

Il s'était exprimé sur un ton volontairement neutre, qui eut pour effet d'accroître la nervosité du prince.

— Va ! Qu'on le mette aux arrêts, sur-le-champ ! Que dès demain il soit enfermé dans la forteresse de Fardajan !

★

Le frère d'Ali réprima un bâillement.

Ces réunions commençaient à le fatiguer. Lui, l'homme de la terre, éprouvait depuis quelque temps une certaine lassitude à l'écoute de ces débats auxquels il ne comprenait pas toujours grand-chose. Encore que ce soir ce fût différent ; c'était la poésie qui était le centre de la réunion. Et Ibn Zayla, avec sa passion coutumière, interrogeait le cheikh sur la transmission des poèmes.

— Nous savons que la plupart des anciens poètes arabes étaient analphabètes, alors comment ont-ils fait pour que leurs œuvres nous parviennent ?

— La mémoire. Grâce à la mémoire tenace des rawis. Les collecteurs et les récitateurs. Tout poète avait son rawi, qui conservait les vers dans sa mémoire.

— Est-il vrai que le Prophète haïssait les poètes ? interrogea el-Jozjani.

— Absolument. Il disait d'eux : « Ces êtres qui errent comme des insensés par toutes les vallées et disent ce qu'ils ne font pas... » En vérité il n'y avait rien d'étonnant à ce mépris. Il en est souvent ainsi lorsque l'on est soi-même un grand poète. Il suffit de lire certaines sourates, particulièrement les plus anciennes, pour le vérifier. Cependant, tout en dédaignant la poésie, Muhammad ne manqua pas de se servir des poètes pour la « propagande » et la satire ; car grand était le pouvoir de la poésie dans la vie publique. Il avait même un poète attitré : Ibn Tâbit, de la tribu médinoise des Hazrag. Mais trêve de palabres, qui nous récitera quelque chose ?

Ibn Zayla cita des vers pleins de mélancolie, composés par un certain el-Ahwas, qui s'était attiré bien des ennuis par son libertinage effréné et finit par mourir exilé dans une île de la mer de Qolzoum[1], sous le califat d'Omar le deuxième. Tandis que l'assemblée saluait le talent du poète, Mahmoud se leva et alla respirer une bouffée d'air pur à la fenêtre. Les jardins embaumaient la nuit de cinnamome et de roses, la voûte du ciel s'enfonçait par-delà les collines, et tout était figé dans la sérénité nocturne. Ce fut sans doute pourquoi le soudain galop des che-

1. Actuelle mer Rouge. *(N.d.T.)*

vaux prit une ampleur inhabituelle. Mahmoud, le premier, s'en aperçut. Drapés dans l'uniforme vert du troisième escadron, une dizaine de mamelouks venaient de s'immobiliser non loin du grand bassin. Que faisaient-ils en en ce lieu, à cette heure avancée ? Pris d'une angoisse subite, il appela son frère, tandis que les soldats sautaient à bas de leurs chevaux.

— Ali ! Viens donc un instant.

— Que se passe-t-il ? Je suis...

— Viens voir te dis-je !

Le ton qu'il avait employé devait être assez tendu pour que le médecin se décidât à se rendre à la fenêtre.

— Regarde, ne trouves-tu pas ceci étrange ?

Ali plongea son regard dans le jardin maintenant troublé par le mouvement des uniformes et le raclement des sabots contre la pierre.

— Des mamelouks... et alors ?

— Ici ? A cette heure ?

— Ils recherchent peut-être quelque chose.

— Ou quelqu'un ?

Ibn Sina crut déceler dans l'interrogation une pointe d'inquiétude.

— Qu'est-ce qui te prend Mahmoud ? Aurais-tu...

— Retiens ton haleine ! Ils montent.

— Mais calme-toi ! Tu commences à me faire peur !

Se libérant, Ali partit en direction de la porte.

— Nous allons en avoir le cœur net.

— N'y va pas !

Mahmoud avait supplié si fort que le silence se fit dans la pièce, et que tous les visages convergèrent vers lui.

— Que se passe-t-il ? s'inquiéta el-Jozjani.

— Rien. Mon frère voit des djinns.

Il allait poser sa main sur la poignée en bronze, lorsque Mahmoud se jeta littéralement sur lui.

— Mon frère, n'y va pas. Je t'en supplie. J'ai un mauvais pressentiment.

Ali ouvrit les lèvres pour répondre, lorsque tout à coup le battant de la porte bascula avec violence, et il n'eut que le temps de se rejeter vivement en arrière.

Sous l'œil atterré du groupe, sabre au fourreau, quatre mamelouks déboulèrent dans l'appartement. En un éclair ils maîtrisèrent le cheikh, tandis que le reste des soldats se postait sur le seuil empêchant toute tentative de fuite.

— Ordre du prince ! aboya l'un des soldats. Tu es aux arrêts.

— Qu'est-ce que cela veut dire !

— Ordre du prince, c'est tout.

Furieux, le cheikh tenta de se libérer, mais en vain.

Il se produisit un flottement parmi le groupe. Certains osèrent même un mouvement menaçant vers les gardes.

— Que personne ne bouge ! siffla le chef des mamelouks. Sinon je vous jure par le Saint Nom du Prophète qu'il y aura du sang versé !

Faisant fi de l'avertissement, Mahmoud toisa le soldat avec mépris :

— Un escadron entier pour arrêter un seul homme sans armes. Décidément il est grand le courage de l'armée !

Le mamelouk plissa une lèvre dédaigneuse, et d'un mouvement imprévisible il balança son poing au visage du jeune homme qui sous la violence du choc bascula en arrière.

Avant qu'il ait eut le temps de se ressaisir, deux soldats étaient sur lui.

— Si tu ne veux pas accompagner ton frère dans la Géhenne, je te conseille de garder ta langue !

— Mais où l'emmenez-vous ? demanda el-Jozjani, essayant de réprimer sa propre fureur.

— Fardajan... Demain à l'aube. Et pour longtemps.

— Fardajan ? s'exclama Ibn Sina, incrédule.

— Là au moins tu seras inoffensif. Et peut-être qu'au bout d'une dizaine d'années tu auras perdu le goût de t'attaquer aux droits inaliénables de l'armée.

Après un dernier coup d'œil sur l'assistance prostrée, il fit signe à ses hommes d'emmener le cheikh.

★

Les murs du cachot suintaient de tous leurs pores, et il régnait un froid glacial. Assis dans les ténèbres depuis plus de trois heures, les genoux repliés sur sa poitrine, Ali s'efforçait, sans y parvenir, de contrôler les frissons de son corps.

Tu as parcouru le monde, Ibn Sina. Tu es allé par la pensée d'un bout à l'autre de l'univers, tu t'es recueilli dans la solitude, tu t'es dispersé dans l'amour et le vin, et tu croyais avoir tout connu. Eh bien tout ce que tu as vu n'était rien. Tout cela n'est encore rien.

Pour ne pas sombrer dans le désespoir il ferma les yeux et tenta de fixer son attention sur ce qu'il avait connu de beau.

Ne serions-nous qu'un pion dans cette partie du jeu de brahmane ? Un pion que l'arbitre suprême, dans l'instant qu'il le décide, renvoie un jour dans sa boîte.

Un rat effleura ses pieds. Il n'essaya même pas de le

chasser. Une idée folle venait de traverser son esprit. Et si le pion décidait de transgresser la règle ? S'il décidait de tromper l'arbitre en se retirant lui-même de la partie. Avant l'heure...

Machinalement, il fouilla dans les poches de son sirwal sans trop savoir ce qu'il espérait y trouver. Quelques dinars, une note froissée... Sa main remonta jusqu'à sa taille ; dans un état second il dénoua son ceinturon.

La boucle d'argent brilla à peine dans la pénombre. Il l'entrouvrit et s'empara de la petite tige à la pointe arrondie. Son index caressa lentement le métal froid sur toute sa longueur. Puis, le saisissant entre le pouce et l'index des deux mains, il effectua un mouvement de torsion, de haut en bas, jusqu'au moment où le métal céda, transformant la pointe en une arête acérée.

Toujours avec la même lenteur, il retroussa la manche de son gilet, dénuda le poignet gauche et examina sa peau comme s'il la voyait pour la première fois. Lui mieux que quiconque savait l'entrelacs des veines, leur courant vital, leur vulnérabilité.

Il parut méditer un court instant, avant d'appuyer contre sa peau la petite pointe argentée. Ensuite, avec une certaine volupté il la déplaça horizontalement, traçant une ligne invisible.

Pourquoi le bonheur est-il si proche du malheur... ?

Il s'interrompit et brusquement, insérant la pointe un peu en dessous de la paume, il creusa la chair. Un mince filet de sang apparut, qui se dénoua comme la buée qui fond sur les parois d'une coupe de vin glacé.

Sans ciller, il élargit la blessure, surpris de n'en éprouver aucune douleur. D'ailleurs, en aurait-il éprouvé, qu'il l'aurait bien sûr apaisée. N'était-il pas le prince des savants, le cheikh el-raïs, qui savait si bien calmer la souffrance du monde ?

Un sourire mélancolique se dessina à la commissure de ses lèvres, tandis que le filet de sang grandissait insensiblement et que les premières gouttes commençaient à couler sur la pierre.

Satisfait il laissa retomber son bras le long du corps et rejeta la tête en arrière.

★

— Au nom de Dieu, celui qui fait miséricorde, le Miséricordieux ! Cheikh el-raïs, qu'as-tu fait !

La première chose qu'il vit fut le visage défiguré par la peur d'el-Jozjani.

— Fils de Sina... Comment as-tu pu... ?

Il devina ensuite les traits de son frère penché sur lui. Mais était-ce bien son frère ?

— Allah nous vienne en aide, il faut stopper l'hémorragie.

Il sentit qu'on le saisissait par les épaules.

— Je t'en conjure, si tu n'es pas devenu fou, dis-moi... dis-moi comment arrêter le sang !

Il voulut parler mais les mots se perdirent dans sa tête.

— Nous sommes venus te libérer. Tu m'entends ? Te libérer.

— Il nous reste peu de temps, dit el-Jozjani dans un souffle. Il faut faire vite.

Il tenta de rassembler les forces qui lui restaient mais il y avait la présence de ce voile épais ; cette sensation étrange que les sons et les images lui parvenaient de l'autre bout de la terre. Il crut percevoir à nouveau la voix de son frère.

— C'est moi, Mahmoud. Je t'en supplie... réponds-moi... tu te vides de ton sang. Tu vas mourir...

Un grand damier... Des pions géants qu'on balançait dans la nuit...

Mourir... Mais pourquoi avait-on prononcé ce mot ? Le prince des médecins pouvait-il mourir ?

Dans un geste imprécis il désigna le ceinturon et remonta la main au-dessous de son épaule.

— Ligaturer... Il faut ligaturer...

Il avait balbutié quelque chose... Mais là encore, était-ce sa voix ?

Il sentit une main qui soulevait son avant-bras. Le contact froid du cuir sur sa peau.

Maintenant quelqu'un le soulevait de terre, et l'on s'efforçait de le traîner.

Dehors le vent de la nuit gifla son visage. Et des senteurs de rose noyèrent ses poumons...

Vingt-cinquième makama

A bride abattue ils franchirent l'enceinte du palais et bifurquèrent sur la droite, plein sud en direction de la porte des Tanneurs.

Ils traversèrent les rues étroites au milieu des premiers rougeoiments de l'aube. Sur la place du grand bazar des chameaux ruminaient avec indifférence. Un troupeau de chiens aboya sur leur passage, et les premiers marchands les examinèrent avec méfiance.

Très vite ils atteignirent la porte sud qu'ils dépassèrent sans ralentir leur course.

Sur le même cheval que son frère, Ali enlaça un peu plus fort sa taille, en s'efforçant de résister à ce désir de succomber à cette torpeur qui paralysait ses membres et son esprit. Des odeurs entremêlées montaient de la plaine. Il concentra toute son attention sur elles ; cherchant à dissocier le parfum léger des grenadiers de celui plus fade des amandiers ; le satiné des roses, de l'âcreté des myrtes.

Il comprenait mal ce qui venait de se passer. Des bribes de phrases échangées entre Jozjani et Mahmoud ne lui avaient permis d'entrevoir que partiellement le déroulement des événements.

Ils chevauchèrent sans répit jusqu'au milieu du jour, jusqu'à ce que Mahmoud prît la décision de faire halte pour que son frère pût se désaltérer, prendre quelques nourritures et surtout monder sa plaie. L'oasis de Farg se découpait sur leur droite, non loin de l'abi-Harr, une des rivières qui serpentaient la région. C'est là qu'ils mirent pied à terre. Quelques dattes sèches, du lait et du miel restituèrent au cheikh un peu de son énergie. Et on lui expliqua la situation.

Ibn Zayla était parvenu à convaincre le garde chargé de surveiller la geôle où était enfermé le cheikh, de se laisser capturer et déposséder de son trousseau de clefs ; cela sans rien réclamer en échange. Comme Ibn Zayla l'homme était un fidèle zoroastrien, solidaire de la minorité à laquelle il appartenait. Il ne devait rien aux mangeurs de lézards, encore moins à ses coreligionnaires convertis à l'islam.

Entre-temps, el-Maksoumi s'était occupé de faire sortir discrètement Yasmina du palais et il l'avait emmenée vers la demeure d'Ibn Dakhdoul, l'homme qui les avait hébergés lors de l'exil du cheikh.

— Ibn Dakhdoul... Mais est-il prévenu ? s'inquiéta Ali.

Mahmoud secoua la tête.

— Mais c'est de la folie ! Il n'a aucune raison de mettre sa vie en danger pour nous.

— Il t'estime. Et c'était l'ami de Shams el-Dawla.

— Prions le Clément que son estime soit demeurée inchangée.

Il passa distraitement une main sur son poignet protégé par un pansement de fortune et ajouta d'une voix sourde :

— De toute façon, avons-nous le choix ?

C'est lui qui donna le signal du départ, et à l'heure du crépuscule ils atteignirent leur destination. En les apercevant, el-Maksoumi, Yasmina et Ibn Dakhdoul qui n'avaient dû cesser de guetter leur arrivée, se précipitèrent sur le seuil de la maison. Yasmina la première courut vers le cheikh et se jeta dans ses bras. Un long moment, elle resta serrée contre lui, sans pouvoir prononcer un mot, cherchant simplement à éprouver la chaleur de son corps. C'est en se détachant qu'elle vit son poignet. Elle entrouvrit les lèvres pour l'interroger, mais elle lut dans le regard d'el-Jozjani et d'Ibn Zayla quelque chose qui lui imposa de ne rien dire.

Ibn Dakhdoul qui s'était avancé à son tour vers Ali le salua avec gravité.

— Sois le bienvenu. J'eusse préféré que ce soient d'autres motifs qui te ramènent sous mon toit. Mais l'homme ne choisit pas toujours son destin.

— La paix sur toi, mon frère. Comment te dire ma confusion... Nous devons parler.

— N'aie pas d'inquiétude. Ta compagne et ton ami m'ont tout dit. Entrons. Nous parlerons après. Le vent fraîchit. Vous devez avoir faim.

Ils s'installèrent tous les sept autour d'une table basse en marqueterie sur laquelle les serviteurs avaient commencé à disposer les premiers plats. Ibn Dakhdoul versa un peu de vin dans une coupe et la tendit au cheikh.

— Tu vois, je n'ai pas oublié tes préférences.

L'homme ajouta :

— Es-tu toujours aussi redoutable dans le maniement de la tour et du ministre ?

— Je ne le crois pas, hélas. Les ministres et les tours ne sont plus de ma compétence.

Si Ibn Dakhdoul comprit l'allusion, il ne fit aucun commentaire.

Un serviteur déposa un plat de riz aux pignons et du poisson qui embaumait le safran.

— Servez-vous, mes amis. On réfléchit mieux lorsque le corps est apaisé.

Le repas se déroula dans une atmosphère un peu tendue. Le ventre noué, c'est à peine si Yasmina toucha à la nourriture. Malgré elle, son attention revenait sans cesse vers le pansement qui entourait le poignet du cheikh. Ibn Dakhdoul essaya bien de détendre le climat en questionnant Ali sur ses derniers travaux, mais le cœur n'y était pas.

— Tout compte fait, déclara Ibn Sina, ce qui me chagrine le plus dans toute cette affaire, c'est de savoir que toutes mes notes, mes livres, sont restés au palais. Ils les détruiront sans doute sans scrupule...

— Je ne le pense pas, répliqua Ibn Dakhdoul. Samà est jeune, mais sa jeunesse n'est pas dépourvue d'objectivité. Il sait ce que tu as accompli. Je ne crois pas qu'il autorisera que l'on saccage et perde à jamais ce à quoi son père a contribué indirectement.

— L'avenir appartient à Dieu, hasarda Ibn Zayla. Mais que va-t-il advenir du présent ?

Ibn Dakhdoul répondit sans équivoque :

— Ma maison est la vôtre. Soyez-en convaincus.

— Es-tu conscient du danger que cela représente ? s'enquit Ibn Sina. A l'heure qu'il est, les recherches ont dû commencer. Les soldats de Taj el-Molk ne laisseront pas un coin du Djibal inexploré. Tôt ou tard nous les verrons apparaître ici.

— C'est fort probable. Mais que pouvons-nous y faire ? Comme disait Ibn Zayla, l'avenir appartient à Dieu.

— Il appartient aussi à l'émir d'Ispahan, rectifia le cheikh. Je lui ai écrit il y a une dizaine de jours. Mais ma lettre n'a jamais dû lui parvenir, puisque selon toute évidence elle a été interceptée par le vizir. Il faut absolument qu'il soit prévenu de la situation.

— Pourquoi lui écrire à nouveau ? observa Yasmina. Si tu es convaincu de ses qualités humaines, pourquoi ne pas partir dès demain pour Ispahan ?

— Trop risqué. Le voyage pour Ispahan est un voyage pénible, voire périlleux. Il serait absurde de franchir une telle étape pour trouver porte close. Non, ce serait trop dangereux. En vérité, voici ce que je suggère...

Se penchant légèrement en avant, il but une gorgée avant d'expliquer :

— Une centaine de farsakhs nous séparent d'Ispahan. En principe, des voyageurs seuls et sans entraves peuvent y parvenir en six ou sept jours. Je propose que deux d'entre nous partent aux premières heures. Je leur confierai une lettre pour Ala el-Dawla, que je rédigerai dès ce soir.

— L'idée n'est pas mauvaise, fit Mahmoud, mais dans ce cas il leur faudrait aussi revenir avec la réponse. Ce qui porte notre séjour ici à une quinzaine de jours au moins.

— Avons-nous le choix ? fit el-Jozjani. C'est cela ou attendre notre capture sans réagir.

— Le cheikh a raison, reconnut Ibn Dakhdoul. Il n'y a pas d'autre solution. Pour ce qui est de la réponse, l'émir peut parfaitement expédier l'un de ses courriers ; ce qui évitera à nos messagers de parcourir la distance dans les deux sens. Mais ceci bien sûr n'est qu'un détail. L'essentiel est de décider qui d'entre vous partira.

Spontanément quatre mains se dressèrent.

Ibn Sina dévisagea ses amis en souriant.

— Décidément vous feriez de parfaits héros. Mais un premier choix s'impose : j'ai besoin d'Abou Obeïd à mes côtés.

— Dans ce cas, fit el-Maksoumi en louchant sur Ibn Zayla, il ne reste plus que nous deux et le frère du cheikh.

Mahmoud se hâta d'intervenir :

— Tirons au sort !

El-Maksoumi s'opposa.

— Mahmoud, je sais que tu brûles de connaître Ispahan. Mais ne pourrais-tu faire preuve de générosité ? En me laissant partir avec el-Maksoumi tu commettrais une bonne action.

— Que veux-tu dire ?

— J'aurai cent farsakhs pour ramener ce mécréant à la bonne religion avant qu'il soit trop tard.

— Tu n'es pas sérieux, rétorqua Ibn Zayla.

— Tout à fait. Mazda[1] craindrait-il Allah ?

Ibn Zayla adopta une moue dédaigneuse.

1. Dieu suprême de la religion zoroastre. *(N.d.T.)*

— Tu ne mérites même pas que je te réponde. Mais sache que je suis tout à fait disposé à polémiquer avec toi. Quatre nuits ou quatre mois.

Posant sa main sur l'épaule de Mahmoud, el-Maksoumi conclut avec un air espiègle :

— Ne nous prive pas de ce plaisir. Il ne vous reste plus qu'à prier que le fils de Zarathoustra n'assassine pas sur la route d'Ispahan le fils de Muhammad.

Avant que Mahmoud n'ait eu le temps de protester, Ali prit la parole.

— Laisse-les faire. Et prions donc. Mais prions surtout que le Seigneur ne perde pas patience ; jamais il n'aura été autant sollicité...

★

La nuit enveloppait la demeure d'Ibn Dakhdoul. Ils avaient encore discuté jusqu'à une heure tardive, puis ils s'étaient retirés dans leur chambre respective. Tous, sauf le cheikh qui avait exprimé le désir de demeurer seul.

Yasmina avait commencé par respecter sa solitude. Mais ce fut plus fort qu'elle. Elle était partie à sa recherche et l'avait trouvé assis dans un coin du jardin. La tête appuyée contre un sycomore, il fixait les étoiles.

Sans dire un mot elle vint s'asseoir auprès de lui. Ce fut lui qui rompit le silence.

— Tout compte fait, je ne suis pas un personnage très recommandable.

Elle glissa la main dans ses cheveux d'un geste absent.

— Il me semble que le don que Dieu t'a accordé à ta naissance fut un don unique, et donc marginal. Ta vie est à l'image de ce don.

— Pourquoi ? Pourquoi moi ? Pourquoi ce déchirement perpétuel ? Depuis l'âge de seize ans, des routes se sont ouvertes sous mes pas pour aussitôt s'envoler comme autant de feuilles mortes. Où suis-je coupable ? J'ai quarante ans et je n'ai rien accompli. Je suis à mi-chemin de l'autre rive, celle où tout finit. Et ce torrent qui coule autour de moi n'est fait que d'errance, d'exil et de médisance.

Il se tut, retenant son souffle avant de chuchoter presque :

— Je n'ai plus que toi...

Il leva une main vers le ciel.

— J'aime la nuit. J'aime désespérément la nuit. C'est l'instant miraculeux où les êtres et les choses se confondent. Tout ressemble à tout. Un émir qui dort est le jumeau de son serviteur. Un père, le double de son enfant. Le monde cesse de respirer, la tourmente tombe comme le vent. Les êtres ne devraient vivre que la nuit.

Elle posa délicatement sa main sur son poignet meurtri.

— Comment as-tu pu ? Toi, le prince des médecins, né pour prolonger la vie...

Il bougea dans la pénombre et, ramenant ses genoux vers sa poitrine, il libéra doucement son bras.

— Je me souviens d'une patiente. Une de ces femmes que l'on appelle communément des filles de mauvaise vie. C'était il y a longtemps, au bimaristan de Boukhara. Elle était enceinte et cherchait à se débarrasser de l'enfant qu'elle portait. Sur l'instant je n'avais pas compris. Je n'avais que dix-huit ans.

— Et aujourd'hui ?

— Aujourd'hui... Le doute est en moi... La grande question que je me pose est celle-ci : puisque les êtres ne sont pas maîtres de leur naissance, pourquoi n'auraient-ils pas le droit de gouverner leur mort ? Lorsqu'un vêtement est usé, ne l'abandonnons-nous pas ?

Il marqua une pause avant de laisser tomber :

— Ma vie est usée.

Au fur et à mesure qu'il parlait, les yeux de Yasmina s'étaient remplis de larmes. Avec ferveur elle emprisonna le visage de son compagnon entre ses mains.

— Je t'en prie ! Ce langage n'est pas de toi. Je te vois, et j'entends un étranger. Tu me parles, mais c'est la voix d'un autre que je ne connais pas. Dis-moi la vie, cheikh el-raïs, dis-moi le soleil et l'eau qui court, et la lutte contre la souffrance et la maladie. Tout ce à quoi tu m'as habituée. Ne vois-tu pas ? Si tu venais à te perdre, c'est moi qui m'égarerais, si tu te jettais à la mer, c'est moi qui me noierais. Quand tu parles de la mort c'est moi qui meurs. Je t'en prie... cheikh el-raïs...

Dans un brusque soubresaut, elle éclata en sanglots, la tête enfouie contre son épaule.

★

« Lorsqu'il s'éveilla le lendemain, son expression était toujours aussi sombre. Longtemps après qu'ibn Zayla et el-Maksoumi eurent disparu à l'horizon, il était demeuré immobile, fixant jusqu'au dernier instant le mince nuage de poussière soulevé par les chevaux. Je m'approchai alors de lui et je lui présentai une liasse de feuillets.

— Reconnais-tu ceci, cheikh el-raïs ?

« Un moment surpris, il compulsa le manuscrit.

— Le *Shifa* ? Mais comment est-il arrivé là. Je croyais que nous avions tout abandonné au palais.

— C'est la seule pièce que j'aie eu le temps d'emporter.

« Il me rendit les feuillets en approuvant avec indifférence et partit en direction de la maison. Je lui emboîtai le pas.

— Il n'est pas achevé, cheikh el-raïs !

— Nous l'achèverons un jour.

— Quand ?

— Un jour.

— Aujourd'hui, cheikh el-raïs ?

« Il franchit le seuil sans répondre.

« Une semaine s'écoula. Morne. Stérile. Le cheikh tourna en rond, passant ses loisirs à jouer au jeu du brahmane en compagnie de notre hôte et à boire encore plus que de coutume. De temps à autre, il lançait des phrases contradictoires et tenait des propos acerbes sur le monde et les hommes ; répétant à qui voulait l'entendre que le bonheur n'était pas quelque chose de positif, mais simplement un intermède entre deux états de douleur. Il se mit à blasphémer en taxant tous les prophètes, y compris Muhammad, que le Clément lui pardonne, d'imposture et les livres sacrés de supercherie, niant toute possibilité de concilier la philosophie et la religion. Prenant parti contre celle-ci, il lui imputa la cause des guerres et se mit à affirmer que l'on ne pouvait être aristotélicien sans renier la croyance de la création du monde ; ce faisant, il se reniait lui-même, ayant de tout temps prêché des thèses opposées.

« Et puis, au matin du huitième jour, quelque chose se produisit d'inexplicable. Il se leva aux aurores et vint frapper à ma porte.

— Lève-toi, Abou Obeïd. Prends ton calame et tes feuilles blanches. Nous avons du travail à finir.

« Comme je le regardais étonné, il ajouta :

— Faut-il que je te sorte moi-même de tes draps ! Allez, viens !

Mon cœur se mit à battre très fort. Mes mains tremblaient d'excitation.

« Il me dicta ce jour-là dix feuillets in-octavo soit cent soixante pages où fut exposée la liste des topiques. Le lendemain il en fit autant ; cela, privé du moindre livre, et citant des passages entiers d'ouvrages de références entièrement de mémoire.

« Le surlendemain, il s'installa face aux trois cent vingt thèmes, les examina un par un et rédigea lui-même le commentaire approprié à chacun d'entre eux. Au rythme de cinquante pages par jour, il compléta le deuxième volume du *Shifa*, à l'exception du chapitre concernant le monde animalier, ainsi que la Métaphysique et la Physique.

« Dans les jours qui suivirent il commença le volume traitant de la Logique et en acheva la première section. Nous entrions alors dans le treizième jour de notre séjour forcé chez Ibn Dakhdoul, le troisième de jumàda el-akhira... »

La neige tombait à gros flocons sur tout le paysage et faisait dans le ciel nocturne des taches fluorescentes. Le jardin s'était figé dans une blancheur superbe.

Alentour, des ombres progressaient à pas feutrés. Des soldats. Des dizaines de soldats confondus dans les ténèbres et les arbres dénudés. Depuis combien de temps étaient-ils là ? Leurs bottes s'enfonçaient dans la neige avec un bruit étouffé, tandis qu'ils prenaient position autour de la maison.

A l'intérieur, Mahmoud et el-Jozjani somnolaient. Yasmina finissait de boire un thé à la menthe, assise aux pieds du cheikh qui lisait à leur hôte un passage du *Shifa* sur la poésie.

Aucun d'entre eux ne les entendit venir. Rien. Pas le moindre signe qui aurait pu les alarmer. Seulement le glissement continu de la neige dans la quiétude du soir.

Puis il y eut le hennissement d'un cheval. Ali s'interrompit et son regard croisa celui d'Ibn Dakhdoul. Presque en même temps, Yasmina immobilisa sa tasse au bord de ses lèvres. Ni Mahmoud ni el-Jozjani n'avaient bronché. Il fallut les coups frappés contre la porte pour les tirer de leur sommeil. Abou Obeïd bondit le premier.

— Vous avez entendu ?

Ali et son hôte acquiescèrent ensemble.

Les coups redoublèrent.

— Je crains que l'heure ne soit venue, fit Ali d'une voix étonnament calme.

El-Jozjani et Yasmina se levèrent à leur tour. La jeune femme aussi pâle que Mahmoud fit mine de se diriger vers la porte. Mais déjà Ibn Dakhdoul était sur elle et l'écartait.

— Reste près du cheikh. Je vais ouvrir.

A son tour, Mahmoud se rua en avant.

— Aurais-tu perdu la tête, lança-t-il d'une voix sourde. S'il s'agissait des hommes de Samà !

— Laisse, mon frère, fit Ibn Sina, s'il s'agit bien d'eux, nous n'y pourrons rien.

— Ne rien tenter ?

— Laisse, te dis-je...

On frappa à nouveau, de manière plus déterminée.

Ce fut Ali lui-même qui ouvrit.

Devant lui se dressa la silhouette sombre de Taj el-Molk.

Le cheikh s'inclina.

— Le vizir en personne. Quel honneur, Excellence...

Sans répondre, Taj ordonna à ses hommes :

— Emmenez-le !

Ali arrêta d'un geste les mamelouks qui se pressaient déjà sur le seuil.

— Un instant !

Fixant le vizir, il ajouta :

— Puis-je implorer une faveur ? Une seule ?

— Demande.

— Ma compagne, mon frère, mon disciple. Je voudrais qu'ils ne soient pas chassés comme des mendiants. Accorde-leur au moins l'asile.

Taj haussa les épaules avec indifférence.

— C'était l'intention du prince. Ils seront hébergés dans une aile de la madrasa.

— Non, s'écria Yasmina ! Non, je ne veux pas ! Je veux suivre le cheikh.

Ali lui imposa le silence et dit encore, toujours à l'intention d'el-Molk :

— Il y a autre chose. Mes ouvrages. J'aimerais les emporter.

— Ce sont aussi les désirs du prince : tout ce qui t'appartient te suivra.

— Aujourd'hui est un jour funeste, murmura Ibn Dakhdoul. Ce n'est pas Ibn Sina qu'on emprisonne. C'est la royauté...

Le vizir s'apprêtait à répliquer durement, mais il n'en eut pas le temps. Un des mamelouks poussa un cri d'alarme. Mahmoud s'était rué vers la fenêtre.

— Ne fais pas ça ! hurla Ali.

C'était trop tard, le jeune homme avait bondi de l'autre côté et courait dans la neige droit devant lui.

— Arrêtez-le !

Tous se ruèrent sur le seuil.

Le poignard frappa Mahmoud juste au milieu du dos.

On le vit se raidir, il tendit les mains vers le ciel comme s'il cherchait à incruster ses doigts dans les ténèbres, avant de s'écrouler comme une masse le visage enfoui dans la neige.

— Mahmoud ! NON !

Le cheikh, l'œil fou, écarta tout ceux qui lui barraient le passage et se rua vers l'endroit où était tombé son frère. Indifférent aux gardes qui se précipitaient à ses trousses, il s'agenouilla près du jeune homme. Retirant la lame d'un coup sec, il le retourna sur le dos.

— Au nom du Miséricordieux. Pas toi...

Mahmoud eut à peine le temps d'emprisonner la main de son frère. Ses pupilles dilatées fixaient déjà le vide.

★

Hamadhan, la ville aux sept remparts, aux sept couleurs, n'était plus qu'un point à l'horizon. La plaine en contrebas se prolongeait, perdue dans les rougeurs de l'aube.

Les poignets liés derrière le dos, Ali chevauchait, encadré par le peloton. Devant lui la route s'allongeait infiniment. Bientôt on arriva sur un plateau de forme ronde, dominé par des collines qui bouchaient l'horizon. Dans le district de Jarrâ, les cultures s'étaient faites plus rares. Et l'on avait pénétré des bandes de sable hérissées de bouquets épineux. Puis ce fut l'entrée d'une sorte de grand couloir bordé par deux falaises de rochers mordorés. Le groupe suivit longtemps encore la base de la montagne, jusqu'au moment où l'homme de tête bifurqua à droite. Une ligne de murailles posées sur une crête noire se profila brusquement sur les hauteurs : Fardajan. Fardajan, silhouette effrayante, avec ses tours garnies de têtes de mouflons aux cornes aiguës.

— Voici ta nouvelle demeure, annonça Taj el-Molk.

Le fils de Sina hocha la tête avec une expression glaciale.

— Comme tu le vois, vizir, mon entrée est certaine. Tout le doute est dans la question de la sortie...

Vingt-sixième makama

« ... Mon nom est *Vivant* ; mon lignage, *fils du Vigilant* ; quant à ma patrie, c'est la Jérusalem céleste. Ma profession est d'être toujours en voyage : faire le tour de l'univers au point d'en connaître toutes les conditions. Mon visage est tourné vers mon père, et mon père est *Vigilant*. J'ai appris de Lui toute science, les clefs de toutes les connaissances m'ont été données par Lui. Vers les extrêmes plages de l'univers, c'est lui qui m'a montré les chemins qui sont à parcourir, de sorte que par mon voyage en embrassant le tour, c'est comme si tous les horizons de tous les climats se trouvaient rassemblés devant moi. »

Ibn Sina interrompit l'écriture de son récit et fit quelques pas en direction de la fenêtre en serrant contre sa poitrine les pans de son manteau de laine. Ses doigts couverts de gerçures s'enroulèrent autour des barreaux et il se laissa aller à fixer le paysage noyé d'aurore qui s'étirait à perte de vue. En deux mois, il avait eu le temps d'apprendre le moindre recoin, le contour des gorges rocheuses découpées en cicatrices sanguines au pied de la montagne. Il pouvait dire de mémoire l'ombre des pierres ocres et mauves engravées sur le flanc des collines et les respirations de la nuit.

Deux mois... soixante jours...

Etrange. La douleur avait été moins cuisante qu'il ne l'aurait cru. La déchirure, moins profonde. A croire que lorsque l'homme touche le fond de l'abîme, les vacarmes du désespoir s'estompent pour céder la place à un immense silence. Ce qui expliquait peut-être le contenu de ses écrits actuels : le *Guide de la sagesse*, qu'il dédiait à son défunt frère, commencé le soir même de son arrivée à Fardajan et fini dans la nuit ; et maintenant ce récit mystique qu'il avait intitulé : *Hayy ibn Yaqzân*, le Vivant fils du Vigilant, voulu comme un voyage de l'âme vers l'orient, vers la liberté.

Il souffla dans ses mains engourdies par le froid glacial qui régnait malgré la présence du petit brasero, et regagna sa place devant la table bancale.

« ... Il existe deux circonscriptions étranges : l'une au-delà de l'Occident, l'autre au-delà de l'Orient. Pour chacune il y a une barrière faisant obstacle entre ce monde-ci et cette autre circonscription, car nul ne peut y arriver ni ne peut en forcer le passage, hormis les élus d'entre la masse, ceux qui ont acquis une force n'appartenant pas initialement à l'homme par droit de nature... »

Il me semble que le don que Dieu t'a accordé à ta naissance fut un don unique, et donc marginal. Ta vie est à l'image de ce don...

Pourquoi la voix de Yasmina lui parlait-elle en ce moment ?

Le grincement des gonds pivotant sur eux-mêmes mit un terme à son paragraphe. La porte s'entrouvrit. Il n'eut pas besoin de se retourner pour savoir qui pénétrait dans sa cellule. Comme tous les matins à l'aube depuis soixante jours, Karim son geôlier lui apporterait son thé fumant, accompagné d'un croûton de pain rond. Comme tous les matins, il lui dirait : « Réveil lumineux, cheikh el-raïs », et il répondrait : « Réveil, heureux, Karim. » Ils échangeraient quelques mots sur cet hiver rigoureux. Ils parleraient de la difficulté pour les hommes de la garnison de vivre en de telles conditions ; des caravanes de vivres bloquées par la neige dans le défilé de Binssama. Exceptionnellement il lui donnerait des nouvelles de Hamadhan et du souverain. Puis il repartirait, pour ne revenir qu'à l'heure du zohr, après la prière de midi, pour lui servir un frugal repas.

La porte se referma. Ali emprisonna entre ses paumes glacées le gobelet de thé et apprécia sa chaleur. Décidément, ce mois de ragâb n'en finissait plus de mourir.

On pénétra dans sha'bân. Le temps se radoucit. Insensiblement l'eau des rivières amorça son dégel. Le ruban des sources se dénoua sur le ventre attiédi des vallons, et les rayons du soleil réussirent des percées à travers les brumes matinales. La température plus clémente lui permit une fois par semaine de faire quelques pas, sous une étroite surveillance, le long des chemins de ronde et, plus rarement, dans la cour carrée de la forteresse. Il puisa dans ces courtes évasions un bienfait inestimable, presque une régénérescence qui lui devinrent indispensables.

Il profita de ce mois pour mettre la dernière main à son récit mystique et pour commencer un traité sur les coliques. Alors que l'on entrait dans ramadane, il s'attaqua à un ouvrage sur les remèdes aux maladies du cœur.

En dépit de sa faiblesse physique, et contre les conseils de son geôlier, il jeûna les trente jours prescrits par la loi, sans faillir, jusqu'à l'apparition de la nouvelle lune dans le ciel de Jarrâ.

L'orée de shawwal le trouva occupé à l'écriture d'un traité sur le Destin, dans lequel il disserta de façon sereine et éloquente sur les mystères impénétrables pour l'intelligence humaine des desseins divins.

« ... Le temps fait oublier les douleurs, éteint les vengeances, apaise les colères et étouffe la haine ; alors le passé est comme s'il n'eût jamais existé ; les douleurs affligeantes et les pertes subies ne sont plus prises en considération ; Dieu ne fait aucune distinction entre la compensation et le don gratuit, entre l'initiative de sa grâce et la récompense ; les siècles qui passent, les vicissitudes du temps effacent tout rapport causal... »

Refermant les feuillets, il se leva et alla s'étendre sur sa natte de paille tressée. Il avait travaillé toute la nuit, l'aube était là. Les gonds de la porte ne tarderaient pas à grincer. Il se demanda s'il lui serait jamais possible de vivre un jour sans plus entendre ce grincement ? Si cet écho funeste ne viendrait pas à lui manquer. C'est alors qu'il s'aperçut que Karim n'était pas à l'heure. Il tendit l'oreille, guettant le bruit de pas familier qui remonterait le long corridor de briques nues. Mais il y avait toujours le silence. Curieusement, ce retard commença par l'intriguer, puis par éveiller en lui une réelle angoisse. Suffisait-il donc que le rite immuable de ces cent vingt jours se trouvât un instant désorganisé pour qu'il en fût si vite bouleversé ? Furieux contre lui-même, il ferma ses yeux rougis d'avoir trop fixé les mots sous le maigre éclairage de la lampe, et essaya de se détendre.

Lorsqu'il s'éveilla, le soleil était à son zénith, et son geôlier n'était toujours pas réapparu. Il se souleva lentement, et presque à son insu son regard se riva à l'épaisse porte de bois, et il y demeura sans plus pouvoir s'en détacher. Mille questions envahirent son cerveau, sans trouver une explication satisfaisante à cette absence inattendue. Et si l'on avait décidé de le laisser mourir comme un chien ?

En réalité, il était loin d'approcher la réalité. Comment

aurait-il pu imaginer un instant les événements extraordinaires qui étaient en train de se dérouler en ce moment même, à une dizaine de farsakhs de là, sous les remparts de Hamadhan ?... Un messager serait-il venu l'en informer qu'il ne l'aurait jamais cru.

Alà el-Dawla prince d'Ispahan avait déclaré la guerre à Samà et à son vizir, Taj el-Molk.

★

A l'intérieur des murailles de la ville aux sept couleurs c'était l'affolement général.

Terrorisée, la population s'était barricadée chez elle, et sur ordre de Taj el-Molk on avait verrouillé les quatre portes de la cité. A un mille environ, on pouvait apercevoir le spectacle impressionnant de l'armée d'Ispahan en mouvement. Chevauchant à sa tête, Alà el-Dawla, drapé dans une cotte de mailles étincelante sous le soleil, le crâne enveloppé sous un majestueux turban d'ivoire, faisait songer à Roustam prêt à écraser le dragon. Indiscutablement le personnage en imposait. La quarantaine, les joues cerclées d'un épais collier de barbe brune, un front large et surtout de grands yeux qui avaient la particularité d'être d'un bleu clair très pur ; de tous les Dawla, hormis peut-être le fondateur de la dynastie, c'était sans nul doute celui qui symbolisait le plus la royauté.

D'une voix tonitruante, il héla son général.

— Salar ! Convoque mon astrologue !

— Mais... Esprit de la nation... nous allons livrer bataille et...

— Mon astrologue ! Je veux le voir immédiatement.

Le ton employé ne supportait pas la moindre contradiction.

— Bien, Esprit de la nation. Il sera fait selon ton désir.

Dans un tourbillon de sable, le général lança son cheval en direction de son aide de camp, transmit l'ordre du souverain et se hâta de reprendre sa place.

Alà se rapprocha de lui, en fixant les remparts de Hamadhan, il interrogea :

— Disposons-nous de toute l'artillerie de siège ?

— Oui, Majesté. Ainsi que tu l'as souhaité. J'ai fait venir des mandjaniks, les mangonneaux à balanciers, des balistes légères, et naturellement des béliers. Nous...

— Ce n'est pas cela qui m'intéresse. As-tu préparé l'essentiel ?

— Naturellement, Esprit de la nation. Des centaines de pots en terre cuite ont été apprêtés tout spécialement.

— Parfait. Poursuis donc la manœuvre d'encerclement de la ville. Je veux un étau si parfait que même un rat ne pourrait le franchir.

Le salar redressa la tête fièrement.

— Tu peux compter sur moi, Excellence.

Se soulevant légèrement, il désigna du doigt un petit homme qui avançait en claudiquant à travers les nuages de poussière.

— Ton astrologue, esprit suprême.

Le souverain regarda par-dessus son épaule, et d'un coup sec il tira sur les rênes, déportant son coursier vers la droite.

— Approche, Yan-Pui... j'ai besoin de tes lumières.

Le dénommé Yan-Pui fit un effort qui parut surhumain pour accélérer le pas. Retenant d'une main un curieux chapeau à clochettes, il vint se camper avec mauvaise humeur aux pieds du prince. C'était presque un nain, aux traits jaunes, froissés, l'œil bridé et l'âge indéfini. Il s'exprima avec un incroyable accent.

— Ne t'ai-je pas éclairé, Esprit de la nation ? Pas plus tard qu'hier soir, avant que nous reprenions la route. Les astres ne sont pas des femmes de mauvaise vie qu'on peut solliciter à toute heure !

Et il ajouta, renfrogné :

— Les astrologues non plus !

— Je connais tes idées là-dessus, et je n'en ai rien à faire. Il me faut savoir.

— Mais savoir quoi ? gémit le petit homme. Je t'ai tout dit.

— Répète !

Yan-Pui poussa un soupir déchirant et récita d'une voix nasillarde :

— Après consultation du *Yi-king* et des maisons lunaires associées à...

— Trêve de palabres, Yan-Pui. Va au but !

Le petit homme jaune croisa les mains en les faisant glisser sous ses longues manches de soie, et levant le menton, il laissa tomber sèchement :

— La victoire naîtra au couchant.

— Et de quel côté sera-t-elle ?

— Celui d'Ispahan.

— Parfait, à présent, je veux une confirmation par les raml.

— Les raml, ici ?

— Sur-le-champ. Vas-y.

Yan-Pui fouilla dans l'une des poches de sa tunique satinée. Il en sortit huit dés enfilés dans deux brins de fil d'archal ; quatre de chaque côté. Il s'accroupit à terre en marmottant des invocations, et fit rouler les dés sur le sable selon la technique du ka'baïtan[1] ; il analysa les nombres, leur rapport, puis se releva.

— La fortune majeure domine sur la fortune mineure. Ta victoire est confirmée.

— Parfait. Nous attaquerons donc, et nous ne ferons pas le siège de la cité.

D'un coup sec des talons sur les flancs de son cheval, Alà el-Dawla partit vers le centre de l'armée, suivi par les yeux las de Yan-Pui.

Les trompettes éclatèrent les unes après les autres aux quatre coins des murailles. Une immense clameur leur fit écho, et les rangs des porteurs d'échelles s'ébranlèrent comme un seul homme sous le couvert des archers.

Sur la droite, un peu plus à l'ouest, étirées sur près d'un quart de mille, deux colonnes de fantassins, soulevant une imposante dabbàba, un bélier en bois de Syrie, prirent la direction de la porte des Potiers. A l'est, un autre groupe fit de même, mais vers la porte des Oiseleurs.

Par-dessus les créneaux on devinait la silhouette sombre des arbalétriers de Taj el-Molk prêts à balancer vers le ciel une pluie de flèches.

Le vizir, la main posée en visière sur son front, déclara comme s'il réfléchissait à haute voix :

— Ils vont droit à l'abattoir... Dès qu'ils seront à notre portée, l'ange de la mort les culbutera en enfer.

— C'est incroyable. Jamais je n'aurais cru qu'Alà el-Dawla mettrait ses menaces à exécution.

— J'avoue que moi non plus, Majesté. Cela dépasse l'entendement. Déclencher une guerre pour un homme ? Fût-il le prince des savants ? Comment peut-on imaginer une telle chose ?

— Ne divaguons pas, Taj. L'émir d'Ispahan n'a peut-être pas apprécié que nous empêchions Ibn Sina de le servir en l'enfermant à Fardajan, mais il existe d'autres motifs à cette attaque. En vérité, le cheikh n'est qu'un prétexte. Je soupçonne depuis longtemps Alà el-Dawla d'avoir des visées expansionnistes[2].

1. J'ai passé plusieurs soirées en compagnie de Yan-Pui. Il opéra sous mes yeux de cette manière maintes fois et il m'initia à son art. Que le lecteur me pardonne, mais l'explication détaillée du ka'baïtan nous entraînerait trop loin. (Note de Jozjani.)

2. En réalité, il semblerait que Alà el-Dawla voulut par cette attaque démanteler une garnison daylamite cantonnée à Hamadhan et qui représentait une menace pour son propre royaume. Mais là-dessus les données sont incertaines, et Jozjani ne nous fournit aucune explication. *(N.d.T.)*

— Sans doute, Ciel de la nation, sans doute. Mais le Très-Haut fera triompher le juste.

Samà approuva sans trop de conviction. L'image d'Ibn Sina reclu dans ce fort lugubre et froid traversa furtivement sa pensée. Et il songea : *Sommes-nous vraiment du côté du juste ?* La voix anxieuse de Taj le ramena à la réalité.

— C'est étrange, que font-ils ?

Le prince se pencha en avant pour mieux observer les troupes ennemies.

Au pied des murailles, les fantassins d'Ispahan venaient de s'immobiliser.

— Pourquoi n'avancent-ils plus ? s'inquiéta Samà.

— Je l'ignore. Peut-être que...

— Il faut les abattre ! Donne l'ordre aux archers.

— Impossible, Excellence, ils sont toujours hors de portée.

Samà se pencha un peu plus, pressentant quelque chose d'anormal.

Un silence pesant s'était insinué sur tout le paysage. Les deux armées, l'une à découvert dans la plaine, l'autre au sommet des remparts, étaient dans l'attente. Seules de fragiles volutes de sable doré bougeaient au ras du sol, se déplaçant par intermittence entre les roches brûlées de soleil.

Tout à coup, une boule de feu traversa l'azur avec un sifflement étouffé.

Etoile ? Eclair ? Foudre ? Ni le souverain ni son vizir ne comprirent ce qui se passait.

La boule vola par-dessus les remparts et vint terminer sa course en plein milieu des jardins, enflammant du même coup les arbres et les massifs de roses à peine écloses.

— DU NATIF[1] ! Allah nous protège ! Ils emploient du natif ! hurla un des soldats.

Affolé, le souverain saisit son vizir par le col de sa djubba.

— Qu'est-ce qu'il raconte ? Qu'est-ce que c'est que cette histoire ?

Plus mort que vif, Taj el-Molk essaya de garder son calme.

— Le natif, Excellence, c'est un mélange de soufre, de poix, de salpêtre et d'autres matières inflammables que j'ignore. C'est une invention qui viendrait des Hellènes.

— Mais comment font-ils pour nous atteindre de si loin ?

— Je suppose que les hommes d'Alà doivent les tasser dans des pots de terre cuite.

— Ce qui n'explique pas...

— Attends excellence.

1. Connu en Occident du nom de « feu grégois ». *(N.d.T.)*

Le vizir scruta l'horizon et finit par tendre le bras vers un point du paysage.

— Regarde, là-bas au centre, légèrement en retrait derrière la colline du Mutrib.

— Qu'y a-t-il ? Je ne vois rien.

— Mais si, là... des mandjaniks. Des catapultes lourdes. C'est de...

Le reste de la phrase resta en suspens. Une deuxième boule de feu, suivie aussitôt d'une troisième, puis d'une quatrième, fusa dans l'azur.

Le long des chemins de ronde, entre les tours de garde, un vent de panique souffla parmi les soldats de Hamadhan. Certains archers n'hésitèrent pas à se débarrasser de leurs arcs et de leurs carquois pour fuir vers un quelconque abri.

En quelques instants des fumées noires recouvrirent la ville, altérant la visibilité.

— Il faut faire quelque chose Taj !

D'une voix désespérée, le vizir dévala le chemin de ronde, et dans de grands gestes tenta de rameuter ses soldats, mais en vain.

Les boules de feu continuaient à se déverser aveuglément, frappant ici ou là, se fracassant contre les murs ou au beau milieu des ruelles escarpées.

Bientôt, une pluie de cendre s'étendit un peu partout.

Ce fut sans doute le moment que choisirent les fantassins d'Ispahan pour reprendre leur marche en avant. Avec une surprenante rapidité, on vit apparaître au ras des créneaux la crête des échelles et les premiers visages ennemis, cependant que montait la rumeur sourde et lancinante, provoquée par le choc des béliers contre la porte des Potiers et celle des Oiseleurs. On aurait dit les pulsations d'un cœur géant qui se serait mis à battre au pied des murailles.

Taj el-Molk, le visage couvert de sueur et de cendre, se précipita vers l'émir en hurlant de toutes ses forces pour dominer l'épouvantable vacarme.

— Tout est perdu, Excellence ! Il faut fuir. Nous ne pouvons plus rien !

— Fuir ? Mais pour aller où ? Dans un instant toute la cité sera envahie !

— Nous devons quitter Hamadhan.

— Pour aller où ? répéta avec désespoir Samà.

Reprenant son souffle, le vizir annonça d'une voix inaudible :

— Je sais un endroit où nous serons à l'abri.

Le jeune prince ouvrit de grands yeux interloqués.

— Fais-moi confiance... Viens, ne perdons pas de temps.

Vingt-septième makama

Le geôlier n'apparut qu'à l'heure de l'eftar, au moment où le soleil disparaissait derrière les gorges. Il pénétra dans la cellule, le visage fermé, sans dire un mot.

— Où étais-tu donc passé ? Je commençais à croire que tu ne reviendrais plus jamais.

Karim grommela entre ses dents et lui tendit sa nourriture ; du pain, du riz arrosé de lait caillé à la menthe, ainsi qu'un gobelet de thé sucré. Le cheikh réitéra sa question, mais l'homme demeura confiné dans son mutisme, et quitta la pièce en dodelinant de la tête d'un air affligé.

Maintenant Ali en était sûr, il se passait quelque chose de grave. Loin de le rassurer, la venue du geôlier n'avait fait qu'accroître la tension qui ne l'avait pas quitté de la journée. Il dut faire un effort pour avaler les quelques bouchées de riz ; repoussant le plateau, il retourna à sa table et essaya de reprendre son travail. En vain. Son esprit préoccupé empêchait toute concentration. Alors en désespoir de cause, il alla retrouver sa natte et chercha le sommeil.

Est-ce le grincement des gonds qui l'éveilla, le bruit de la clef tournant dans la serrure ? Ou ne s'était-il jamais endormi ?

Dans la cellule envahie par la nuit, il devina la porte qui pivotait. Une ombre se découpa dans l'encadrement, puis une deuxième qui portait une torchère. Il se souleva, sur la défensive.

L'ombre s'approcha lentement, marqua un temps d'arrêt, tandis que l'autre silhouette pénétrait franchement dans la pièce en brandissant la torchère, éclairant du même coup les visages. Stupéfait, Ali identifia le premier visiteur : il s'agissait de Samà el-Dawla.

L'autre personnage lui était inconnu. Un des gardes sans doute.

— La paix sur toi, cheikh el-raïs.

— Et sur toi la paix, Ciel de la nation.

Sous l'effet de surprise, Ali avait répondu sur un ton neutre, presque monocorde.

Le garde alluma la petite lampe à huile qui se trouvait sur la table, et sur un signe de l'émir il se retira en abandonnant la porte entrebâillée.

Samà examina distraitement la pièce avant d'aller s'asseoir sur le tabouret, offrant son profil à l'examen incrédule du cheikh.

— Je te trouve amaigri. C'est un endroit funeste.

— L'air y est bon, Excellence. Je n'ai pas à me plaindre.

Le souverain se saisit machinalement du calame posé près de l'encrier, et le fit tourner à plusieurs reprises entre ses doigts.

— La solitude t'a-t-elle été propice ?

— J'ai beaucoup écrit en effet.

La petite flamme qui brûlait devant lui, rendait l'expression du prince plus mélancolique.

Concentré sur le mouvement du calame pivotant entre ses doigts, il annonça très vite :

— Hamadhan est à feu et à sang. Nous avons perdu la guerre.

— La guerre, Majesté ?

— Le prince d'Ispahan est à l'heure actuelle maître de la ville.

Il ajouta après un temps :

— Cette nouvelle n'a pas l'air de te réjouir.

— Elle le devrait ?

Samà pivota sur le tabouret d'un seul coup et fixa le cheikh avec une certaine rancœur.

— Ton plus cher désir n'était-il pas de travailler pour Alà el-Dawla ? N'as-tu pas conspiré dans ce sens ?

— Ciel de la nation, il ne me paraît pas que ce mot soit justifié pour qualifier un simple échange de correspondance.

— Il n'empêche qu'indirectement *cet échange* a été la cause d'une guerre.

— C'est impossible. Il doit y avoir d'autres raisons !

Samà remua dans la pénombre, présentant à nouveau son profil.

— Ne fût-ce que pour vider mon amertume en toi j'aurais aimé te contredire. Mais mon soulagement serait mince, et hélas de courte durée. Non, tu dis vrai, tu es un des maillons de la chaîne. D'autres raisons ont poussé le prince d'Ispahan à me livrer bataille. Je pourrais les développer, mais je suis trop las et il est trop tard.

Il passa doucement ses paumes le long de ses paupières et conclut :

— Ironie des ironies. Dans une tout autre situation, ce qui nous arrive aurait pu prêter à rire. Depuis ce soir, le geôlier et son prisonnier sont condamnés au même destin. Toi et moi sommes désormais enfermés dans Fardajan. Ne trouves-tu pas cela grotesque ?

— Grotesque, Excellence... je ne sais. Mais certainement peu commun.

Samà se leva et fit quelques pas vers la fenêtre.

— Il fait trop sombre pour voir le paysage, mais je me demande si ce n'est pas mieux ainsi.

— Excellence, que sont devenus ma compagne, mon disciple Abou Obeïd ?

— Ils ont certainement fui le palais comme nous tous. Il régnait une telle panique qu'une chatte n'aurait pas retrouvé ses petits. Cependant je peux t'affirmer que durant ces quatre mois ils n'ont manqué de rien.

Ali serra les dents. Abou Obeïd... Yasmina... Les reverrait-il un jour ?

Tu ne me demandes pas des nouvelles de Taj el-Molk ?

Comme Ali ne répondait pas, il enchaîna :

— Ton ami le vizir se porte bien. A l'heure qu'il est il doit dormir à poings fermés dans l'une des chambres de cette forteresse.

Il marqua une pause et ajouta avec moquerie :

— Tu dois être ravi...

— Il n'y a aucune haine dans mon cœur, seulement de la tristesse. Pour les miens, pour Hamadhan, pour toi...

— L'isolement conduit à la sagesse. En ce qui me concerne je n'ai pas dû connaître assez longtemps la solitude. Mais il se fait tard, et la fatigue commence à me peser. Je te salue, fils de Sina, que ton réveil s'ouvre sur un bonheur.

— Qu'il en soit pareil pour toi, Ciel de la nation.

Ali voulut se lever mais Samà le retint d'un geste de la main.

— Nous ne sommes plus à la cour, cheikh el-raïs. Aurais-tu oublié ? Seulement deux prisonniers.

★

Une semaine se passa sans qu'il revît le jeune prince. Les seuls échos qui lui parvinrent furent ceux portés par Karim, le geôlier. Aux dires des courriers, Hamadhan était toujours occupé par les troupes de Ala el-Dawla. Le souverain, sans doute pour des raisons stratégiques, avait définitivement renoncé à donner l'assaut à Fardajan, reculant devant les centaines de vies humaines qu'il aurait fallu sacrifier pour s'emparer de ce nid d'aigle hautement protégé.

Au matin du dixième jour, Taj el-Molk se présenta à sa cellule. Il avait la mine sombre et l'œil fuyant. Mal à l'aise, il prit place sur le petit tabouret et parut chercher ses mots.

— Je viens t'annoncer une nouvelle qui réjouira peut-être ton cœur : Hamadhan est une ville libre à nouveau. Par la grâce d'Allah, notre adversaire a été contraint de faire demi-tour. A l'heure où je te parle, il est en route pour Ispahan. Le sort a donc basculé en notre faveur.

— Allah soit remercié, fit simplement Ibn Sina. Samà va donc pouvoir retrouver son trône.

— C'est exact. Nous partons dans une heure.

— Sais-tu si ma compagne et mon disciple sont sains et saufs ?

— Je l'ignore. Mais...

Le vizir ajusta nerveusement son turban et reprit, toujours aussi mal à l'aise.

— Le plus simple serait de le vérifier par toi-même.

— Il faudrait que le Très-Haut m'accorde des ailes. Oublierais-tu que je suis toujours prisonnier ?

— Ton sort est entre tes mains. Il dépend de toi que tu veuilles nous suivre ou non.

— Je ne comprends pas, vizir.

— La liberté au conditionnel ; c'est la proposition que je suis chargé de te transmettre. Si tu acceptais de regagner le palais et de reprendre tes fonctions de médecin à la cour et d'enseignant tu pourrais quitter ces lieux.

Le cheikh examina son interlocuteur avec suspicion.

— C'est tout ?

— Il faudra aussi t'engager à mettre fin à tes échanges épistolaires avec le prince d'Ispahan.

Déconcerté, Ali caressa doucement son collier de barbe et essaya de décrypter ce qui se cachait entre les mots de Taj el-Molk. D'où venait cette soudaine indulgence ? Qu'espérait-on encore de lui ? Quoi qu'il en fût, une réalité s'imposait : accepter où s'étioler dans cette cellule pour le restant de ses jours. Il songea aussi à Yasmina et Abou Obeïd. S'il voulait les revoir, il fallait avant tout sortir de ce tombeau.

— J'accepte. Et je te prie de faire part à l'émir de ma gratitude.

— C'est bien plus que de la gratitude qu'il attend de toi. Remercie le Clément d'avoir affaire à un être aussi indulgent.

Ali n'eut pas besoin d'interroger Taj pour savoir ce qu'il pensait de cette indulgence.

Le vizir se leva, mettant un terme à sa réflexion. Désignant les ouvrages d'Ibn Sina qui jonchaient le sol, il déclara :

— Je vais faire donner des ordres pour que tout ceci soit ramené au palais ; car je présume que ces livres te sont plus chers que tous les rois de Perse.

— J'en suis l'auteur, vizir. Et je ne me suis jamais trahi.

Taj el-Molk réprima un sursaut et, plongeant ses yeux dans ceux du cheikh, il murmura sur un ton énigmatique :

— N'oublie jamais qu'un livre est comme un être vivant. Il existe mille manières de le détruire...

★

« Ce n'est pas mon maître qui nous retrouva dans Hamadhan bouleversé par les événements tragiques de ces derniers jours, mais Yasmina et moi. En effet, après avoir fui le palais, nous avions trouvé refuge dans la demeure d'un droguiste du nom d'Abou Ghalib, chez qui le cheikh avait coutume de m'envoyer faire ses achats d'herbes rares et de drogues. Nous demeurâmes chez le brave homme jusqu'au moment où nous apprîmes la retraite des troupes d'Ispahan, suivie de près par le retour du prince. Une rumeur se répandit alors comme la poudre : le cheikh Ibn Sina accompagnait le souverain et l'on confirmait partout qu'il avait été libéré de Fardajan et réhabilité dans ses fonctions de médecin et d'enseignant.

« Le cœur battant, nous nous précipitâmes au sérail, et quel ne fut pas notre bonheur d'y trouver le cheikh. Amaigri certes, mais en parfaite santé. Durant ces jours de détention, j'avoue avoir souvent craint pour sa vie. N'avait-il pas tenté une fois d'y mettre fin ? Cette épreuve aurait pu le pousser à récidiver, et longtemps mes nuits avaient été hantées par de funestes images où je voyais mon maître basculer au fond d'un abîme sans fin. Si Yasmina n'en parlait pas, je sais que ses pensées suivaient les miennes.

« Allah donne et reprend. Aujourd'hui je suis convaincu que lorsque le Très-Haut accorde d'immenses gloires à un être, il les accompagne presque irrémédiablement d'un malheur égal.

« Le premier soir où nous nous retrouvâmes tous les trois je compris que le cheikh était plus que jamais décidé à quitter Hamadhan. Sa détermination n'avait fait que se renforcer au cours des dernières heures.

« Ce fut le huitième jour de dhù el-hijà qu'il décida véritablement de franchir le pas. Un événement essentiel le poussa à le faire : un pli secret envoyé par le prince d'Ispahan. Dans sa lettre, Alà confirmait son désir de recevoir le cheikh à sa cour, et ajoutait que ce serait pour lui et les siens un immense honneur. Nous eûmes ainsi, si quelque doute subsistait encore, la confirmation qu'el-Maksoumi et Ibn Zayla avait admirablement rempli leur mission.

« Il restait un obstacle de taille à surmonter : déjouer la surveillance des soldats de Taj el-Molk qui, depuis le retour du raïs, montaient une garde de chaque instant. Je suggérai au cheikh... »

— Nous pourrions nous déguiser en soufis. Sous un habit de laine, la tête recouverte, nous aurions une chance de passer inaperçus. De plus ces saints ascètes attirent le respect et la considération.

— C'est peut-être la solution...

Yasmina fit observer :

Tes ouvrages, tes documents ? Comment allons-nous faire ? Nous aurons besoin d'un cheval de bât, ou de mulets.

— Nous trouverons un moyen de les faire transporter discrètement hors de l'enceinte du palais.

— Pour quand prévois-tu le départ ?

— Le plus tôt sera le mieux. Après demain soir nous serons le 10 de dhù el-higgà, c'est le *eïd el-kabir*, la grande fête du sacrifice[1]. Les gens seront occupés à festoyer et la surveillance sera relâchée. Néanmoins, il nous faudra trouver un guide. Je sais le parcours semé d'embûches.

— Je crois que le fils aîné d'Abou Ghalib fera l'affaire, fit el-Jozjani. Va pour après-demain. Souhaitons la protection de l'Invincible : ce voyage sera rude. Ispahan me semble tout à coup au bout du monde.

Ali hocha la tête, l'air brusquement songeur. Il serra instinctivement la petite pierre de verre bleuté qui ornait toujours

1. Pour toi, enfant d'Occident qui l'ignores, le eïd el-kabir est la plus grande des solennités de l'Islam. Ce jour-là, on procède au sacrifice d'un chameau, d'un bœuf, d'un mouton ou d'une chèvre ; rituel qui rappelle le sacrifice d'Abraham ; à la différence que le Coran substitue Ismaël à l'Isaac de la Bible. *(N.d.T.)*

son cou. Tandis que son disciple parlait, des mots d'il y a longtemps avaient envahi ses pensées — *Méfie-toi, mon ami, méfie-toi des plaines du Fars, et des coupoles dorées d'Ispahan ; car c'est là que s'arrêtera ta route. Ce jour-là, à tes côtés il y aura un homme, un homme à l'âme noire. Que Shiva maudisse à jamais sa mémoire...*

★

« Nous franchîmes vers le minuit les limites de la ville, le cheikh et moi-même drapés dans des robes de bure, la taille ceinte d'une corde ; Yasmina vêtue d'un cilice. Pour parfaire notre déguisement, nous tenions à la main une rikwa, la sébile qui servait à percevoir les éventuelles aumônes. Cinq chevaux nous précédaient, menés par le fils d'Abou Ghalib, suffisamment loin devant pour qu'un observateur ne nous associât pas.

« Nous arrivâmes sans encombre au pied de Hamadhan et nous prîmes la direction du sud-est, vers les monts Agros. Le voyage vers la liberté commençait. Mais nous savions que bientôt nous guetteraient le feu de la Géhenne et les glaces de la nuit, la sécheresse du désert, et l'humidité étouffante des plateaux.

« A peine avions-nous dépassé Asadabad que s'abattit une pluie de grélons, aussi gros que des œufs ; ce qui était tout à fait extraordinaire en cette saison. Nous dûmes rebrousser chemin en essayant de maîtriser l'affolement de nos chevaux. Nous trouvâmes un abri dans la mosquée du village, et ne repartîmes que le lendemain à l'aube.

« Au terme de la première journée nous fûmes en vue des monts Agros ; murailles gigantesques, dont les crêtes paraissaient s'enfoncer dans les nuages. Au fur et à mesure de notre ascension, la terre ridée par les cultures et la plaine en bas se prolongèrent pour aller se perdre dans les vapeurs du jour. Au-dessus de nos têtes, l'horizon était bouché, et le sentier incertain qui s'allongeait en serpentant semblait n'avoir pas de fin. De temps à autre un ruisseau descendait en cascade des hauteurs invisibles pour se perdre au tournant d'un éboulis, où alors se dressaient d'énormes roches d'un rouge sombre pareilles à des colosses qu'il fallait contourner et longer à fleur de ravin.

« Toute la journée nous évoluâmes au cœur d'un paysage mort, où seul survivait le souffle du vent. Les rares nuages floconneux étaient comme rivés dans ce ciel d'une dureté métallique qui ajoutait à l'atmosphère environnante quelque chose d'oppressant et de mystérieux. Lorsqu'on se retournait, ce n'était que cimes nues, croupes désertiques, mêlées dans la grandeur infinie et aride de l'espace.

« Dans la nuit, Yasmina fut prise de fièvre et de tremblements. Il fallut que le cheikh lui fît boire un électuaire composé de jusquiame et de miel pour qu'elle trouvât le sommeil.

« Le deuxième jour nous retrouvâmes le même décor de sables, de pierres et de rochers. Le cheikh habituellement serein paraissait extrêmement tendu ; c'est à peine si de temps en temps il faisait une observation sur le paysage, ou sur la rigueur du climat.

« Ce fut au crépuscule du troisième jour que le drame éclata.

« Nous venions de traverser un ruisseau boueux, et descendions en pente raide vers le hameau d'Astaneh. Le chemin était plus étroit que la lame d'un cimeterre, et les chevaux avançaient en équilibre, raclant le sol de leurs sabots, glissant et se reprenant de justesse à chacun de leurs pas. Sur notre droite un abîme sans fond appelait les ténèbres, et penché en arrière, le regard scellé par la peur, j'avais comme nous tous laissé la bride sur le cou de ma monture, ne pouvant faire mieux que de m'en remettre à elle. Ce fut le cri de détresse poussé par le fils d'Abou Ghalib qui me fit rouvrir les yeux. Un cri déchirant, très vite étouffé. Le cheval du jeune homme qui depuis notre départ de Hamadhan marchait toujours en tête avait oscillé dangereusement. Sous ses sabots le sol parut se dérober. Il se cabra, puis retomba. Mais la terre s'était fendue, et il ne trouva que le vide pour l'accueillir. Sous nos yeux horrifiés le cavalier et sa monture avaient basculé d'un seul coup dans le vide.

« La nuit força notre halte. A l'angoisse provoquée par la mort du malheureux, s'ajoutait un sentiment terrible d'isolement. Sans guide, nous étions devenus trois aveugles, perdus dans cette immensité hostile. Arriverions-nous un jour à Ispahan ?

« Ce fut le cheikh qui le premier se ressaisit.

— J'ai échappé au Dasht el-Kavir, à Mahmoud le Ghaznawide, aux geôles de Fardajan, j'ai trop approché la mort pour accepter de lui céder le pas, et je n'ai nullement l'intention de laisser pourrir mes os dans les monts Agros.

— Mais comment retrouverons-nous la route ? s'inquiéta Yasmina bouleversée.

— Oublies-tu que j'ai quelques notions d'astronomie ? Les marins se retrouvent bien sur la mer des Ténèbres, bien plus redoutable que tous les déserts de Perse. Nous y arriverons.

« Après une nuit au cours de laquelle aucun d'entre nous ne

dormit vraiment, nous repartîmes, mais, cette fois, le cheikh en tête. Le jour, son œil suivait la course du soleil, la nuit celle de Sirius et de Canope. Par moment on le voyait s'arrêter, noter hâtivement quelques chiffres sur le sable, puis nous reprenions la route.

« Dire les tourments des heures qui suivirent... Dire la lancinante sensation d'épuisement, la chaleur brûlante, les détours, la soif, la morsure du vent et de la lumière... Aucun homme ne pourrait décrire cela. Pour en illustrer la difficulté, je n'ai que les mots du Livre, et demande par avance à Allah de me pardonner de m'en servir si mal à propos : *Si tous les arbres de la terre étaient des calames, et si la mer, et sept autres mers étaient l'encre, les paroles de Dieu ne les épuiseraient pas.*

« Si je devais un jour raconter tous les déchirements et les peurs qui furent notre lot jusqu'aux derniers contreforts des montagnes Bakhtiari, jusqu'au moment où surgit du ventre de la terre la vallée de Zayanda-roud, le fleuve surnommé *l'eau vivante*, le jardin de tous les bonheurs, la plaine d'Ispahan.

« Devant la beauté et la grandeur du spectacle qui s'ouvrit à nos pieds nous en oubliâmes notre fatigue, nos membres repus, nos lèvres desséchées.

« Mille canaux couraient sous la lumière, bordés par des roseaux frissonnants effleurés par des oiseaux multicolores. Des multitudes de champs de blé unissaient leur or à la blancheur virginale des pavots qui dressaient vers l'azur leurs petites coupes. A perte de vue, ce n'étaient qu'arbres, arbustes, vergers ; des carrés de verdure sombres et clairs le long des pentes d'où jaillissaient l'ocre et le bistre, le roux et le brun des pierres.

« Des larmes montèrent à nos yeux sans que nous puissions les contenir.

« Nous avions tant attendu cet instant. Nous l'avions tant rêvé.

« Ispahan ! La vie recommençait.

« Alors il se produisit quelque chose de tout à fait stupéfiant et aujourd'hui encore mon âme a quelque peine à cacher son trouble.

« Le cheikh qui s'était immobilisé auprès de Yasmina se tourna brusquement vers elle, et la serra avec passion. Il chercha sa bouche et se mit à l'embrasser avec tant de fougue que j'eus l'impression qu'il cherchait à la brûler.

« Jusqu'à cet instant je ne trouvais rien de surprenant à cet embrasement, mais lorsque le cheikh s'agenouilla à terre, attirant avec lui la jeune femme, je sentis mes joues s'empourprer. Les mains de mon maître se glissèrent sous la robe de Yasmina, elles relevèrent le tissu jusqu'à hauteur des hanches, faisant apparaître le haut de ses cuisses hâlées, et ils basculèrent tous les deux parmi les hautes herbes.

« Je me détournai, l'esprit en pleine confusion, quand il commença à lui faire l'amour... »

Vingt-huitième makama

Ispahan...

Ispahan la ville haute[1]. Ispahan la rose ouverte.

Ispahan que l'on a coutûme d'appeler la « tête ». Le Fars et le Kirman étant ses deux mains, l'Adharbaydjian et Raiy ses deux pieds.

Ispahan entourée de ses trois mille villages, ses pâturages, ses champs d'orge et de millet ; ses feuilles de tabac, de garance et de safran ; ses canaux entre lesquels court le fleuve d'or, le Zayanda-roud, jusqu'aux marais immobiles de Gavkhouni.

Dès qu'ils franchirent les limites de Yahoudiya[2], la sonnerie des trompettes s'éleva par-dessus les remparts. Des cris de liesse dominés par les youyous des femmes fusèrent alors que s'ouvrait la porte ouest de la cité sur une imposante délégation composée de tous les notables avec à leur tête le vizir Rahman, le chancelier et l'émir Alà el-Dawla. Tous en grand uniforme. Dans leur sillage suivaient des esclaves noirs qui portaient des plateaux de cuivre couverts d'habits neufs, offrandes de bienvenue pour le cheikh el-raïs.

Le chancelier s'inclina, imité par le vizir, cependant que,

1. Ispahan est située à près de 1 700 mètres d'altitude. *(N.d.T.)*

2. A 3 kilomètres à l'ouest d'Ispahan. Yahoudiya signifie « la Juive ». Dans ce village se seraient installée une importante colonie juive sous Nabuchodonosor. Une autre théorie laisse supposer que c'est l'épouse juive d'un roi de Perse qui aurait fait venir en ce lieu des gens de sa communauté. *(N.d.T.)*

visiblement ému, le prince se tenait immobile, la main posée sur son cœur. Lorsque Ali se présenta à lui, un sourire franc et spontané illumina ses traits.

— La paix soit sur toi, fils de Sina. C'est un grand jour pour Ispahan, un grand honneur aussi. Sache que, dès cette heure, cette terre est la tienne. Je n'ignore rien de tes souffrances passées, rien de tes exils. Je sais ce que tu as traversé toutes ces années durant. La poussière des routes a souillé tes vêtements, la petitesse des seigneurs a brouillé ton cœur. Tout cela est fini désormais.

Il désigna les remparts de sa ville et poursuivit avec ferveur :

— Derrière ces murs tu trouveras le port. Le jardin de tous les apaisements. Moi, Alà el-Dawla, je t'en fais la promesse, plus jamais personne ne troublera ta quiétude. Ecris, œuvre pour la grandeur de la Perse, que toute ton existence ne soit vouée qu'à cela.

Touché par la sincérité qui se dégageait de ces propos, Ali, pourtant habituellement à l'aise dans toutes les circonstances, ne trouva rien à répondre. Mais, dans son regard, le prince lut sa gratitude.

On les conduisit en grande pompe dans le quartier de Kay Kounbadh, entre le palais et la mosquée, où le souverain avait donné des ordres pour que l'on mît une somptueuse demeure à leur disposition. C'était un lieu paisible, au cœur d'un grand jardin bordé de fontaines qui embaumait le jasmin et les essences rares. La maison était composée d'un nombre incalculable de pièces, de plusieurs salons aux murs tendus de soie sauvage, d'une chambre de travail où l'on avait prévu des étagères en bois de Syrie prêtes à recevoir les manuscrits du cheikh. Des esclaves, des cuisiniers, une garde personnelle, avaient été nommés pour qu'aucun souci d'intendance ne vienne troubler leur tranquillité.

— J'ai du mal à me convaincre que tout ceci n'est pas un rêve..., murmura Ali en caressant machinalement sa pierre bleue. Pourtant, pour la première fois de toute mon existence, une voix me souffle que c'est la fin de l'errance, que plus jamais nous ne plierons bagage, qu'un bonheur durable est à la portée de nos mains.

Yasmina était venue se blottir contre lui, et il l'avait gardée en fermant les yeux à l'écoute de son souffle et du chant des fontaines.

Le soir, un banquet fut donné au palais en leur honneur. Le prince présenta au cheikh tous les membres de la cour ainsi que les artistes et les esprits savants d'Ispahan. Il y avait là, entre autres, le grand philologue Abou Mansour el-Jabban[1], des peintres, des écrivains, des mathématiciens venus de toute la province. Tous voulaient être présentés au cheikh el-raïs. Pressé de question, il mangea peu ce soir-là. Astronomie, médecine, algèbre, philosophie, les sujets les plus divers furent abordés.

Ce fut vers le milieu de la soirée qu'el-Jabban apostropha le cheikh qui venait d'exposer un thème de philologie. Il le fit sur un ton respectueux certes, mais à travers lequel perçait une certaine agressivité.

— Fils de Sina, je t'écoute avec une sincère admiration, et me délecte de tes propos ; toutefois je me permets d'observer ceci : tu es un philosophe, un brillant médecin, mais pour ce qui a trait à la grammaire et à l'usage de la langue arabe tes lacunes sont grandes et tes expressions impropres. En réalité, tu ne possèdes aucun talent en ce domaine.

Marquant une pause et courbant légèrement les épaules dans une attitude affectée, il conclut en prenant à témoin les invités :

— Nul n'est condamné à la perfection en toutes choses. Le cheikh n'a jamais étudié la science des belles-lettres ; par conséquent ses faiblesses sont pardonnables.

Les visages se tournèrent dans un même élan vers le fils de Sina, dans l'expectative de sa réplique ; mais, au grand étonnement de tous, il se contenta de répondre :

— Abou Mansour, ta critique est fondée. En effet qui pourrait ignorer ici que tu es le maître incontesté de cette matière ? Je te l'accorde, la manipulation des mots est un art ; rares sont ceux qui y excellent. J'ai sans doute beaucoup à apprendre en ce domaine.

Un silence stupéfait succéda aux propos du raïs. El-Jozjani échangea un coup d'œil avec el-Maksoumi et Ibn Zayla. Le cheikh ne les avait pas habitués à autant de modestie. Si le prince ne fit aucun commentaire, l'expression de ses traits traduisait bien sa perplexité.

Sans plus attendre, avec l'intention affirmée de dissiper le malaise, le fils de Sina aborda un autre sujet et les discussions reprirent. Deux heures plus tard, les premiers invités commencèrent à se retirer, l'incident semblait avoir été totalement oublié. Alà el-Dawla suggéra au cheikh que tous les vendredis soient à partir de ce jour consacrés à des réunions à l'exemple de celle-ci, et prit congé de ses invités. Ali s'apprêtait à faire de

1. Selon l'historien el-Samani, le surnom d'el-Jabban est donné à ceux qui ont appris l'usage parfait de l'arabe parmi les bédouins. Toujours selon el-Samani, el-Jabban est un mot qui signifie aussi « désert ». *(N.d.T.)*

même lorsqu'un nouveau personnage, jusque-là silencieux et discret, vint se présenter à lui.

— La paix soit sur toi, cheikh el-raïs. Mon nom est Yohanna Aslieri. Je suis... — il s'interrompit, se hâtant de rectifier — ... j'étais le médecin personnel de l'émir.

Ali examina l'homme en lui rendant son salut. Il était drapé d'un kaftan noir, aussi noir que l'était son regard. Grand, une quarantaine d'années, la peau claire, le trait anguleux, il portait une barbe qui noircissait symétriquement le dessus de sa lèvre supérieure et son menton, tandis que son front était dominé par un crâne extraordinairement lisse et luisant. Quelque chose d'étrange émanait de tout son être qui troubla tout de suite le cheikh.

— Yohanna Aslieri... un nom curieux. Tu n'es pas arabe.

— Ma mère l'était. Mon père a vu le jour dans le pays des Romains, ou moi-même je suis né. J'ai appris la médecine à Pergame, puis je me suis rendu à Alexandrie et à Bagdad pour parfaire mes connaissances. J'ai ensuite enseigné à l'école de Djundaysabour, avant de m'installer à Ispahan où je vis depuis vingt ans.

— Pourquoi t'exprimais-tu au passé en me présentant ta fonction à la cour ?

— Alà el-Dawla ne possède-t-il pas désormais à son service le maître des savants ?

— Pour lutter contre la souffrance, les hommes de science ne seront jamais assez nombreux. Tu es médecin comme moi. Nous travaillerons de pair pour le bien-être de tous.

— Cheikh el-raïs, je suis loin de posséder ton génie. J'ai écouté avec attention notre ami el-Jabban. Je ne sais pas s'il a eu raison de critiquer tes lacunes en philologie, mais je m'oppose à lui lorsqu'il affirme que nul n'est condamné à la perfection en toutes choses. Toi tu l'es, fils de Sina. Ton œuvre est là pour en témoigner. Moi je fais partie de ces êtres qui essaient péniblement d'accomplir de petites choses, et qui n'y parviennent pas toujours. Toi tu en réussis de grandes. Je ne peux donc que m'effacer.

Ali exprima sa désapprobation.

— J'insiste sur ta présence à mes côtés. Travaillons ensemble. Au sérail, au bimaristan ou ailleurs.

Il conclut :

— La mort et la maladie n'ont que faire de nos états d'âme.

Le médecin parut réfléchir.

— Très bien, dit-il au bout d'un moment. J'œuvrerai près de toi puisque tel est ton désir.

Il s'inclina lentement en ajoutant :

— Je savais l'homme de science. Je découvre aujourd'hui l'homme de cœur.

Ali ne le quitta pas des yeux jusqu'au moment où il disparut derrière les lourdes tentures de brocart qui fermaient la salle des fêtes.

A peine s'était-il eclipsé qu'Ibn Zayla et el-Maksoumi se précipitèrent vers leur maître. Ils n'eurent pas le temps d'ouvrir la bouche, qu'Ali leur lança :

— Inutile ! Je sais d'avance le nom qui brûle vos lèvres : el-Jabban. Je vous préviens, je ne répondrai pas.

— Mais cheikh...

— Rien ! D'ailleurs il se fait tard, mon lit m'appelle.

Passant son bras autour de la taille de Yasmina il ajouta avec un sourire :

— Et ma femme...

★

En vérité, il ne ferma pas l'œil et il n'eut pas un regard pour Yasmina. A peine rentré dans ses appartements, il se jeta sur ses manuscrits pas encore déballés. Elle ne fit aucun commentaire, elle se déshabilla discrètement et se glissa sous les couvertures. Avant que le sommeil ne l'emporte elle le devina qui fouillait parmi ses notes avec une rage qu'elle ne lui avait jamais connue. Puis il s'installa à sa table de travail et, sous la pâle lumière d'une lampe, il se mit à écrire, jetant les mots sur le papier, comme un peintre jetterait ses couleurs pêle-mêle, noircissant page après page, ne s'interrompant que le temps d'une réflexion pour se replonger fiévreusement dans sa rédaction.

Au-dessus d'Ispahan les étoiles poursuivirent leur course ; les fleurs des jardins de Kay Kounbadh, bercées par le balancement de la nuit, replièrent leurs pétales dans l'attente de l'aube. Les sycomores et les palmiers, devenus sentinelles, retinrent leur souffle au pied de la seule fenêtre éclairée de la ville.

Lorsque Yasmina ouvrit les yeux, elle le vit qui dormait, la tête couchée sur ses manuscrits, le calame serré entre ses doigts. Alors elle se leva, posa sur ses épaules une couverture de laine, passa doucement la main le long de sa nuque et s'installa à ses pieds pour être plus proche de son sommeil.

Il ne tarda pas à s'éveiller. Apercevant sa compagne il lui tendit la main et la releva en murmurant sur un ton de reproche :

— Ma bien-aimée... il ne faudrait pas que ma folie devienne tienne.

— Trop tard, cheikh el-raïs. L'amour l'a emporté sur l'algèbre et la rhétorique.

— Ce courrier, dit-il brusquement, en désignant une feuille, il faut qu'il parte dès aujourd'hui pour le Khorasan. Je vais faire donner des ordres.

Il bondit de son siège et se dirigea rapidement vers la porte. Intriguée par tant d'empressement, Yasmina ne put s'empêcher d'examiner le contenu de la lettre ; c'était une commande adressée à la madrasa de Boukhara. Le cheikh priait qu'on lui fasse parvenir dans les délais les plus brefs un ouvrage intitulé : *Précis de philologie correcte*, par Abou Mansour el-Mazhari[1].

Ce même jour, le cheikh el-raïs commença d'organiser ce qui allait devenir sa vie quotidienne à Ispahan au cours des années à venir. Hormis quelques exceptions, il ne devait jamais s'en détourner.

Le matin était consacré à la visite des patients au bimaristan ; l'après-midi il enseignait les sciences et la philosophie à la madrasa ; le soir était réservé à l'écriture et à la recherche. Et comme l'avait souhaité le prince, tous les vendredis soir furent occupés à des débats où s'affrontaient en sa présence les esprits les plus brillants du Fars.

Trois années s'écoulèrent ainsi, au cours desquelles le fils de Sina mit la dernière main au *Shifa*. Il termina la *Logique* et l'*Almageste*, rédigea un *Précis d'Euclide*, y ajoutant d'étonnantes figures géométriques ; un autre d'arithmétique et un opuscule de musique, abordant dans ce dernier des problèmes jusque-là délaissés par les anciens.

En marge de cet emploi du temps, on le vit souvent se retirer en solitaire pour se livrer à un travail qui paraissait avoir beaucoup d'importance à ses yeux, et qu'il entourait d'un grand mystère. Ni el-Maksoumi ni Jozjani ou Ibn Zayla ne réussirent à obtenir de lui la moindre explication sur le but qu'il poursuivait. Ce fut le dernier jour du mois de shawwal, que le voile se leva enfin sur le secret du cheikh.

Ce soir-là, ils étaient tous réunis comme à l'accoutumée, tous sauf le fils de Sina. C'était la première fois en trois ans qu'une telle chose se produisait. Il fit son entrée une heure plus

1. El-Mazhari, né à Harat en 895, est décédé en 980, année de naissance du cheikh el-raïs. Il étudia la philologie à Harat et à Bagdad, et passa deux ans prisonnier de bédouins dans la région de Bahraïn, où il en profita pour étudier l'arabe le plus pur. On lui doit un nombre important d'ouvrages sur la science des belles-lettres parmi lesquels *Le Précis de philologie correcte*. Dans ce recueil, la racine des mots est indiquée de manière phonétique, et non alphabétique. *(N.d.T.)*

tard, les vêtements couverts de poussière, portant un sac en peau de chèvre sous le bras.

— Majesté, dit-il en s'inclinant devant le souverain, mon retard et ma tenue méritent tous les blâmes. Je te prie d'accepter mes excuses les plus humbles. Mais j'ai fait une découverte qui n'est pas sans importance et que j'aimerais soumettre à ton attention.

Alà l'invita à poursuivre.

— A ton attention, Majesté, mais surtout à celle de notre éminent philologue ici présent. Avec ton autorisation j'aimerais l'entretenir de l'affaire.

Il se dirigea vers Abou Mansour el-Jabban et le salua courtoisement.

— Ce matin je suis parti à la chasse au faucon dans le désert de Samal. Lancé à la poursuite d'un superbe rat palmiste je me suis retrouvé hors des pistes en vue d'une oasis, non loin des collines de Kharj, dans cette région que tu connais peut-être ou pullulent des grottes aux formes étranges. Vois-tu de quoi je veux parler ?

El-Jabban acquiesça distraitement.

— Repu de fatigue, j'ai décidé de faire halte pour me désaltérer. C'est là, à l'orée de la palmeraie, que j'ai trouvé ceci, parmi d'autres choses sans intérêt oubliées sans doute par une caravane.

Il entrouvrit le sac moucheté de sable, et présenta à son interlocuteur un petit recueil à la reliure râpée.

Pendant que celui-ci l'examinait, il dit encore :

— Je t'avoue que je me suis immédiatement plongé dans la lecture de cet ouvrage, mais hélas il m'a été impossible de définir son origine. Aussi, devant tes connaissances en philologie, je me suis dit que seul d'entre nous tous tu pourrais m'aider à identifier l'auteur de ce manuscrit.

El-Jabban fronça les sourcils et se plongea immédiatement dans l'examen des feuillets.

Autour d'eux, l'assistance, intriguée par l'affaire, avait fait silence, tandis qu'el-Jozjani et les disciples d'Ibn Sina s'interrogeaient sur le comportement étrange du raïs ; el-Jozjani plus particulièrement qui savait que son maître ne l'avait pas quitté de la journée et que de surcroît il détestait tout ce qui avait trait à la chasse.

Au bout d'un long moment l'émir qui s'impatientait décida d'intervenir.

— Alors Abou Mansour, quel est ton verdict ?

Après une ultime réflexion, le philologue se prononça :

— Excellence, il n'y a point de mystère. Cet ouvrage est en

fait composé de trois odes élaborées par trois auteurs différents : Ibn el-Amid, el-Sabi et el-Salibi[1]. Néanmoins... — il prit un air embarrassé avant de poursuivre... — pour ce qui est de leur contenu, j'avoue que je le trouve tout à fait hermétique, pour ne pas dire incompréhensible.

— Tu veux dire que le sens de ces odes t'échappe ? Mais tu dois au moins savoir de quoi elles parlent ?

— Il me semble qu'elles traitent vaguement de syntaxe et de règles grammaticales, mais elles sont parfaitement incongrues.

— N'est-ce pas ton domaine ? s'étonna Alà el-Dawla. N'es-tu pas un expert en la matière ?

— Bien sûr, Majesté. Mais je le répète, le style est hermétique. Le sens m'est inaccessible.

Ali insista :

— Cependant tu es tout à fait certain de l'origine de ces odes. Ont-elles vraiment été écrites par les trois auteurs que tu as cités ?

— Je suis formel. Il ne peut s'agir que d'eux.

— Peux-tu nous expliquer ce qui te rend si affirmatif ?

El-Jabban dévisagea le raïs avec condescendance :

— Parce qu'il n'existe pas un seul écrivain arabe dans tout le monde connu que je ne puisse identifier.

Le fils de Sina répliqua alors, volontairement sentencieux :

— Mon frère, je suis hélas au regret de te contredire. Ces odes n'ont été écrites par aucun de ces trois auteurs.

Un sourire ironique se dessina sur les lèvres du philologue :

— Je veux bien mettre ta remarque sur le compte de ton ignorance et ne t'en tiendrai pas rigueur.

— Je te le répète, tu es dans l'erreur.

— Parfait, fit el-Jabban en croisant les bras, alors de qui sont-elles ?

— De moi.

— Que dis-tu ?

Un frémissement parcourut l'assemblée, tandis qu'el-Jabban se récriait :

— Ton attitude est insultante, cheikh el-raïs !

Le fils de Sina sortit alors de la doublure de sa burda quelques feuillets qu'il présenta au souverain.

1. Al-Amid, décédé en 977, fut l'un des vizirs de l'émir Rokn el-Dawla. Célèbre pour son style épistolaire, Al-Sabi est toujours vivant à l'heure où j'écris ces lignes. Il fut le chancelier de Muiz el-Dawla, connu pour ses grands talents de prosateur. Al-Salibi, vivant lui aussi, fut aussi le vizir du prince Mu'ayyid el-Dawla. Il fut un brillant écrivain et le bienfaiteur de nombreux auteurs arabes et persans. (Note de Jozjani.)

— Vérifie par toi-même, Excellence. Tu pourras trouver aussi six odes supplémentaires redigées de ma main, à la manière d'autres écrivains connus. Sache toutefois que ces thèmes que notre ami a jugés hermétiques et dépourvus de sens ne sont pas de mon invention, mais extraits d'un ouvrage fondamental de philologie dont l'auteur n'est autre qu'Abou Mansour el-Mazhari.

Ebranlé, el-Jabban dit dans un souffle :

— Je croyais tout savoir d'el-Mazhari...

— Ton trouble est compréhensible. La philologie est une vaste science.

Et il conclut sur un ton lourd de sous-entendus.

— Nul n'est condamné à la perfection en toutes choses.

Les témoins de la scène ressentaient toute l'humiliation de l'homme, et sur leurs traits on lisait à la fois de la gêne et de l'admiration.

Il se passa un moment avant que le philologue se décidât à réagir. Ce qu'il fit avec noblesse.

— Cheikh el-raïs, tu m'as rendu la monnaie de ma pièce avec tant de talent que je suis forcé de m'incliner. Accepte donc mes excuses. J'ignore comment en trois années tu as pu acquérir de telles connaissances en philologie, mais mon admiration t'est acquise.

Avec un sourire fraternel, le fils de Sina posa sa main sur l'épaule d'el-Jabban et répliqua d'une voix assez forte pour que tous entendent.

— Rassure-toi, tu demeures le maître de la science des belles-lettres. Ce jeu auquel je me suis livré est à la portée du premier venu. Je n'ai été qu'un vulgaire plagiaire.

Il conclut avec un sourire nostalgique :

— C'est peut-être tout ce que l'on retiendra de moi dans les temps à venir...

L'atmosphère se détendit et le prince se mit à applaudir spontanément, imité par toute l'assemblée apparemment ravie par le tour que venait de jouer sous leurs yeux le maître des savants.

Seul Aslieri qui se tenait écarté conserva un visage étonamment froid.

Dans les semaines qui suivirent, le cheikh acheva un volume sur la philologie, qu'il appela : *La Langue arabe*, et qui devait demeurer inégalé parmi tous les ouvrages consacrés à cette matière[1].

1. En réalité, ce volume restera à l'état de brouillon jusqu'à la mort de mon maître et nul ne parvint à le transcrire devant sa grande complexité. (Note de Jozjani.)

Aussitôt après, il commença le *Najat*, le Salut. Il se voulait être un abrégé du *Shifa*, qui aurait permis de s'initier avec moins de peine à sa pensée philosophique.

Vingt-neuvième makama

Le tonnerre grondait au-dessus d'Ispahan, traversé de violents éclairs qui par endroits déchiraient le ciel.

— Cheikh el-raïs ! Cheikh el-raïs, réveille-toi !

Ce fut Yasmina qui la première sortit de son sommeil.

— Au nom d'Allah celui qui fait miséricorde, le Miséricordieux, que se passe-t-il donc ?

Un instant couverts par le roulement du tonnerre, les coups frappés sur la porte redoublèrent d'intensité. Il se précipita pour ouvrir et reconnut immédiatement l'un de ses serviteurs, la mine affolée.

— Maître, pardonne-moi, mais il vient d'arriver un des gardes de l'émir. On te réclame de toute urgence au sérail. L'épouse de notre souverain est souffrante.

Ali répliqua sans hésiter :

— Dis-lui que j'arrive immédiatement, et fais seller mon cheval.

Refermant la porte il entreprit de se vêtir sous l'œil somnolent de Yasmina.

— Décidément, murmura-t-elle en replongeant la tête dans les coussins, qu'il soigne les princes ou les mendiants, un médecin n'est pas mieux loti qu'un esclave.

Ali approuva par quelques mots vagues en achevant de nouer son turban.

Un instant plus tard, sous une pluie torrentielle, il galopait en direction du palais

★

La princesse Laïla était couchée sur un grand lit surplombé d'un dais en bois de Syrie dans lequel étaient gravées des phrases du Livre sacré. On avait fait brûler des perles d'ambre et plusieurs personnes se pressaient au chevet de la souveraine ; quatre femmes voilées, Aslieri et l'émir qui, le visage d'un blanc effrayant, tenait la main de son épouse. Au pied du lit on avait installé un brasero de cuivre sur lequel frémissait une casserole emplie d'eau bouillante. La vapeur qui s'en dégageait se mêlait à la fumée de l'encens, créant tout autour de la pièce une mince dentelle de brume.

— Vite, cheikh el-raïs ! s'exclama Alà el-Dawla, son âme est au bord de ses lèvres.

Dans un même élan, les femmes se reculèrent, dévoilant à Ali un spectacle inattendu.

Couchée sur le dos, le ventre dénudé, rond et proéminent, les jambes nues repliées, les cuisses largement écartées, la princesse Laïla était en proie aux douleurs de l'enfantement. Seule la partie supérieure de son corps était protégée par une chemise de soie enroulée à hauteur de ses seins.

Lorsqu'il se pencha sur la jeune femme, il éprouva un deuxième choc. Elle était beaucoup plus que belle ; la perfection de son visage, bien que noyé de sueur, touchait au sublime, et il se dit que la beauté elle-même avait dû s'inspirer de cette créature pour toucher le monde. Dans ses yeux fiévreux dormaient deux lacs d'émeraude, ses lèvres semblaient un fruit offert, une grenade frémissante sous le soleil. Le plus étonnant c'est que cette beauté demeurait intacte malgré l'expression de grande douleur qui se lisait sur ses traits.

Elle poussa un cri, et tout son corps se contracta comme touché par des braises ardentes.

— Je meurs... par pitié... aidez-moi...

— Fils de Sina, gémit l'émir, sauve ma femme, je t'en conjure.

Aslieri observa d'une voix froide :

— Hélas, Excellence, Allah lui-même n'y pourrait rien. L'enfant se présente par le siège. Il faudrait le sacrifier si nous voulons conserver une chance de sauver la mère.

— Pas question ! Cela fait cinq ans que j'attends un héritier. Cinq ans ! Le trône d'Ispahan ne peut pas demeurer inoccupé après ma mort ! Pas question !

— Mais Majesté...

— Je ne veux rien savoir ! Sauvez mon épouse et sauvez mon enfant !

Yohanna Aslieri souleva les bras en signe d'impuissance et se tourna vers Ali.

— Explique-lui, cheikh el-raïs. Fais-lui comprendre que la médecine n'est pas une science miraculeuse.

Un nouveau cri déchira la pièce embrumée. Comme sous l'effet d'un coup de bélier le corps de la princesse se souleva à moitié, puis elle retomba d'un seul coup, et son souffle se transforma en râle.

L'émir agrippa la manche du raïs.

— Dis-moi que cet âne de Roum se trompe ! Dis-moi que c'est un incompétent !

Ali, le visage grave, prit un temps avant de répondre.

— Malheureusement, Excellence, Aslieri a raison. Le bébé doit mourir si nous voulons que vive ton épouse.

— NON !

Alà el-Dawla avait hurlé.

— Non, crache ces mots de ta bouche. Il ne sied pas au plus grand médecin de Perse de parler de mort !

— Mais que pouvons-nous faire, Noblesse de la nation ? protesta Aslieri, il n'y a pas d'autre issue.

Entre-temps, Ali qui n'avait cessé d'observer la princesse, se mit à palper longuement son ventre, cherchant à définir avec certitude la position exacte de l'enfant.

Son examen terminé, il s'adressa à l'émir.

— Seigneur, commença-t-il sans conviction, il y aurait peut-être une solution.

L'œil noir du prince s'illumina d'un seul coup.

— Puisque telle est ta volonté, nous pourrions tenter de sauver les deux êtres.

L'émir ouvrit la bouche pour répondre, mais Ali l'arrêta d'un signe.

— Je dis bien *nous pourrions*, Excellence.

Il ajouta en fixant le prince sans complaisance :

— Les chances de réussite sont quasiment nulles.

— Que veux-tu faire ? s'inquiéta Aslieri abasourdi.

— Pratiquer une intervention chirurgicale qui permettrait de dégager le bébé par le ventre.

— Une césarienne[1] ? C'est insensé, nous...

Alà lui intima le silence et interrogea le cheikh :

— L'enfant serait sauvé ?

— Sans doute.

— Et...

1. Les Latins appelaient déjà caesares ou caesones les enfants nés de la sorte. *(N.d.T.)*

Devançant la question, Ali répondit :

— Je te l'ai dit, les chances de sauver la mère *et* l'enfant sont quasiment nulles. L'intervention, en soi, n'est pas insurmontable, mais il faut que tu saches que ses conséquences mettront irrémédiablement en péril la vie de la princesse, car nous sommes totalement désarmés devant les humeurs infectieuses ; c'est elles qui feront basculer le destin.

Le prince fit une volte-face et se prit la tête entre les mains.

— Le destin... sa cruauté peut être infinie...

Un silence lourd s'instaura dans la chambre, entrecoupé uniquement par les râles de la princesse, jusqu'à ce qu'un nouveau cri plus poignant que les précédents retentisse à nouveau.

Alà el-Dawla laissa tomber d'une voix étouffée :

— Ispahan a besoin d'un héritier... Ispahan doit vivre...

— Même si c'était une fille ? fit observer Aslieri.

— Quand bien même... Elle aura la force des Dawla. Va, cheikh el-raïs. Mon amour et ma progéniture sont entre tes mains.

Yohanna Aslieri protesta avec force :

— C'est de la folie. Ce genre d'intervention a déjà été tentée, elle a toujours échoué.

— Cheikh el-raïs, fit el-Dawla d'une voix tout à coup très calme, laisse parler les mauvaises voix et fais ton travail.

— Es-tu prêt à assumer l'issue, en es-tu certain ?

— Fais ton travail, répéta simplement le prince.

— Dans ces conditions il n'y a plus de temps à perdre. Je veux que tout le monde quitte la pièce et ne désire à mes côtés que ma femme. Qu'on la fasse venir.

Le visage d'Aslieri s'empourpra.

— Tu n'y songes pas... Elle n'est pas médecin.

— Elle m'a déjà secondé. Elle sait ce qu'il faut faire. Mais j'aurais évidemment besoin aussi de ton aide. Elle va m'être précieuse.

Aslieri approuva, visiblememt soulagé.

— Dois-je aussi me retirer ? s'inquiéta l'émir.

— Il vaudrait mieux, Excellence. Pour le bien de tous.

Le ton employé par Ali était courtois, mais assez ferme pour que le souverain s'inclinât.

Interpellant les femmes présentes, le raïs poursuivit :

— Il me faut du linge, des serviettes propres, des mouchoirs, un grand drap. Vous ferez tremper le tout dans de l'eau bouillante. J'ai besoin aussi d'un second brasero et d'une cruche de vin.

Les femmes se dispersèrent dans une envolée de voiles, suivies par le souverain.

— Je vais faire immédiatement amener ton épouse, dit-il en jetant un dernier regard vers la princesse livide. Et qu'Allah soit avec toi.

Les perles d'ambre ne fumaient plus dans les cassolettes d'argent, et la souveraine entièrement nue dormait sur le drap ébouillanté que l'on avait disposé sous elle. L'importante dose de pavot qu'on lui avait fait boire, près d'un quart de mann[1], avait fini par avoir raison de sa lucidité et de ses souffrances.

A l'aide d'une serviette préalablement imbibée de vin, Yasmina avait apprêté le champ opératoire situé au-dessus de la région sus-pubienne, et maintenant, sous l'œil à la fois passionné et terrorisé d'Aslieri, le cheikh posa sur le ventre rond de la souveraine la pointe d'un couteau effilé encore rougi par les flammes du brasero.

Il marqua un temps d'arrêt, s'assura que Laïla était bien endormie, et découpa fermement le derme supérieur sur une longue ligne horizontale, s'immobilisant à la base de l'ombilic. Un mince filet de sang jaillit presque immédiatement du sillon. Sans attendre l'ordre du raïs, Yasmina s'empara d'une tenaille à l'aide de laquelle elle extirpa de sur le brasero un cautère d'or chauffé à blanc. Le maintenant fermement, elle brûla les bords du sillon creusé par la lame.

Une fois le saignement stoppé, le cheikh reprit son action, pénétrant cette fois dans les muscles abdominaux, sectionnant lentement les tendons. Yasmina cautérisa, et il poursuivit, allant de plus en plus loin dans les chairs.

Le temps s'était comme figé, et l'on n'entendait plus que les rafales de pluie venant s'écraser contre les fenêtres du palais. Ce fut seulement lorsque toute la paroi fut découpée que le cheikh ordonna à Aslieri.

— Maintenant, il faut agrandir l'ouverture au maximum.

Le médecin, qui se tenait prêt, incrusta de part et d'autre de la plaie des écarteurs de cuivre de plus de quatre pouces de large, et commença de distendre les parois.

— Lentement, souffla Ali, sinon nous risquons une trop grande déchirure que nous aurons du mal à recoudre.

Quelque peu incertain, Aslieri acquiesça d'un mouvement de la tête.

Un éclair traversa le ciel, éclairant furtivement les visages luisants de sueur, laissant apparaître le sac gorgé de plasma dans lequel reposait immobile le bébé.

1. Une mann représente environ 6 livres. *(N.d.T.)*

— Elle se réveille ! s'écria soudain Yasmina en désignant la princesse.

Effectivement, sous l'œil consterné du cheikh, la jeune femme se mit à battre à plusieurs reprises des paupières et ses doigts se crispèrent.

— Il faut lui faire absorber une nouvelle dose de pavot ! s'affola Aslieri.

— Impossible. Elle est dans l'incapacité de boire quoi que ce soit. Ses réflexes sont altérés, elle s'étouffera ou rejettera le liquide. Non, nous n'avons pas le choix. Il faut finir l'intervention. Prions le Très-Haut qu'elle résiste encore un peu.

Plus déterminé que jamais, Ali perça la membrane protectrice du sac contenant les eaux, qui se répandirent par la matrice de la femme.

Le bébé était là, au fond de la cavité utérine, recroquevillé sur lui-même. Immobile. On pouvait deviner battre son cœur, très vite, aussi vite que la chute des grains dans un sablier.

— Est-il... ? interrogea Yasmina bouleversée.

— Non. Il est encore dans son monde. Il dort.

Ali ordonna à sa compagne de verser du vin sur ses mains, puis, après une courte hésitation, il plongea celles-ci dans l'eau frémissante, jusqu'au-dessus du poignet.

Yasmina retint un cri en se mordant les lèvres, et détourna le visage.

Retirant ses mains fumantes de vapeur, le cheikh les introduisit lentement dans le ventre écartelé de la princesse et avec mille précautions, comme s'il se fût agi du plus grand trésor de l'univers, il souleva le bébé, dénouant du même coup le cordon ombilical. Il commanda à Aslieri :

— Sectionne le cordon, Yohanna. Vite !

Comme hypnotisé, le médecin ne réagit pas. Ce fut Yasmina qui se précipita sur un couteau et trancha le dernier lien qui unissait encore la mère et l'enfant.

— Pardonnez-moi..., balbutia Aslieri... mais je...

Ali ne l'écoutait pas. Saisissant le bébé par la cheville, il le renversa tête-bêche et frappa sur ses fesses d'un coup sec. D'abord rien ne se produisit, puis l'enfant poussa un petit cri avant d'éclater en sanglots dans l'instant que l'air dépliait ses poumons.

— Maintenant, dit le cheikh en confiant le nouveau-né à Yasmina, il faut nous occuper de la mère.

Il prit une aiguille à l'extrémité de laquelle sa compagne avait déjà enfilé un long fil de palmier imbibé de vin, brûla la pointe de l'aiguille à la flamme du brasero et retourna vers la princesse. Celle-ci paraissait avoir replongé dans le sommeil, et les doigts de sa main tantôt crispés s'étaient détendus.

Entre-temps, Aslieri qui s'était ressaisi avait retiré les écarteurs. Il recula, laissant libre champ au cheikh, lequel commença à recoudre les chairs. Une fois encore le temps parut s'immobiliser, cependant que les rafales de pluie s'estompaient vers les plaines du Fars. Au moment précis où il acheva sa besogne, la souveraine bougea à nouveau, mais cette fois ses yeux s'entrouvrirent tout à fait, et elle remua la tête.

— J'ai mal..., dit-elle d'une voix hachée... j'ai le feu dans mon ventre.

Le fils de Sina se précipita vers elle et prit son pouls.

— N'aie crainte, fit-il sur un ton rassurant, tout va bien. L'enfant est sain et sauf.

— L'enfant ? interrogea-t-elle doucement.

— Oui. Nous l'avons sauvé.

Il allait ajouter : « Nous te sauverons aussi », mais elle avait à nouveau perdu conscience.

Ali continua d'écouter attentivement ses pulsations avant de se redresser, l'expression grave.

— Une fois qu'elle recouvrera ses sens, il faudra lui faire boire encore un peu de jusquiame et de la poudre de fer dissous dans du lait chaud. Pour l'instant, Yasmina, j'aimerais que tu recouvres la cicatrice d'une couche de henné. Mais prends garde de ne pas sectionner la plus petite portion de fil.

— Et ensuite ? interrogea Aslieri.

— Ce sera au Tout-Puissant de décider si elle doit vivre ou mourir. Je ne peux plus grand-chose.

Sans plus attendre, il se dirigea d'un pas rapide vers la porte derrière laquelle attendait Alà el-Dawla. A peine eut-il écarté le battant que le prince bondit vers lui.

— Symbole de la nation, annonça-t-il lentement, ton désir a été exaucé : Ispahan a un héritier. C'est un garçon.

★

« Durant toutes les semaines qui suivirent, la princesse oscilla entre la vie et la mort. Cent fois mon maître crut la perdre, cent fois il la retrouva. Il avait fait mettre une natte au pied de son lit, et ne la quitta pas d'une seconde. Buvant et se nourrissant dans la chambre tout le temps que dura le danger, s'imaginant être un rempart contre les attaques de l'ange des ténèbres. A peine sentait-il la jeune femme qui basculait, que son propre corps se tendait et que son esprit luttait pour la retenir et lui insuffler sa propre force.

« Il ne savait rien des combats qui se livraient dans le corps de la princesse. Il me confia qu'il les devinait seulement comme un observateur perçoit intuitivement les mouvements de l'univers et la course des galaxies. Ce sentiment d'impuissance le révoltait. Il haïssait son ignorance, comprenant du même coup combien vaine pouvait être la science devant certains effets de la nature. Pourquoi ces poussées de fièvre soudaines ? Pourquoi cet emballement brutal du cœur ? Qu'est-ce qui donnait naissance à ces pustules emplies d'une substance jaunâtre le long de la cicatrice ? Quelles étaient les armes que possédaient les légions invisibles du corps pour résister aux assauts les plus redoutables ? Il avait toujours su que ce genre d'intervention ne pouvait pas réussir. Dans les jours qui suivaient l'opérée mourait de fièvre. Pourquoi Laïla survécut-elle ? La seule conclusion qu'il tira de cette expérience, c'est que si nous sommes tous égaux devant la maladie, certains d'entre nous possèdent le don divin de vaincre là où la médecine se révèle impuissante.

« Un mois et trois jours après son accouchement la princesse put se lever et quitter sa chambre. Elle était terriblement amaigrie certes, mais sa beauté exceptionnelle était demeurée inchangée.

« On donna au prince héritier le nom de Shams el-Moulouk[1], qui veut dire Soleil des Rois.

« Le soir même de la première sortie de son épouse, le souverain fit donner une fête extraordinaire. Bien des années plus tard, aux portes de la grande mosquée d'Ispahan, le récit de ce banquet faisait encore l'objet de la harangue des mendiants. Il fut offert au cheikh trois coffres remplis jusqu'à ras bord de pièces d'or. Jamais son étoile ne fut plus haute dans le ciel. Jamais son nom plus vénéré. Mais l'on n'atteint pas une gloire aussi grande sans péril. Dans l'ombre, la jalousie et l'envie croissaient comme le venin dans le dard du scorpion. Un jour viendrait où la morsure serait mortelle.

« Mais lui, indifférent à tout, poursuivait son œuvre. Au cours des trois années qui suivirent, il tenta plusieurs expériences médicales dont il consigna les résultats dans le *Canon*. Ces notes furent perdues à jamais. Je les avais moi-même rangées à la fin du quatrième volume. Je ne m'explique pas leur disparition[2].

« L'une de ces expériences relate le cas d'une femme tuberculeuse, originaire du Khwarizm, que mon maître soigna en lui prescrivant de boire uniquement pendant plusieurs semaines de l'eau de rose et du sucre. Elle en absorba près de cent manns et

1. Zahir el-Din, Shams el-Moulouk. Il régna sur Raiy et Hamadhan à la mort de son père, en 1041. *(N.d.T.)*

2. Aslieri serait-il lié à cette disparition ? *(N.d.T.)*

fut guérie[1]. Une autre note a trait au raïs lui-même. Souffrant de migraines, il décida un jour, lors d'une crise plus sévère que les autres, d'appliquer sur sa tête des morceaux de glace enveloppés dans un tissu. Il fut soulagé et en déduisit que le froid provoquait une contraction des humeurs du cerveau et l'arrêt de leurs écoulements.

« L'âge ne semblait pas avoir de prise sur lui. Cette courte histoire est là pour en témoigner. Le cheikh entrait alors dans sa cinquantième année. Après avoir examiné un exemplaire du *Najat*, un groupe d'étudiants de Chiraz lui fit part de son incompréhension sur certains sujets traités. Par l'entremise d'un dénommé Abou el-Kassim el-Kirmani, ils firent parvenir à mon maître un impressionnant questionnaire, l'adjurant d'y répondre. Le jour où l'émissaire se présenta à la demeure du raïs est demeuré clairement dans ma mémoire.

« Nous étions alors au cœur de muharram, des amis étaient réunis dans la pièce de travail, et la chaleur qui régnait sur Ispahan était surhumaine. Après avoir parcouru les questions le cheikh les rendit à l'émissaire et le pria de revenir au matin. Un instant plus tard, il m'ordonna d'apporter du papier. J'obéis et me présentai à lui avec cinq lots de Firawani[2], de dix feuillets in-quarto chacun. Après la prière du soir, il fit demander des chandeliers et du vin et me fit asseoir en compagnie d'Ibn Zayla et d'el-Maksoumi. Il commença alors à me dicter les réponses au courrier de Chiraz, qu'il avait retenu de mémoire. J'ai honte à l'avouer, mais vers le milieu de la nuit, aussi bien ses disciples que moi-même fûmes gagnés par l'épuisement. Le cheikh nous donna congé et poursuivit seul sa rédaction.

« L'émissaire réapparut dès l'aube. C'est moi qu'il quémanda, me priant d'aller voir où en était le cheikh de son travail. Je retournai aux appartements ou je le trouvai en prière. A ses pieds j'aperçus les cinq lots, entièrement noircis. Il interrompit ses dévotions et me désigna les feuillets.

— Prends ceci et remets-le à Abou el-Kassim. Précise-lui que je n'ai éludé aucune des questions posées.

« Je me souviendrai toujours de l'expression avec laquelle Abou el-Kassim m'accueillit. Il me chargea d'exprimer au cheikh sa gratitude et s'empressa de rentrer à Chiraz où les réponses de mon maître firent l'admiration de tous[3].

1. Renseignements pris, ce traitement serait pour le moins incongru. *(N.d.T.)*
2. Terme qui désigne un papier employé très tôt dans le monde islamique. *(N.d.T.)*
3. En réalité, Jozjani élude ou édulcore la vérité. L'historien arabe el-Funduq rapporte au sujet de cette affaire qu'Abou el-Kassim et Ibn Sina échangèrent des propos extrêmements vifs. *(N.d.T.)*

« C'est à la même époque que sur la demande de l'émir il se livra à l'observation des étoiles et inventa des instruments auxquels nul astronome n'avait songé avant lui.

« Au terme de sa cinquante-deuxième année, ses facultés intellectuelles étaient toujours aussi vives, et — ma pudeur dût-elle en souffrir — je dois ajouter qu'il en était de même pour son appétit sexuel. Yasmina savait son tempérament. Il la comblait et plus encore. Mais elle savait aussi que d'autres femmes profitaient de la trop grande générosité du cheikh. Si elle en éprouvait du chagrin, à aucun moment elle ne l'exprima, estimant " qu'on ne transforme pas un lion en chat domestique ".

« A ce propos, qu'Allah me pardonne, je me suis souvent interrogé sur les rapports que le cheikh avait pu entretenir avec la princesse Laïla. Nous n'ignorions pas l'adulation que la souveraine éprouvait pour son sauveur depuis qu'il l'avait tirée des griffes de la mort. Ont-ils été amants ? Le Très-Haut seul le sait.

« Lorsqu'il m'arrivait d'interroger le raïs sur ses excès en tout et de m'en inquiéter, il se contentait de me répondre : *L'invincible m'a comblé de dons, ne pas m'en servir serait lui faire insulte.* »

★

— MASSOUD!

La guerre était aux portes du Fars. Et, du haut des tours de garde, les signaux d'alarme des guetteurs se relayaient le long de la frontière, jusqu'aux portes de la cité, colportant inlassablement la funeste nouvelle : le fils de Mahmoud le Ghaznawide marchait sur Ispahan.

Dès les premiers échos les mosquées se remplirent, les souks furent désertés, et certains habitants se barricadèrent dans leurs maisons dans l'attente du raz de marée turc.

Nous étions au mois de dhù el-hijja, de l'an 1037 pour les fils d'Occident.

Cela faisait longtemps déjà que l'on pressentait cette nouvelle poussée expansionniste du roi de Ghazna. Deux ans plus tôt il avait fait main basse sur Hamadhan, mettant fin au règne trouble de la Sayyeda et de son fils. Depuis cet instant, la situation d'Ispahan était devenue des plus précaires. Son tour viendrait. De cela, ni Alà el-Dawla ni ses conseillers militaires n'avaient jamais douté. Un an auparavant, le souverain avait même fait ériger un mur de protection autour de la ville. La seule incertitude était dans la date de l'invasion.

Ayant tiré l'expérience de son premier échec quelques années plus tôt devant Hamadhan, le fils du Ghaznawide avait mis sur pied une formidable armée, dotée d'équipements de siège, de béliers, d'éléphants ramenés des Indes, dont certains témoins affirmaient qu'ils étaient aussi hauts que les murailles d'Ispahan. De l'avis de tous, Massoud était désormais invincible.

Accoudé aux créneaux, Alà el-Dawla, le visage sombre, semblait anéanti. En vérité, ceux qui le connaissaient bien savaient sa combativité intacte.

Il prit une profonde inspiration et se tourna résolument vers ses salar :

— Ma décision est prise. Vous allez sans doute la trouver insensée, mais je ne vois pas d'autre issue. Il faut abandonner Ispahan.

Comme il s'en doutait, une immense consternation envahit les traits de ses généraux. Sans leur laisser le temps de protester l'émir expliqua :

— Nous ne sommes pas en mesure de résister. Hamadhan est tombé en deux jours, nous subirons le même sort. En revanche, si nous voulons que notre armée échappe à la destruction, il faut la mettre à l'abri. Elle restera notre seule chance de reconquérir notre ville.

— Livrer Ispahan sans combattre...

Le vizir était effondré.

— Pour que vive Ispahan, répliqua Alà. Par la suite j'envisage de réclamer de l'aide. Peut-être celle du calife de Bagdad.

— Quand devrons-nous nous retirer ? interrogea le chancelier, très pâle.

— Dès ce soir. Il n'y a pas un instant à perdre si nous voulons passer à travers les mailles du filet ghaznawide.

S'adressant aux généraux il commanda :

— Réunissez les troupes. Emportez le maximum d'eau et de vivres. Nous partirons au couchant.

Dans un mouvement unanime, les salar se courbèrent devant leur souverain.

Le soleil était déjà au midi de la plaine.

— Je dois donc abandonner la majorité de mes ouvrages ?

— Ce sont les ordres, cheikh el-raïs. En y mettant la meilleure volonté du monde nous ne pourrions pas tout emballer.

Aslieri confirma :

— De plus, l'émir a précisé qu'il ne faudrait rien emporter qui ralentirait notre marche.

El-Jozjani, qui devinait l'émoi de son maître, tenta de le réconforter.

— Cheikh el-raïs, tes ouvrages ne seront pas perdus, nous reviendrons à Kay Kounbadh une fois la situation rétablie.

— De tes lèvres aux portes du ciel, Abou Obeïd.

Il désigna les étagères qui ployaient sous le poids de ses œuvres.

— Il y a là la somme de travail de toute une vie. Prions Dieu de la retrouver intacte.

— Il n'y a aucune raison pour qu'il n'en soit pas ainsi, fit observer Aslieri. A tes yeux cette bibliothèque est inestimable. Mais les soldats ennemis préféreront les bijoux et les objets précieux.

Le cheikh hocha la tête sans conviction et ils plièrent bagage.

Deux jours plus tard, Massoud pénétra dans Ispahan à la tête de l'armée ghaznawide. Ce qui arriva dépassa l'entendement. La ville fut entièrement mise à sac. Rien ne fut épargné. Les boutiques furent pillées, le palais dévasté, des femmes et des enfants violés, la madrasa incendiée. Les éléphants, abandonnés à eux-mêmes, déboulèrent le long des places et des jardins, brisant tout sur leur passage. La demeure du fils de Sina n'échappa pas à ce désastre.

Massoud qui savait la rancœur que son père conservait pour le raïs, se rendit en personne dans la propriété de Kay Kounbadh. Ses ordres furent clairs : Tout ce qui appartenait au prince des savants devait être emmené à Ghazna. Tout sans exception, et sa maison devait être rasée. C'est ainsi que la précieuse bibliothèque fut demontée et les manuscrits qu'elle contenait expédiés à l'autre bout de la Perse, aux confins du Turkestan[1].

Le sanguinaire Mahmoud n'était pas parvenu à mettre à genoux le cheikh. Il se vengeait en le dépossédant de sa plus grande richesse.

Lorsque la nouvelle lui parvint, Ali ibn Sina se trouvait alors en compagnie de l'armée d'Ispahan qui avait trouvé refuge dans la ville de Tustar, dans le Khuzistan. Son visage ne traduisit aucune surprise, aucun chagrin, mais ses yeux se voilèrent comme si toutes les nuits du monde fondaient sur eux d'un seul coup. Dans les jours qui suivirent, il ne prononça pas un mot, plongé des heures durant dans une profonde léthargie, se nourrissant à peine mais vidant des cruches entières de vin de Bousr.

Il y avait plus d'un mois qu'ils avaient quitté Ispahan, errant de campement en campement dans l'espoir de la décision tant attendue : la reconquête de la cité. Cette décision ne venait tou-

1. C'est ainsi que d'innombrables œuvres de mon maître furent à jamais perdues, ou en partie détruites. (Note de Jozjani.)

jours pas. Pourtant on avait appris que Massoud avait quitté la ville en nommant un gouverneur. En réalité, Alà el-Dawla attendait patiemment le moment propice, car il ne se passait pas un jour sans que ses espions ne lui transmettent des informations précieuses sur l'occupant. Mais le plus important, et que tous ignoraient, était l'arrivée prochaine de renforts en provenance de Bagdad. Un détachement devait arriver dans les heures à venir, commandé par al-Qadir. Le calife en personne...

★

Ali renversa la cruche et la secoua avec dépit.

— Terminé. La guerre a eu raison de l'ivresse...

Il prit la main de Yasmina et la caressa distraitement.

— Heureusement il me reste ta peau pour assouvir ma soif.

Comme elle ne répondait pas, il dit :

— Mon âme... tu as du chagrin.

— Pas de chagrin, fils de Sina, seulement de la colère. Parce que tu es fou.

Elle passa sa main dans ses cheveux parsemés de mèches blanches, puis promena son index le long des ridules que le temps avait formées au bord de ses yeux.

— L'âge commence à gagner ton corps, mais il n'a toujours pas réussi à maîtriser ta déraison. Tu es toujours un enfant, fils de Sina.

— Tu me voudrais un vieillard perclus et repoussant ?

— Je te voudrais plus sage.

Il eut un petit rire mélancolique.

— Si tu savais le nombre de gens qui se disent sages alors qu'ils ne sont que fatigués.

— Le jour où tu mourras, si on ouvrait ton corps je suis sûre qu'on y trouverait plus de vin que de sang.

— Hélas, tu ne verras pas ce jour, mon cœur. Je suis éternel.

Ce fut au tour de Yasmina de sourire. Il poursuivit avec une ferveur juvénile :

— Je vais te confier un secret. Enfant, j'étais persuadé que tant qu'un homme restait sur ses gardes, il ne pouvait pas mourir. S'il mourait c'était par inattention. Voilà pourquoi je me crois éternel.

Elle ne put s'empêcher de rire devant tant d'ingénuité.

— Dans ce cas, fils de Sina, tu vivras mille ans !

Il glissa sa main sur ses seins, et à travers le mince tissu de soie emprisonna l'un des globes au creux de sa paume.

— A quoi me serviraient mille ans si j'étais privé de cela ?

— Dans ce cas, tu n'as pas le choix, mon roi, car il te faudra aussi veiller sur moi.

— Je t'en fais le serment...

Il l'enveloppa entre ses bras et la renversa lentement sur la natte qui recouvrait le sable.

— Viens, mon âme... Goûtons à l'éternité...

Trentième makama

— Cheikh el-raïs !

Ali reconnut la voix d'Aslieri. Il se hâta de poser une couverture sur la nudité de sa compagne.

— Qu'y a-t-il Yohanna ?

— L'émir nous invite à le rejoindre sous sa tente.

— Maintenant ?

— Sans perdre un instant. Il a précisé que tu viennes avec ton épouse. Un repas a été apprêté. Je ne sais pas ce qui se passe, mais le camp est en pleine effervescence...

Le fils de Sina essuya la sueur qui perlait sur le front de Yasmina et murmura sur un ton enjoué :

— Un repas... Il y aura peut-être du vin...

Elle fit mine de le gifler, mais il se dégagea en éclatant de rire.

— Précède-nous Yohanna ! Nous arrivons de suite.

Tout en se rhabillant, Yasmina demanda :

— Qu'est-ce qui a pu motiver le prince à organiser un dîner en de pareilles circonstances ?

— Peut-être va-t-il nous annoncer le retour à Ispahan ?

Elle hocha la tête sans conviction et continua de s'apprêter.

Au moment où ils allaient quitter la tente, il vit qu'elle avait remis son voile comme elle le faisait depuis leur départ de Raiy. Il s'immobilisa et la prit par les épaules.

— Mon cœur... Ote donc ce rempart entre toi et moi. Il est une offense à ta beauté. Plus de quinze années ont passé. Comment peux-tu craindre encore quoi que ce soit ?

Elle parut hésiter un court instant, puis dégraffa le litham, dénudant son visage.

— Tu as raison, dit-elle doucement. Plus de quinze années ont passé...

★

Quand ils pénétrèrent sous la tente de l'émir, elle eut la certitude que la terre s'ouvrait sous ses pas.

Il était là, vautré parmi les coussins de soie.

Elle l'aurait reconnu dans la Géhenne, au bout de la terre, en plein soleil ou dans le fin fond des ténèbres.

El-Qadir. Le calife de Bagdad. Son bourreau, sa misère.

Il s'était dégarni. Les rides avaient creusé son visage boursouflé. Il était encore plus ventripotent, mais c'était bien lui.

Elle dut se raccrocher au bras d'Ali pour ne pas tomber.

— Qu'est-ce qui te prend ? chuchota-t-il surpris.

Elle voulut dire quelque chose, mais les mots restaient cloués au fond de sa gorge.

— Bienvenue, cheikh el-raïs ! s'écria Alà el-Dawla en lui tendant cordialement les bras. Viens, approche, ainsi que ton épouse. C'est un grand jour, et je voulais que tu sois l'un des premiers à le partager. Nous rentrons à Ispahan.

Ali esquissa un pas, mais, littéralement figée, Yasmina ne suivit pas.

— Que se passe-t-il, ma bien-aimée ? Tu...

Il n'eut pas le temps de finir sa phrase.

A la stupéfaction de tous le calife avait bondi et sa voix éclata sous la toile comme un roulement de tonnerre.

— MARIAM !

Alà el-Dawla et Aslieri écarquillèrent les yeux.

Le fils de Sina resta abasourdi.

El-Qadir était tout proche, et elle reconnut cette haleine fétide qu'elle connaissait bien.

— Mariam, répéta-t-il d'une voix à la fois tremblante et incrédule. Au nom d'Allah celui qui fait miséricorde, le Miséricordieux...

Se reprenant très vite, il lança avec hargne :

— Chienne de Roum ! C'est donc ici que tu te cachais durant toutes ces années !

C'est sans doute à ce moment qu'Ibn Sina prit la mesure du drame.

Alà el-Dawla, quant à lui, se disait qu'il était en train de vivre une scène irréelle. Il saisit le bras du calife — geste infiniment irrespectueux qu'il ne se serait jamais permis en d'autres occasions.

— Ombre du Très-Haut sur terre, peux-tu m'expliquer ?

— Cette créature est mon épouse. Elle s'est enfuie il y a une quinzaine d'années en emportant des objets d'une valeur inestimable ayant appartenu à mon père — Allah prolonge sa mémoire.

— Mensonge ! protesta Ibn Sina.

— Misérable ! Comment oses-tu ? s'étouffa le calife.

Pivotant sur lui-même, il hurla presque à l'intention de Alà el-Dawla :

— Qui est cet homme ?

Blanc comme un linge, l'émir balbutia :

— Le cheikh... le cheikh el-raïs... Ali ibn Sina. Le plus grand savant de Perse et...

— Que m'importe qu'il soit savant ou mendiant ! Que fait-il près de Mariam ?

Ce fut Ali qui répliqua d'une voix forte :

— C'est ma femme.

— Jure-le devant Dieu !

— Devant Dieu et devant les hommes.

El-Qadir balaya l'air devant lui.

— Poussière... Votre union n'est que de la poussière. Puisque cette vipère n'a jamais cessé de m'appartenir. Pour en faire ta femme il aurait fallu que je la répudie par trois fois. Or ce ne fut pas le cas... En conséquence elle est toujours mon épouse légitime et tu vas me la restituer. Elle rentrera à Bagdad d'où elle n'aurait jamais dû partir.

— Pas question !

Ali avait répondu sans hésiter, et prenant l'émir à témoin il répéta :

— Pas question !

Puis essayant de maîtriser le tremblement de ses mains il ajouta :

— Excellence, nous réclamons ta protection.

Affolé, le prince d'Ispahan serra les lèvres et ne répondit rien.

— Excellence, insista Ali.

Le souverain se taisait toujours.

— Il a sauvé ta femme ! As-tu déjà oublié ?

Cette fois c'était Yasmina qui l'implorait. Avant que son compagnon n'ait eu le temps de réagir, elle se jeta dans un élan désespéré aux pieds de l'émir :

— Par pitié... Souviens-toi... Fais-le pour ton fils. Pour cet enfant que le cheikh a tiré de la mort. Pour cet héritier qu'il t'a donné !

Elle leva des yeux implorants vers Aslieri :

— Dis-lui, Yohanna. Réveille sa mémoire.

Mais Aslieri se détourna. On aurait juré qu'il avait depuis toujours espéré cet instant.

Le calife intervint à son tour. Il plongea ses yeux glauques dans ceux du prince et laissa tomber sur un ton glacial :

— Le choix est clair. Une esclave contre une ville. Une chienne de Roum contre la liberté d'Ispahan. Décide.

Il marqua une pause et conclut :

— Sans mes troupes, ta cité est condamnée...

L'émir s'était transformé en statue de sel et un léger tremblement agitait ses lèvres. Il conserva le silence, incapable d'articuler, et Ali sut alors vers quel côté allait pencher le plateau de la balance. Saisissant Yasmina par le bras, il l'entraîna vers la sortie de la tente.

Presque simultanément Alà el-Dawla leva le bras en criant :

— Gardes ! Arrêtez-les !

★

On leur avait laissé jusqu'à l'aube. Et l'aube était presque aux portes de la plaine. Le soleil n'allait pas tarder à surgir entre les collines de sable roux.

Les chevilles enchaînées, ils étaient assis face à face, trop loin pour se toucher, cherchant désespérément à prolonger le temps dans le regard de l'autre.

— Accepte, supplia Yasmina pour la centième fois. Je t'en conjure, accepte.

Ali secoua la tête.

— Mais comment ? Comment peux-tu me demander d'accomplir un tel geste ! Je ne peux pas, comprends-tu ?

— Tu sais pourtant ce qui m'attend là-bas. Tu sais. Je t'ai tout dit. Je devrais sentir sur mon corps un autre corps que le tien, respirer une autre odeur que la tienne... Cette mort que tu me refuses, je la vivrai donc chaque heure, chaque jour.

Elle étouffa un sanglot. Elle ne pouvait plus pleurer. Elle n'avait plus de larmes. Le vent de la nuit avait séché ses yeux. Elle supplia à nouveau :

— Je t'en prie, mon roi. Donne-moi une de tes fioles ; de celles qui tuent dans le sommeil sans que l'on entende la mort venir. De celles qui tuent sans qu'on ait le temps d'avoir peur. Je ne veux plus connaître ce que j'ai connu. Plus jamais...

— Demande-moi de mourir pour toi, demande-moi de perdre la vue. Prends mes mains, mon corps. Mais ne me demande pas de tuer la chair de ma chair, d'étouffer de mon plein gré le souffle de mon âme.

— C'est parce que tu as fait le serment de veiller sur moi. Que je vivrai mille ans...

— Tais-toi !

Elle tendit une main suppliante vers lui.

— Par pitié, je te délie de ta promesse. Laisse-moi mourir, cheikh el-raïs.

Il ne trouvait plus la force de lui répondre. Il était cassé, anéanti, avec ce sentiment terrible de n'être plus qu'un écueil contre lequel venaient s'écraser des vagues de pierre.

Les pans de la tente se soulevèrent tout à coup laissant filtrer la lumière éblouissante du jour.

Dans une sorte de rêve il entendit une voix qui disait :

— C'est l'heure.

Il devina des ombres qui se pressaient sous la tente et s'entendit balbutier :

— Un instant. Donnez-nous encore un instant...

Les ombres se penchaient déjà sur Yasmina. Il répéta :

— Juste un instant... Au nom du Miséricordieux...

Alors, après une courte hésitation, les ombres se retirèrent et ils se retrouvèrent à nouveau seuls.

Toujours dans un demi-rêve, il se mit à ramper vers son bissac et fouilla à l'intérieur jusqu'à ce qu'il trouvât ce qu'il cherchait.

Une petite fiole d'albâtre. Il la tendit à Yasmina.

Trente et unième makama

L'armée progressait depuis trois jours sous un ciel de métal, en direction du nord-ouest, abandonnant Ispahan sur sa gauche. Au dernier moment, apprenant par ses espions que Hamadhan n'était plus défendu que par une seule garnison ghaznawide, Alà el-Dawla avait modifié ses plans de reconquête et décidé de commencer par reprendre la cité perdue par sa mère, la Sayyeda.

Les cavaliers marchaient en tête, les fantassins suivaient, les chameaux ployant sous les vivres fermaient la marche, allongeant le pas en file régulière. A leurs côtés, presque étrangers à l'ensemble, galopait le cheikh el-raïs, légèrement devancé par Aslieri et el-Jozjani. Ils continuèrent ainsi pendant près d'un farsakh, lorsque brusquement le cheikh s'inclina sur la crinière de sa monture et se mit à vomir par jets sporadiques avant de basculer sur le sable brûlant.

Ce fut Abou Obeïd qui, le premier, prit conscience de son absence. Il se précipita vers lui. Ibn Sina, recroquevillé sur le sable, les mains refermées sur son ventre, ne bougeait plus ; seul son visage grimaçait de douleur.

— Cheikh el-raïs, qu'y a-t-il ? Où as-tu mal ?

Aslieri, qui les avait rejoints, mit à son tour pied à terre.

— C'est le ventre ? interrogea-t-il sur un ton qui se voulait intéressé.

Ali n'eut pas le temps de confirmer. Repris par les spasmes, tout son corps se noua, et il recommença à vomir un liquide filandreux et noirâtre.

— Que faut-il faire pour te soulager ? s'affola el-Jozjani en saisissant la main de son maître. Dis-nous.

Aslieri écarta doucement le disciple et examina le pouls du raïs.

— Combien... ? souffla Ali d'une voix presque inaudible.

— Cent vingt...

— Le pouls est-il gazelant ou filant ?

— Gazelant. Il n'y a pas d'inquiétude à avoir. C'est probablement une indigestion. Quelque chose d'avarié que tu aurais mangé et qui...

Jozjani le coupa sèchement :

— C'est impossible. Le cheikh n'a rien mis en bouche depuis que nous avons quitté le campement !

— C'est une indigestion, répéta doctement Aslieri.

Les spasmes s'espacèrent, puis se calmèrent et Ali put enfin se redresser. Son front devint soucieux dès qu'il aperçut l'aspect du vomi à moitié absorbé par le sable.

Dans un geste qu'il avait accompli tant de fois pour d'autres, il insinua une main sous sa tunique et se mit à palper son estomac.

— Ce n'est rien, dit-il au bout d'un moment... Aslieri a raison, il s'agit sûrement d'une indigestion.

Sans autres commentaires, il partit en chancelant vers son cheval, manquant de s'affaisser à chaque pas. Mais alors qu'il tentait de remonter en selle, une nouvelle contraction abdominale le courba en deux, le forçant à serrer les dents pour ne pas gémir.

— Cheikh el-raïs, tu n'es pas en état de poursuivre la route. Il faut te soigner, implora Jozjani.

— A la prochaine halte. Ne t'inquiète pas.

— Mais, fils de Sina...

— Aide-moi plutôt à remonter sur mon cheval. Sinon c'est le soleil qui aura raison de nous. Allez, aide-moi, Abou Obeïd.

— De toute façon ici nous n'avons rien sous la main qui puisse le soulager, observa Aslieri doctement. Il faut rejoindre la colonne.

Sans conviction, el-Jozjani offrit à son maître l'appui de son épaule.

Une fois calé sur sa monture, le cheikh s'élança vers l'arrière-garde qui commençait à rapetisser à l'horizon.

★

Lorsque Alà el-Dawla donna l'ordre d'installer le camp, les feux du couchant commençaient à s'éteindre de l'autre côté de la terre, laissant un ciel mauve pâle dans lequel se diluaient de longues traînées blanches.

A peine sa tente dressée, le cheikh s'allongea sur sa couche, le souffle court.

— Yohanna, dit-il lentement, je vais avoir besoin de toi.

— Ordonne, fils de Sina.

— Je crois savoir mon mal. Il faut que je brise sa progression dans les plus brefs délais.

— Quel traitement envisages-tu ?

— Il n'est pas très plaisant, hélas ! Tu vas me préparer dans un clystère le mélange suivant : deux danaqs[1] de céleri, un de pavot, que tu m'administreras.

— Un lavement d'opium ?

— Opium et céleri. Ne cherche pas à comprendre. Je sais ce que je fais.

— Je veux le croire. Mais permets-moi de te rappeler qu'un danaq d'opium peut être dangereux pour le cœur.

— Erreur, Yohanna. Je sais très exactement les doses à ne pas franchir. La limite dangereuse se situe aux alentours de cinq à six danaqs. J'en suis loin.

El-Jozjani confirma.

— C'est exact. Ces chiffres sont tirés d'expériences pratiquées ces dernières années par le raïs. Je suis là pour en témoigner. Il faut faire ce qu'il demande.

Aslieri esquissa un sourire résigné.

— Très bien. Après tout, le prince des médecins, c'est lui.

Yohanna fit ce que le cheikh lui demandait, mais le remède fut sans effet. Vers le milieu de la nuit, il pria Aslieri de réitérer l'opération en doublant les doses.

Un troisième lavement fut nécessaire pour que les premiers résultats se fassent sentir, et que le cheikh puisse enfin sombrer dans le sommeil.

Lorsqu'il se réveilla aux petites heures de l'aube, une silhouette était à son chevet. Drogué par l'opium, c'est à peine s'il reconnut, dans le contre-jour, le prince d'Ispahan.

— J'ai appris que tu étais souffrant...

— Cela va mieux, Excellence.

— Je m'en suis inquiété, et...

Ali l'interrompit.

— Quand arriverons-nous à Hamadhan ?

Une expression soucieuse assombrit l'œil de l'émir et son front se rida.

1. Un danaq équivaut approximativement à 1/6 de dirham. Un dirham est égal à 3,12 grammes. *(N.d.T.)*

— Le chemin nous est barré par les Kurdes. Une petite armée, commandée par Tash Farrash, un général à la solde des Ghaznawides, tient le village d'el-Karaj[1]. Nous sommes forcés de lui livrer bataille, car la contourner nous ferait perdre un temps précieux. Crois-tu que tu pourras suivre ? Dans le cas contraire je pourrais mettre à ta disposition quelques gardes, et tu demeurerais ici jusqu'à la fin de l'affrontement.

— Sommes-nous loin d'el-Karaj ?

— Deux jours et deux nuits de marche.

— Je suivrai donc.

— Nous allons devoir parcourir le *hézar derré*, les mille vallées. Tu sais ce que cela veut dire.

— Préoccupe-toi plutôt du sort de ton armée.

L'émir hocha la tête.

— Je présume que tu ne reviendras plus sur ta décision ?

— Je te le répète, préoccupe-toi du sort de ton armée.

— Je parlais de ton intention de quitter mon service une fois à Hamadhan.

— C'est déjà fait, Majesté. Je ne suis plus à tes côtés.

Les traits de Alà s'assombrirent un peu plus.

— Le pardon est un acte de foi, dit-il au bout d'un moment. J'ai imploré le tien et l'implore encore. Tu as devant toi un homme couvert de terre[2].

Le fils de Sina se souleva légèrement sur sa couche.

— Seigneur, je suis sourd et j'ai perdu la vue. Dans ce cas comment pourrais-je pardonner ? Je n'entends plus tes suppliques et je ne te vois pas.

— Je comprends ta douleur.

Il se tut avant d'ajouter :

— Mais si tu habitais mon cœur, tu saurais combien je l'ai faite mienne.

Ali ferma les paupières et se réfugia dans le silence.

Ils traversèrent après maintes difficultés les mille vallées dont avait parlé l'émir. C'était une étendue aride, désolée. D'après les légendes, ce lieu fut celui du combat de Roustam contre le dragon, et c'est le souffle venimeux de la bête qui aurait rendu la terre si stérile. Mais il n'y avait pas une armée kurde, mais deux. La deuxième attendait les troupes d'el-Dawla à une dizaine de farsakhs de Hamadhan, dans les environs d'Idhaj.

1. Aux environs de Hamadhan. La région comptait près de 660 villages. *(N.d.T.)*

2. Etre couvert de terre, de poussière, signifie : être plongé dans le chagrin, dans la désolation. C'est être anéanti. *(N.d.T.)*

C'est pourquoi, malgré la victoire qu'il remporta assez facilement à el-Karaj, il dut faire halte trois jours pour permettre à ses hommes de panser leurs blessures et de récupérer leurs forces.

L'état du cheikh s'était sensiblement amélioré. Il en profita pour dicter à el-Jozjani le début d'un nouvel ouvrage dans lequel il avait décidé d'exposer ses conclusions sur l'existence de Dieu, ses ultimes réflexions sur la philosophie et la science. A ses yeux, cet ouvrage qu'il avait déjà intitulé *La Philosophie orientale*, serait une forme de testament qui éclairerait les contours imprécis de son œuvre passée, et répondrait aux interrogations que ne manqueraient pas de soulever ceux qui plus tard analyseraient ses écrits. Entre-temps, Aslieri continuait de lui administrer trois clystères par jour, dans lesquels le cheikh lui avait fait ajouter de la mithridate[1].

Parfois, il lui arrivait de s'interrompre brusquement dans la dictée d'une page et son regard fixait l'infini du désert comme s'il guettait quelque chose à l'horizon. El-Jozjani respectait ces moments-là, se gardant bien de l'interroger sur ses pensées. D'ailleurs à quoi cela lui aurait-il servi ? Pourquoi aurait-il tenté de ramener son maître à la réalité des terres d'Idhaj alors qu'il le devinait errant quelque part aux portes de Bagdad...

L'armée leva le camp à la fin du troisième jour et partit affronter la deuxième garnison kurde, dernier obstacle sur la route de Hamadhan. Ce nouveau voyage ranima les souffrances du cheikh, elles devinrent même plus intenses. La veille de la bataille, elles étaient telles qu'il imposa à Aslieri d'augmenter les doses et de passer à quatre danaqs d'opium et cinq dirhams de céleri. Si le médecin obtempéra sans discuter, Jozjani, lui, s'inquiéta :

— C'est de la folie ! Jamais ton corps ne résistera à ce traitement !

Ali rejeta sèchement les observations de son disciple, et le lendemain, tout le temps que dura la bataille, Aslieri ne lui administra pas moins de huit clystères. C'est peut-être à ce moment que les choses basculèrent irrémédiablement...

Le sommeil fondit alors sur lui, il ne se réveilla que vingt-six heures plus tard pour constater que Jozjani était couché à ses pieds, qu'il ne l'avait pas quitté un seul instant.

1. Un électuaire qui tire son nom du roi Mithridate, lequel avait l'habitude d'en prendre pour s'immuniser contre les poisons. Par extension, le terme mithridatisation signifie immunité à l'égard des poisons minéraux ou végétaux, acquise par accoutumance progressive. *(N.d.T.)*

— Réveille-toi Abou Obeïd ! lança-t-il d'une voix tonitruante, nous avons du travail à finir.

Abandonnant son disciple interloqué, il quitta sa couche et sortit hors de la tente.

— Fils de Sina, aurais-tu perdu la tête ? s'écria el-Jozjani lancé à sa poursuite.

Ali ne l'écoutait pas. Ses yeux étudiaient le paysage. Il semblait découvrir la nature pour la première fois. Le camp avait été dressé à l'orée d'une oasis au centre de laquelle brillait une petite étendue d'eau bordée de dattiers et de roseaux. Sans hésiter, le cheikh se dirigea vers elle, Jozjani protestant et suppliant s'accrocha à ses pas. Arrivé sur la berge, il se dépouilla de sa tunique et, torse nu, s'immergea jusqu'à la taille.

— Au lieu de me regarder comme un chiot, pourquoi n'en fais-tu pas autant ? Tu dois puer Abou Obeïd.

— As-tu oublié ta maladie ? La nuit ne va pas tarder à tomber. Elle te glacera dans moins d'une heure !

— De quoi parles-tu ? De quelle maladie ?

Sous l'œil amusé des quelques soldats installés autour du point d'eau, il souleva une gerbe de perles cristallines en criant très fort, la tête tournée vers le ciel :

— Allah est Tout-Puissant qui a prolongé ma vie !

★

Lorsqu'ils reprirent le chemin de la tente, la nuit avait envahi le désert, absorbant les contours de l'oasis et la chevelure des dattiers. Et la nouvelle lune de ramadane qui s'élevait dans le ciel, couvrait le paysage d'éclats de nacre.

— Regarde Abou Obeïd... Comme le soir tout est beau, comme tout devient noble. La médiocrité disparaît, la laideur se voile. Pourquoi le jour doit-il inexorablement chasser la nuit, pourquoi ?

— Sans doute parce que telle est la volonté d'Allah, fit simplement el-Jozjani.

— Peut-être. J'espère seulement qu'il en sera autrement au paradis.

— Cheikh el-raïs... Puis-je te poser une question ?

— Tu peux, Abou Obeïd. N'es-tu pas mon ami ?

— Es-tu toujours convaincu qu'il existe une autre vie ?

Ali interrompit sa marche et fixa son disciple avec outrance.

— De s'interroger est une offense en soi. Oui, j'y crois. J'y crois plus que jamais. Je crois à l'immortalité de l'âme. Sinon à quel jeu absurde se serait livré le Très-Haut...

Il prit une courte inspiration avant de conclure :

— Et sa cruauté serait infinie...

Ils étaient parvenus à l'entrée de la tente, mais au lieu d'y pénétrer, Ali se laissa tomber sur le sable.

— L'air est doux, et je n'ai pas sommeil. J'ai encore moins envie de travailler.

— Pourtant tu devrais te reposer. La maladie t'a quitté, mais tu es toujours très faible.

— Tout va bien, Abou Obeïd. J'ai vaincu le mal.

— Allah t'écoute, cheikh el-raïs.

Levant les yeux vers le ciel étoilé, il chuchota presque :

— *Sauf le soupir et le mal de mes fautes, que reste-t-il de ma jeunesse ? Ô ma jeunesse, où t'en es-tu allée ? Hélas, vieillard, oui, qu'as-tu fait de ta jeunesse ?*

Abou Obeïd le regarda, surpris de l'entendre citer tout à coup ce poème de Firdoussi. Mais il ne dit rien.

Il se passa un temps pendant lequel les deux hommes conservèrent le silence, l'un et l'autre perdu dans ses pensées.

— J'ai besoin d'une femme, annonça Ali tout à coup.

Les yeux de son disciple s'agrandirent et il examina son maître, convaincu qu'il était devenu fou.

— Va me chercher l'une des esclaves de l'émir. Si ma mémoire est bonne il doit toujours posséder cette petite Egyptienne à la peau d'ambre.

— Fils de Sina, tu n'y songes pas !

— Va Abou Obeïd. J'ai la soif dans mon corps. Si je ne l'assouvis pas le mal reviendra. Va vite.

— Au nom d'Allah le Miséricordieux... Maintenant j'en suis sûr, tu cherches la mort.

— Tu es stupide mon frère. Va donc quérir cette Egyptienne et cesse de me rebattre les oreilles.

— Mais elle n'a pas quinze ans !

— Il suffit ! Je te l'ordonne !

Abou Obeïd se leva lentement, le visage bouleversé, et partit le dos voûté vers la tente des esclaves.

★

Pour la troisième fois, Ali se vida dans le ventre de la fille. Une étreinte avait succédé à l'autre, presque sans interruption, à chaque fois plus violente et plus prolongée.

La lumière lactaire qui filtrait à travers les pans de la tente noyait leurs deux visages luisants de sueur. Il y avait quelque chose de troublant dans l'union de ces deux corps aux deux âges confondus et oubliés dans la pénombre. L'effrayante maigreur du cheikh n'existait plus, son visage émacié avait recouvré une nouvelle jeunesse, et quand ses lèvres desséchées mordaient aux lèvres de l'adolescente, tout son être s'imprégnait de leur unique saveur. Sa salive avait le goût des melons de Farghana, son bas-ventre la senteur inégalée des roses de Boukhara.

— C'est toi... tu es le limon dont je fus tiré. C'est de toi que je vis en ce moment.

Elle le dévisagea, apparemment dépassée par son curieux langage. Comment aurait-elle pu savoir ? Comment aurait-elle pu connaître le sens lointain de ces mots dont lui seul détenait le secret.

Lorsque pour la quatrième fois il s'écroula sur elle en lui prodiguant sa semence, elle l'entendit qui pleurait.

★

Le lendemain, l'armée était aux portes de Hamadhan. Nous étions le premier vendredi du mois de ramadane.

On avait installé le cheikh el-raïs sur une litière tirée par deux alezans.

Le couchant gagnait progressivement l'horizon. C'était l'heure de l'asr, et la voix du *mu'adhine* appelait les fidèles à la prière.

Le fils de Sina leva une main tremblante vers son disciple.

— Relis-moi le message... Relis-le-moi encore.

— *Demande-moi de mourir pour toi, demande-moi de perdre la vue. Prends mes mains, mon corps. Mais ne me demande pas de tuer la chair de ma chair, d'étouffer de mon plein gré le souffle de mon âme... Oui, mon roi, c'est toi qui avais raison. Je vivrai mille ans... Nous vivrons mille ans, ensemble.*

Yasmina.

— Elle est vivante...

— Et libre, précisa Abou Obeïd.

— Mais, comment ? Comment est-ce possible ?

Le disciple secoua la tête doucement.

— Je ne sais pas. La seule chose que m'a confiée le messager c'est ce mot.

— Qu'importe où elle se trouve en cet instant, puisqu'elle est vivante. Le Très-Haut a eu pitié de ses créatures.

Une quinte de toux d'une extrême violence le secoua tout à coup, et un peu de sang apparut à la commissure de ses lèvres.

Il trouva la force de murmurer :

— Le gouverneur qui toutes ces années géra si bien mon corps n'est plus hélas en état de poursuivre sa tâche... Je crois que l'heure de plier ma tente est venue.

Abou Obeïd le visage noyé de larmes essaya d'articuler, mais aucun son ne sortit de sa bouche. Il ne comprenait pas. Il se refusait à comprendre. Après le mieux de la veille que s'était-il donc passé pour que le mal fonde à nouveau sur son maître, plus virulent, plus déterminé que jamais[1] ?

— Prends tout ce qu'il te semblera bon et distribue le reste de mes biens aux pauvres. Que l'on vide mes coffres d'or. Qu'il n'en demeure rien.

Il s'essoufflait et dut s'interrompre avant de poursuivre :

— Essaie de rassembler mes écrits. Je te les confie. Allah leur donnera le destin qu'ils méritent.

Il se tut. Ses paupières se fermèrent.

— Maintenant, Abou Obeïd, mon ami, mon regard, il ne reste que le Livre. Dis-moi les mots du Livre...

Nous étions ce jour-là en 428 de l'Hégire. L'année 1037 pour les enfants du Christ. Lorsque que le prince des médecins s'éteignit, il avait cinquante-sept ans.

Le lendemain, à la stupéfaction de tous, un courrier annonça que l'ange de la mort avait emporté le calife el-Qadir, tandis qu'il cheminait sur la route qui le conduisait à Bagdad.

Il avait été empoisonné par une main inconnue...

Long Island, New York, août 1988

1. Dans son journal de bord, el-Jozjani laisse entendre qu'Aslieri ne respecta pas la posologie indiquée par son maître. Nous retranscrivons ici ses mots : « Le cheikh ordonna au médecin qui le traitait de lui administrer 2 danaqs de céleri, mais il lui administra 5 dirhams, ce qui aggrava l'état du malade. Le fit-il intentionnellement ou par erreur ? Je ne sais, car je n'étais pas présent. » *(N.d.T.)*

Ô toi qui as lu cet ouvrage, prie Dieu d'avoir pitié pour son auteur. Implore aussi pour le copiste et demande pour toi-même le bien que tu voudras.

Que mon cœur demeure auprès de « l'homme de la bataille »...

Glossaire

Dynasties

Ghaznawides

Cette dynastie turque régna sur le Khorasan (nord-est de l'Iran), l'Afghanistan et le nord de l'Inde à partir de 997.

Son fondateur, Sebuktegin, était un ancien esclave turc qui s'éleva rapidement et fut reconnu par les Samanides comme gouverneur de Ghazna (aujourd'hui Ghazni en Afghanistan). Profitant des luttes entre Samanides et Buyides, Sebuktegin consolida ses positions et étendit sa présence jusqu'aux frontières de l'Inde.

La dynastie fut au plus haut de sa gloire durant le règne de Mahmoud, fils de Sebuktegin, lequel instaura un empire allant de l'Amou-Daria à la vallée de l'Indus et jusqu'à l'océan Indien.

Massoud, héritier de Mahmoud, ne parvint pas à maintenir l'intégrité de cet empire et fut très vite confronté à la montée d'une autre dynastie, turque elle aussi, celle des Seldjoukides. Dans les derniers temps, il ne resta en possession des Ghaznawides que l'est de l'Afghanistan et le nord de l'Inde, et ce jusqu'à leur disparition, vers 1186.

Samanides

Fondée en 819 par Saman-Khoda, elle fut la première dynastie purement persane à s'élever en Iran après la conquête arabe. Elle redonna aux Iraniens la fierté et réveilla le sentiment nationaliste. Sous son impulsion, l'art et les sciences prirent un nouvel essort. Samarkand et Boukhara (capitale de la dynastie) devinrent des centres de savoir et de culture. Elle vacilla devant la puissance turque qui commençait à poindre aux environs de 997, et fut définitivement vaincue après la chute de Boukhara, en 999.

Buyides

Surnommés aussi Bougides ou Bouwayhides. Cette dynastie originaire du Daylam (région du nord de l'Iran) fut fondée par les trois fils Buyeh : Ali, Hassan et Ahmad.

Elle régna sur l'Ouest iranien et irakien, entre 945 et 1055.

Après avoir fait main basse sur Bagdad en décembre 945, les successeurs des trois frères adoptèrent le titre honorifique des « Dawla », qui signifie nation.

Le dernier prince buyide (al-Rahim) fut déposé par le Turc Seljuk Töghril beg en 1055.

Personnages

El-Birouni (Abou el-Rayhan Mohammad)

Sa généalogie est incertaine. Il déclara lui-même : « Je ne sais pas vraiment qui fut mon grand-père. Et comment le saurais-je puisque je ne connais pas mon père. »

Il est mort vers 1050 après avoir rédigé de sa main plus de cent cinquante ouvrages, dont soixante-dix traités d'astronomie, vingt de mathématiques, et dix-huit œuvres littéraires (y compris les traductions) et bibliographiques. Vingt seulement de ces écrits sont parvenus jusqu'à nous. Les autres ont disparu au fil des siècles.

Datée de 997, sa correspondance avec Ibn Sina a survécu.

Les relations d'el-Birouni et de Mahmoud le Ghaznawide ne furent jamais bonnes. Il est clair cependant qu'il reçut un soutien officiel pour son travail.

Mahmoud le Ghaznawide

Pendant les trente ans qu'il régna, il envahit dix-sept fois l'Inde.

Il a laissé un grand renom et même une légende dans l'histoire orientale. Issu d'un père turc et d'une mère tajik, c'est-à-dire de la race locale de Ghazna, ce pillard était paradoxalement un grand artiste. Il bâtit dans sa capitale un palais magnifique et une mosquée de marbre. Il aimait la poésie, et s'entoura de lettrés et de savants. Son nom est lié à deux des plus grands noms de l'Islam littéraire : Firdoussi et el-Birouni. Il mourut en 1030, à Ghazna.

La biographie de Mahmoud a été écrite en arabe en un style pompeux par Otbi, *Kitan al-Jamini*. Son livre est devenu un classique chez les Orientaux.

Le savant Beïhaqui a consacré un important ouvrage rédigé en persan au règne de Massoud, le fils du Ghaznawide.

Religion

Sunnites

Improprement appelés orthodoxes. Cet Islam majoritaire entend en réalité se définir par la *sunna'* : la coutume, la tradition, avant tout celle du Prophète.

Chiites

Tous ceux qui, dans l'Islam, réservent l'imamat (l'imam est « celui qui est devant ») à un descendant d'Ali et Fatima, respectivement le gendre et la fille du Prophète.

Ismaélites

Une des tendances du chiisme. Les autres étant les zaydites et les duodécimains.

Sur l'œuvre d'Ibn Sina

La bibliographie de l'œuvre d'Ibn Sina a été dressée successivement par : C. Brockelmann (dans sa *Geschichte der Arabischen Litteratur,* t. I 452-458. Sppl. 812-828 ; Weimar 1898,

Leiden 1937-1949) ; Osman Ergîn... (Ibn Sina, *Biblioigrafyasi,* in *Büyuktürk Filosof Ve tib Ustadi Ibn Sina Shahsiyeti V° eserleri hakkinda tetkikler,* Istanbul 1937 en turc) ; Georges C. Anawati (*Essai de bibliographie avicenienne,* Le Caire 1950, en arabe avec préface en français, 434 et 20 p.)

Postérieure à ces trois bibliographies, et la plus complète d'entre elles, celle établie par Yahya Mahdavi, professeur de philosophie à l'université de Téhéran (*Bibliographie d'Ibn Sina,* Téhéran 1954). C'est une bibliographie critique dans ce sens qu'elle distingue les livres et opuscules authentiques d'Avicenne de ceux qui ne le sont pas.

Une soixantaine d'ouvrages sont cités au cours de la biographie d'el-Jozjani et c'est le seul classement qui donne quelque idée chronologique, du moins pour les principaux travaux, car les poésies et un bon nombre d'épîtres sont mentionnées en bloc.

Il convient ici de se borner à l'examen très sommaire des plus grands ouvrages du médecin et philosophe dans l'ordre chronologique de leur composition :

1. Al-Hikmat al-Aroudhya (La Philosophie d'el-Aroudi)

Ce livre est le premier ouvrage philosophique d'Ibn Sina. Il l'a composé à l'âge de vingt et un ans pour Abou el-Hossayn el-Aroudi, d'où le titre.

Or, de ce livre il ne reste qu'un seul manuscrit que conserve la bibliothèque de la ville d'Upsala, en Suède.

2. Al-Qanoun fi'l tibb (Canon de la médecine)

La plus compacte de toutes les œuvres d'Avicenne dans le domaine de la médecine. A l'usage de plusieurs générations de savants, il y a codifié toutes les notions et expériences acquises jusqu'à son époque. C'est ainsi que durant des siècles cette encyclopédie a été l'un des ouvrages de référence pour les étudiants en médecine (Toulouse-Montpellier plus particulièrement). Le grand nombre de manuscrits de ce livre et les nombreux commentaires et traductions dans diverses langues montrent l'importance et la valeur d'al-Qanoun.

3. Al-Hikmat al-Mashriqiyya (La Philosophie orientale)

Ce livre dont il ne reste qu'une partie de la logique a compté parmi les œuvres les plus personnelles d'Avicenne. En l'écrivant, il a voulu s'écarter de la traditionnelle philosophie aristotélicienne, afin d'exposer ses propres notions et théories philosophiques. La petite partie de la logique conservée atteste l'originalité de l'ensemble perdu.

Lorsqu'en 1029 le sultan Massoud, fils de Mahmoud le Ghaznawide, envahit et pilla la ville d'Ispahan, ce livre comme tous les autres ouvrages de la bibliothèque royale des princes buyides fut transporté à Ghazna où il fut brûlé comme l'ensemble de la bibliothèque lors de l'invasion de cette ville par Ala'el din Ghouride en 1151.

La partie conservée de la logique a été publiée en Egypte sous le titre de *Mantiq el-Mashriqiyyin.*

4. *El-Najat* (Le Salut)

Ce livre comporte quatre parties dans l'ordre suivant : la logique, les sciences naturelles, les sciences mathématiques et la métaphysique. Il n'est pas, contrairement à ce que l'on a pensé, le résumé du *Shifa.*

5. Le *Shifa* (La Guérison)

Cet ouvrage encyclopédique est à la philosophie ce que le *Canon* est à la médecine. Avicenne y expose toutes les théories scientifiques et philosophiques connues jusque-là dans le monde musulman.

Georges Anawati a réalisé une très fidèle traduction française de l'ouvrage. Le tome I a été publié en 1978.

6. *Kitab al-Isharat wa al-Tanbihât* (Le Livre des directives et des admonitions)

Trad. Mlle Goichon : « Livre des directives et des remarques », fut sinon le dernier ouvrage, en tout cas la dernière grande œuvre d'Ibn Sina. En comparaison avec ses grands ouvrages, ce livre est le plus restreint, mais aussi le plus dense et le plus concis. A la concision se joint l'élégance du style. C'est le seul ouvrage philosophique dans lequel Ibn Sina a porté toute son attention à la beauté du verbe et usé de toute sa grande maîtrise de la langue arabe à cette fin.

Cependant ce qui fait l'exceptionnelle originalité de ce livre par rapport à l'ensemble de l'œuvre philosophique d'Avicenne, ce sont les trois derniers chapitres consacrés au soufisme, mystique musulmane. En effet, c'était la première fois que la gnose, les états et étapes de la vie spirituelle du gnostique faisaient l'objet d'une étude philosophique.

7. *Danesh-Nâma* (Le Livre de science)

De tous les grands ouvrages philosophiques qu'il a composés en langue arabe, *Le Livre de science* est le seul qu'Avicenne a écrit en persan, sa langue maternelle. Cela pourrait surprendre si l'on considère qu'un demi-siècle avant sa naissance, le persan, langue communément parlée dans tous les pays iraniens de l'époque, était déjà une langue littéraire ; que la poésie et la prose persanes avaient déjà pris un grand essor ; que des poètes comme Roudaki, Chahid de Balkh, Daqiqi, Bou Chakour, avaient immortalisé de grandes œuvres poétiques, et qu'Avicenne lui-même poète et bilingue était contemporain des plus grands poètes persans de son époque.

Cependant l'arabe, langue religieuse et administrative depuis l'avènement de l'Islam en Iran, comme dans tous les pays convertis à l'Islam s'imposait aussi en tant qu'instrument d'expression scientifique. Or, pour que dans tous les pays musulmans leurs œuvres fussent lues et comprises, les savants iraniens les rédigeaient forcément en arabe. C'était une nécessité qui se perpétua plus tard et devint une tradition.

Quel fut le destin des œuvres philosophiques d'Ibn Sina après sa mort ?

De son vivant, même à travers les événements dont il était le témoin, il pressentait le danger qui guettait tous ses écrits et singulièrement sa dernière grande œuvre, les *Isharat*. Les recommandations de la dernière page en disent assez de ce pressentiment et de cette inquiétude.

Or, aussi longtemps qu'ils restèrent en vie, ses disciples propagèrent ses idées et protégèrent ses œuvres. Et c'est surtout Jozjani qui eut le mérite de les acquérir et de les rassembler.

Mais les événements devaient décider autrement. En effet la mort du sultan Mahmoud et de son fils Massoud ne mit pas fin à l'intolérance de l'orthodoxie contre la philosophie et les philosophes en général et contre Avicenne en particulier. L'invasion de l'Iran et de tout l'empire du califat par les tribus turques seldjoukides, converties de bonne heure à l'Islam orthodoxe et fervents défenseurs de cette orthodoxie, procura un nouvel appui à celle-ci.

De nombreux théologiens composèrent des ouvrages contre le fils de Sina. Le plus célèbre d'entre eux, Shahrestani, auteur du *Traité des religions et des sectes*, rédigea deux livres dans lesquels il réfuta les grandes thèses avicenniennes.

Un autre théologien, Ibn al-Athir, faisant le récit des événements de l'an 1037, et mentionnant les noms des personnages morts au cours de cette année, écrivit : *Au mois de sha'bane de cette année mourut Abou Ali ibn Sina, le célèbre philosophe, auteur des ouvrages connus selon les doctrines des philosophes. Il servait le prince Alà el-Dawla. Il n'y a point de doute que celui-ci était un mécréant et c'est pour cela que, dans son royaume, Ibn Sina eut l'audace d'écrire ses livres entachés d'hérésies à l'encontre des lois divines.*

Cette surenchère d'hostilité contre les philosophes et dont la cible préférée demeura Avicenne, continua jusqu'en 1218, date à laquelle eut lieu l'invasion mongole.

Puis ce fut la renaissance des sciences et de la philosophie.

Mais la mémoire des visionnaires n'est jamais à l'abri de la bêtise humaine : En 1526, à l'université de Bâle, Philippe Auréole Théophraste de Hoheinheim, plus connu sous le nom du docteur Paracelse, porta un nouveau coup à la pensée d'Ibn Sina. Défenseur d'une médecine dite « hermétique », alchimiste et inventeur d'un prétendu élixir de jouvence, Paracelse fit dresser un bûcher dans la cour de l'université et, après s'être lancé dans une diatribe violente contre le médecin persan, il fit brûler un exemplaire du *Canon*.

Aujourd'hui encore hélas, notre siècle est toujours peuplé de démons anciens. Ils sont légion les exploitants de la fragilité et de la souffrance humaine. Et la tentation demeure de remplacer le concret par l'impalpable, la vérité par le mensonge, la science par le charlatanisme.

Qu'Allah nous protège donc de tous les Paracelse présents et à venir...

Ouvrages de référence

Biographie rédigée par EL-JOZJANI et traduite en anglais sous le titre : *Avicenne, His Life and Work,* by the Iranian National Commission For UNESCO (1950).

Le Livre de science (ALI IBN SINA), trad. par M. ACHENA et H. MASSÉ (Ed. Les Belles-Lettres/Unesco).

Poème de la médecine (ALI IBN SINA), trad. par H. JAHIER et A. NOURREDINE (Ed. Les Belles-Lettres).

Le Livre des directives et des remarques (ALI IBN SINA), trad. A.-M. GOICHON.

Hayy ibn Yaqzan (ALI IBN SINA), trad. L. GAUTHIER (Ed. Papyrus).

L'Islam et sa civilisation (A. MIQUEL) (Ed. Armand Colin).

Etude sur Avicenne (A. JOLIVET et R. NASHED) (Ed. Les Belles-Lettres).

Avicenne et le récit visionnaire (H. CORBIN) (Ed. L'île verte/ Berg international).

Avicenne, His Life and Works (S.M. AFNAN) (Ed. G. Allen & Unwin Ltd).

Avicenne, sa vie et sa doctrine (Dr A. SOUBIRAN).

Introduction à Avicenne (A. GOICHON).

Les Penseurs de l'Islam (CARRA DE VAUX).

Feuilles persanes (CARRA DE VAUX).

Les Mille et Une Nuits, trad. A. GALLAND (Ed. Garnier/Flammarion.)

Islamologie (F.M. PAREJA et alii), Beyrouth 1957-1963.

La Métaphysique d'ARISTOTE, trad. & notes de J. TRICOT.

Encyclopédie de l'Islam.

Bibliothèque des idées en Islam iranien (H. CORBIN) (Ed. Gallimard.)

Questions et réponses (ALI IBN SINA / EL-BIROUNI), 1973.

Aubin Imprimeur
LIGUGÉ, POITIERS

Reproduit et achevé d'imprimer en avril 1998
N° d'édition 98051 / N° d'impression L 55699
Dépôt légal mai 1998
Imprimé en France

ISBN 2-73821-086-4
33-6086-4